진홍수陳洪綬,「투초도鬪草圖」(부분)

구영仇英,「청명상하도淸明上河圖」(부분)

당인唐寅, 「투다도鬪茶圖」

구영, 「청명상하도」 중 냉식점零食店

작자미상, 「하경화랑도夏景貨郎圖」

진흥수, 「기룡보곤도 夔龍補袞圖」 중 진주와 비취로 장식한 귀부인

작자미상, 「각루도閣樓圖」

두근杜菫,「완고도玩古圖」

구영, 「걸교도乞巧圖」(부분)

대진戴進, 「태평악사책항·관희太平樂事冊頁·觀戲」

대진, 「태평악사책항·오락娛樂」

작자미상, 「명헌종행락도明憲宗行樂圖」 중 잡기 연출 모습

사환謝環, 「행원아집도杏園雅集圖」(부분)

작자미상, 「입필도入蹕圖」 중 태감太監들의 모습

구영, 「청명상하도」 중 관염점官鹽店

구영, 『서상기西廂記』삽화

대명제국의
도시생활

大明風華

황제부터 노비까지
화려한 제국 시대의 모든 것

The urban life
of the ming dynasty

천바오량陳寶良 지음
이화승 옮김

大
明
風
華

대
명
제
국
의
도
시
생
활

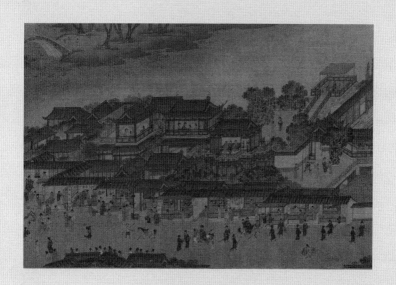

글
항
아
리

차 례

제1장   도시 풍경

제2장   일상생활

제3장   세밀한 예의 제도

제4장   시정 민속

大明風華

일러두기

- 표지에 사용한 그림은 명대 구영仇英이 그린 「청명상하도淸明上河圖」의 일부다. 송대 장택단이 개봉開封의 청명절 모습을 그린 「청명상하도」는 후대에 여러 번 모작되었는데 그때마다 당시의 모습이 반영되었다. 이 그림 또한 명대 도시의 일상생활을 담고 있다.
- 본문의 주는 모두 옮긴이 주다.

한국어판 서문

저는 한국과 뜻깊은 인연이 있습니다. 1990년대에 중국에서 열린 학회에서 오금성 교수를 필두로 한 한국 학자들을 처음 만났을 때 서로의 연구에 대해 이야기를 나누면서 마치 오랜 친구를 만난 듯 했던 좋은 기억이 있습니다. 그때의 인연으로 2001년 이치수 교수가 졸저 『중국유맹사中國流氓史』를 번역했는데 한국 중어중문학회에서 수여하는 번역상을 수상하여 저자로서 더할 수 없이 기뻤습니다.

이번에 역사학자인 이화승 교수가 저의 최근작인 『대명제국의 도시생활』을 번역 소개한 것은 또 다른 기쁨입니다. 아시다시피 이 교수는 타이완과 미국에서 명청사를 공부하고 탄탄한 기초를 다져 학문적 조예가 깊은 학자입니다. 중국의 동료 학자들을 통해서 그의 연구 동향과 특히 꾸준히 진행해오고 있는 번역 작업에 대해 잘 알고 있습니다. 그의 연구와 번역 작업은 힘들고 의미 있는 것이기에 같은 학자로서 특별히 경의를 표합니다.

이번 작업에서도 이 교수는 정확한 사료 해석과 날카로운 시각으로 제가 간과했던 문제들을 발견하고 보완해줌으로써 큰 도움을 주었습니다. 당대唐代 시인 왕발王勃은 "세상에 나를 알아주는 이가 있으면 아무리 멀리 있어도 가까이 있는 것과 같다海內存知己, 天涯若比鄰" 라고 했는데 이런 인연은 커다란 기쁨이 아닐 수 없습니다.

명대의 도시 생활은 아주 다채로워서 마치 화려한 경치를 눈에 전부 담을 수 없다는 느낌을 갖게 합니다. 특히 정덕正德 연간은 명나라가 사회문화적으로 커다란 변혁을 경험하는 시기로 중국 역사에서 매우 중요한 의미가 있습니다. 당시에는 세상이 바뀔 정도로 사치가 만연하여 극히 혼란스러웠습니다. 전통 왕조의 사회 기초가 구조적으로 몰락할 정도였죠. 정덕 이전 명나라 초기와는 완전히 다른 모습이었습니다. 근검하고, 품위를 지키고, 안정을 추구하며, 수성하려는 사회적 특징은 사치와 안일에 빠져 유행만을 찾는 것으로 변했습니다. 이런 변화는 사회 전반에 심대한 영향을 미쳐 깊은 산속 마을에서도 "순박함이 사라지고""오늘이 어제와 다른" 놀라운 경험을 하게 됩니다. 이러한 변화는 성화成化, 홍치弘治 연간 (1465~1505)에 시작되어 정덕 연간(1505~1521)에 정점을 찍었고, 만력萬曆 중엽에 이르러 다시 본래 모습으로 회귀하려는 복고적 모습을 보였습니다. 따라서 전체적으로 명대 도시의 변화는 정덕 연간이 분수령이었다고 할 수 있습니다.

대명제국의 도시생활

적어도 두 가지 방면에서 명대 도시는 가히 혁명적인 변화를 보였습니다. 첫째, 전통 규범의 구속을 파괴하고 오로지 개인의 재력과 개성에 따라 생활 방식이 변했습니다. 둘째, 생활에 대한 완전히 새로운 인식과 해석을 통해 인생은 열심히 일하는 것이라는 전통적이고 고식적인 개념에서 탈피하여 쾌락을 추구하고 즐기는 것으로 인생의 의미가 변했다는 점입니다.

이런 면에서 명나라 중엽 이후 도시에는 두 가지 다른 세계가 존재했습니다. 일반적으로 부잣집에는 술과 고기가 썩을 정도로 넘쳐나고, 가난한 사람들은 추운 길가에서 얼어 죽는 모습을 떠올리기 쉽습니다. 물론 이러한 현상도 사실이지만 보다 근본적으로는 "윤리적인 세계"와 "유행 추구의 세계"가 있었다는 점입니다. 이것은 예교 질서와 사회 변천이라는 두 가지 관점에서 살펴볼 수 있었습니다.

도시는 엄격한 예교 질서 위에서 신분에 따라 움직이는 윤리의 세계입니다. 백성은 예교와 법률의 구속을 받고, 규제와 제약 속에서 자신의 신분에 맞게 생활하며 절대로 신분을 초월하거나 위반할 수 없었습니다. 예교, 법률의 엄격한 질서 속에서 모든 것이 정해져 있으니 안정된 반면 건조하여 활력은 찾아볼 수 없었습니다. 특히 명나라 초기에는 이민족을 몰아내고 중원의 봉건적 질서를 회복하여 사회적 안정을 이루려는 대의에 따라 귀천이 분명했고 예교에 따라 질서가 정연했으며, 양천의 등급에 맞춰 인간관계가 형성되어 사회는 잘 유지되었습니다.

유행을 쫓는 세계는 개인의 욕망과 예술적 욕구가 충만한 사회를 말합니다. 바꿔 말하면 더 이상 예교나 법률의 구속에 지배받지 않고 오로지 재력, 욕망, 심미관에 따라 새로운 스타일을 창조하며 유행을 만들어 자유를 추구하던 사회입니다. 사치스럽고 화려한 생활과 표현을 통해 다양성이 발현되니 사회는 생기가 가득했습니다. 천자의 정치는 느슨해지고 예약이 붕괴되어 사회문화 전반에 엄청난 변화가 일었는데 간단하게 요약하면 '풍물한미風物閑美'라고 할 수 있습니다. 새로운 것을 찾는 '풍조風'는 근대적 의미의 '유행'이며, '상품物'에 생산자의 이름을 붙이는 '물요物妖' 현상이 나타났습니다. 생활에서는 '한가함閑'과 우아함의 개념이 형성되고, 청아한 취미를 따라 도시생활은 한층 '예술적美'으로 변모했습니다.

그러나 갑신, 을유 연간(1644~1645) 여진족이 산해관을 넘어 중원의 새로운 통치자가 되자 강남의 화려한 경치와 기이한 명사들에 관한 수많은 이야기는 그저 꿈에서나 접할 수 있는 추억이 되어버렸습니다.

서세동점이라는 거대한 물결 속에서도 중국, 한국, 일본은 유가 문화의 기초 위에서 각자의 개성을 더해 오늘날과 같은 독특한 문화를 이루어냈습니다. 우리는 교류를 통해 서로 배우고 부족한 점을 보완하여 한층 새로운 세계로 나갈 수 있다고 믿습니다.

천바오량

2024년 6월 10일

서문

명나라는 매우 흥미로운 왕조다. 당시를 배경으로 한 재미있는 희곡과 소설이 지금까지도 인구에 회자하고 있다. 온갖 고생 끝에 해피엔딩을 맞는 『옥당춘玉堂春』의 소삼蘇三, 죽음에서 살아나온 『모란정牧丹亭』의 두여랑杜麗娘, 신권을 무시하고 천궁을 혼란에 빠트린 『서유기西遊記』의 손행자孫行者(손오공)[1]와 권세·금전·욕망을 위해 온 생애를 갖다바친 『금병매金瓶梅』의 서문경西門慶 등이 그들이다. 번화한 대도시의 정원인 이원梨園뿐 아니라 시골의 작은 찻집에서도 사람들은 이런 이야기와 인물들에 대해 여전히 흥미진진하게 토론을 즐기

---

1   손오공은 첫 번째 스승인 보리 조사가 붙여준 이름이고 행자는 수행자의 의미다.

곤 한다.

중국 바깥에서도 이 제국을 관심 있게 지켜보았다. 서방 선교사들은 험난한 파도를 헤치고 많은 어려움을 극복하며 중국에 도착한 뒤 이 나라의 문화, 풍속을 비롯해 다양한 경험을 기록하고 돌아갔는데 이는 출간된 후 당시 지식인들에게 큰 영향을 미쳤다.

후대에 와서도 명대의 기억은 계속 재생산되었다. 청렴한 관리로는 검은 얼굴의 포공包公(포청천)만 알고 있던 사람들에게 『해서파관海瑞罷官』은 해청천海靑天(해서海瑞)이라는 또 다른 관리가 있었다는 것을 알렸고, 민간에서도 『이자성李自成』을 통해 수호지의 양산박梁山泊 외에 이자성·장헌충張獻忠이라는 협객도 있었음을 일깨워주었다.

소설 『금병매』를 읽어보면 인간의 탐욕은 마치 아편 중독과 같아서 사대부 문인과 시정잡배가 전혀 다르지 않음을 알 수 있다. 현대인들이 알고 있는 명대 도시 생활과 거기서 파생되는 감성은 사실 도시의 한 측면을 들춰낸 것에 불과할 때가 많다. 당시 도시 생활의 깊은 곳에 자리한 운치와 우아함을 제대로 접하고 그 진면목을 알고 싶다면 『제경경물략帝京景物略』이나 『판교잡기板橋雜記』와 같은 문헌을 비교해가며 살펴봐야 할 것이다.

대략 정덕 연간(1506~1521)부터 명나라 도시 문화의 심층에서 구조적인 변화가 시작되었다. 만력(1573~1620) 중기에 이르러 새로운 사상이 도입되고 서방 예수회 선교사들이 가지고 들어온 외국 문화가 빠르게 보급되며 강력한 변화의 요구들이 집결되었다. 기존의 도시 생활은 기층부터 한층 더 깊은 변화를 겪게 되었다. 만명晩明 시기 오랜 전통들은 각 방면에서 뿜어져 나오는 문화 에너지의 강력한 충격을 받았고, 사상적으로 그 어느 때보다 더 활발하게 시대 변화에 부응하려는 움직임이 나타났다. 개인적 자아의 대두와 특별한 자기의식으로 특징되는 사회적 추세를 기존의 관념 안에서 수용하지 못하자 격렬한 충돌이 발생했고, 사회는 물론 개인 생활 깊은 곳까지 여기에 휘말렸다. 시대 변화는 사회 분위기를 몰아가 두여량처럼 사랑을 위해 모든 것을 포기하는 돌발적인 인물도 출현했다.

도시에서 발생한 세속화는 상업의 번창, 자본주의 맹아가 불러온 배금주의와 종욕주의, 자유로운 개성의 추구 등으로 나타났다. "쾌락을 위해서라면 어떤 돈벌이나 연애도 가능하다"며 인성을 직접적이고 적나라하게 표출한 말이 유행했다. 독립된 인격, 사상적 자유, 세속적인 쾌락을 추구하다보니 성현의 말씀이나 올바른 성정을 추구하라는 지배 이데올로기에 대한 적개심도 불타올랐으며, 세상을 속여온 위선적 학문은 설 자리를 잃었다. 도시는 낡은 것에 싫증내고 오로지 새것만을 추구해서 매일 새로운 유행이 등장했다. 이 엄청난 변화는 하나의 사조를 이루고 생활 풍습 등을 통해 여러 영역에서 다른 모습으로 표출되었다.

당시 "하늘에는 천당이 있고, 땅에는 소주와 항주가 있다"는 말이 있었다. 오늘날 여행이 일상화되어 쉽게 두 도시를 가볼 수 있으니 이 말의 의미를 알 수 있을 것이다. 그러나 명대에는 소주 사람들의 아름다운 정원이나, 항주 서호의 찬란한 물빛보다 두 도시 거주민들이 더욱 유명했다는 사실은 잘 모른다.

소주 사람들은 옛것을 좋아해서 골동품들을 모방한 고서화나 각종 제기류를 만들어냈는데 너무나 정교해 진위를 판별하기 어려웠다. 또 자단목紫檀木, 화리목花梨木(모과나무)으로 문인들의 기호품인 책상과 침대를 만들고 특별한 조각 없이 수수하면서도 고품격을 추구해서 전국 각 도시의 유행을 선도했다. 설사 모양을 내더라도 상商·주周·진秦·한漢의 방식을 고집했다. 그러자 '소양蘇樣'과 '소의蘇意'라는 신조어가 출현했다. 패션이 새롭고 신선하고 특이하면 '소양'이라 했고 물건이 그러면 '소의'라 했다. 설강薛岡은 『천작당문집필여天爵堂文集筆餘』에서 항주에 갓 부임한 관리가 작은 버선에 연한 빛깔의 신발을 신은 사람을 붙잡아 태형을 가하고 칼을 채웠는데, 마땅한 죄명이 생각나지 않자 '소의 죄인蘇意罪人'이라 부르며 나름 기지를 발휘했지만 사람들의 비웃음을 샀다고 했다.

항주 풍속은 허황되고 경망하며 각종 소문이 난무하고 사람들이 서로의 명예를 존중하지 않았다. 어느 지역에 이상한 물건이 나왔다거나, 누구 집에 괴이한 일이 발생했다거나, 어떤 이가 추행을 저질렀다면 말이 돌고 돌아 마치 모든 사람이 실제로 본 것처럼 말이 퍼졌다. 소문은 근원지도 모르고 추적할 새도 없이 바람같이 퍼져나갔다. 외지 사람들은 이를 '항주 바람杭州風'이라 부르고 "항주 바람은 허공을 떠돌며 좋고 나쁨에 관계없이 서로가 원조라고 으스댄다"라며 비웃었다. 항주 사람들은 술에 재를 섞거나, 닭에게 모래를 먹이고, 거위나 양의 항문으로 바람을 넣고 생선·육류에 물을 먹이거나 삼베에 물감을 칠하는 등 속임수를 잘 부려 "대파처럼 꽃은 풍성한

대명제국의 도시생활

데 속은 텅 비었다"는 풍자가 무성했다.

북경과 남경은 어떠했을까? 당시 "남경에는 심만삼, 북경에는 고수
만; 사람 이름, 나무 그림자"와 같은 헐후어歇后語가 유행했다.[2] 원말
명초 소주 출생인 심만삼은 나라에 버금가는 엄청난 재력으로 남경
성을 지어 유명해졌지만 학계에서는 아직도 쟁론이 많은 인물이다.[3]
북경의 고목은 수령이 오래되어 울창하고 가지가 많이 휘어져서 유
명하지만 정확하게 어디에 있는 나무를 지칭하는 것인지는 알 수 없
다. 심만삼과 고목이 한 번쯤 두 도시의 상징물이 되었을 수는 있지
만 도시를 대표한다고 할 수는 없다. 남경은 호랑이와 용의 형세를
지닌 육조六朝의 수도였고 진회하秦淮河[4] 양쪽에 있는 천변 건물河房,
노 젓는 소리, 등燈 그림자, 이름난 기생들로 유명했다. 북경은 바둑
판처럼 만든 계획도시로, 많은 마차와 사람, 정월 대보름날 등롱의
화려한 모습, 궁중 주변의 궁시宮市에 나온 진귀한 골동품, 전국 각
지방에서 모인 다양한 특산품, 신렴자新廉子(지금의 시청西城 시단西單
지구) 골목에서 흘러나오는 경쾌한 소곡小曲, 아름다운 젊은 남자, 성
외곽에 있는 사창가 등이 유명했다.

양주揚州는 "소금의 고장鹽都"이었다. 일상생활에서 소금은 없어서

---

2   "南京沈萬三, 北京枯樹彎; 人的名兒, 樹的影兒." 헐후어란 일종의 숙어로 해학
     적이고 형상적인 말을 지칭한다. 앞에서 수수께끼 문제처럼 비교하고 뒤에서
     답안처럼 설명했다.
3   심만삼에 관해서는 이화승, 『상인이야기: 인의와 실리를 좇아 천하를 밟은
     중국 상인사』(2013) 4장을 참고할 것.
4   장강 하류의 지류로 남경을 관통한다.

는 안 될 필수품인데 휘주徽州 상인들은 소금 장사로 큰돈을 벌었고, 화려한 유흥을 즐겨서 더 유명해졌다. 상인들은 이십사교二十四橋 위의 아름다운 풍경,[5] 밀집한 비밀스러운 술집들과 기생들이 흘리는 웃음에 영혼을 뺏기곤 했다. 또 문인들의 취미인 거문고, 바둑, 서화를 어린 여자들에게 가르친 뒤 첩으로 들여 오직 쾌락만을 좇는 '수마瘦馬'에 푹 젖어 있었다.

개봉開封은 북송 시기부터 번성한 도시로, 특히 사람들은 대상국사大相國寺에 대한 담백한 추억을 간직하고 있었다. 명대 사람들은 개봉의 '성인용품 상점淫店'에서 살 수 있다던 기괴한 성인용품이나 회춘약 등에 기억이 머물곤 했다.

광주廣州는 "소양蘇樣, 광주 장인匠人"이란 말이 회자할 만큼 정교한 솜씨를 가진 장인이 많은 도시였다. 그러나 이 도시가 더욱 유명하게 된 것은 광주 성내 남쪽 호수와 연결된 호반濠畔 거리에 즐비한 부촌朱樓이었다. 세월이 좋을 때는 향나무로 만든 염주, 코뿔소 조각상이 산처럼 쌓였고, 꽃과 새가 바다를 이루었으며 풍성한 음식, 화려한 노래와 춤이 진회秦淮를 능가했다고 했다. 손분孫蕡은 「광주가廣州歌」에서 그 화려한 모습을 이렇게 묘사했다.

"광주의 풍요로움은 천하에 유명해서 사시사철이 봄과 같았다.

---

5   고대에 건축한 다리로 길이 24미터, 넓이 2.4미터, 난간 24개, 계단 24개로 숫자 '24'에 맞추어 건축했다.

(…) 10여 리 버드나무 길 아래로 부잣집이 즐비하고, 창문마다 발이 드리워졌다. 절강과 복건의 미녀들이 꽃처럼 아름다웠으며, 서로 다른 노랫소리는 아이들 말처럼 정겨웠다. 구름과 태양을 가릴 만큼 큰 배들이 운집하니 상인들의 부유함은 상상조차 할 수 없다. 봄바람이 집들을 훑어내려 신선이 되고, 달빛이 교교한 강에 악기 연주 소리 가득 퍼진다."[6]

중국인들은 "밥은 흴수록 좋고 회는 가늘수록 좋다"며 음식에 온갖 정성을 쏟는다.[7] 송나라 때는 '공부채孔府菜'가 유명했고,[8] 청나라의 만한전석滿漢全席과 북경 오리구이烤鴨는 아직까지도 많은 이의 사랑을 받고 있다. 명대의 황궁 요리 역시 만한전석과 견줄 만하고, 항주의 거위구이燒鵝는 북경의 오리구이에 뒤지지 않지만 아쉽게도 유실되어 전하지 않는다. 전해진다면 좋은 식당에서 맛있게 먹고 난 뒤 당시 황궁 이야기나 항주 풍경을 곁들이며 흥을 돋우었을 것이 분명하다.

도시는 성곽으로 둘러싸인 공간이다. 성안에는 의관을 정제한 사대부, 관료로부터 악기를 두드리며 골목을 누비는 소매상들, 소맷자

---

6 "廣南富庶天下聞, 四時風氣長如春. 長城百雉白雲裏, 城下一帶春江水. 少年行樂隨
   處佳, 城南南畔更繁華. 朱樓十裏映楊柳, 簾櫳上下開戶牖. 閩姬越女顏如花, 蠻歌野
   曲聲咿啞. 阿峨大舶映雲日, 賈客千家萬家室. 春風列屋豔神仙, 夜月滿江聞管弦."
7 "食不厭精膾不厭細."
8 공부채는 송 인종 보원 연간에 귀빈 접대, 관리부임이나 생일 등 경사가 있을
   때 만들었던 음식으로 신분에 따라 등급이 정해져 있는 음식이었다.

락을 펄럭이며 홍기를 휘두르는 무뢰한들, 걸칠 옷도 없어 비전원悲田院(수용소)을 들락거리는 거지들, 온몸을 금은보화로 치장하고 요염함을 자랑하는 미녀와 기생들로 가득했다.

도시에서 가장 눈에 띄는 존재는 상인과 기생이었다. 전통사회에서 상인은 사·농·공·상 중 사회적 지위가 가장 낮았다. 명대 중기 이후 상인들은 사회적 지위가 점차 높아져 전국을 돌아다니며 유명 기생집을 찾아다니는 즐거움에 푹 빠졌다. 장내의張來儀는 『정거집靜居集』 「고객락賈客樂」에서 다음과 같이 읊었다.

오랜 세월 여러 곳을 떠돌다보니	長年何曾在鄕國
객으로 사는 일 좋아져 본성인가 싶네	心性由來好爲客
생사를 강호에 맡기며 돌아다니더라도	只將生事寄江湖
돈만 벌 수 있다면 고생이 대수일까	利市何愁遠行役
아침에 지전을 사르고 술 올려 평안 기원한 뒤	燒錢醮酒曉祈風
일행을 다독여 먼 길을 떠난다	逐侶悠悠西複東
떠돌다보면 근심도 사라지고	浮家泛宅無牽掛
관청에 불려 다닐 일도 없다	姓名不系官籍中
커다란 파도가 큰 배를 덮쳐도	嵯峨大舶夾雙櫓
여인들 노래와 춤은 멈추지 않는다	大婦能歌小婦舞
요릿집에 앉아 매일 놀다보면	旗亭美酒日日沽
인간사 무슨 걱정이 있겠는가	不識人間離別苦
장강 언덕의 즐비한 기생집에서	長江兩岸娼樓多

수많은 사람이 즐거움을 찾는다   千門萬戶恣經過

인생에서 장사가 제일 즐겁다   人生何如賈客樂

풍랑만 없다면 어려움이 대수겠는가   除卻風波奈若何

이렇게 자신들의 생활을 묘사했으니 가히 '상인의 즐거움賈客樂'이라는 제목을 지을 만하다.[9]

그렇다고 명대의 상인들이 풍족한 생활, 엄청난 재력, 일확천금, 일시적인 쾌락만을 추구한 것은 아니었다. 자신의 경제적 능력을 바탕으로 여러 방법을 이용해서 사회적 지위, 가문의 명예를 높이려고 노력했다. 왕도곤汪道昆은 『태함집太函集』에 휘주 상인 왕汪씨가 자식 교육과 관련해 남긴 말을 수록했다.

"우리 집안은 대대로 평민이었지만 이제 유학을 배워 집안을 빛내려 하니, 앞으로 자손들은 교육을 시키고 장사는 시키지 마라."[10]

상인들은 돈을 버는 것에서 멈추지 않고 자손들을 과거 시험으로 정계에 진출시켜 가문의 정치적 입지를 굳히는 데 힘을 기울였다. 동시에 다양한 문화 활동에 참여하며 사회 명사들과 교류를 맺었다. 진계유陳繼儒는 『만향당소품晚香堂小品』에서 "휘주의 돈 많은 상인들이 헛된 명성을 좇아 지식인들과 교류를 즐겼다"고 했는데 상인들은

---

9   고객賈客은 상인을 말한다. 고賈와 가佳가 파음자破音字(두 가지 이상의 독음을 가진 글자)인 것을 이용해 상인들은 스스로를 가인佳人(賈人), 즉 아름다운 일을 하는 사람이라고 자부했다.

10   이화승, 앞의 책을 참고할 것.

더 높은 수준의 정신적 만족을 위해 연극과 노래를 즐기고 책상 위나 행낭에는 항상 통속소설류를 소지했으며 화려한 정원을 가꾸고 골동품과 서화로 장식하거나 스스로 능숙하게 시문을 지어 높은 문예적 수준을 내보이기도 했다.

가정(1522~1566), 융경(1567~1572), 만력(1573~1620) 연간, 상인들의 사회적 지위에는 현저한 변화가 발생했다. 당시 문단의 거두인 왕세정王世貞이 휘주 출신 친구인 첨경풍詹景風에게 "휘주 상인들이 소주 문인들을 보면 마치 파리떼가 양 노린내에 꼬이듯 달려든다"라고 비꼬자, 첨경풍이 "소주 문인들도 휘주 상인들을 보면 파리떼가 양 노린내에 꼬이듯 달려든다"라고 답하니 왕세정은 할 말을 잃고 말았다. 스스로 인품이 고결하다고 자부하던 왕세정은 휘주 상인들이 경제력을 앞세워 문화적 욕구를 채우려 한다는 것을 지적했지만, 첨경풍은 한 수 더 높게 성인임을 자처하면서도 이익을 좇는 문인들의 배금주의적 비열함을 간파하고 맞받아쳤던 것이다.

많은 기생이 재사才士들과 러브스토리를 만들어낸 것도 이러한 배금주의의 한 단면이었다. 과거에서 장원급제했던 전복錢福은 문장을 잘 쓰기로 이름을 떨쳤는데 양주에 유명한 기생이 있다는 소리를 듣고 찾아갔으나 이미 소금 상인에게 시집을 간 뒤였다. 전복은 시 한 수를 지어 기생을 조롱했다.

화려한 비단 옷에 짙은 화장 싫다며
담백한 치장만 고집하더니

어찌 돈 많은 소금 상인에게 시집 갔는가?

아쉬움을 토로하는 속마음에 기생을 찾아온 자신의 멋쩍음을 감추려는 의도가 짙게 깔려 있었다.

정덕부터 만력에 이르는 100여 년 동안 도시는 최고의 번성기를 구가했다. 정덕 초년 남경의 물가는 매우 낮았는데 그와 관련된 기록을 살펴볼 수 있다.

> 돼지고기 한 근에 동전 7~8문
> 소고기 한 근에 4~5문
> 쇠물닭 한 근에 4~5문
> 연육蓮肉 한 근에 4~5문
> 마른 장작 큰 묶음 30단에 은 1냥
> 생선과 새우 한 근에 4~5문

장작·거위·오리·생선·고기 등 생활용품 가격이 이처럼 저렴해지자, 고관대작이나 거상 가문에서는 주지육림의 사치를 즐겼다. 식구가 여럿인 집에서 매일 고기를 먹어도 은 2~3전이면 충분했다. 짐을 나르는 서민들도 하루 20~30문을 벌었으니, 저녁마다 술에 취해 노래를 부르고 이야기꾼의 우스갯소리를 들었으며 계절이 바뀔 때마다 계절 놀이를 즐겨 태평성대의 호사를 누렸다.

그러나 좋은 시절은 오래가지 않는 법, 천계 연간(1621~1627)이 되자 물가가 갑자기 급등했다. 당시 남경의 물가를 보면 아래와 같다.

거위 한 마리에 동전 500여 문

오리 한 마리에 동전 200여 문

돼지고기 한 근에 동전 40여 문

양고기 한 근에 40여 문

소고기 한 근에 20여 문

나귀 고기 한 근에 20여 문

붉은 천 1척에 15전

푸른 천 1척에 15문

숭정 연간(1628~1644), 이자성이 병사를 일으켜 사방이 소란스러웠지만 소흥紹興 사람들은 여전히 취생몽사에 빠져 있었다. 장대張岱는 『장자시비張子詩枇』 「우산사녀유춘곡寓山士女游春曲」에서 아직도 태평성세라는 환상 속에서 쾌락에 탐닉하고 있는 상황을 기록했다.

동이 트기 전, 들뜬 젊은 남녀들을 태운 유람선은 교외 우산寓山(산양山陽 기씨祁氏 명원名園)으로 떠났다. 아가씨들은 옷을 곱게 차려입고 짙은 화장에 기름기가 번뜩였으며 경박한 젊은이들이 아가씨들 사이를 바쁘게 비집고 다니며 시답잖은 농담을 건네자 아가씨들은 볼을 빨갛게 물들인 채, 고개를 숙여 키득거렸다. 해가 서산으로 넘어갈 때까지 놀다가 배에서 재촉하는 북소리가 들리면 아쉽게 귀갓길에 오르곤 했다.

 이자성의 군대가 성을 공격하는 포성이 울려 퍼지고 나서야 북경
사람들은 깜짝 놀라서 비로소 엄청난 시련이 다가왔음을 깨달았다.
북경이 함락됐다는 소식이 강남에 전해지자 인심은 극도로 불안해
져 어쩔 줄을 몰랐다. 뒤이어 여진족 팔기병의 말굽이 산해관을 넘
어 도시의 골목골목을 유린하기 시작했다.

 갑신과 을유(1644~1645) 사이 왕조가 바뀌어 사대부들이 즐겼던
풍족하고 화려했던 시대는 막을 내리고 곤궁과 혼란의 구렁텅이 시
대가 시작되었다. 남경과 항주는 쇠락하여 가슴 아픈 이야기들만 떠
돌았다. 과거 금릉金陵(남경의 옛이름)과 항주의 호화롭고 방탕한 생
활은 흔적도 찾을 수 없고, 북경의 번화함 역시 연기처럼 사라져버
렸다. 진회하 천변에는 잡초만 무성하고, 생기 가득하고 여행객이 끊
이지 않던 서호는 드문드문 말이 물을 먹는 황량한 곳으로 변했다.
한때 이곳을 방문하던 여행객들은 이제 청산에 뼈를 묻었고, 미인들
도 찾지 않아 옛 정취는 감히 돌이켜 볼 수도 없으니 어찌 비통하고
슬프지 않을 것인가!

 명청 변혁기에 살았던 대부분의 사대부에게 왕조의 교체는 아픈
기억으로 남았다. 과거의 번성을 간직한 진회하 천변에는 아무것도
남지 않았다. 누군가 부서진 판교 옆에서 퉁소를 불자 무너진 집터
에서 할멈이 문을 열고 나와 "유망했던 젊은 장괴관張魁官의 퉁소 소
리 아닌가!"라고 했다는 말이 떠돌았다. 어렴풋하고 아련한 기억 속

에 사람은 간 곳이 없고 애잔한 악기 소리만 허공을 맴돌았다.

청나라 초, 명나라 유민들은 감상주의적인 문학 작품들을 쏟아냈다. 여회余懷는 『판교잡기板橋雜記』에서 과거의 생활을 그리워하며 슬픈 정서로 진회하의 흥망사를 기록했다. 모양冒襄은 『영매암억어影梅庵憶語』에서 자신의 첩이었던 동소완董小宛을 생각하며 풍류와 운치 가득했던 시절을 떠올렸다. 『여몽록如夢錄』은 번성했던 개봉이 이자성에 의해 둑이 무너지자 아름답던 중원 도시가 하루아침에 물에 잠겨 화려했던 풍광이 꿈이 되어버린 과정을 묘사했다. 장대는 『도암몽억陶庵夢憶』 『서호몽심西湖夢尋』에서 남경, 소주, 양주, 항주, 소흥의 연극계·화류계 소식과 명절 모습 등을 산문 형식으로 기록했다.

사대부들이 그토록 그리워하던 명대 도시의 풍광과 화려한 모습은 과연 어떠했는가? 물론 원대, 몽골족이 만들었던 '머리를 풀고 옷깃을 왼쪽으로 여민다被髮左衽'던 '호풍'의 과거 풍습을 완전히 씻어내고 한·당 시대의 문물을 회복했었다. 이는 훗날 만주족이 중원을 지배하며 정착시킨 '변발剃髮' '정재화령頂載花翎(붉은 솔이 달린 관모)' '기포旗袍(옆 깃이 허리까지 트인 치마)'로 대표되는 청대 문화와도 다른 것이었다. 명대 도시는 한·당 이래 중원의 전통에 새롭고 독특한 특징을 더해, 기존 전통에 대해서는 일종의 반발로 '반도난덕反道亂德(도에 어긋나고 덕을 그르친다)'의 모습을 보여주었지만, 근대화라는 세계적 추세와 발을 맞추는 모습을 보여주었다.

이 책에서는 어렴풋이 남아 있는 명나라 도시의 모습들을 다양한 각도에서 살펴본다. 마치 문자로 긴 그림을 그리는 것과 같을 것이다.

대명제국의 도시생활

제1장

*The urban life
of the ming dynasty*

도
시

풍
경

거리의 풍경

도시에 대한 정의는 연구자의 전공과 관점에 따라 차이가 크다. 지질학자는 산악과 마찬가지로 도시를 지면에서 융기한 돌출물로 보고, 역사학자는 하나의 정치 단위로 간주하며, 통계학자는 거주지 범위에 따른 인류의 생존 공간으로 주민 수에 따라 도시가 확정된 다고 한다. 경제학자는 경제 단위로서 경제 발전 과정에서 나타나는 일반적 모습이라고 하며, 사회학자는 공동의 풍습·감정·전통의 결합체로 생활 속에서 탄생했으며 전형적 문화를 갖춘 곳이라고 정의한다.

중국에서 도시는 정치의 중심으로 관할 지역과 부근 지역의 관료 조직을 포함한다. 또한 일정한 수의 군사들이 주둔하는 견고한 방위 시설이다. 고관 귀족과 돈 있는 사람들에게는 쾌락이 있는 곳이며 일정한 직업이 없이 떠도는 사람들에게는 피란처이자, 범죄자들이 창궐하는 불결한 장소이기도 하다. 시민 계층이 주를 이루고, 토지에서 이탈한 다수의 농촌 인구가 시민 계층이 되기 위해 준비하기도 한다.

도시는 혁명적인 노동 분업, 즉 농업과 도시의 활동이 분리되면서 탄생했다. 상商나라 때 이미 초보적인 면모가 갖추어졌고, 전국戰國 시대에 이르러 여러 나라에 "내성이 3리, 외곽이 7리" "만 호가 사는 읍, 만 호가 사는 현"이 등장했다.[1] 제齊나라에서 가장 번성했던 수도 임치臨淄는 7만 호가 "풍족하고 만족하게 살았는데" "마차와 사람들의 어깨가 부딪칠 정도로 붐벼 옷자락이 이어져서 장막을 만들고, 사람들이 흘린 땀이 비가 되었다"고 했다.[2] 상업이 발전하자 도시가 확장되며 증가했고 정치와 군사적 기능 외에 경제적 역량과 상업적 활력이 더욱 중요한 요소가 되었다.

도시는 시골 사람들에게 커다란 유혹의 대상이었다. 명대 중기 이후, 도시 발전은 정점에 달하여 곤륜산과 해남도의 옥, 운남의 금, 절강의 비취, 서양 상품, 가죽 제품, 인삼 등 여러 지역의 보화가 모이고, 유람선·술집·찻집·극장·기생집 등 유흥업이 번성했다. 마차와 배가 꼬리에 꼬리를 물고, 상품들이 한 곳으로 모였으며 전국 각지에서 몰려든 상인들로 인산인해를 이루어 왁자지껄한 시장은 비집

---

1   『孟子』, "得道多助失道寡助."
2   『史記』「蘇秦列傳」

고 다니기조차 힘들었다.

명대에는 얼마나 많은 도시가 있었고 도시 인구는 몇 명이나 되었을까?

16세기 중국 남부에 도착한 스페인 선교사 라다Mardin de Rada(拉達)는 『대명제국 관찰기記大明的中國事情』에서 부성府城 155개, 주성州城 235개, 현성縣城 1155개 등 소금을 만드는 7개의 부성과 기타 도시 등 총 1720개가 있었다고 했다. 명나라 정효鄭曉는 『금언今言』에서 가정 연간 이후 부성 152개, 주성 240개, 현성 1134개, 선위사성宣慰司城 12개, 선무사성宣撫司城 11개, 초토안무사성招討安撫司城 19개, 장관사성長官司城 177개 등 모두 1745개가 있다고 했다. 두 기록의 차이는 아마도 라다가 1566년 출간된 『광여도廣興圖』를 참고한 때문인 듯하다. 변경 도시(특히 위성衛城)나 진성鎭城(도시를 방어하는 주변 군사시설) 등을 포함한다면 명대 도시는 이들 통계보다 더 많았을 것이다.

중국은 도시 인구의 하한선에 대해 서양과는 전혀 다른 기준을 가지고 있었다. 인구에서 프랑스는 2000명, 영국은 5000명이 기준이었다. 중세 말기, 독일에는 전국에 평균 인구 400명의 도시가 3000개 있었다. 이를 하한선이라고 한다면 명나라에는 이 기준을 넘어선 상업 발전 지역인 시진市鎭과 촌락이 훨씬 많았다. 강남의 시진은 적어도 인구가 수천 명에서 수만 명이었으며 큰 곳은 10만 명에 달했다. 복건 천주의 동안진同安鎭은 1만~1만2000호였는데 한 가구당 5인을 평균으로 잡는다면 5~6만 명이 살고 있었다.(라다,『출사복건기出使福建記』) 물론 이런 시진보다 규모가 작은 도시도 있었다.

하남 확산현確山縣은 도적에게 마을을 약탈당한 뒤, 200~300호에 인구는 1000명 정도로 진鎭보다도 작았다.(왕사성王士性, 『광지역廣志繹』) 따라서 명대 도시에 대한 기준은 정치·군사·경제 등 세 방면의 기능이 중요하고 인구는 참고 변수일 뿐이다.

명대 도시의 인구는 현존하는 자료를 통해서도 알 수 있다. 북경, 남경, 소주, 항주, 개봉 등 대도시는 100만을 초과했거나 근접할 정도로 많았다. 대도시는 50만을 넘겼고, 부성府城, 현성縣城 등 중간 도시는 대략 30~40만이었다. 1만 명 혹은 그 이하인 도시는 많지 않았으며 소도시라도 대부분 10만 명 전후였다.

이렇게 많은 인구가 모여 살아보니 도시는 언제나 활기로 가득했다. 당시의 모습을 살펴보자.

도시의 방리坊里제는 시골의 향리鄕里제와 더불어 기층의 관리 조직이었다. "도시의 중심을 방坊이라 하고 성에 가까운 곳을 상廂, 향도鄕都는 이里라 했다."(도정陶珽, 『설부속說郛續』)

도시는 지리와 행정이 결합된 것이다. 지리적으로 도시의 중심인 방坊과 방의 외곽인 사우四隅, 성문 바깥인 상廂으로 구분되었다. 구체적인 시설은 도시의 크기 혹은 위치에 따라 차이가 있었다. 명대 도시는 행정적으로 삼급제로 방坊, 패牌, 포鋪로 구분되었고 이급제로는 방坊과 지방地方 혹은 사社와 방坊으로 구성되었다.

가도街道(거리)는 포鋪가 관할하는 지리 단위였다. 북경에는 바둑판처럼 형성된 거리가 있었다. 명나라 장일규蔣一葵는 『장안객화長安客話』에서 "이곳에는 부府를 비롯해 관청이 늘어서 있고, 양쪽에는 통행하는 백성이 어깨를 부딪치며 하루종일 소란스러웠는데, 나라가 평안하다는 상징이다"라고 북경의 가장 중심가를 묘사했다. 부현의 1급 도시에도 부전가府前街, 현전가縣前街라고 불리는 주 도로가 있었는데 각 아문의 앞을 지나가는 도로를 지칭했다. 도로 양쪽으로 점포와 일반 주거지 혹은 상점이 있었다.

명대에는 "시장을 술術이라 했고, 가街라 칭하는 풍습이 있었다."(숭정崇禎, 『송강부지松江府志』)[3] 북경 완평宛平 사람들은 "행인들이 오가는 길을 가街, 도道 혹은 합쳐서 가도街道라 했다. 또는 시전市廛을 가, 촌장村莊을 도라고 했다"(심방沈榜, 『완서잡기宛署雜記』) 따라서 가街는 시장으로 술術의 속칭이고, 때로 행인들이 오가는 길을 말하기도 하며 가와 도의 차이는 시전과 촌장을 구분할 때의 차이 정도였다.

가도는 대부분 종이 있는 종고루鐘鼓樓를 중심으로 순서에 따라 중가中街, 동가東街, 남가南街, 서가西街, 북가北街, 전가前街, 후가後街 등 사방으로 퍼졌다. 성안뿐 아니라 성 바깥에도 가도가 있었다. 포르투갈인 가스파르 다 크루스Gaspar da Cruz가 지은 『중국지中國志』에는 광주廣州에 "집들이 줄지어 늘어선 것은 성안과 유사하고 가도 역시 직선으로 잘 꾸며졌다. 상점들이 줄지어 있는데 매우 넓고 몇 개의 패루牌樓(마을 입구에 세운 커다란 문)도 있었지만 많지는 않았다. 가도 한쪽에는 거주지가 있고 건너편에는 나무들이 무성하게 그늘을 이

---

3 "日中之市曰衕, 言街, 從俗也."

루고 있다. 교외 가도의 끝에는 성문과 지키는 사람이 있어 밤에는 문을 닫았으며 소홀히 할 경우에는 엄벌에 처했다. 거리마다 포졸과 감방이 있다"고 했으니 성의 내부와 외부가 비슷한 관리 구조 아래 놓여 있었음을 알 수 있다.

가도는 대부분 돌을 깔아 깨끗했다. 라다는 천주를 묘사하며 "큰 길은 돌을 깔아 아주 편리했다"(『대명제국 관찰기』)고 했으며 왕사성의 『광지역』에서도 사천 북쪽의 보령保寧, 순경順慶의 길을 "모두 돌로 쌓았다"고 기록했다. 도시의 도로는 직선 형태에 폭이 넓어 행인들이 다니는 양측 인도를 빼고도 10~15명이 함께 말을 타고 다닐 수 있었다. 크루스는 광주의 큰 길이 스페인의 리스본보다 더 넓었다고 했다.(『중국지』) 남경의 가도는 "아홉 대의 마차가 달릴 수 있을 정도"로 넓었다.(사조제謝肇淛, 『오잡조五雜組』)

남방의 도시 중에서 물길을 따라 형성된 곳은 물길 양쪽에 자연스럽게 도시가 형성되고 가도가 건설되었다. 소흥은 "가마다 물길이 있고" 가흥·호주 역시 마찬가지였다.(『광지역』) 복주성 내에도 여러 개의 물길이 있어 "멕시코 도시처럼 많은 배가 생활용품을 싣고 출입했다."(『출사복건기』) 복주성은 물 위에 지어져서 "많은 하천이 지나고 하안은 경사가 있었지만 충분히 넓어서 도시의 주 도로가 되었다."(페레이라Galeote Pereira, 『중국보도中國報道』) 크루스는 복건·광동의 도시들이 대부분 강 주변에 건설되어 물길이 깊지 않고 경사도 완만했으며 웅장하고 잘 만들어진 다리를 건넜다고 했는데 "다리 위에 시장이 열려 다양한 먹거리가 거래되었다"고 했다.(『중국지』)

수도 북경은 거리와 골목의 배치가 매우 합리적이었고 큰 거리는 아주 넓었다. 황궁 소재지로 동서를 잇는 긴 도로가 있었다. "돌로 지은 건물의 벽은 동으로 칠했으며, 밤이면 내부內府에서 가로등에 기름을 넣고 불을 밝혔다." 궁내의 작은 길은 오직 황제의 가마만 오 갈 수 있었다. 처음에는 태양막이가 없었으나 숭정 연간에 전田 귀비 의 명으로 '대자리蓬蔭'를 쳐서 오가는 사람들이 햇볕을 피해 쉴 수 있었다.(『명사明史』)

가街는 행인과 마차들이 다니는 길인 동시에 시장이었다. 양편에 는 점포들이 생선 비늘처럼 빽빽이 늘어서 있었다. 고기원顧起元은 남 경이 "개국 초에 가와 골목을 만들고 물건을 파는 지역이 정해져 있 었다"고 했다.(『객좌췌어客座贅語』) 외국인들도 신기하게 여겨 포르투 갈 상인 페레이라는 복주의 가도에서 "상인과 장인들은 상점 앞에 자신이 파는 물건의 이름을 쓴 큰 간판을 건"(『중국보도』) 모습을 볼 수 있었다. 스페인 사람 라다 역시 "상점은 도로에서 4~5미터 정도 떨어져 있고 앞뒤 두 칸으로 되어 있으며 앞 칸이 점포였다"라고 기 록했다.(『대명제국 관찰기』)

명나라의 첫 수도인 남경은 성내 도로 양쪽에 상점이 있고, 행인 들은 상점 앞 복도 같은 길을 걸어 다녔다. "장안가長安街에서 대중大 中, 삼산三山, 수서문水西門까지 길은 깨끗하고 양쪽에 민가가 있어 매 우 편리했다."(장한張翰, 『송창몽어松窓夢語』) 크루스는 광주의 복도에 대 해 "상점들이 있는 큰 거리가 가장 중요한 곳으로 양 옆에는 천정이 있는 통로가 있다"고 했는데 이렇게 천정이 있는 길을 낭廊이라고 하며, 비와 햇빛을 피할 수 있었다. 중기 이후, 성내의 길 양 옆 주민들이 처마(허첨虛檐, 피첨披檐)를 만들자 점차 "길을 침범"하게 되었다. 상점들은 문을 만들어 주의를 끌고, 세도가 있는 집은 "월대月臺를 높이 세워" 길은 갈수록 좁아졌다.(『신수남창부지』) 어떤 이들은 "과거에 비해 거리는 누에가 뽕잎을 먹어가듯 갈수록 좁아진다"고 불만을 토로했다. (만력, 『복령주지福寧州志』)

큰 도시는 대부분 계획도시여서 가도 양 옆 주민들은 하수구官溝를 경계로 삼아 넘어가지 못하도록 규정했다. 중기 이후, 주민들이 가도를 침범하는 현상이 만연하자 여러 폐단이 등장했다. 하수구가 막혀 장마철이 되면 물이 넘쳤고, 처마가 좌우로 이어지다보니 화재가 발생하면 쉽게 큰 불로 번졌으며, 중하층 주민들은 흙으로 집을 짓는데 천정이 낮아 집안이 어두웠다. 거기에 다시 처마를 설치하니 집안은 더욱 어두워지고 공기가 통하지 않아 쉽게 병에 걸렸다.

가도 양쪽에는 상점들이 참빗살처럼 이어져 다양한 품목을 취급했다. 찻집은 입구에 물이 흘러내리는 듯한 수렴자水簾子(발, 가렴)를 걸었다. 안에는 화로가 있고 오미자차나 신혼부부들이 마시는 화합탕和合湯, 호두와 잣이 들어 있는 차를 팔았다. 술집은 '주酒'라고 쓰인 깃발을 걸었는데, 규모가 큰 술집은 100여 개가 넘는 탁자에 난간은 녹색으로 칠했다. 기생들은 짙은 화장을 하고 난간에 기대어 비파를 타며 노래를 하거나 피리를 불며 손님들에게 술을 권했다. 양고기를 넣은 면을 파는 식당은 면발이 마치 백발처럼 얇았는데, 하루에 잡는 양의 마릿수를 적기도 했다. 마늘이 들어간 산면蒜麵,

고기가 들어간 육내심면肉內尋麵과 만두를 같이 팔았는데 인기가 단연 최고였다. 그 외에 잡화점, 비단 가게, 전당포 등도 있었다.

장사가 잘되는 상점은 소비자들 사이에서 유명해졌을 뿐 아니라 전국을 돌아다니는 객상客商들에게도 신뢰를 받아 입소문을 통해 큰 명성을 얻었다.

도시 문화는 출판 인쇄업의 발전에 힘입은 바 컸다. 수도 북경은 정치, 문화의 중심으로 전국의 유명 출판사에서 출간한 서적들이 다 모였다. 홍씨 노포洪家老鋪는 오랫동안 명성을 떨쳐온 대표적 서점이었다. 한태화韓泰華는 『무사위복제수필無事爲福齋隨筆』에서 이 서점이 서하西河 변에 있었고 주로 『진신치록縉紳齒錄』류의 서적을 취급했다고 기록했다. 『유림외사儒林外史』를 읽어본 사람들은 마이馬二 선생에 대해 깊은 인상을 받았을 것이다. 마이 선생은 당시 유행하던 팔고문八股文의 선가選家(수험생에게 시험 자료를 제공하던 사람, 이른바 일타강사)로 큰 유명세를 떨쳤다. 과거시험이 팔고문으로 인재를 뽑자 시대적 수요에 부응하여 수험서의 인기가 높았다. 유명 선가들은 서점을 지탱해주는 중요한 버팀목이 되었다. 명말, 전국에서 가장 유명한 선가인 여유량呂留良이 출간한 책은 "4000냥의 고가에도 아주 빠르게 팔려 나갔다"고 했다.(왕응규王應奎, 『유남속필柳南續筆』) 만력 연간, 강서의 애남영艾南英, 진제태陳際泰 등의 책도 일세를 풍미해서 소주, 항주의 서점에서는 고액에 이들이 선정한 문장을 싣기도 했다.

전국적으로 유명한 상점으로 소주 고교서편皐橋西偏 부근의 손춘양 남화포孫春陽南貨鋪가 있었다. 점주인 손춘양은 영파寧波 출신으로 만력 연간 동시童試에 응시했으나 실패하자 과거시험을 포기하고 장사에 뛰어들었다. 소주에 작은 가게를 내고 장사를 시작했는데 나중에는 잡화를 취급하는 남북화방南北貨房, 해물 가게인 해화방海貨房, 절인 고기와 육포를 파는 엄랍방腌臘房, 간장 등 양념을 파는 장화방醬貨房과 밀전방蜜錢房, 양초를 파는 납촉방蠟燭房 등 품목별로 6개 점포로 나누어 마치 관아의 육방六房(이·호·예·병·형·공)처럼 운영했다. 구매자가 돈을 내고 영수증만 받으면 전국에 있는 다른 지점에서 물건을 인도받을 수 있어 편리했다. 상품의 질이 좋고 계산이 분명하여 청대까지 234년간 번성했다.(전영錢泳, 『이원류·총화履園柳叢話』) 제향업계에서는 대춘림 향포戴春林香鋪가 제일 유명했다. 여기서 파는 계화유桂花油와 다른 향료들은 소주에서 원료를 가져다 독특한 제조법으로 만들어 다른 가게와는 비교할 수 없을 만큼 독보적이었다. 특히 안식향安息香은 대나무를 3년간 땅에 묻은 뒤에 꺼내 껍질을 벗겨 만들어서 태워도 먼지가 나지 않고 평범한 대나무 기운과는 다른 향내가 가득했다.(손조연孫兆溎, 『화전록花箋錄』)

경쟁이 치열해지자 문을 닫는 점포가 늘었지만 살아남은 점포는 유명세를 타고 백년 상점이 되었다. 망한 점포가 있어도 여전히 새롭게 문을 여는 점포는 꾸준히 늘어났다. 개업 때는 악단을 부르고 폭죽을 터트렸으며 지인들은 과일을 보내 축하했다. 가게 앞에 천막을 치고 제사를 지낸 뒤 영업의 시작을 알렸다. 북경의 정양문 동서 거리에서는 개업 때 3장丈에 달하는 간판에 도금이나 대나무로 상감을 하고, 금송아지, 흰 양, 검은 당나귀 형상을 점포의 상징으로 새

대명제국의 도시생활

겨 넣기도 했다. 술집은 가로로 간판을 걸고, 나무로 만든 양귀비를 걸고 술잔에서 술이 흘러넘치는 모습을 연출해서 분위기를 돋우기도 했다.(주이존朱彝尊, 『일하구문日下舊聞』)

소주는 허세가 강한 지역 풍습 때문에 상점들도 유명무실한 경우가 많았다. 골동품점은 정교한 골동품을 많이 선보였지만 실제로는 가짜가 많아 외지 사람들은 속기 십상이었다. 한 시인은 "상점 안은 그윽한 분위기에 정교한 물품들로 가득했지만, 대부분 진열을 위한 것일 뿐 내실에 숨겨둔 찻물 달이는 작은 화로나 매화 문양이 들어간 돗자리 등 진품은 보여주지도 않았다"라고 읊었다.

청객점淸客店도 유명했다. 점포 안은 텅 빈 채 그저 다구 몇 점만 놓여 있고, 가운데에 커튼을 친 뒤 유명 서예가인 동기창董其昌의 모사품 글씨를 걸어놓았다. 손님들은 한가하게 앉아서 기다렸는데 실제로는 매춘도 알선하는 도박장이었다. "보이는 곳에는 서점이라며 다구와 화분으로 장식했고 향합香盒과 화로, 죽부인에 가짜 동기창 글씨까지 걸어놓았다."

다료茶寮는 일반적으로 밀가루 전병 등을 파는 곳이지만 맛은 별로여서 그저 외지인이나 찾을 뿐이었다. "이곳 전병은 마치 벽돌처럼 단단하고, 짜도 짜지 않고 달아도 달지 않다. 연燕이나 제齊, 진晉이나 진秦에서 오는 외지인들만 있었다."

주관酒館은 쾌락을 찾는 남자들이 풍만하고 교태를 부리는 미녀들을 찾는 곳이었다. 술을 마신다고는 하지만 실제로는 여자를 탐하는 곳으로 술이 목적이 아니어서 술에 물을 타도 크게 개의치 않았다. "반당半塘에 새로 문을 연 곳이 있었는데, 여인들이 여신처럼 교태를 부린다. 경박한 남정네들이 몰려들어 이미 취했어도 여전히 술을 찾는다."

소채점小菜店에서는 매실장, 식초, 맥아당을 섞어 맛을 낸 각양각색의 반찬들을 찬합에 담아 팔았다. "호구虎丘 찬합이 가장 싸서 여러 가지 음식을 먹을 수 있다. 잘게 다져놓아 알 수 없지만 식초나 맥아당을 넣었다."

해물점海味店에서는 새우, 건어물, 소금에 절여 말린 생선 등을 팔았다. "호구에서 새우와 건어물이 나올 때쯤이면, 비바람이 분다. 붕어로 담은 젓갈은 풍미가 있고, 어린 상어와 납줄개(잉어)는 기름에 튀긴다."

돗자리 가게席店도 있었다. "가게 주인 장씨는 자랑만 늘어놓다가 손님이 가격을 흥정하려 하자 저울을 흔들며 돈을 더 내라고 재촉한다."

상인들이 점포를 열고 열심히 장사해서 고생스럽게 돈을 벌지만, 조정과 관청이 필요한 물건을 요구하는 채매采買로 항상 힘에 겨웠다. 관청에서는 아주 싼값에 사려 하고 때로 전혀 돈을 주지 않았다. 물론 아문 근처의 술집 등은 관리들이 주된 고객이었다. 도시에서는 소송 사건이 발생하면 아문의 서리胥吏, 서기 등이 피고를 소환하거나 원고를 부를 때, 아문 근처에 있는 술집을 이용했다. 서리는 '빈賓', 서기는 '주主', 서기의 조수는 '붕우朋友'라고 칭했는데 점주도 같이 동석했다. 사건 심의가 시작되면 은밀히 돈이 오가고 심의가 끝나면 벌떼처럼 달려들어 엄청나게 술을 먹었다. 관리들은 먹기만 하고 돈은 결국 원고와 피고의 몫이었다. 관청에서 부근에 술집을 열지 못하게 하면 외부에서는 모르게 내실에 술집을 꾸미고 성업하다가 시간이 지나면 골목 안에서 몰래 개업하기도 했다.

주민들이 시장에서 바쁘게 오가는 모습과 왁자지껄한 소리가 진정한 도시의 번화한 상징이었다. 어느 도시에나 시장이 있고 시장이 없는 도시는 상상할 수 없었다. 반대로 도시가 아닌 시골에서는 촌락 부근이나 빈터 혹은 도로가 교차하는 곳에 시장이 섰다. 지방지에서는 도시의 방시坊市와 시골 시장인 집시集市를 구분해서 기술했다. 운양부鄖陽府 죽산현竹山縣에는 저구시猪口市, 익구시益口市, 보풍시保豊市가 있었다. 예전 읍지邑志에서는 이들을 방시에 편입시켰으나 새로운 지방지에서는 엄격하게 구별하지 않았다. "'시市'는 도시의 시가 아닌 촌락에서 거래가 이루어지는 곳으로 역시 시市라 불렀다. 이를 방시로 구분하는 것은 잘못이다"라고 했다.(만력, 『운양부지鄖陽府志』)

도시는 주변 지역에서 생활필수품을 공급받았으므로 시장이 없으면 도시가 없고, 도시가 없으면 지역 혹은 전국적 시장이 존재할 수 없었다. 때로 도시 소비의 중요성을 이야기하면서도 가장 가난한 주민도 시장에서 생활필수품을 얻는다는 기본적인 사실을 간과하곤 한다.

『북관야시北關夜市』에서는 항주 북관北關 외곽에 있는 야시장의 모습을 기록했다. "성 북쪽의 시장들은 오랜 역사를 가지고 있다. 청모시靑茅가 바람결에 달그림자를 흔들고, 강사 등롱絳紗籠의 불빛은 봄

기운을 뿜낸다. 친구와 옷소매를 걷어부치고 술 마시다보면, 호수에
서는 돌아가는 사람들의 취한 옷자락이 나부낀다. 거리는 시끄러운
소리에 대낮 같고, 궁궐의 종소리는 울리지도 않았는데 밤은 깊어간
다."(전여성田汝成, 『서호유람지여西湖遊覽志余』) 야시장의 출현은 도시 상
업 발전의 상징이었다. 물론 이런 야시장은 대부분 '귀시鬼市'라 불리
는 암시장으로 주로 도적들이 장물을 처분하는 곳이었다.

　도시의 시장은 주민들이 생활필수품을 얻고 문화 소비를 하는 장
소여서 전국 규모의 전문적 시장이 형성되었다.

　명대에 전국적인 규모를 가진 시장을 갖춘 도시는 북경, 남경, 소
주, 항주 네 곳을 꼽을 수 있었다.

　북경은 전국의 출간물들이 다 모이고, 장서가들이 수시로 소장품
들을 내놓아서 큰 도서 시장이 형성되었다. 대명문大明門의 오른쪽,
예부 문 바깥과 공신문拱宸門 서쪽에 시장이 섰다. 특히 과거 시험이
거행되는 시기가 되면 시험장 앞에도 시장이 열렸다. 꽃이 피는 시기
인 화조절花朝節(일반적으로 음력 2월 초부터 보름까지)을 시작으로, 3일
째부터는 등시燈市(대보름)가 열려 매월 삭망과 하순 5일에 성황묘로
옮겨갔다.

　항주의 도서시장은 진해루鎭海樓 바깥, 용금문湧金門 안쪽, 필교방
弼敎坊, 청해방淸海坊 등지에서 열렸다. 향시鄕試가 열릴 때면 시험장 앞
에 시장이 섰다가 화조절 이후 천축사天竺寺 앞으로 옮겨갔다. 상사
上巳(음력 정월의 첫 사흘) 후 한 달이 지나면 여행객이 붐비는 악분岳
墳(송대 악비 장군의 묘)으로 옮겼다. 불교 서적은 소경사昭慶寺에서 팔

앉는데 승려들이 장사를 주도했다.

남경의 도서시장은 삼산가三山街와 태학 앞, 소주에서는 창문閶門 바깥 오현吳縣 아문 앞에서 열렸다.(호응린胡應麟,『소실산방필총少室山房筆叢』)

북경에는 조전시朝前市, 등시燈市, 내시內市, 궁한시窮漢市, 성황조시城隍廟市 등 5대 시장이 가장 컸고 특히 등시燈市, 내시內市, 조시廟市가 유명했다.

내시內市는 황성 안 자금성 바깥에서 매월 4일, 14일, 24일 열려 특히 사대부들의 관심을 끌었다. "조시廟市만큼 붐비지는 않았어도 다양한 상품들로 풍성했다."(장덕경蔣德璟,『유궁시소기游宮市小記』)

북경의 성황묘시城隍廟市는 서성황묘西城隍廟에서 매월 삭망인 25일 열렸는데 동쪽으로 필교방, 서쪽으로 묘의 공터까지 3리에 이르렀다. 시장이 열릴 즈음이면 사대부들이 즐겨 찾는 각종 서적과 문방사구, 무인들은 무기, 농부들은 농기구, 장인들은 대장간 용구, 부녀자들은 귀금속과 화장품, 완구·불교용품과 악기는 물론 중고 의류까지 진열되었다. "전국에서 큰 것은 마차에, 작은 것은 매고 몰려들었다. 비단만 하더라도 운남, 광동, 복건, 초楚, 오吳, 월越 등 여러 지역에서 왔다."(오부吳溥,「송사훈서군서送司訓徐君序」)

원소절元宵 등축제는 음력 초파일부터 시작해서 보름을 거쳐 동화문東華門 동쪽에서 2리간 이어졌으며 17일에 막을 내렸다. "이·만·민·맥夷蠻閩貊(변방) 오랑캐들의 진귀한 물건, 3대代 8조朝의 골동품, 의복 등이 거래되었다. 3개의 사거리에 4열로 시장이 서서 구시九市가 열린다. 물건들을 구경하다보면 사람을 놓치고 마차는 돌릴 수가 없었다. 성안에는 사람들로 넘쳐나고 상점들이 끝도 없이 이어졌다."(유동劉侗, 『제경경물략帝京景物略』) 풍기馮琦는 『관등편觀燈篇』에서 "5도五都의 귀한 물건들이 모두 연대燕臺(연나라 소왕昭王이 천하의 인재들을 모으기 위해 쌓은 언덕)에 모였네. 거친 바다와 험준한 산을 넘어온 하얀 잔, 은 항아리는 물론, 비취와 진주도 모였네"(손승택孫承澤, 『천부광기天府廣記』)라고 했으니 등축제에 섰던 시장의 번화함을 알 수 있다.

남경은 태조 주원장이 최초로 정한 수도로 북경으로 천도한 이후에는 유도留都라고 불렸다. 남경 사람들은 스스로 "황제가 아끼던 백성龍袖驕民"이라 자부하며[4] 우쭐대고 빈둥거리며 일을 열심히 하지 않아, 양식부터 연료까지 생활용품은 모두 외부에 의존했다. 시장 점포는 외지인들이 열었는데 특히 만력 이후 전당포, 비단 가게, 소금집 등 큰 자본이 필요한 상점은 "외지 출신 부자 상인들이 장악했다."(고기원, 『객좌췌어』)

이렇듯 외지에서 생활용품 공급을 받는 소비지역이라 시장은 더욱 다양했다.

　　대시가大市街: 구舊 천계사天界寺 문 앞으로 다양한 물품 취급

　　대중가시大中街市: 대중교大中橋 서쪽에 위치

4　무명씨, 『劉弘嫁婢』 제4절. "당신은 본래 '용 소매 속의 아끼는 백성龍裏嬌民'이니 조정에서 재상에 오를 것이다."

삼산가시三山街市: 삼산문三山門 바깥의 두문교斗門橋에서 신선 식품 위주로 운영

신교시新橋市: 신교新橋 남북쪽에서 생선·야채 위주로 형성

내빈가시來賓街市: 취보문聚寶門 바깥에서 대나무·땔감류 위주 거래

용강시龍江市: 금천문金川門 바깥에서 연료·석탄 판매

강동시江東市: 강동문江東門 바깥에서 객상 선박들이 쌀·보리 등 양식을 구함

북문교시北門橋市: 홍무문가洪武門街 입구로 거위·생선·채소 취급

장안시長安市: 대중교大中橋 동쪽에 선 시장

내교시內橋市: 구舊 내부內府 서쪽에서 양을 비롯한 가축 거래

육축장六畜場: 강동문江東門 바깥에서 말·소·나귀·노새·돼지·양·닭·거위 등 거래

탑방塌房(상·중·하): 청량문淸涼門 바깥 북쪽에서 비단·면포·차·소금·종이·초 등 판매

초혁협草革夾: 의풍문儀風門 바깥 강변에서 목재 등 취급(『홍무경성도지洪武京城圖志』「가시街市」)

이 외에도 구舊 완곡중院曲中 시장에서는 향낭, 술, 차, 물엿, 반찬, 비파, 피리 등 악기를 비롯한 정교하고 깔끔한 고급 물건들을 취급하기로 유명했다. 가격은 비싸도 사람들은 기꺼이 지갑을 열었다.(『판교잡기板橋雜記』)

북경과 남경의 시장은 다음과 같은 특징이 있었다.

1. 북경 시장은 『주례周禮』 「고공기考工記」의 "앞은 아문, 뒤는 시장前朝後市"에 맞춰 형성되었다.

2. 조시廟市가 정기적으로 열려 종교의 경제적 기능이라는 전통 개념을 반영했다. 북경의 성황묘시 외에 정주鄭州의 약왕묘시藥王廟市와 항주 서호변의 향시香市 역시 비슷한 시장이었다.

3. 시장은 주로 큰길 입구나 다리, 성문 바깥 거리에 형성되었다. 교통이 편리해서 주민들이 지나다니는 인구 밀집 지역이기 때문이었다. 포르투갈인 크루스는 남부의 도시를 지나다가 "다리 위에 주요한 시장이 열려서 각종 생활용품, 특히 식품이 거래되었다. (…) 양안에 배를 대고 많은 양식과 물품들을 운반할 수 있기 때문이었다." 또한 "시장은 주로 성문과 거리의 패방 부근에 섰다"고 기록했다.(『중국지』)

호동(골목)에
들어서다

나무에 비유하자면 가도는 줄기이고 호동胡同은 가지였다. 거리에서는 물건을 파는 사람들과 사려는 사람들이 서로 조금이라도 이익을 얻으려 소란스럽게 떠든다. 호동에 들어서면 이러한 소리는 점차 멀어지고 밥 짓는 연기, 처마 창끝에 매달린 새장, 여치 상자蟈蟈籠 등은 자연의 분위기를 내고, 집집마다 다른 사정들을 간직한 채 세상을 살아가는 또 다른 운치를 보여주었다.

호동 안에 있는 집들은 오랜 시간을 보내며 정으로 얽힌 채, 서로를 품고 있다. 춘하추동을 보내면서 사람들은 일상적이지만 마음에서 우러나오는 인사로 특별한 풍습을 만들어갔다.

명청시대 고증에 따르면 호동의 기원에 대해서는 여러 가지 설이 있다. 명나라 장의張萱는『의요疑耀』에서 "경사 사람들은 항巷을 호동

衙衙이라고 하는데『산해경』에서 그 근거를 찾을 수 있다"고 했다. 일반적으로 농弄이 바로 항이다. 남방에서는 농, 북방에서는 호동이라고 칭하는 것은 방언의 차이였다. 사조제謝肇淛는『오잡조五雜組』에서 원대『경세대전經世大典』을 인용하여 원대에는 '화항火衖(농弄)'이라 했는데 발음이 변하여 '호동胡同'이 되었다고 했다. 어떤 해석이든 북방의 호동이 남방의 농과 같다는 것은 의심할 여지가 없다.

북방 도시에서는 항巷과 호동을 같이 사용하는 곳도 있었는데 역시 의미는 같았다. 소설『도올한평檮杌閑評』 7회에는 위진충魏進忠이 신렴자新簾子 호동에서 춘수椿樹 호동으로 가기 위해 "항에서 모친을 데리고 큰 길로 나갔다"는 내용이 나오는데 역시 항과 호동은 같은 의미였다. 임청臨淸에는 백포항白布巷, 수파항手帕巷 외에 소주호동燒酒胡同, 양모호동羊毛胡同 등도 있었고(강희,『임청주지臨淸州志』) 개봉성에는 단풍항單風巷 제4항第四巷 외에 두부호동豆腐胡同, 선장호동鑯匠胡同의 명칭도 있었다.(『여몽록如夢錄』「가시기제육街市紀第六」)

항의 기원은 매우 일렀다. 강원姜嫄이 후직后稷을 낳은 후 "좁은 골목隘巷에 버렸다"고 했으니 제곡帝嚳 시대에 이미 항이란 명칭이 있었다는 것을 알 수 있다.(왕산빙王山聘,『고금사필고古今事物考』) 익隘과 항은 같이 사용했는데 가街보다 좁은 곳이며, 가의 양 끝에 패방이 있는 것처럼 양 끝에 작은 문인 애문隘門 혹은 나무 울타리인 책柵이 있었다. 명대에는 "사람들 거주 지역 안을 항이라 한다"고 했다.(숭정,『송강부지松江府志』) 항은 큰 길과 인접하고 주민들이 거주하는 조용한 지역을 말했다. 물론 어떤 항은 주거지 외에 수공업을 하는 공방

대명제국의 도시생활

지역으로 유명해진 곳도 있었다. 임청臨淸의 수파항手帕巷에서는 손수
건을 만들었다. 『금병매金瓶梅』 51회에서는 청하현淸河縣에도 수파항手
帕巷이 있는데 "왕씨 가게에서 금박 입힌 비취색의 다양한 손수건을
팔았다"고 했다.

호동과 항의 양 끝에는 작은 문이나 나무 울타리가 있었다. 정통
12년(1447), 감찰어사 유화柳華가 복건성 내의 항마다 작은 문을 설
치하고 "문 위에 징·북·무기·기계 등을 배치해서" 주민들이 밤마
다 보초를 서서 방비했다는 기록이 있다.(장훤張萱, 『서원문견록西園聞見
錄』) 항주에서도 항의 양측에 나무 울타리를 세우고 집집마다 식량
과 돈을 걷어 일꾼들을 고용하여 보초를 섰다.(사계좌査繼佐, 『죄유록
罪惟錄』) 소설 『두붕한화豆棚閑話』 10회에는 밤에 항의 문을 폐쇄하여
행인들이 이용하지 못했다고 묘사하고 있다.

도시에서의 유흥이란 연극과 노래 아니면 도박과 여자였다. 쾌락
을 원하는 사람들이 고정적인 장소에 모이다보면, 도덕적인 지역과
는 자연히 구분되었다.

명대 도시에는 대부분 이런 비도덕적인 지역이 존재했다. 북경에
는 극단이 많고 단원들은 정해진 거주 지역에 살았다. 소곡·현악 연
주단 단원들은 신렴자新簾子 호동이나 구렴자舊簾子 호동에 살았다.
"호동에서 소관小官들이 여자들처럼 희고 곱게 화장을 하고 앉아 농
담을 하거나 노래를 불렀다." 대반大班들은 대부분 춘수椿樹 호동에
살며 "붉은색 천에 극단 이름을 써서 걸었다."(『도올한평』) 염자簾子
호동에 사는 소관들은 미동美童이라 불리며 사대부들의 성적 노리개

대상이 되었으니 동성애나 남창의 대명사가 되었다. 장대의 『도암몽억』에서는 소흥 용산龍山에서 정월 대보름에 "부랑아들이 성황묘 주변의 빈집에서 염자 호동의 미동처럼 꾸미고 있었다"고 했다. 양주에서는 기생들이 사관鈔關 일대의 골목에 살았는데 "입구는 좁고 길은 구불거렸으며 집들이 은밀하게 이어졌다"고 했다.

호동의 주민들은 가깝게 살아서 좋은 관계를 유지했다. 사대부와 돈 있는 상인 혹은 깡패 두목처럼 영향력 있는 인물들은 설사 외부에서는 발호를 하더라도 이웃들과는 평등한 관계를 유지했다. 이웃이 그들의 배경이 되어주었기 때문이다. 서로 공동의 이익이 있어서 조심스럽게 성심을 다해 대했고 속이거나 무리한 행동을 하지 않았다.

이웃들의 사정을 잘 알다보니 숨기거나 속일 수 없었고 어떤 일이 일어나면 피해가지도 못했다. 동네의 입빠른 사람들이 이집 저집을 오가며 말을 전했다. 『금병매』의 운가鄆哥 같은 인물들이 술집, 찻집, 기생집 등을 오가며 어떤 여자가 남자 애인을 키운다거나, 어느 집 남자가 매춘을 했다는 등의 염문을 생생하게 전하곤 했다.

명대 중기 이후, 강남 도시 풍속이 세속적으로 변하면서 노래, 소문, 소곡 등이 유행했다. "사람들은 자기 집 앞의 눈은 쓸어도, 이웃 집 지붕 위의 서리는 신경 쓰지 않는다"는 말은 그야말로 말이었을 뿐 누구 집 아들이 방탕하면 마을에는 바로 소문이 돌고 서로 말을 붙여서 퍼트렸다. 사찰 스님이 여인을 탐하면 쉬쉬하며 스님에게 들킬세라 조심하면서도 풍자 가득한 노래가 돌아다녔다. 『금병매』 9회에 나오는 파락호 서문경西門慶과 반금련潘金蓮이 작당하여 남편 무대랑武大郎을 죽이자 "거리의 모든 사람이 알았지만 서문경의 권세가 두려워 감히 나서지 못하고 사자성어로 소문을 만들어 떠들어댄" 장면처럼 말이다.

동네나 작은 마을에서 이웃들은 친밀하게 서로 협조하며 강한 정으로 뭉치게 되었다. 물질적인 공간에서는 이웃이지만 전통적 집단의식은 찾아볼 수 없는 지금의 모습과는 달랐다.

명대 도시는 중세 도시에서 근대 도시로 향하는 과도기적 단계였다. 이웃들은 여전히 친밀한 관계를 유지하며 왕래했고 명절에는 기쁨을 공유하며 음식을 나누어 먹었다. 북경에서는 새해에 신년을 축하하고 인사를 나눴다.(심방,『완서잡기』) 항주에서는 여름이 되면 '입하차立夏茶'를 서로 선물했다. 일곱 집이 나누었기 때문에 칠가차七家茶라고도 했다.(만력,『전당현지錢塘縣志』) 개봉에서는 2월 초하루 중화절中和節이라 하여 면·과일·고기반찬, 3월 28일 동악묘東岳廟 행사에서는 바삭한 과자·만두·남쪽 과일, 5월 단오에는 종자角黍·산자·생선·마고주麻姑酒(마고는 중국 전설의 장수 여신), 8월 추석에는 월병·수박 등을 보냈다.(『여몽록』「절령예의기제십節令禮儀紀第十」) 이렇게 선물을 보내는 풍습은 친척은 물론 이웃 간에도 있었다.

정덕·융경 이후 하북 보정保定에서는 '타망의打網義'라는 풍습이 유행했다. 서로 나이를 모를 경우, 어른 대접한다며 생일잔치를 열어 축하금 명목으로 돈을 받거나, 아이를 낳으면 딸인데도 아들이라 속이고 잔치를 열어 축하금을 받고, 병이 들었다며 치료비나 의사 답례비 명목으로 돈을 걷고, 이사한다며 잔치를 열고 '방을 따뜻하게 한다'는 명목으로 돈을 받고, 아버지가 아들에게 이름을 지어주거나 별호를 주면서 '자를 축하한다'며 잔치를 열고, 때로는 어떤 명목도 없이 단도직입적으로 '도움을 청한다'며 돈을 요구하기도 했다. 더욱 재미있는 것은 갑이 을의 행사에 빈손으로 가는 것을 '상흠上欠'이라 하는데 다음에 을이 갑의 행사에도 역시 빈손으로 가서 '준장准賬'이 라 했다. 이웃 간의 예절이 이렇게 위선적인 이익 추구의 풍습으로 변질되었다.

이웃 간의 왕래를 더욱 빈번하게 만든 것은 애경사였다. 마을에 서 결혼이라도 있으면 신랑이 지참금을 보내고 신부를 맞이하는 단 계마다 잔치를 열어 즐거움을 나누는데 이웃들은 선물을 보내 축하 했다. 상례는 초상을 준비하는 과정에서 '선회善會' '약約' 등 모임을 통해 도움을 주었다. 하북 진정眞定에서는 "5~6명 때로는 십수 명 이 정기적으로 만나 주동자가 회비를 모았다. 봄에는 기우제를 가을 에는 수확 감사 제사를 올리고, 회원 중 치료비가 필요하거나 상을 당하면 돈을 모아주었다." 또한 상조회 같은 '약'이 유행했는데 10여 가구가 돈을 모아 일을 당하는 사람에게 돈을 모아주었다. 삼베로 만든 수의를 준비했다가 상을 당하면 제공하고, 일을 마치면 다시 돈을 모았다. 상을 당하면 자식들은 수의와 관을 준비하는 것 외에 모임에서 식사, 입령立靈, 명정銘旌(죽은 사람의 관직과 성명을 적어 영전 앞에 세워놓는 깃발)과 손님 접대 등을 처리해주니 정작 자식은 "지팡 이를 들고 울기만 하면 되었다"고 했다.(서패徐霈, 『사례의四禮議』)

이웃 간의 왕래는 주로 부녀자들 사이에 이루어지다보니 예교의

제한으로 그저 한가롭게 시간이나 보낼 뿐 정식 사교활동으로 발전
하지는 못했다. 부녀자들은 '회차會茶'라 하여 차를 마시며 한담을
나누고 정을 쌓아갔다. 절강 오흥吳興에서는 매월 삭망에 부녀자들
이 다과회를 열고 토지신에게 약 30여 잔의 차를 올린 뒤, 마친 다
음에는 "이웃끼리 통음을 했다."(서헌충徐獻忠, 『오흥장고집吳興掌故集』)

부녀자들의 차를 마시는 풍습은 『금병매』 68회에서도 나오는데,
"형수 문文씨와 며느리가 다른 아주머니들과 차를 마셨다." 69회에
서는 형수가 임林씨 아주머니 집에 가서 "차를 마시며 섣달에 향을
피우는 일을 상의했다"고 했다. 이들은 명절이나 청명, 종교 기념일
에 성묘를 가거나 절에 가서 향을 피우고 놀았다.

이러한 교류를 통해 부녀자들은 시야를 넓히면서 다른 사람에게
영향을 미치기도 했다. 당시 유행하던 노래는 "앞집의 언니들과 사
귀었더니 쉽게 마음을 열지 말라고 충고한다. 다른 사람들의 사랑
이야기를 들려주며, 언니들은 몸과 마음을 정결하게 해야 한다고
충고한다"[5]고 했으니 분명 앞집 '언니들'의 영향을 받은 것을 말해
주었다.

종교 행사에는 이웃끼리 '향회香會'를 조직해서 향을 피우러 갔다.
북경에서는 매년 3월 28일이 동악신 생신이었다. 지역마다 우두머
리가 있어 월회비를 걷어 관리했다. 당일이 되면 '배향묘拜香廟'라 하

---

5   馮夢龍, 『山歌』 「學樣」, "對門隔壁個姐兒儕來搭結私情, 得教奴弗動心. 四面桃花
      我看子多少個樣, 那教我靛池豁浴一身青."

여 악대와 깃발을 앞세운 뒤, 머리에는 갑마甲馬라 부르는 종이를 두르고 무리를 지어 동악묘에 참배를 갔다. 부녀회도 마찬가지다.(심방, 『완서잡기』) 이웃끼리의 불교 모임은 소설에서도 보인다. 『선진일사禪眞逸史』 21회에서는 섣달 그믐날, 장태공張太公 집에서 태세령제군太歲靈帝君 동상을 새로 만들어 "매일 불경을 읽는 신자들이 집에 와서 염불을 했다"고 했는데 바로 불교 모임을 말하는 것이었다. 향을 피우는 모임은 '향사香社'라고 했는데 산동 연주兗州에서는 "사람들이 모여 동쪽의 태산, 남쪽의 무당산에 참배했다. 100여 명이 무리를 이루어 가니 향사라 했다."(만력, 『연주부지兗州府志』) 향회나 향사 모두 이웃 간의 종교 모임으로 지역의 집단의식을 반영했다.

도시 사람과 시골사람

　루쉰의 소설『아Q정전』에는, 시골에 살던 아Q가 도시에 가서 사람들이 등받이가 없는 긴 의자인 장등長凳을 조등條凳이라 하고, 생선을 튀길 때 시골처럼 긴 파를 그냥 반으로 뚝 잘라서 넣지 않고 가늘고 길게 써는 것을 보고 당혹해 하는 모습이 나온다. 아Q는 관청에 가서는 겁에 질려 동그라미 하나도 그리지 못했다.

　소설의 시대 배경으로부터 보자면 아Q는 청말 농민의 전형적인 모습이었다. 오랜 전통 때문에 시골에 사는 농민들의 현실적 인식은 변하지 않고 매우 느렸는데, 명대 농민 역시 비슷했을 것이다.

　도시 사람들은 완전히 달랐다. 다양한 사람과 접촉하면서 시야를 넓히고 경험을 통한 지식이 많았다. 북경에서는 부녀자가 관가의 가마를 만나도 길을 비키지 않았다. 한 이부상서가 가마를 타고 장안

가를 지나다가 얼굴에 두건을 두른 노파와 부닥쳤는데 노파가 비켜
서지 않자 가마꾼들은 남자로 오인해서 "소리치며 밀치려 했다." 그러
자 노파가 두건을 벗어 던지며 상서에게 말하길 "내가 북경에 50여
년을 살며 본 것이 얼마인데 당신 같은 개미 관리蟻子官 따위가 위세
를 부리는가?"라고 쏘아부치더니 고개도 돌리지 않고 가버렸다.(주국
정朱國楨, 『용당소품涌幢小品』) 노파가 이부상서를 '개미 관리'라고 치부
할 정도이니 도시 부녀자들의 눈높이가 어느 정도인지 알 수 있을
것이다.

도시 사람들은 과연 어떤 모습으로 살았을까? 다양한 군상들의
모습은 눈이 어지러울 정도였는데, 이들을 통해 도시의 모습을 살펴
보자.

- 휘주 상인: 평범한 모습에 근검 소박하고 동전 한 푼도 헛되게
쓰지 않았다.
- 상공相公: 기개가 있고 넓은 도량을 자랑하며 잘 차려입어 상
공이라 불렀지만 실제로는 한가로이 거리를 거니는 남자일 뿐이
었다. 풍자시打油詩에서는 "행동거지가 당당하고 기세가 웅장하
며, 온몸을 비단으로 감쌌지만 허세로 가득하다. 무뢰한이 될
것이 뻔하나 지금은 상공이라 칭해준다"라고 읊었다.
- 후생後生: 온몸에 비단을 두르고 유명세를 뽐내지만, 그저 교
만을 떨며 세월을 보내는 경박한 자들이었다. 풍자시에서는 "경
박하고 교만하며, 고급 비단에 수놓은 신발을 신었다. 좋은 모

자에 보조개를 자랑하고, 부채를 흔들며 수건으로 땀을 훔친
다"라고 읊었다.

- 효자孝子: 초상이 끝나면 마치 혼사를 마친 것처럼 매일 술에
취해 살았다. 풍자시에서는 "효자들이 매일 황탕黃湯(술)을 마시
니 얼굴은 마치 동관대왕東關大王(관우)처럼 붉다. 대나무 지팡이
를 들고 울다가 대부분 거리에 자빠져 있다"라고 읊었다.

- 청객淸客: 멸편蔑片, 홀판忽板, 노백상老白賞이라고도 하며 기생집
에 얹혀살면서 관리들이 기생과 놀 때 같이 술을 마시며 분위기
를 맞춰주었다.

- 젊은 기생時妓: 우아하게 화장을 하고 인기가 오르면 청객들은
물론 오입쟁이들이 파리떼처럼 몰려들었다. 풍자시에서는 "매일
화장을 새로이 하고 머리에는 기름을 잔뜩 발랐다. 취교翠翹(물
총새 깃 모양의 머리장식)가 옆머리를 하늘로 올려주니, 무소뿔 비
녀가 2촌이나 나왔다"라고 읊었다.

- 늙은 기생老妓: 이미 나이를 먹어 화장을 해도 찾아주는 사람
이 없고 청객들도 모른 체하니 스스로 호객을 해야 했다.

- 노룡양老龍陽: 도시는 매일 새로운 유행을 좇는 곳이라 후생들
의 동성연애도 흔했다. 풍자시에서는 "근래 남색을 찾는 유행이
번져, 기괴한 모습의 남자들이 출현했다. 느끼한 입담을 늘어놓
으며 도박장의 분위기를 한층 문란케 했다"라고 읊었다.

- 승려: 지식이라 할 것도 없이 몇 글자 겨우 익혀 부처상 밑에
서 경전을 외웠다. 선禪을 한다고 잘난 체 하는 사람들 앞세워

큰 스님 행세를 했지만, 육식은 물론 음주·간음 등 못하는 일이 없었다. 풍자시에서는 "승려들에게 도박·음주·축첩은 일상적인 일이 되었다. 근래는 아문과 결탁하거나 부잣집에 빌붙는 일도 심해졌다"라고 읊었다.

- 거지花子: 흐트러진 머리와 때가 낀 얼굴, 남루한 옷을 입고 사찰이나 묘회廟會를 들락거리며 구걸했다. 풍자시에서는 "단정치 못한 용모에 가진 것이 없고 남루한 옷차림에 어깨가 드러났다. 하루 종일 절 앞에서 동전 한 닢만 달라고 외치고 있다"고 읊었다.

도시 사람들이 시골 사람들과 근본적으로 다른 점은 무엇이었을까. 도시와 시골 문화는 양극단으로 달랐다. 양자에게는 각자 특수한 이익, 흥미, 특유의 사회조직과 인성이 있었다. 그렇지만 상호 대립과 보완관계가 존재했고, 영향을 미치지만 대등한 관계는 아니었다.

생활의 차이가 '도시 사람'과 '시골 사람'을 만들고 인격적으로도 차이를 보였다. 도시 사람들이 인과론적이고 이성적이라면 시골 사람은 자연 친화적이고 풍부한 환상을 가지고 있었다. 도시 사람들의 행동양식은 '이익'이라는 명확한 목표에 맞춰져서 큰 상인들은 더 많은 이윤을 추구하고 작은 상인들도 조금의 이익이라도 얻기 위해 하루 종일 바쁘게 움직이니 도시는 바쁘게 돌아갈 수밖에 없었다. 물론 도시에도 청객·한량처럼 한가한 사람들도 있지만, 이들의 '한

대명제국의 도시생활

가함閑'은 노동자나 직업이 있는 사람에 대해 상대적인 것으로 이들 역시 생계를 위해 열심히 뛰어다니며 일을 도모하기에 바빴다. 시골 사람은 보수적이어서 모든 게 순리대로 움직였다. 농민의 노동은 날짜로 계산되는 것이 아니라 사계절 절기에 맞추어 파종, 재배, 수확, 저장 등이 자연스럽고 질서 있게 진행되었다. 하늘에 의지해서 살다가 연말이나 명절에 제사를 통해 풍년을 축하하고 새해에도 오곡이 풍성할 것을 기도하다보면 자연히 하늘과 미래에 대한 환상으로 가득 차게 되었다.

명대에는 인구 유동이 갈수록 가속화되었다. 장인들은 이곳저곳을 옮겨 다니며 새로운 기회를 찾았다. 도시는 '잡일' '요리' 등을 할 수 있는 자들의 노동 시장이 있어서 직업에 따라 부분적이나마 자유가 있었다. 이를 통해 다양한 기회를 경험하며 자기에게 더 적합한 직업을 찾고 능력을 발휘해서 돈을 벌었다. 도시에서는 거지가 구걸하거나, 양아치들이 사기 치는 것도 일종의 생존 방식으로 직업적 성격과 나름의 질서를 가지고 있었다. 도시에서는 생존과 직업을 선택할 수 있는 자유가 있었다. 직업을 찾지 못해도, 실업자로 빈둥거릴 자유가 있었다. 농촌에서는 태어나면서부터 농민이고 평생 농민으로 살 수밖에 없었다. 농민은 존재이고, 정체성이며 바꾸기 힘든 규정이었다. 농민에게는 선택의 여지가 없었다. 농사라는 노동은 그들이 선택한 것이 아니라 태어나면서부터 받거나 선대부터 계승된 것이며 역시 자연스럽게 후대로 물려주는 것이었다.

인구 유동이 많아지자 사람들은 더욱 많은 정보를 접할 수 있었다. 도시 사람들은 자연의 변화 속에서 땅 지키기에 목을 매는 시골 사람들과는 달랐다. 기초적인 비교에서도 양자의 차이는 분명했다. 한쪽은 교육을 받지 못해 언행이 서툴고 굼뜨며 차림은 언제나 누추하고 어두웠다. 다른 쪽은 교육 여부와 상관없이 세상 경험을 통해 우아한 언행에 깨끗한 차림, 내뱉는 말마다 도리에 맞고 경쾌하며 안정된 모습을 보였다.

도시 사람은 경박하고 천박해서 신뢰감을 주지 못했다. 허세 가득한 환경에서 생활하다보니 교활하고 그럴듯하게 꾸며야 인정을 받아 성실함은 부족하다는 인상을 주었다. 농부들은 날씨, 계절, 토지, 작물, 가축 등 자연환경 속에서 살다보면 꾸미려야 꾸밀 수가 없었다. 자연을 벗어나 인공적 환경에서 사는 도시 사람들은 마치 시장에서 가축을 파는 상인처럼 자연과 직접 접할 기회가 없었다. 도시는 대부분 남을 속이거나 타인을 우롱하면서 살아가는 곳이었다.

도시 사람들은 시골 사람을 무시하고 속이려 했다. 시골 사람을 우둔하다고 여겨 '시두柴頭(나무꾼, 북경 사투리)' '시두豺頭(승냥이)' '표자杓子(우둔한 자)' '간두艮頭(고지식한 사람, 항주 사투리)' '주두酒頭(술꾼, 가흥 사투리)' '아두鵝頭(거위 대가리, 소주 사투리)'라고 불렀다. 도시의 사기꾼, 양아치들은 농민의 가난과 무지함을 이용해서 그들을 속이고 아내와 자녀들을 팔아넘겼다. 하남 여령부汝寧府 고시현固始縣에서는 과부를 전문적으로 납치·매매하는 무리들이 있었다.(가정,『고시현지固始縣志』) 가정·융경 연간 광동 동완東莞에서는 1000여 명의 여자를 납치해서 오문澳門(마카오)의 포르투갈 사람들에게 첩으로 팔아버리는 일도 있었다.(엽권葉權,『현박편賢博編』 부록「유령남기游岺南記」)

　도시 사람들은 소송을 좋아해서 작은 분란만 생기면 마치 아이들 놀이처럼 바로 소송을 걸었다. 조두刁頭(교활한 무리), 헐보歇保(소송 중재인)들이 전문적으로 민간 소송에 개입했다. 농촌에서는 지역 풍습이 특별히 소송에 민감한 지역을 제외하고는 농민들은 평생 관리를 만날 기회조차 많지 않았고, 만나도 7품 이하의 하급관리들이 대부분이었으며, 관리들의 행차에 길을 비키라는 징소리만 들어도 놀라서 피하곤 했다. 그래서 "관청의 문은 언제라도 열려 있지만, 이치에 맞아도 돈이 없으면 들어가지 않는 것이 좋다"라는 말이 유행했다.(전예형田藝衡,『유청일찰留靑日札』) 농민들은 일이 발생하지 않는 것을 바라고, 소송은 더욱 익숙하지 못해 분란이 발생하면 마을의 어른들이 중재하는 것으로 마무리 짓곤 했다.

　도시와 시골은 환경의 차이로 인해 심리적인 격차도 컸다. 도시 사람들은 농민을 무시하고 경멸의 대상으로 삼았다. 특히 강남의 도시는 사치가 심하고 인간미도 없어 '본래의 모습에 충실'한 농민을 비웃고 멸시했다.(서헌충,『오흥장고집』) 소시민들도 허황함에 가득 차 본업에 충실하지 않으면서도 시골 사람들을 "힘만 쓰는 무능한 존재"로 치부했다.(『오잡조』) 시장의 무뢰배들은 더욱 농민들을 '뚱뚱하고 胝胼 우둔한 자들이라 무시했다.(하교원何喬遠,『명산장名山藏』) 만약 시골에 사는 사람이 외출도 잘 하지 않고 평생 도시에 가보지도 못했을 경우 "그의 가족은 물론 이웃들조차도 무시했다."(강희,『휘주부지徽州府志』)

프랑스 역사학자 페르낭 브로델은 "모래시계가 몇 번 바뀌면 도시는 시골을 도시화시키고, 시골은 도시를 시골화시킨다"라고 했다.(『15~18세기의 물질문명과 자본주의』) 도시와 시골은 물과 기름처럼 완전히 분리된 것이 아니고 떨어져 있으면서 의지하며, 분할과 집합을 거듭하는 상호 의존의 관계였다.

도시는 농촌의 노동력이 필요했다. 명대 중기부터 농촌 인구가 분화되면서 점차 도시로 유입되어 노동력을 제공하자, 양자 사이에 문화 교류도 빈번해졌다. 농촌 인구의 분화는 농촌의 토지 겸병으로 인해 갈수록 심해졌다. 가정 40년(1561), 급사중 주시언周詩言은 지방의 토호들이 "끝도 없이 많은 토지"를 소유하고 온갖 악행을 자행해서 세금과 요역을 피해갔지만 농민들은 "토지세가 무거워서 토지를 함정으로 여겼다"며, "돈이 있는 사람들은 장사를 했고, 가난한 사람들은 가산을 팔아 노동시장으로 몰린다"고 토로했다.(『세종실록』) 부자들은 도시와 시골을 오가면서 장사를 해서 실제로 농업 노동에서 벗어났고 가난한 사람들은 노동시장에 나가는 것을 통해 농업 노동에서 부분적으로나마 벗어나 도시의 평민이 되는 준비를 했다.

농촌에서 분화된 사람들은 지방관리의 하인, 아문의 잡역이 되거나, 장사 혹은 빈둥거리며 생계를 유지할 수 있는 출로를 찾았다.(하양준何良俊, 『사우재총설四友齋叢說』) 후자의 두 역할은 도시 상공업과 연계되어 도시 평민이 되는 준비 과정이 되었다. 인구 분화는 토지 겸병, 세금 가중 등의 원인이 있었지만 농촌 인구가 과밀해져 생계에 위협을 받자 타지 도시로 이주하며 무위도식층을 형성하기도 했다.

　　　대명제국의 도시생활

절강의 소흥紹興, 금화金華, 강서의 무주撫州 지역이 대표적이었다. 인구가 급증해서 토지가 부족해지자 결국 객지를 떠돌게 되었다. 비교적 행동이 기민한 자들은 도시에 와서 "하찮은 일胥辦"을 하거나 작은 장사를 했다. 강서 무주撫州는 지역은 좁고 인구가 많아서 별다른 재주가 없거나 외부로 나가지 않으면 생계가 어려웠다. 결국 타지로 나가 풍수나 점을 배우고, 의사를 수행하거나 수레를 만들거나 목공 일에 종사했다.(『광지역』) 생존을 위해 어쩔 수 없이 고향을 떠나 타향을 전전하지만, 어느 정도 생활이 안정되면 고향을 찾는 것은 당연한 일이었다. 즉 농촌 인구가 도시에 유입되어 도시민이 된 이후에도 농촌과 관계가 단절된 것은 아니었다.

전통적 농민 의식은 도시민이 되어서도 뿌리 깊게 남아 있었다. 비록 토지의 속박에서 벗어났지만 여전히 농민 의식에서는 벗어나지 못했다. 문화적 취향에서도 양자는 비슷한 점을 보였다. 관청이 주도하는 제사보다는 민간에서 유행하는 종교에 더욱 큰 관심을 보였다. 도교·불교와 더불어 다양한 민간 신앙이 유행한 것이 좋은 예다. 공자·맹자 등 성현을 받드는 유가 경전보다는 민간에 유행하는 희곡, 소설, 민요 등에 흥미를 느껴 양산박 등 무림 이야기에 관심을 보이고 관우 등 충절을 지키는 인물에 절대적인 신뢰를 보냈다. 다시 말하면 도시인이 되어 이미 토지를 떠났어도 커다란 문화 환경을 떠날 수는 없었다는 것이다.

동시에 농촌도 도시와 유리되지 못해서 도시에서 부분적인 도움을 받았다. 특히 새로 생긴 많은 시진은 농촌에 적지 않은 충격을 주었다. 시진의 인구가 급증하고 상업이 발달하자 많은 타지 상인이 몰려들었다. 도시와 거리가 멀지않은 농촌의 농민들도 도시에서 불어오는 바람을 느낄 수 있었다. 시장에서 경쟁이 치열해지자 시골 생활에 싫증을 느낀 농민들에게도 도시로 이주할 수 있는 새로운 기회가 주어졌다.

제2장

일
상
생
활

궁정의 차림새와 민간의 차림새

　도로와 건축이 도시의 외관이라면 복식은 도시에 사는 사람의 얼굴이다. "습관은 사람마다 다르다"는 속담이 있듯 관심과 사회 등급의 차이가 사람들의 복식에서 재료나 스타일, 크기와 색깔 등의 큰 차이를 만들어냈다.

　사람들은 유행을 추구하지만 모두가 그런 것은 아니다. 사회에는 귀천과 등급 질서가 분명해 부귀한 사람은 고급 비단을 입을 수 있으나, 평민들은 무명옷에 짚신을 신고 심지어 헐벗기도 한다. 명대의 도시 사람들, 특히 중기 이후에 오면 개인의 기호와 재력, 풍속에 따라 복식 문화는 천차만별의 모습을 연출했다.

귀천유별

홍무 원년(1368) 어느 날, 수도 남경은 여느 때와 다름이 없었다. 한 무리의 군인과 젊은이들이 짧은 장화에 금실로 장식한 화려한 차림으로 공놀이를 하고 있었다. 갑자기 관리들이 들이닥치더니 이들을 쇠사슬로 묶어 치안을 담당하는 병마사兵馬司로 압송해갔다. 조정에 보고하는 등의 절차를 거쳐 이들은 모두 다리를 절단하는 형에 처해졌다. 이들은 일시적으로 흥에 겨워 복식의 규정을 어겼던 것뿐인데 엄격한 법을 적용해 다리를 잘랐으니, 놀이의 대가로는 너무나 혹독했다. 태조 주원장이 제정한 법령부터 살펴보자.

원 세조가 대막大漠에서 병사를 일으켜 중원을 통일한 이후 전통적인 의관 제도는 사라졌다. 오랑캐 풍습胡俗의 특징은 사대부·신사士紳·서민을 막론하고 머리는 묶어 추계椎髻(가르마 없이 토끼처럼 만듦)를 하고, 의복은 고습袴褶(융복을 입고 말을 탈 때에 두 다리를 가리던 아랫도리)·착수窄袖(좁은 소매)·변선요습辮線腰褶(치마의 말기)을 하도록 했다. 부녀자들은 좁은 소매에 짧은 상의와 치마를 입었다. 원이 무너지고 명이 들어선 홍무 원년, 태조는 당나라의 의관제도를 회복한다는 조서를 내렸다. 사신·백성은 모두 상투를 틀고 조정 관리들은 오사모烏紗帽를 쓰며 원령포圓領袍(깃을 둥글게 하여 만든 도포)에 요대를 두르고 검은 신발을 신도록 했다. 사신·백성은 사대건四帶巾을 쓰고 황색·검은색을 제외한 반령의盤領衣를 입었다. 궁중 음악을 담당하던 교방사教坊司 악공들은 청색 만卍자 정건頂巾을 쓰고 붉은색과 녹색 비단 띠를 둘렀다. 사신과 백성 부녀자들에게는 금·은 도금 장신구가 허용되었다. 귀고리는 황금에 진주를 사용하고, 팔찌·발찌는 은을 사용할 수 있었으며 옅은 빛깔의 단삼團衫에 모시·생사·명주를 사용할 수 있었다. 노래하는 기생들은 명각관明角冠을 쓰고, 배자褙子를 입었지만 일반 서민 부녀자들과는 구별되었다.(『태조실록』)

태조는 재료·스타일·크기·색깔 등으로 복식의 등급 제도를 정하고 다른 등급에서 혼용하거나 위반할 경우 엄하게 처벌했다.

복식 재료에서 왕공 귀족·관리들만 수를 놓은 비단·모시·능라綾羅 등 고급 옷감을 사용하고, 서민 백성은 비단, 소사素紗(무늬 없는 명주)를 입었다. 장신구에서도 황제 후비后妃와 봉호를 받은 귀족 부인命婦들은 금·옥을 쓸 수 있었다. 일반 부녀자들도 처음에는 황금·진주 귀고리에 팔찌·발찌와 다른 장식품은 은이나 도금한 금만을 쓰도록 했으나 훗날 더욱 엄격해져 은만을 사용할 수 있었다. 홍무 6년(1373), 관리와 서민 복식 재료에 관한 상세한 규정이 반포되었다.

1~2품관은 잡색 무늬 비단·능라·자수, 모자엔 옥구슬.

3~5품관은 잡색 무늬 비단·능라, 모자엔 금과 진주 등 기타.

6~9품관은 잡색 무늬 비단·능라, 모자엔 은·마노·수정·향목.

서민 백성은 주단·견·사紗·포布, 두건에 장식 불가(금·옥·마노·산호·호박 등).

연사掾史·영사令史·서리書吏·선사宣史·주차奏差 등 하급 관리와 부임 준비중인 관리는 서민과 마찬가지로 수정·향목 등을 달수 없음.

교위校尉는 속대·두건·신발에 꽃과 상아를 조각한 끈을 매고 다른 것은 서민과 같음.

(『태조실록』)

복식은 자신의 신분에 맞아야 하고 등급을 뛰어넘을 수 없었다. 관리의 옷차림은 상술한 것처럼 오사모를 쓰고 원령포를 입었으며, 허리에는 요대를 차고 검은 신발을 신었다. 원령포의 자수는 품급의 고하를 나타냈는데, 동물 도안을 주로 사용했다. 여기엔 「복색가服色歌」가 있어 구분이 가능했다. 「문관 복색가」는 아래와 같다.

1~2품은 선학과 금계錦鷄

3~4품은 공작과 기러기

5품은 흰 꿩

6~7품은 백로와 비오리鸂鶒

8~9품은 메추리와 참새

도찰원은 풍헌아문風憲衙門, 즉 법 집행으로 관리들의 기강을 잡는 기관이어서 해태를 그렸다. 「무관 복색가」는 아래와 같다.

공후, 부마는 기린, 백택白澤(상상의 동물) 가죽옷

1~2품은 사자

대명제국의 도시생활

3~4품은 호랑이와 표범

5품은 곰

6~7품은 작은 호랑이

8~9품은 해마에 코뿔소 무늬

(거곤옥璩昆玉, 『고금류서찬요古今類書纂要』)

이 외에 두 가지 특수한 규정이 있었다. 1품에서 6품까지 관리는 4개의 발이 있는 구렁이로 금수金繡를 놓은 것, 공훈이 있는 집안에서 적법하게 계승한 적장자는 문관 복장인 오사모와 요대를, 나머지는 무관 품계에 맞는 복색을 사용했다.(『태조실록』)

교관敎官은 문관 계통에 속했지만, 사람을 교육하는 사표로서 존중을 표하기 위해 다른 규정을 두었다. 처음에 부주현 학관은 아직 관직에 나가지 않은 사대부들과 같았고, 음양·의학 등 기술 분야는 관과 요대를 했다. 홍무 26년(1393), 태조는 학교 훈도訓導도 관과 요대를 할 수 있도록 했다.(『태조실록』)

홍무 연간에는 관리가 되기 위한 예비 인력인 생원·공생의 복색도 규정을 두었다. 홍무 24년(1391), 공부工部에 생원의 두건과 복식을 정하도록 명한 뒤, 세 번의 변화를 거쳐 복식이 정해졌다. 생원은 머리에 연건軟巾, 허리에는 띠垂帶를 두르고 난삼襴衫을 입었다. 난삼은 당나라 사람 마주馬周가 삼대 때 입었던 포심의布深衣에 난襴과 치마를 더한 것이었다. 명나라 생원들의 난삼은 다섯 가지 색의 견포絹布로 만들었으며, 소매는 넓고 짙은 녹색이었다.(『태조실록』) 명대 구제도에서는 생원이 추천을 받아 국자감에 입학한 후에도 복색은 변함이 없다가 관직을 받은 후에 명복命服으로 바뀌었다. 홍무 연간, 감생監生에게 햇볕을 가릴 수 있는 모자를 쓰도록 허용했다. 이는 거인원모擧人員帽라고 불렸으며 당나라의 석모席帽, 송나라의 중대重戴와 유사했다. 거인 감생들은 가끔 이 모자를 몰래 써서 생원 감생과 차별을 시도했다. 홍희 연간, 감생의 남색 옷을 청포靑袍로 바꿨다.(축윤명祝允明, 『야기野記』, 서복조徐復祚, 『화당각총담花當閣叢談』)

영사令史·전사典史는 잡류 관직이라 자기만의 복식이 있었다. 이전에는 오군도독부의 연사掾史와 육부도찰원의 도사都史, 각 도의 서리書吏들도 두건을 썼는데 일반 백성과는 달랐다. 홍무 30년(1397), 영사·전사는 '이건吏巾'을 쓰도록 했다.(『태조실록』)

승려와 도사도 등급이 엄격했고 복색도 관리·서민과 달랐다. 홍무 15년(1382), 승려는 선禪·강講·교敎 세 등급으로 나누었다. 선승은 다갈색 일상복에 푸른색을 두른 옥색 가사, 강승은 옥색 일상복에 짙은 붉은색을 두른 연홍색 가사, 교승은 검은색 상복에 검은색을 두른 연홍색 가사를 입도록 했다. 승려를 관장하는 승록사僧錄司 관리들의 가사는 녹색 문양을 두르고 금선으로 장식했다. 도사는 청색 법복에 조의朝衣는 붉은색을 입었다. 도사를 관장하는 도록사道錄司 관리는 법복과 조의의 가장자리에 금선 장식을 넣었다.(『태조실록』)

무관 외에 병사들의 복장도 규정이 있었다. 홍무 원년에 병사들의 전투복은 '원앙전오鴛鴦戰襖'라 불렀다.(『태조실록』) 이 전투복은 안과 밖의 색깔이 달라 수시로 뒤집어 입을 수 있어 붙여진 이름이었다. 홍무 21년(1388), 위소에 근무하는 병사들의 복색을 새롭게 바꿨는데 황제 가마를 이끄는 기수는 붉은색 조끼를 입고, 투구와 갑옷은 예전과 같았다. 다른 위소 군사들도 붉은색 조끼를 입었는데, 조끼는 무릎까지 내려왔고 소매는 좁았으며 안에 면화를 넣었다. 영락 연간, 수도 위소 군사들은 겨울에 여전히 면화·면포로 만든 전투복을 입었다. 그런데, 각 위소에 있는 달단(몽골) 군관들은 우대를 받아 비단을 입었고 도독·지휘관은 금저사의金紵絲衣를 입었으며, 천백호 千百戶·위소 진무鎭撫는 저사능의紵絲綾衣를, 사인두목舍人頭目은 견주의 絹綢衣, 일반 병사는 조끼·바지, 신발을 신었다.(『태조실록』)

홍무 5년(1372) 2월, 문무관리 부인들의 복식을 제정했다. 부녀 복식은 겉옷·하피霞帔(목에서 앞가슴까지 덮는 어깨 덧옷), 하피 위에 금으로 수를 놓아 신분의 차이를 나타냈다. 민간 부녀자들은 소박한 염색 외에 절대 무늬를 수놓을 수 없었다.(『태조실록』) 9월에 다시 예복 규정을 반포했다. 예복은 붉은 비단으로 원삼圓衫을 짓고, 꿩을 수놓아 등급을 표시했다. 1품은 9등, 2품은 8등, 3품은 7등, 4품은 6등, 5품은 5등, 6품은 4등, 7품은 3등이고 나머지는 수를 할 필요가 없었다.(『태조실록』) 홍무 24년(1391), 명부 관복에 대한 규정을 반포했다.

공후 백작 명부는 1품 명부와 같이 붉은색, 큰 소매의 적삼衫을 입는다. 2품에서 5품까지는 붉은색 저사紵絲, 능라綾羅를 입는다. 6품에서 9품까지는 능라綾羅, 주견綢絹을 입도록 했다. 하피 조끼는 짙은 청색 비단을 사용하고 공후公侯와 1·2품 부인들은 금으로 구름 위의 꿩을 수놓고, 3·4품은 금으로 공작을 수놓고, 5품은 원앙을 수놓고, 6·7품은 명주로 참새를 수놓고, 8·9품은 꽃을 수놓았다. 장신구는 1~4품까지는 금이고 5~9품까지는 금을 도금한 은을 사용했다. 등급이 다르면 설사 재료가 같을지라도 숫자를 다르게 해 구분했다.(『대명회전大明會典』)

이 외에 아직 출가하지 않은 규중의 부녀 복식에도 규정이 있었다. 송대 제도를 따라 20세 이전에는 별다른 규정이 없지만 이후에는 비녀를 했다. 홍무 5년(1372), 규방의 부녀들은 머리를 세 번 틀어 올리고(소계小髻), 금비녀와 두건, 폭이 좁은 조끼를 입도록 했다.(『태조실록』)

명대 복식제도는 신분의 고하 질서 외에 양천良賤이라는 중요한 기준이 있었다. 배우·악사·기생 등은 천민으로 서민보다 등급이 낮았다. 태조는 남경에 유흥업소인 부락원富樂院을 세우고 남자는 녹색 두건, 붉은색 요대, 돼지털이 달린 헝겊신을 신도록 하고, 기생들은 검은색 관에 검은 조끼를 입고 외부 출입 시에 화려한 복장을 할 수 없도록 했다.(『객좌췌어』) 앞에서 언급했듯, 초기에 악공들은 청색 만卍자 정건을 쓰고 붉은색과 녹색 비단 띠를 둘렀지만 악기樂妓들에게는 명각관明角冠(동물의 뿔 모양으로 만든 흰색 관)을 쓰고 검은색 조끼를 입도록 했다. 고기원의 기록은 이와 조금 차이가 있는데 그 변화 과정을 설명했다. 홍무 21년(1388), 교방사 악기들은 관과 조끼를 착용하지 못하도록 했는데 배우와 악사·기생 모두 사회 최하층으로 복식을 통해서 서민과 구별하기 위해서였다.

복식의 치수에도 일정한 규정이 있었다. 명대는 옛 제도를 숭상해서 옷을 넉넉하게 입는 것을 좋아하고, 짧고 좁은 것을 반대했다. 문관은 땅에서 1촌까지 내려오도록 입었고, 소매 길이는 손을 돌리면 손 밑까지 내려왔고, 소매 폭袖椿은 1척尺, 소맷부리袖口는 9촌寸이었다. 공후·부마의 옷도 문관과 같았다. 기민耆民·유사儒士·생원은 문관과 같았지만 소매가 조금 짧아서 손을 되돌리면 3촌 정도였다. 서민은 지면에서 5촌, 소매 길이는 손을 넘겨 6촌, 소매 폭은 1척, 소맷부리는 5촌이었다. 무관은 지면에서 5촌, 소매 길이는 손을 넘겨 7촌, 소매 폭은 1척, 소맷부리는 겨우 주먹이 나갈 수 있을 정도였다. 군인은 지면에서 7촌, 소매 길이는 손을 넘겨 5촌, 소매 폭은 1척, 소맷부리는 겨우 주먹이 나갈 수 있을 정도였다.(『태조실록』)

이러한 복식 치수 규정은 다음과 같은 의미가 있다. 첫째, 옷과 소매의 길이, 소매의 폭, 소맷부리의 크기로 관리와 백성의 신분을 구별해서 관리는 길고 넓게, 백성은 짧고 좁게 하도록 했다. 이는 청말 민초까지도 계속되어 벼슬아치搢紳를 '아관박대峨冠博帶(높은 관과 넓은 띠라는 선비의 의관을 이르는 말)'라 하고, 일꾼들은 '단의방短衣幇(짧은 옷을 입은 사람들)'이라 했다. 둘째, 문무관의 구별을 두었다. 무관·병사들의 의복은 실용성을 고려해서 문관보다 짧았다. 바꿔 말하면 문관은 외관을, 무관·병사들은 실용성을 중시했다.

태조는 복식의 색깔도 등급에 따라 규정을 두었다. 검은색·황색·자색은 황실만 쓸 수 있고 위반하면 법으로 엄히 다스렸다.(『태조실록』)

복식 등급제가 확립되자, 『대명률』과 『대고大誥』를 통해 준수하도록 하고 등급을 뛰어넘는 복식은 엄격히 금했다. 머리에 쓰는 건모巾帽로부터 신발까지 명확한 규정이 생겼다. 홍무 연간, 태조는 수차례에 걸쳐 복식 금지사항을 반포해서 규정을 어기면 엄히 처벌했다.

홍무 22년(1389), 건모에 대한 새로운 금령을 반포했다. 모든 관리는 자신의 등급에 맞는 사모紗帽 외에 비 오는 날 우모雨帽를 쓰고 출장갈 때 모자를 쓰지만 성에 들어오면 벗어야 한다. 장군·역사力士(황제 호위무사)·교위校尉(종6품 군관)·기군旗軍(네 곳 위영衛營의 관군)은 평소에는 두건이나 합뇌楻腦를 쓰고, 사인舍人·유생·이원吏員(하급관리)·백성은 평상시 신분에 맞는 두건을 쓰고, 시골 농부는 두립斗笠(삿갓)·포립蒲笠(창포로 만든 두립)을 쓰고 시내 출입을 하되, 농민 외 사람들은 써서는 안 된다.(『태조실록』)

홍무 25년(1392), 장화에 관한 금령을 반포했다. 문무백관과 부형·숙부·자식·유사·생원·전리·지인知印(관인을 담당하는 관리)·승차承差(문서 전달)·흠천감 문생·태의원 의사·유가瑜伽 승려·정일교正一教 도사道士·장군·산기사인散騎舍人·대도지인帶刀之人·정오마군正伍馬軍·마군총소기馬軍總小旗·교속教續·『대고大誥』 사생師生 등은 내관內官과 내리內使의 신발과 혼동할 수 있어 붉은색 옆 면과 검은색 바닥은 사용할 수 없었다. 북경·산서·산동·섬서·하남·남직예의 서주徐州 등 날씨가 추운 지역 백성은 소가죽 장화直縫靴를 신을 수 있었다. 교위역사校尉力士·악공은 출장 때 신을 수 있지만 외출 때는 불가했다. 기타 서민은 피찰옹皮扎鞲만 신어야 했다.[1] (『태조실록』) 이를 어기면 바로 극형에 처했다. 그러나 백성 중에는 죽음을 두려워하지 않고 장화를 고쳐서 신거나 더욱이 금선이나 남색 줄을 넣는 다양한 모습을 연출기도 했다. 이 장 앞에서 소개한 일화는, 고의로 피찰옹을 요화鞠靴처럼 반장화로 신는 등 금령을 범한 안쇄주顏鎖住 등 38명을 남경 병마사가 적발해서 다리를 절단하는 엄한 처벌을 내렸던 것이다.(『남경형부지南京刑部志』)

태조가 만든 이 복식제도는 중원에서 오랑캐 풍습인 '호풍'을 없애고 당의 제도를 회복하도록 하기 위함이었는데 전통적인 등급제와 예교라는 두 가지 특징을 담고 있었다.

첫째, 이 제도는 처음부터 전통 등급제를 통해 귀천과 양천의 구별을 분명히 했다. 등급제의 이론적 기초는 "윗사람을 받들고 아랫사람을 천하게 여기는 것이 당연한 이치"[2]라는 것으로 백성이 신분에 맞게 분수를 지키고 살며 신분을 넘지 않도록 하기 위함이었다.

둘째, 이 제도는 돈후하고 소박한 풍습을 회복해서 사치를 금하자는 예교 개념에 부합했다. 여곤呂坤은 『사례익四禮翼』에서 예교를 통해 사대부와 부녀자의 복식을 규정하는 것을 두고 "화려한 옷으로 치장하는 것은 몸을 욕되게 하는 것이니, 어느 정도 걸기가 필요하다"라고 했다. 또 부녀자가 집에서 "평범한 옷布衣을 입고 있어도

---

1 피찰옹皮扎鞲은 가죽신과 제조 방법에서는 같다. 다만 밖에서 장딴지 부근을 묶는다.
2 "天尊地卑, 理勢之必然."『易經』「繫辭上傳」

고운 비단錦繡처럼 빛나니 화려한 옷이 필요치 않다"라고 했다. 장신구에 대해 부귀한 집안에서 금·은·진주를 없애지는 못할지라도 "온몸을 감쌀 필요"는 없다면서 복식과 예교 사이의 상관관계를 설명했다.

셋째, 옷을 입는다는 건 개인의 특징을 드러내는 행위다. 명대 이학가 설선薛瑄이 『독서록讀書錄』에서 "옛사람들이 의관을 웅장하고 크게 한 것은 외적인 것을 지양하고 내적인 것을 다듬기 위한 것이다. 훗날 간편하게 옷을 줄여 입는 것은 편안함을 추구하는 것일 뿐, 외적으로 엄격하지 못하고 내적으로 숙연하지 못해 경박하고 불성실한 것이다"라며 당시 복식 제도의 진정한 의미를 되새겨주었다. 태조는 제도를 통해 특별히 넉넉하게 옷을 만들고 옷깃을 오른쪽으로 여미도록 했다. 이런 옷은 우아하고 여유는 있지만 단추를 채우는 것만큼 실용적이지 않았다. 복식제의 본질은 "안일함만을 추구"하는 것을 금해 사람들이 조심스럽게 행동하도록 하는 것이었다.

넷째, 이 제도는 태조의 소농경제 사상을 반영하여 명나라 초 농업 사회의 기본적 특징을 보여주었다. 태조는 "먹을 것이 풍족하면 상업을 금지해야 하고, 입을 것이 풍족하면 사치를 금해야 한다"라고 했다.[3] 자신도 황궁의 음식과 의복을 '일상적으로 쓰던 것'으로 유지해 검소함의 모범을 보였다. 서민이 '수놓은 옷을 입지 못하도록 하는 것' 또한 이 때문이었다.

---

3   "足食在于禁末作, 足衣在于禁華靡." 홍무 18년 호부에 명한 조서.

괴이한 복장

만력 연간, 강남 도시에서는 사람들을 놀라게 한 아주 괴이한 복식이 나타났는데 이를 '복요服妖'라고 불렀다.

이낙李樂은 시골에 근무하는 늙은 관리였는데, 성에 들어갔다가 생원 수재들의 차림새를 보고 기겁을 했다. 전부 붉은 실로 머리를 묶고 입술을 붉게 칠했으며, 얼굴에 하얀 분과 연지를 바르고 다 비치는 붉은색 속옷을 입어 농염한 부녀자 모습으로 거리를 활보하고 있었다. 집에 돌아온 노인은 너무 놀란 나머지 옛날 시를 개사하여 심정을 토로했다.[4]

> 어제 성에 들어갔다가 돌아오니
> 수건이 흠뻑 젖었다.
> 여자 옷으로 온몸을 휘감은 이들이
> 모두 서생들이었다니.(이낙,『속견문잡기續見聞雜記』)

사실 늙은 관리의 설레발은 과장된 것이다. 당시 이 정도의 현상은 강남 도시에서는 일상적이어서 누구도 크게 이상하게 여기지 않았기 때문이다.

---

4 원래의 시는 송나라 장유張俞의 「잠부蠶婦」로 내용은 다음과 같다. "어제 성에 들어갔다가 돌아와보니 수건이 흠뻑 젖었다. **온몸에 비단 휘감은 이들이 누에 키우는 자들이 아니었다니**昨日到城廓, 歸來淚滿巾. 遍身羅綺者, 不是養蠶人."

중국에서는 왕조가 들어설 때마다 복식제도를 정하면서 예교나 법률로 사람들 마음에 "당연히 그러해야 하는" 심리적 규범을 만들어냈다. 이런 규범에 불만을 품고 변화를 시도하면 사람들은 이상한 눈으로 쳐다보고, 수구주의자들에게 '괴이한 복장'이라고 질책을 받았다.

명대 중기 이후 도시에서는 다채로운 패션으로 아름다움을 뽐내는 일이 다반사였다. '괴이한 복장'의 출현은 전통에 대한 반란이기도 하지만, 상업 도시가 번화하면서 나타나는 자연스러운 특징이었다. 복식 등급 제도는 꾸준히 위반 사례가 늘다가 영락·홍희 연간에 들어 금령을 위반하는 일이 갈수록 많아졌다. 영락 9년(1411), 북경에 '원모감두圓帽監頭'를 쓴 사람이 나타났는데 신분에 맞지 않아 "예법에 어긋나는" 일이었다.(『태조실록』) 인종 홍희 연간, 교방사 악인들도 모자와 신발에서 위반을 거듭했다. 성화·홍치 이후 복식은 날로 새로워지더니 남녀를 막론하고 재질이 화려해져서 복식 금령은 더 이상 효력을 발휘하지 못했다.

명대 중기 이후, 도시 복식의 유행에는 새로운 추세가 출현했는데 다음과 같은 특징을 보였다.

(1) 예교를 무시하고 등급을 뛰어넘었다. 등급제도는 이미 의미가 없어지고 분수를 넘어선 복식이 일상화되었다. 신분을 뛰어넘는 풍습은 사대부 관리들에게서 시작되어 교방사(궁중 악무를 관장한 기관) 부녀들이 앞장서고 일반 백성에게까지 파급되었다. 원래 명대 관복에는 이무기를 수놓은 망복蟒服이 없었다. 성화·홍치 이후 관리들

이 망복을 입는 것을 영광으로 여기기 시작했다. 이무기는 뿔이나 다리가 없는 큰 뱀으로, 뿔이나 다리가 있는 용龍과는 달랐다. 관리들은 이무기가 그려진 관복이 이무기보다는 용의 형상에 가까워 이름은 망복이지만 실제로는 용의龍衣라고 생각했다. 나중에는 관리들뿐 아니라 태감들도 탐을 내기 시작했다.(서학취徐學聚, 『국조전회國朝典匯』) 망복의 출현은 그 문양이 이무기에서 용으로 변했다는 것뿐 아니라 분에 넘치는 행위이고 지고무상한 황제 권위에 대한 도전이었다. 홍무 연간 태조는 비오는 날에만 관리들이 모자를 쓰도록 했지만 천순 연간이 되자 관리들은 고급 재료인 붉은 양탄자로 만든 비옷을 입고 "홍전우삼紅氈雨衫"이라고 불렀다.(『영종실록』)

조정은 수차례 교방사 악공·부녀들에 대해 금령을 내려 분수를 넘지 못하게 했지만 천순 연간 이후 금령은 이미 무용지물이 되었다. 가벼운 실紗이나 비단羅, 고운 생사綾, 주단緞에, 안감은 진홍색 금실, 머리에는 금·옥으로 장식을 붙인 온갖 형태에 진주로 만든 팔찌까지 착용했다.

이런 분위기의 영향을 받아 백성도 법령의 복식 규범을 넘어 새로운 유행의 옷과 금·옥 장신구를 치장했다. 북경 백성은 붉은 금실 비단金綿, 보석·진주·비취 등 장신구, 이무기·용·비어·소·대붕·사자 문양, 전통적인 사보상화四寶相花 문양, 대서번련大西番蓮의 식물 문양, 구름 등이 새겨진 다양한 스타일을 추구했다. 색깔은 강황姜黃, 유황柳黃, 명황明黃 등 다양한 황색에 검은색과 녹색은 물론 원래 금지해오던 자색과 홍색까지 거리낌이 없었다. 심지어 일부는 금지된 가죽

신발을 신고 자금성 안을 활보했다.

도시에는 장신구 가게들이 성업하고 사람들의 허영심까지 곁들여 금·은은 물론 머리에 진주와 비취를 두르는 유행이 생겼다. 성화 연간, 북경에서는 도종순屠宗順을 비롯한 여러 장신구 가게에서 전문적으로 보석 장신구를 팔았다. 항주에서는 도금이나 금박을 입히는 장인·상인들이 있었고 조정에 상납하는 상공上供 외에 일반 백성도 착용했다.(전여성,『서호유람지여』)

(2) 원래는 소박하고 돈후한 복식에서 이제 아름다움을 추구했다. 만명晚明에 이르면 도시에서 사치는 일상이 되어, 집에 먹을 것은 없어도 몸치장과 집안 장식은 경쟁적으로 했다.

명초에는 등급제와 예교 때문에 서생이나 일반 백성은 학교나 시장에서도 소박하게 베옷을 입었다. 서생은 수수한 색, 백성은 검은 색 옷이었고 더운 여름이나 추운 겨울이 되어서야 다른 옷으로 갈아입었다. 경제력과 무관하게 의복들은 색만 조금씩 변주했고, 얇은 비단으로 만든 옷은 평소 깊숙이 보관했다가 행사 때나 챙겨 입고 다시 넣어두었다. 그러나 사치스러운 풍속이 유행하자 화려해지고 고급화하면서 베옷을 입는 이들은 무시되기 일쑤였다.

사대부들이 먼저 사치를 선도했다. 유명한 대신 장거정張居正은 화려함을 좋아하여 "눈에 띄는 밝은 옷, 기름진 화장품이 하루 종일 끊이지 않아" 사대부들을 "사치로 이끄는" 분위기를 조장했다.(심덕부沈德符,『만력야획편萬曆野獲編』) 사대부들이 사치를 부리자 당연히 백성도 모방을 시작했다. 명나라 초, 태조는 송강부松江府의 삼사포三梭

布에서 만든 내의를 입었다. 붉은 모시사紅紵絲 겹옷을 입고, 왕의 행차 때는 비단이 아닌 붉은 베를 깔았다. 명나라 말기에는 일부 부잣집 자제들도 사라능단紗絲綾緞으로 만든 바지를 입는 등 사치는 극에 이르렀다.(장훤張萱, 『서원문견록西園聞見錄』)

(3) 일상적인 것보다 기이한 것을 좇다보니 과도한 일들이 나타났다. 등급제도가 지켜지지 않으면서 미를 추구하여 신분을 뛰어넘는 일이 다반사가 되고, 화려하고 기이한 형태를 추구하는 심리가 일반화되어 혁신적인 스타일이 주목을 받았다. 하북 대명부大名府에서는 위아래가 다른 색깔에, 말총으로 만든 치마가 등장해서 눈길을 끌었다.

혁신의 결과 복식은 다양해졌다. 명나라 초의 획일적이고 등급이 분명했던 것이 중기 이후에는 확연히 다른 스타일에 색깔도 화려해졌다. 장열張悅이 도찰원 금도어사에 부임할 때 말총으로 만든 속치마襯裙를 입어서 눈길을 끌었다.(『효종실록』) 모두가 주목하는 고위관리가 시정에서나 입는 화려한 옷을 입고 부임했다는 것은 엄청난 일이었다. 여유 있는 사대부들은 평소에 예살曳撒·정자의程子衣, 도포를 입어 고습褲褶이라 불렀는데 군복戎服의 일종이었다. 고습은 소매가 짧거나 없고 상하의로 나뉘었으며, 아래는 가로로 접어 그 아래를 다시 접었다. 소매가 긴 옷을 예살이라 했고, 허리 부분이 나뉘어져 횡선이 더해지면 정자의라 했다. 횡선이 없으면 도포 혹은 직철直掇이라 불렀다. 사대부들은 정자의와 도포가 너무 단순하다며, 연회에 참석할 때 예살을 입었다.(왕세정王世貞, 『고불고록觚不觚錄』)

명 중기 이후 남경·항주의 모습은 이런 변화를 더욱 실감나게 했다.

융경·만력 이전, 남경 사람들은 소박하고 진중하여 관리들은 충정관忠靜冠, 사대부들은 방건方巾을 썼는데 만력 중기 이후, 머리부터 발끝까지 나날이 새로운 모습을 선보여 괴이할 정도였다. 사대부들은 한건漢巾·진건晉巾·제갈건諸葛巾·순양건純陽巾·동파건東坡巾·양명건陽明巾·구화건九華巾·옥태건玉臺巾·소요건逍遙巾·사모건紗帽巾·화양건華陽巾·사개건四開巾·용건勇巾 등 이름도 다양한 건을 착용했다. 건 위에 옥으로 매듭을 짓거나 옥화병玉花瓶을 매달고, 옆에는 큰 옥환玉環으로 장식했다. 순양건·구화건·소요건·화양건은 앞뒤에 두 쪽을 달아서 바람에 날리면 보기가 좋았다. 가죽 금박 바느질로 가장자리를 처리했고, 재질로는 모라帽羅·위라緯羅·칠사漆紗 외에 마미사馬尾紗·용인사龍麟紗를 사용했다. 색깔은 감색·하늘색이 유행이었다. 때로 말총으로 두건巾을 만들기도 했는데 와릉瓦楞·단사單絲·쌍사雙絲 등이 있었다. 신발은 처음에 운리雲履·소리素履만 있다가 방과方斗·단검短臉·구혜球鞋·나한삽羅漢靸·승혜僧鞋 등 새로운 형태가 출현했다. 처음에는 높은 신을 신다가 점차 낮아지고 얇아져서 길을 걸을 때, 끌고 가는 느낌이었다. 홍·자·황·녹 등 없는 색깔이 없었다.(『객좌췌어』)

명대, 송강부는 '면의 고장綿都'이라는 별칭이 있어 복식에서도 특히 다양한 모습을 보여줬다. 명초에 관계冠髻는 6쪽을 꿰매 아래에는 챙으로 장식해서 동서남북과 하늘, 땅을 하나로 합친다는 '육합일통六合一統'의 의미를 두었다. 만명 시기 사대부들은 당건唐巾·진건晉巾이

초라하다 여기고, 젊은이들은 횡으로 두 번 접혀 머리의 앞뒤를 덮어주는 순양건純陽巾을 선호했다. 또 뒤가 열린 피건披巾도 있었다. 장건將巾은 하늘색 선으로 구름小雲朶처럼 만들어 건의 양쪽을 장식했다. 운건은 하늘색 선으로 피건을 장식하고 앞에는 옥으로 매듭지었다. 여자 머리도 수시로 변했다. 송강 여자들은 작고 아담하게 묶는 머리를 좋아했는데 순양계純陽髻·관계官髻라 했고 구슬로 장식해서 머리 뒤에 매달거나 비취로 봉황의 모습을 연출하기도 했다.

남자 복식은 넓은 소매에 큰 허리띠를 매고 상의에 설매雪梅·수전水田의 무늬를 넣기도 했다. 여자는 소매가 넓고 동정 주변에 연잎 수를 놓아 어깨까지 내려뜨려 '위견圍肩'이라 했는데, 금구슬로 장식도 했다. 치마는 색실로 자수를 놓았는데, 도선적금桃線績金은 이미 지나간 유행이 되었다.

신발과 버선을 보자. 명초, 송강에서는 천으로 만든 신발 양리鑲履·이양二鑲·삼양三鑲 등의 양식이 있었다.[5] 푸른색과 홍록색을 '조혜朝鞋'라 했다. 만명에 오면 점차 순수한 홍색에, 양리를 신는 사람은 거의 없고 도혜道鞋·구혜球鞋·화두혜靴頭鞋 등이 새로 출현했다. 동혜董鞋는 신발 바닥이 얇고 넓었다. 망수혜網繡鞋는 색실로 꽃무늬를 그린 것으로 안은 사紗·피금皮金(금을 입힌 얇은 양가죽), 베로 만든 포조혜布條鞋였다. 버선은 처음에는 좁다가 점차 넓어졌는데 길이가 신발과 같았다. 재료도 사紗·나羅·주綢·능綾 등으로 만들었다.(숭정,

---

5   이에 관한 자세한 내용은 『한국 복식』 제44호 참조를 참조할 것.

『송강부지』)

　도시에서 백성 복식이 날로 새로워지자 유행이 생겨났다. 명 말기
에는 복식 스타일의 변화가 더욱 빠르게 진행되었다. 남경 부녀자들
의 복식과 장식은 초반에는 10여 년에 한 번씩 변화가 있다가 말기
에 오면 머리를 묶는 크기와 높이, 꽃비녀花鈿 양식, 머리 묶는 장신
구, 옷자락衣袂의 넓이, 염색 종류, 신발과 버선의 정교함 등이 2~3년
만에 변화가 생겨 낡은 스타일은 사라지고 새로운 유행이 시작되었
다. 남곡南曲에 등장하는 기생 모습은 "여러 곳으로 퍼져" 천하의 유
행을 선도했다. 우아하고 소박해서 화려한 모습이 아닌 새로운 분위
기를 연출했다. 손님들이 원하는 기생의 차림을 포주가 만들어주고,
젊은 기생이 입다 남은 것은 포주들이 입었다. 나이가 많은 포주가
이런 옷을 입고 있어도 자연히 빛이 났다. 기생들은 수시로 옷의 길
이·소매의 넓이에 변화를 주어 '시세장時世裝(한 시대의 유행 패션)'이
라 칭했다.(『판교잡기』)

　기이한 복식 중에는 다시 '호풍胡風'을 회복하려는 시도도 있었다.
태조 주원장이 한漢·당唐의 의관 제도를 회복한 것은 민족의식의 발
로였다. 홍치 연간에 북경 주민들이 '호풍'을 좋아했다는 것은 이미
민족의식이 희미해지고 기호에 따라 복식을 선택했다는 의미가 있
었다. 당시 북경에서는 겨울이 되면 남자들은 담비貂, 여우狐 가죽으
로 만든, 챙이 높은 '호모胡帽'를 썼다. 부녀자들은 담비 가죽으로 만
든 끝이 뾰족하고 이마에서 어깨까지 내려오는 '소군모昭君帽'를 썼
다. 이런 유행은 북직예·산동·산서·하남·섬서 등지까지 파급되었

다.(하교신何喬新, 『하문숙공문집何文肅公文集』) '호풍'은 복식뿐 아니라 언어에서도 나타났다. 북경의 아이들이 떠들거나 욕을 할 때, 한족의 말로 하지 않고 새나 동물 소리를 흉내냈는데 이를 '타구심打狗叱'이라 했다. 명나라 시기 몽골 문화는 여전히 북경의 민간에 널리 남아 있었는데 아마도 북경 부근에 달단 관리들이 주둔하고 있었던 것과 관계가 있었을 수도 있다.

앞서 혁신과 변화를 보여주는 기이한 복식을 '복요服妖'라 부른다고 했다. 새것을 좋아하고 옛것에 싫증내다보니 갈수록 '기이함'이 두드러졌다. 남자가 여자 옷, 여자가 남자 옷을 입는 현상도 그중 하나였다. 그 외에도 강남 부잣집 자제들은 "여자 화장을 하고 괴이한 두건을 썼고"(이낙, 『견문잡기見聞雜記』) 부녀자들은 치마는 문관처럼 보이게 입고, 바지는 무관처럼 입는(낭영郎瑛, 『칠수유고七修類稿』) 남장화 경향을 나타내기도 했다.

복요는 개성이 분방하고 황당한 행위를 일삼는 이들의 독특한 모습으로 일시적인 유행이 되었다. 소주 사람 복맹석卜孟碩은 여름에 머리를 높이 올리고, 붉은색 저피포苧皮袍에, 맨발로 노래를 부르며 다녔다. 3~4척 길이에 폭은 수 촌 정도로 아주 작은 '장면障面' 부채(네모반듯하게 겹친 비단 양쪽에 긴 손잡이 자루를 달아 양손으로 들게 만듦)를 들기도 했다.(뉴수鈕琇, 『고잉觚剩』) 산양山陽 사람 기준가祁駿佳는 '기이함을 즐기는嗜奇' 것으로 유명했는데, 평상시에는 모자 대신 요대를 쓰고, 흑사黑紗를 이마에 둘러 '금줄로 주변을 둘러쌌다.' 무슨 의미냐고 묻자 "계포가 머리 밀고 형구를 찬 모습"이라 답했다.(고공

섭顧公燮, 『단오필기丹午筆記』 「기준가祁駿佳」)⁶

황궁 스타일의 누금포

궁내 후궁들의 복식은 '궁양宮樣(황궁 스타일)'이라고 하여 명부나
민간 부녀자들과는 달랐다. 재료와 재단 방식에서 특색이 있었는데,
종실인 주권朱權은 궁사宮詞에서 이렇게 읊었다.

누군가 송금宋綿으로 궁양 누금포를 만들면
그 요염한 모습, 황제도 매일 아침 기대한다네⁷

여기서 말하는 궁양이 바로 명대 황궁 복식의 통칭이었다. 후궁과
궁녀들은 민간 출신이라 입궁하면 일정 부분 민간 부녀자들의 복식
스타일을 황궁에 가져가게 된다. 민간에서는 강남, 특히 소주 복식
스타일이 가장 유행해서 '소양蘇樣'이라 불렸고 황궁 복식에도 영향
을 미쳤다.

---

6   "季布髡鉗遺意." 계포는 초나라 항우의 부하로 항우가 망하자 유방은 계포에
    게 현상금을 걸었고, 계포는 복양濮陽 주씨周氏에게 몸을 의탁했다. 포위망이
    좁혀오자 주씨는 계포에게 머리를 깎고 목에 쇠사슬을 채워 위장 자수할 것
    을 권했고 계포는 이를 따랐다.(『사기』 「계포열전」)
7   "誰剪吳江一幅絹, 巧裁宮樣縷金袍. 妖嬈偏稱腰肢小, 每向龍墀侍早朝."(주권, 『궁
    사칠십수宮詞七十首』)

황제와 태감의 복식에 대해 살펴보자. 황제가 천지·종묘사직에 제사를 지낼 때면 곤룡포를 입고 면류관을 썼다. 면류관은 12줄이 있는데 줄마다 옥이 12개 달려서 모두 144개였다. 송대에는 '평천관平天冠'이라 불렀고 북주北珠 245개, 마주麻珠 4590개, 조주調珠 8604개가 있어 면류관이 지존의 상징임을 표시했다. 제를 지낼 때는 통천관通天冠을 쓰고, 강복絳服을 입었다.(『화당각총담』) 태조가 복식을 간소화하고 소박함을 강조하여 세종 때까지는 이런 기조가 유지되었다. 하지만 융경에 이르러 목종은 옷을 매일 갈아입는 등 사치를 부렸다.

태감도 복식 규정이 있었다. 명말, 태감들이 권력을 잡자 수시로 규정을 위반했다. 태감들은 속발관束髮冠을 이마까지 내려쓰고, 이무기가 기둥을 휘감은 듯 의복의 좌우 양쪽에 꿩의 꼬리를 길게 내려 뜨렸다.(사몽란史夢蘭, 『전사궁사全史宮詞』) 숭정 연간, 권세를 부리던 한 태감이 익선관翼善冠을 쓰고 야광주라는 큰 진주를 장식하자 연화 같은 자색 빛을 띠고, 밤에는 마치 유리처럼 여러 색으로 빛났다.(왕예창王譽昌, 『숭정궁사崇禎宮詞』)

태감의 조관朝冠은 일반 신하들과 다르지 않아 7량七梁이나 5량五梁이었다. 훗날 위충현魏忠賢은 2량을 더해서 9량이 되었다.(진정란秦征蘭, 『천계궁사天啓宮詞』) 이후 태감들은 모자 위에 장신구인 '탁침鐸針'을 붙였다. 탁침은 금은보화를 상감하여 만든 것으로 '대길호로大吉胡蘆' '만년길경萬年吉慶' 등의 의미를 담았다. 이 외에도 '지개枝個' '도장桃杖' 등 비녀 같은 장신구를 달았다.

태감의 옷은 '예이살曳褫撒'이라 불렸다. 청색과 홍색이 있었고, 홍색을 입은 태감을 '천홍근시穿紅近侍'라 했다. 권세가 있는 태감들은 '홍망첩리紅蟒帖里'를 입었다. 그리고 무릎에 하나를 더하여 '삼란三襴'이라 했다. 또 소매가 두 개인 난망의襴蟒衣에 소매마다 이무기를 수놓았다. 큰 제사가 있을 때나 수양修省할 때 청소의靑素衣를 입고, 조상 제사에서는 청록 문양이 들어간 옷을 입었다. '청소靑素'는 여름에는 둔견屯絹, 겨울에는 검은색 모시를 이용했다. 천계 연간에 이르러, 태감들은 이런 제도를 무시하고 청소靑素 대신 천청天靑색과 죽록竹綠색 화사라花紗羅를 이용하고, 안에는 담홍淡紅 내의를 입으니 안팎이 어울려 보기가 좋았다. 위충현은 '패세牌繐'를 만들어 명주明珠로 장식하고 비단이나 모시에 수壽·희喜 글자를 금박으로 수놓았다. 허리에는 '편변扁䋈'이라는 융으로 짠 넓은 띠를 둘렀다. 비나 눈이 오면 태감들은 편변으로 옷을 묶어 걸을 때마다 옷에 진흙이 묻지 않도록 했다. 지위가 낮은 장수長隨·소화자小火者 태감들은 '평건平巾'에 간단한 옷만 입었다.

홍무 연간, 마馬 황후는 소박하고 검소한 생활로 궁중의 모범을 보였다. 후궁들의 관은 아청석鴉靑石이나 구슬로 장식했다. 중기 이후에는 사치스러워져서 숭정 연간, 전田 귀비는 구슬 꾸러미琲로 장식했다.(작자무상,『신궁유록燼宮遺錄』) 황후의 관은 '박빈관博鬢冠'이라 했다. 명대 초, 친왕의 비도 이 관을 썼는데 영락 연간에 폐지되었다.『대명전례』에는 궁인들도 꽃으로 장식한 오사모를 쓰고, 모자 위에 원주圓珠·결주結珠·빈소鬢梳·수주垂珠·귀고리 등을 달았다. 예복에는 오사모를, 평상복에는 청사靑紗로 머리를 싸매고 비녀 등 장신구를 꽂았다.

궁중에서는 머리에 꽃을 꽂는 것이 유행이었다. 숭정제 주周 황후는 재스민을 비녀 형태로 만들어 머리에 꽂았다. 매일 아침 '꽃으로 둥글게 환계鬟髻를 만들었는데' 숭정제가 아주 좋아해서 궁인들에게 물푸레나무桂花를 '꽂도록 했다.' 천연 꽃뿐 아니라 조화도 사용되었다. 숭정제 후궁인 원袁 귀비는 꽃을 잘 만들어 매년 입동이 되면 꽃다발을 만들었는데 '소한화消寒花(추위를 이기는 꽃)'이라고 했다.(왕예창,『숭정궁사』) 전田 귀비가 특히 잘하여 숭정제의 총애를 받자 많은 궁인이 따라했다.

이 외에도 가래나무 잎楸葉도 장식으로 사용되었다. 봄에 궁녀들은 나비 등을 잡아 장신구를 만들어 머리에 꽂는 '요아鬧蛾'를 했다. 때로는 진짜 풀벌레를 잡아서 중간에 조롱박 같은 것을 끼워 완두콩 크기로 만들어 '초리금草里金'이라 했는데 하나에 20~30금의 가격이었다.

천계제의 유모인 객客씨는 궁녀들에게 넓은 소매, 낮은 머리 등 강남 유행을 전파해서 한때 유행이 되었다. 조용한 성격인 장張 황후는 이런 장식을 싫어해 그림에 나오는 미인들처럼 좁은 소매에 높은 머리를 선호했다.

후궁들의 복식과 장식 역시 품계에 따라 규정이 있었다. 영락 3년(1405), 황비의 예복과 일상복에 관한 규정을 새로이 정했다. 그중에는 연천군緣襈裙, 홍색, 녹연천綠緣襈, 적금화풍저록사라績金花風紵綠紗羅

등이 있었다. 『대명전례』에 따르면, 궁인들의 의복은 일반적으로 자색이며, 목깃이 둥글고 좁은 소매에 해바라기 꽃을 수놓고 금테를 둘렀다. 깃에는 강서 옥산현玉山縣에서 바치는 종이를 씌우는데, 매일 한 번씩 교환해서 청결을 유지했다.(이후李詡, 『계암노인만필戒庵老人漫筆』) 궁중 유모들은 노란색 비단옷을 입었다.

궁중 후비后妃들의 복식은 계절에 따라 바뀌었다. 3월 초나흘에서 4월 초나흘까지는 '나의羅衣', 4월이 되면 '사의紗衣'로 바꿔 입었다. 사의는 여름옷으로 순소純素를 사용하지 않았다. 숭정 연간, 주周 황후는 순소純素로 여름옷을 입었는데 백사白紗 적삼을 입은 후 숭정제가 '백의대사白衣大士'라 칭송하니 모두 따라 입었다. 속옷袍腹은 붉은 비단으로 만들어 겹치면 보기 좋았다. 섣달 24일, 조앙신에게 제사를 지낸 후 '호로보자葫蘆裸子'를 입었다. 상원절에는 '등경보자燈景裸子', 5월에는 '국화보자菊花裸子', 동지에는 '양생보자陽生裸子'를 입었다.(동서만사桐西漫土, 『청우한담聽雨閑談』) 후궁들은 머리를 감을 때, 수놓아진 사릉紗綾을 가슴에 둘렀는데 이를 '주요主腰'라 했다.

궁에서 신는 신발도 다양했다. 명절에는 저화紵靴나 단화緞靴를 신었다. 숭정 때, 주 황후만 장화가 아닌 솜을 넣어 만든 면혜綿鞋를 신어 다른 후궁이나 궁녀들과 다름을 보여주었다. 숭정 5·6년 사이 고양이 머리를 수놓은 '묘두화猫頭鞋'를 신었는데 액땜의 의미가 있었다.

궁에서 궁인들이 하는 화장술을 '궁중 비방'이라 불렀지만 사실 특별한 것은 없었다. 희종의 유모 객客씨는 늙어도 백발이 되지 않는다 해서 궁인들의 침을 진액으로 만들어 머리에 발랐는데 이를 영남 지방의 이인異人에게 전수 받았다 해서 '군선액群仙液'이라 불렀다. 화장품은 민간에서 궁 안으로 들어간 것도 있다. 궁녀들이 쓰던 '진주분珍珠粉'은 자색 재스민에 과일의 씨앗을 갈아 넣은 뒤 끓인 것이다. 가을에는 옥잠화의 꽃술에서 꼭지를 제거하면 유리병 같은 모습이 되는데 민간에서 사용하는 '호분胡粉'을 넣어 끓인 '옥잠분玉簪粉'을 썼다. 이들은 희종의 장張 황후가 민간에서 배운 뒤 궁에 가져온 것들이었다. 숭정제는 꾸미는 것을 싫어해 화장을 진하게 한 궁인들을 보면 "절에서 나온 귀신"이라며 놀렸고, 그래서 일시적으로 궁에 옅은 화장이 유행하기도 했다.

강남의 유행은 궁중 복식에 큰 영향을 미쳤다. 모자를 감싸는 호모護帽가 대표적인 예로, 이는 '운자피견雲字披肩'이라 불렀다. 후궁들이 꽃으로 머리를 장식하는 것 역시 민간에서 먼저 유행한 것이다. 항주 부녀자들은 옥잠화를 머리에 꽂는 것을 좋아했다. 전여성의 『서호유람지여』에 실린 구종길瞿宗吉의 시 「옥잠화玉簪花」를 보자.

백로 초입에 기온이 내려가면　　　　　　白露初凝氣候凉

꽃의 신은 새 화장을 도울 선물을 보낸다　　花神獻寶助新妝

옥잠화의 은색 빛깔 삼천계를 덮으면　　　　移來銀色三千界

열두 줄 금비녀에 전혀 뒤지지 않는다　　　　壓盡金釵十二行

맑은 가을 물과 겨울 얼음으로 뼈를 다듬고　秋水爲神冰琢骨

용연을 불에 태워 향을 전한다　　　　　　　龍涎作炷麝傳香

돌에 새길 필요 없이   不須石上就磨折

오랫동안 미인의 머리 옆에 남아 있다   長在佳人鬢髻旁

숭정제 때 주 황후는 소주 출신이고 전 귀비는 양주 출신이어서 모두 강남 유행인 '소양'에 익숙했다. 전 귀비는 입궁 후 옷과 신발 모두 '강남 제품'을 사용했다.(이청李清, 『삼항필기三恒筆記』) 이전에 궁에서는 강남의 영향을 받아 머리를 높이 올리는 것을 좋아했다. 주 황후도 역시 강남 신발을 신어 뾰족하고 굽이 낮아 "걸어도 소리가 나지 않았다." 원袁 귀비는 원래 승마와 활쏘기 등 과격한 운동을 즐겨했는데 숭정제가 이를 싫어하자 어쩔 수 없이 강남 유행을 따라 "하늘하늘 걷기 시작했다."(사현史玄, 『구경유사舊京遺事』)

즉 황제의 기호에 따라 궁인들의 복식이 결정되었다. 후궁들은 황제의 환심을 사기 위해 개인의 기호와는 상관없이 등급에 따라 옷을 입었고, 민간에서 선발했기 때문에 민간 풍습, 특히 강남의 유행이 궁에 큰 영향을 미쳤다.

모자부터 버선까지

소설 『금병매』에서 묘사된 도시 주민들의 모습을 살펴보자.

먼저 서문경이다. "머리에는 술이 달린 모자를 쓰고, 금빛 영롱한 비녀와 금과 옥으로 만든 장신구로 치장했다. 큰 키에 녹색 비단 겉

옷羅褶을 입고 섬세하게 엮은 진교 신발陳橋鞋을 신었으며, 버선은 청수포清水布로 만든 것이었다. 정강이에는 검은 보호대를 댔고 손에는 사천에서 만든 부채를 쥐고 있었다." 이 짧은 문장에 시정의 파락호, 건달의 모습이 생생하게 나타나 있다.

옹백작應伯爵은 "새 현라玄羅 모자, 그다지 오래되지 않은 천청天青 추사綢紗(크레이프) 주름이 있는 옷을 입었다." 경박하고 남의 비위나 맞춰주며 세월을 보내는 식객의 모습이었다.

반금련은 "칠흑 같은 머리에 윤기가 흐르고 초승달처럼 굽은 짙은 눈썹과 파랗고도 차가운 눈, 향기를 머금은 앵두 같은 입"의 외모에 "순면의 겉 상의와 속바지는 짧고 얇은 비단으로 만든 치마를 걸쳤다." 외모로만 본다면 시정 부녀자의 모습이었다.

아래에서는 명대 백성의 모자와 의복, 신발과 버선, 장신구와 화장 등을 통해 도시의 모습을 살펴보자.

건모

건모에도 규정이 있었지만 많은 변화를 거치며 여러 종류가 첨가되었다. 일세를 풍미했던 재상 엄숭嚴嵩의 몰수 가산에는 장식이 다른 진주관珍珠冠·오풍관五風冠·진주삼풍관珍珠三風冠 등이 나왔다.(작자미상, 『천수빙산록天水氷山錄』) 스타일에도 변화가 많았는데 중기 이후에는 관리와 서생, 백성이 모두 챙 높은 고첨통자관高檐桶子款을 썼다. 가정 연간 사대부들은 새롭게 '능운건凌雲巾'을 만들어 썼다.

건巾은 원래 패건佩巾으로 물건을 닦는 천이었다. 수건·한건汗巾이 있었는데 훗날 머리에 쓰게 되었다. 또 부녀자들이 가지고 다니던 수건의 일종으로 위繂와 세건帨巾은 신분이 낮은 여자들에게만 해당한다는 설과 옛사람들은 책幘을 쓰고 건은 쓰지 않았다는 설도 있다. 그러나 고대에는 천자도 건을 쓴 사례가 있으니 단정 짓기는 쉽지 않다.

고대에는 건을 쓰면 몸가짐을 조심해서 문·행·충·신文行忠信 사교四教에 힘써야 한다고 했다. 명대 엽자기葉子奇는 『초목자草木子』에서 "당나라는 사모에 둥근 깃의 옷紗帽圓領, 송나라는 건립에 난삼巾笠襴衫, 금나라는 건환에 선령巾環襈領, 원나라는 모자에 허리띠帽子系腰로 사대부들이 입었다. 명나라는 방건에 둥근 깃의 옷方巾圓領으로 서민들이 착용했다"라고 했다. 고대에는 사대부들만 건을 썼고 명대에 제도로 정하기 전까지 서민들은 건을 쓰지 못한 것을 알 수 있다.

명대에는 사방평정건四方平定巾·한건漢巾·진건晉巾·제갈건諸葛巾·순양건純陽巾·동파건東坡巾·양명건陽明巾·구화건九華巾·옥대건玉臺巾·소요건逍遙巾·사모건紗帽巾·화양건華陽巾·사개건四開巾·용건勇巾 등 다양한 이름의 건이 수십 종이나 되었다. 어떤 것은 과거부터 있었지만 새로 등장한 것도 있었다.

'모帽'는 '머리를 휘감다'라는 뜻이며, 상고시대에는 깃털과 가죽으로 만들었다. 명대에 이르러 사라紗羅·저사紵絲·말꼬리馬尾·야크 꼬리犛牛尾·종려나무棕·등죽藤竹·부들蒲 등으로 만들었다. 모帽의 챙은 전체가 둥글거나 앞은 둥글고 뒤는 네모이고, 여러 층樓子으로 만들기도 했는데, 원래 싸움에서 쓰던 투구兜鍪에서 변화해왔다. '누자'

는 남방 촌락에서 어린아이들이 쓰던 오채모五彩帽이고 어린아이들은 그 외에 쌍이금선모雙耳金線帽를 쓰기도 했다. 관·모자는 충천관沖天冠·당모堂帽·원모圓帽·중관모中官帽·석모席帽·복두幞頭 등 여러 형식이 있었다.

부녀자 중 봉작을 받은 명부命婦들은 금으로 봉황 형태를 만들고 진주 목걸이를 연결한 금관을 썼는데 등급에 따라 달랐다. 평소에 집에서는 서민 부녀자들과 마찬가지로 큰머리冠髻를 하거나 혹은 묶음머리包頭를 했다.

관계冠髻는 2촌 정도의 주먹 높이로 올려 금은실로 묶었다. 오사烏紗(검은 실)를 사용하면 위에 진주·비취로 장식하거나 금화나 구슬을 잇기도 했는데 모양은 날로 새로워져 쪽 앞에 있으면 '삽소插梳(머리 장식으로 꽂는 빗)'라 했다. 모양은 점차 변해 쪽은 1촌 술잔 정도 크기로 납작해졌다. 역시 금은실로 묶고 삽소는 없어졌다. 은실로 묶은 쪽 안은 홍릉紅綾이 있어 빛을 발하면 흰 색素色과는 차이가 났다. 숭정 말년, 쪽은 갈수록 크고 납작해서 오사烏紗만 사용하고 금은보다는 진주·비취로 이었다. 명나라 말기, 송강부 부녀들은 작고 낮은 가발髢, 구름처럼 뒤를 덮은 순양계純陽髻, 양梁이 있는 관계官髻 등을 했다.

쪽의 장신구로는 진주로 엮거나, 뒤로 늘어뜨리거나, 비취로 봉황 장식을 만들기도 했다. 숭정 연간 송빈편계松鬢扁髻가 유행했는데 높이 올려 시원스런 모습에, 바람이 스쳐 지나가면 우아하고 아름다운 모습을 연출했다.

포두包頭는 고대의 비단으로 머리를 묶는 전두纏頭를 말한다. 명대 부녀자는 겨울에는 오릉烏綾, 여름에는 오사烏紗를 썼는데 폭은 약 2촌 이상이었다. 숭정 이전에는 2촌 정도의 폭에 비스듬한 주름이 있었는데 이마를 감아 뒤로 넘겼다. 양끝은 앞으로 향하고 매듭을 지어 재단할 필요가 없었다. 노부인들은 비단 띠를 둘렀고 젊은 부녀자들은 백화청릉白花靑綾 띠를 사용했다. 숭정 중기, 좁은 것을 선호하여 천을 둘로 나누어서 한쪽은 다시 반으로 접어 1촌 정도로 하고 주름을 해서 바깥 폭을 네모로 매듭지었다.

부녀자의 머리 장신구로는 가발인 '가두假頭' '가계假髻'가 있었다. 진晉나라 태원太元 연간에 이미 시작되었다고 말하는 사람도 있는데, 사료에는 후한 장제章帝 때 존재한 기록이 있다. 명 홍치 연간, 북경의 부녀자들 사이에서 유행했다. 장필張弼의 『가계편假髻篇』에서는 "주인 집 딸이 머리가 짧아서, 아침마다 높이 올리느라 고생 고생한다. 하인 집 딸은 머리가 어깨까지 내려왔는데 여전히 가계假髻를 사서 올린다. 금비녀와 진주, 비취로 단장하면 누구도 진짜 가짜인지를 모른다. 아름다운 여인의 창 아래 봄바람이 불면, 가계 미인들은 상공을 기다린다."

의상

고대에는 상하의가 일체형으로 위를 의衣, 아래를 상裳, 즉 치마裙라 했다. 명대 중기 이후 상하의가 분리된 의상이 나오면서 새로운 스타일이 출현했다. 앞에서 언급한 예살曳撒·정자의程子衣·도포道袍가 있었다. 엄숭의 몰수 가산에는 남녀 의상도 포함되었는데 의衣·포袍·원령圓領·습자褶子·피풍披風(부녀자들이 입던 망토와 비슷한 외투)·치마裙·겹옷襖(솜을 넣지 않고 거죽과 안을 맞붙여 지은 옷) 등이 있었고 재료는 단緞·견絹·나羅·사紗·주綢·융絨·개기改機(두 겹으로 된 비단으로 홍치 연간 복건 복주의 임홍林洪이 5겹이던 민단閩緞을 4겹으로 만들어 개기라 했다)·송금宋錦·망갈蟒葛·초구貂裘(담비의 모피로 만든 갖옷) 등이 있고 색은 더욱 다양했다.

예전에 부녀자들은 '불수不殊'라 하여 상하의가 같은 색이어야 했다. 명대, 소흥 지역(월지越地) 부녀자들만 청색 옷을 입었고, 다른 지역은 모두 상하가 다른 색을 입었다.

부녀자들의 복장은 '내장內裝'이라고도 했다. 깃(목둘레)을 3등급으로 나눠 '궁장宮裝'은 백릉白綾으로 구름 모양이며 양쪽 어깨에 걸치고 가슴에는 화조 수를 놓아 금구슬·보석·종령鐘鈴으로 장식해서 걸을 때마다 소리가 났고 '궁장宮裝'이라 불렸다. 다음은 '운견雲絹'인데 작은 것은 '각빈閣鬢'이라 하여 수와 장신구가 달랐다. 명 말기, 예복에서는 여전히 궁장을 사용했지만, 평상시에 집에서는 각빈閣鬢을 했고 스타일도 다양했다. 금련화金蓮花 모양을 이어서 연결한 뒤 깃에 채워 어깨를 덮으면 다양한 모습을 나타냈다.

상복裳服은 치마裙를 말한다. 옅은 색, 소백색素白色이 있고 자수를 놓거나 양가죽으로 묶기도 하고, 금장식을 달아 의삼衣衫(홑옷)이라 불렀다. 숭정 초년, 소백색이 주를 이루고 아래쪽 1~2촌에 자수가 있었으며 여섯 폭이었다. 숭정 말년, 8폭까지 늘었고 허리에는 가는 주름을 잡아서 마치 물결무늬 같았으며 위에는 붉은 선으로 1~2촌의 수를 넣었다. 10폭짜리 치마도 있었는데 허리에 담백한 색으로 주름을 넣어 바람이 불 때마다 달무리처럼 현란하게 눈이 부셨다.

광서 부녀자들은 가는 주름襉이 있는 치마를 입었는데 뒤가 땅에 4~5척이나 끌려 "걸을 때는 하녀 둘이 들고 걸었다." 잔주름이 많아서 '말 이빨 주름馬牙襉'이라 칭했다. 이 치마는 백간군百襉裙와 유사했고 긴 치마의 일종이었다. 항주에서는 넓고, 부드러운 치마가 인기였다. 북방에서도 치마가 길어서 바닥에 끌렸다. 북방 부녀자들은 전족을 하지 않아 긴 치마를 입어 발을 감추었다고 했다.(『유청일찰』)

조갑罩甲·말흉襪胸·배자背子 같은 독창적인 의상도 있었다. 명 무종 때부터 사대부들은 외투로 조갑罩甲을 입기 시작했다. 갑옷보다 길고 피오披襖(바깥에 입는 상의)보다 조금 짧았다.(왕응규, 『유남수필』) 말흉襪胸은 '말흉抹胸' '난군襴裙'이라고도 하며 부녀자들의 협의脅衣(배두렁이)였다. 난군은 안에 소매가 있으면 '주요主腰'라 했다. 영금領襟에는 포도화蒲桃花 수를 놓았다. 배자背子는 수나라 때부터 입기 시작했고 '반비半臂'라 했다. 강회江淮에서는 긴 소매를 잘라 '작자綽子'라고 했고 '탑호搭護'라고도 불렀다.(왕삼빙王三聘, 『고금사물고古今事物考』)

신발과 버선

신발과 버선도 종류가 많았는데, 특색 있는 것으로는 가흥의 방퇴말綁腿襪·탕구말蕩口襪이 있었다.(숭정, 『가흥현지嘉興縣志』) 송강에서 나오는 돈포말敦布襪도 유명해서 전국에서 팔렸다.

신발은 고대에 섭屨·석舃·극屐이라 불렀는데, 보극步屐·무극舞屐이
있었다. 명대에는 고저혜高低鞋가 있었는데 섭屨과 유사했고 가죽으
로 만들었다. 석舃은 나무를 신발 밑에 대서 습한 날씨에도 적합했
다. 극屐은 나무로 만들어 목극木屐라 했다. 광동 부녀자들은 항상
목극을 신었다. 당시에는 연치목극連齒木屐이 유행했는데 타극拖屐이
라고도 불렀다.

혜鞋는 또 사屣라고도 했다. 사屣는 무리舞履로 명대의 삽혜靸鞋(뒤
축 울이 없는 신)와 비슷했는데, 진시황 즉위 2년부터 시작되었으며
부들蒲로 만들었다. 진 2세 황제 때 부들로 만든 삽혜靸鞋에 봉황의
머리를 더했는데 이것이 명대의 무후근량혜無後跟凉鞋였다. 진晉 영가
永嘉 원년(307), 황초黃草로 만든 복구두이伏鳩頭履가 출현했고 이것이
명대의 황초심혜黃草心鞋다. 명대에 삽혜靸鞋는 전족을 하지 않은 사
람들이 신었다. 전족한 사람들은 사絲로 혜鞋를 만들어 신고 양가죽
에 금박을 하거나 부들蒲草이나 마갈麻葛로 만들었다. 봉황의 머리나
비둘기伏鳩·원앙·운로화초雲露花草를 수놓기도 했다. 부녀자들은 두
가지 색의 비단을 반씩 섞었는데 원대에는 '착도저錯到底'라고 했다.
명대에는 금·구슬·옥으로 장식하여 사치가 심했고, 진신縉紳 사대부
들이 신었다.

혜鞋의 한 종류가 화靴로 '호리胡履'에 속했다. 월趙 무령왕武靈王 때
만들어져 명대까지 이어졌다. 화靴는 본래 황피黃皮로 만든 낮은 가
죽신이었는데 훗날 장화長靿로 변했다.

전족 신발인 궁혜弓鞋는 작은 것이 유행이었다. 밑은 평평하고 때

로 금으로 수를 놓고 진주 장식을 했다. 숭정 말년, 송강 여리閻里의 어린 아이도 전견지纏縴趾를 신자, 부녀자들은 높게 신었다. "좁고 작아야 아름답고, 좀 크면 감추어졌다."(엽몽주葉夢珠, 『열세편閱世編』)

버선襪은 명대에는 '슬고膝袴'라고 했다. 어떤 부녀자들은 버선을 신지 않았는데 당대부터 이런 풍습이 있었다. 남녀용 길이가 같았고 상감을 하거나 수를 놓거나 금·구슬·비취로 장식하기도 했다. 숭정 10년(1637), 버선은 짧아져서 정강이 아래로 내려왔다. 겨울에는 면綿으로 무릎 아래를 묶기도 했다.

장신구

엄숭의 몰수 가산에서 장신구는 금으로 상감한 옥이나 진주 등 보석·머리띠頭箍·위계圍髻·귀걸이·추령墜領(금실로 꽃 모양을 만들고 주옥, 보석, 종을 연결해서 목이나 가슴에 건다. 걸을 때면 소리가 났다)·추흉墜胸·금비녀金簪·옥잠·팔찌와 팔가락지·모정帽頂(모자 꼭대기 장식)·조환條環·조구條鉤 등이 있었다. 재료나 스타일은 더욱 풍부했다.

명대 제도에 따르면 명부는 금관에 봉황 구슬을 달았다. 집에 있을 때는 금비녀·금귀고리·진주·비취珠翠 등을 사용했다. 명 말기에는 모두 진주와 비취를 사용했다. 귀밑 살쩍머리鬢에 금은으로 만들고 비취 등을 장식한 꽃가지를 꽂았다. 부녀자들의 포두包頭에 장식하는 주화珠花나 비녀의 둥근 머리 부분은 금·은·옥을 사용했다. 노부인들은 마노瑪瑙를 사용했다. 나중에는 금옥으로 장식한 봉두잠鳳頭簪을 사용했고 입구는 진주로 엮어서 살쩍 부근까지 내렸다. 이어서 옥이 아닌 금은 구슬로 사방斜方 모양을 만들었다가 나중에는 금으로 편방扁方을 만들었다. 포두包頭 위에는 구슬망으로 머리를 묶고 보석을 여러 갈래로 연결했다. 양쪽 살쩍도 주화珠花·주결珠結·주접珠蝶 등으로 장식했다. 완잠碗簪은 관계冠髻를 고정시키는 역할로 처음에는 금·은·옥으로 장식한 큰 것을 선호했다. 훗날 크기가 작아져 밀박蜜珀 금으로 상감하고 구슬을 붙이거나 사이에 측잠側簪을 이용했다. 때로 금을 사용하여 단화團花 스타일에 진주와 비취로 장식했다. 부자들은 붉은 빛이 도는 금赤色精金·하얀 원주大白圓珠를, 가난한 사람들은 어떤 장신구도 없는 담백하게 꾸몄다.

환패環佩는 '추흉墜胸'이라고 하며 금실로 구슬·진주·종령鐘鈴 등을 엮어서 가슴에 걸었다.[8] 편복便服은 궁장의 아래, 명복命服은 노피露帔 사이에 놓았다. 환패와 금귀고리는 예복을 입을 때만 착용했다.

화장

명대 도시 부녀자의 화장은 전 시대와 큰 차이가 없었고 새로 더해진 것도 있었다.[9]

『시詩』에 '아미蛾眉(가늘고 긴 곡선으로 그린 고운 눈썹으로 미인을 지

---

8 관리들이 관복이나 예복에 장식하는, 옥으로 이은 긴 목걸이로 무릎 아래까지 내려갔다. 얇은 비단으로 긴 주머니를 지어 그 속에 넣어서 찼다. 훗날에는 여자들의 장식물로만 쓰였다.
9 권혁석 「玉臺新詠에 나타난 中古시기 여성의 형상2: 외모와 화장을 중심으로」, 『中國語文學』, 72輯(2016. 8)을 참조할 것. 비록 시기는 다르나 여성 화장에 대한 일반적인 모습을 이해할 수 있다.

칭)'라 했고, 『초사楚辭』에도 '아미만록娥眉曼睩(초승달 같은 눈썹과 긴 눈초리로 미인을 지칭)'이라 했다. 부녀자가 눈썹을 그린 역사는 오래 되었다. 진시황 때, 궁중은 온통 '홍장취미紅粧翠眉(연지로 눈 주변을 찍고 석청 등으로 눈썹을 그림)'였고, 한 무제 때에는 궁인들에게 팔자 눈썹을 그리도록 했다. 사마상여司馬相如의 부인 탁문군卓文君 눈썹이 마치 먼 산과 같았는데 사람들이 따라하자 '원산미遠山眉(멀리서 보면 청담색의 산처럼 생겼다)'라는 이름이 생겼다. 위魏 무제 때 궁인들에게 청대미靑黛眉(눈썹을 밀고 흑청색의 안료를 이용해서 다양한 눈썹을 그림)를 하도록 했다. 이 외에도 고대 부녀자들의 눈썹화장은 나자대취미螺子黛翠眉 · 원취미鴛翠眉 · 수미愁眉 · 묵미墨眉 · 황미黃眉 · 개원어애미開元御愛眉 · 소산미小山眉 · 오악미五岳眉 · 신월미新月眉 · 월준미月俊眉 · 수주미垂珠眉 · 도훈미倒暈眉 · 분초미分梢眉 · 함연미涵煙眉 등으로 무척 다채로웠다.

유엽미柳葉眉 · 팔자미八字眉는 "끝은 나누어 경사지게" 하는 것으로 예전의 눈썹이 누에 모양으로 나누어진 '분초미分梢眉'이던 데서 변화한 것이다. '층간초眉間俏'는 얼굴에 꽃을 그리는 것으로 눈썹 사이에 꽃 · 보석을 붙이다가 훗날 취우翠羽로 주봉珠鳳 · 매화 · 누대樓臺 등을 붙였다. 작고 정교한데다 농염미를 더해서 '초俏'라고 했다. 눈썹은 사람마다 다르고 천차만별이어서 태생적으로 가늘고 긴 사람, 거칠고 길어 다듬어야 할 사람도 있어 실과 칼을 이용했다.(『유청일찰』)

고대에는 부녀자들이 화장품이 잘 묻도록 손으로 얼굴을 두드리는 균면勻面을 했다. 한대漢代에는 뺨에 단청으로 그림을 그리는 점협点頰이 있었다. 육조六朝 때는 황색을 숭상하여 이마를 황색으로 화

장하는 '액황額黃'이 있었다. 당대唐代에는 뺨에 달 모양을 그리는 '황
성엽黃星靨'이 있었다. 요대遼代에는 미인을 '세낭細娘'이라 했는데 얼굴
에 황색을 발라 '불장佛裝'이라 했다. 명대에는 액황은 이미 없어졌고
'발발發撥'이 유행했다. '발발'은 비튼다는 의미다. 대추나무 씨처럼
머리 쪽이 뾰족한 나무조각에 3촌 정도로 칠을 입혀 광택을 낸 뒤
살쩍을 느슨하게 한다 하여 '빈조鬢棗'라 했는데 점차 사라졌다.

　명대 도시 부녀자들은 달이나 동전 모양으로 보조개에 '분엽粉靨'
바르길 좋아하고 연지를 찍었다. 양쪽 뺨에 짙게 하는 것을 '주훈장
酒暈妝', 옅게 하는 것을 '도화장桃花妝', 엷게 주朱를 바르고 분粉을 여
러 번 누르면 '비하장飛霞妝'이라 했다. 항주에서는 균면하는 '원액圓
額'이 유행했는데 '화첨花尖(꽃봉우리)' 스타일로 이마에서 아래로 내
리거나 뾰족한 꽃무늬 도안을 사용하기도 했다.

　당대부터 손톱을 칠하기 시작했다. 양귀비는 태어날 때부터 손발
톱이 홍색이어서 '백학정白鶴精'이라 했는데 궁중에서 홍색을 발라
유행이 되었다. 부녀자의 손이 가늘고 길면 '봄 죽순春筍'이라는 찬사
를 받았다. 심언박沈彦博은 시 「섬수纖手」에서 노래했다.

꽃밭에서 한 송이 꽃 꺾었는데, 봄 죽순 이슬처럼 아름답구나
금비녀 흘러내려 섬수로 살쩍 올리고, 거울 앞에서 눈썹 그린다
양손으로 그네를 잡고 높이 뛰니, 치마가 뒤집히고 나부끼네
푸른 창가에서 가야금 타니, 봄 근심이 손아래에서 녹는구나[10]

이 시는 소녀의 섬섬옥수를 주제로 당시 부녀 복식은 물론 여가 생활과 감정 추구 등이 잘 묘사되어 있다. 섬수홍지纖手紅脂가 이렇게 사람의 마음을 움직이게 했지만, 손톱이 못생길 경우 눈살을 찌푸리니 색을 칠했다. 주로 봉선화와 백반을 잘게 부수어 붉게 물들였다.

화장품에 대해서는 사서에 기록이 많지 않다. 일반적으로 광동 시흥현始興縣 계곡에서 나오는 석묵石墨을 '화미석畫眉石'이라 했다. 부잣집 부녀자들은 장미 이슬을 분말傳面로 만들어 발랐는데 대부분 참파占城에서 왔다. 고대에는 '비운단飛雲丹'이라 했고, 명대에는 '수은소분水銀燒粉'이 있었는데 '옥화화분玉華花粉'이 최상급이었다.

의복의 재질

동소완董小宛은 남곡南曲에 나오는 유명한 기생으로 재색과 기예를 겸비하여 일세를 풍미했다. 복사復社의 명사였던 모양冒襄은 유명해지자 문장도 널리 퍼졌다. 두 사람이 부부가 되니 낭재여모郎才女貌라며 천하가 들썩였다. 모양은 동소완을 위해 서양포로 적삼을 만들고 엷은 붉은색退紅으로 안감을 해서 바람을 맞고 서 있는 모습이 마치 선녀처럼 아름다워 세간의 화제가 되었다.(모양, 『영매암억어影梅

---

10 "曾向花叢揀俏枝, 宛如春筍露參差. 金釵欲溜撩輕鬢, 寶鏡重臨淡掃眉. 雙送秋千扶索處, 半掀羅袖賭鬮時. 綠窗獨撫絲桐操, 無限春愁下指遲."

고계적高季迪은 「사우인혜두라피가謝友人惠兜羅被歌」에서 적었다.

언 누에고치를 잘 다듬어 세밀하게 짜고 바느질로 긴 이불을 엮었다. 희끗희끗한 버들개지 같은 표면으로는 바람 들 걱정 없고, 편안한 침상에 누우니 밤 향기가 부드럽다. 삭풍이 관문에 들어 흰 느릅나무를 시들게 할 때, 추운 요새에서는 이것보다 요긴한 것이 없다. 월의 비단에 촉의 금침이 얼마나 좋을까? 함께 침대에서 아름다운 여인의 향기 맡으면, 봄 구름처럼 따뜻한 자태가 고향처럼 온화하니 그 뉘 알리요.[12] (『서호유람지여』)

시인이 묘사한 두라융兜羅絨의 아름다움은 비할 수가 없는 것으로 유구국과 일본에서 생산되어 중국에 들어온 것인데, 이후 항주 직조국의 직공들도 비슷하게 따라서 만들었지만 당시로는 아주 귀한 것이었다.[13] 서양포는 네덜란드·태국에서 생산되었는데 눈처럼 하얀 매우 귀한 물건이었다. 조공과 해외 무역을 통해 외국의 다양한 재료

---

11 "薄如蟬紗, 潔比鮮艶, 以退紅爲裏, 爲姬製輕衫, 不減張麗華桂宮霓裳也."

12 "蠻工細擘冰蠶繭, 織得長衾謝縫剪. 蒙茸柳絮不愁吹, 鋪壓高床夜香軟. 朔風入關凋白楡, 塞寒此物時當須. (…) 越羅蜀錦安可常? 洞房美女謾熏香. 誰知一幅春雲暖, 即是溫柔堪老鄕."

13 두라兜羅는 면처럼 생긴 것으로, 범어梵語 tūla에서 왔다. 부처의 열반 당시의 모습을 묘사해서 백색의 순결함을 나타낸 불교 용어의 의미가 있다. 『대반열반경大般涅槃經』에서 인용했다.

도 반입되었다. 재료에 따라 금포綿布·갈포葛布·마포麻布·사주絲綢·모
직물毛織物 등 여러 종류가 있었다.

　명대 송강은 면직물을 생산하는 '면의 도시棉都'로서 "천하의 옷
을 만든다"고 할 정도로 많은 옷감을 생산했다. 태조는 검소해서 송
강에서 만든 삼사포三棱布(저사포紵絲布)로 옷을 만들어 입었다. 생활
이 풍족해지고 사치가 유행하자 삼사포는 사라지고 운포雲布가 유
행했다. 명나라 말기, 면포의 종류는 더욱 다양해져 표포標布·관포官
布·비화포飛花布·정낭자포丁娘子布·직화융포織花絨布 등이 있었다. 원래
귀하던 우돈포尤墩布는 두껍고 무거워서 옷으로는 적당치 않아서 사
라지고 자화포紫花布가 유행했다.(숭정,『송강부지』)

　상해현에 속한 송강부는 면화포棉花布를 생산했는데 세 등급이 있
었다. 표포標布는 삼림당三林塘 제품이 정교하고 다음이 주포周浦, 현
성縣城 순으로 섬서·산서·북경으로 팔려나갔다. 1필에 1전 5~6푼이
고 가장 좋은 것도 1전 7~8푼에서 2전에 불과했다. 중기포中機布는
표포보다 가늘고 길었는데 가격은 비슷해서 호남·강서·양광 등지에
서 환영받았다. 소포小布는 넓이가 1촌, 길이는 16척으로 좁고 짧았
으며 필당 6~7푼으로 강서 요주饒州 등지에서만 팔렸다. 이 외에도
색깔이 표포와 같은 장사포漿紗布가 있었는데 가볍고 부드러웠다.(『열
세편』)

　송강부의 가정현嘉定縣에서는 사문포斜紋布·약반포藥斑布·기화포棋
花布·자화포紫花布를 생산했다. 사문포는 때로 '수은승자水浪勝子'라는
종류를 생산했는데, 고르고 가늘었으며 견고하고 보기에 융 같은

스타일로 상품은 1필에 은 1냥을 받았다. 약반포는 약도포藥塗布를 청색으로 염색했는데 화조·산수·인물 등을 넣어 방석·이불·천막幕을 짰다. 기화포는 청색과 백색을 교차시켜 바둑판 모양으로 짜 세장帨帳으로 쓰였다.(만력, 『가정현지』) 이 외에 세포細布도 생산했다.

영파·소흥에서 생산된 양질의 갈포葛布는 면주綿紬(허드레 고치·실보무라지 따위로 짠 직물)의 일종으로 여러 종류가 있었다. 절강 자계慈溪와 광동 뇌주雷州 갈포가 가장 품질이 좋았다. 다음은 강서 산으로 굵기와 세밀도가 일정치 않았다. 강남 금단현金壇縣 제품은 가늘었지만 옷을 만들 수는 없어 안에 끼워 넣었다. 당시에는 "진신사대부가 아니면 갈포를 입지 않는다"는 유행어가 있을 정도로 갈포는 비싸고 귀했다. 상등 갈포는 3장 1척짜리가 1필에 은 3냥이었다. 하등은 1척에 은 5~6푼도 있었다.

광동에서 생산된 갈포 중 증성增城 여갈포女葛布가 가장 상품이었다. 부녀자들이 자기 남편을 위해서만 만들지 시장에 내놓지 않았다. 그래서 "북(난주蘭州)은 고융姑絨, 남은 여갈女葛"이란 말이 유행했다. 여갈포는 매미 날개처럼 얇아서 태양에 비추면 쭈글쭈글해지고, 물이 묻으면 수축해서 일상복으로는 적합하지 않았다.

뇌주에서 생산한 금낭갈錦囊葛은 최고 상품으로 색깔은 상혈아象血牙(혈액 순환이 왕성한 코끼리에서 취한 상아로 엷은 홍색을 띈다)와 같고 가늘고 매끈했지만 튼튼해서 1척에 100전을 호가했으며 도포袍를 만들어 입었다. 뇌주 갈포는 생산지에 따라 뇌주산은 정갈正葛, 박라博羅산은 선정갈善政葛, 조양潮陽산은 봉갈鳳葛이라 하며 사絲를 씨줄로 해서 '황사포黃絲布'라고도 했다. 경산瓊山·징매澄邁·임고臨高·악회樂會산은 가볍고 가늘어 미인갈美人葛, 양춘陽春산은 춘갈春葛, 광주廣州산은 용강갈龍江葛이라고 했다.

이상의 갈포는 모두 전갈絟葛에 속했다. 이 외에도 세저포細紵布·어동포魚凍布·등포藤布·부용포芙蓉布·증포晉布·초포蕉布 등이 있었다. 고대에는 목면이 없어 모두 세마細麻로 포를 짰다. 광동 신회新會에서 생산된 세저포가 바로 마포였다. 어동포는 동완東莞에서 생산되었는데 사絲와 저紵를 같이 짜서 만든 것으로 부드럽고 매끈한 것이 마치 생선 육수가 절반 정도 굳어진 상태와 같아서 어동魚凍이라 불렀다. 등포·부용포는 부용 나무껍질로 실을 뽑고 쪄서 만들었다. 증포는 신안 남두南頭에서 생산한 것으로 저마苧麻로 만들었으며 현지 어촌 부녀자들이 망가진 그물을 실로 만들어 씨실로 삼고 면사綿絲를 날실로 삼아 석회로 끓인 뒤 다시 시냇물에 표백하여 포로 만든 것이다. 파초蕉의 품종 중 포布로 만들 수 있는 것을 '초마蕉麻'라고 했다. 초마는 산 위에서 자연 생장하거나 밭에서 사람이 재배하기도 했는데 수확 후 발로 밟고 순회수純灰水로 끓인 뒤 표백하여 말리면 초포가 되었다.(굴대균, 『광동신어廣東新語』)

사주絲綢는 옷을 만드는 최상급 재료였다. 항주·가흥·호주·송강·소주 등에서 생산되었고 특히 소주는 '비단 도시'라고 불렸다. 종류가 다양했는데 능綾·나羅·주綢·단緞·견絹·개기改機·융絨·금錦·갈褐·쇄폭瑣幅 등이 있었다. 비단 바탕에 금실로 무늬를 넣는 직금織金·과견過肩(yoke)·장화粧花·섬색閃色 등도 상당히 정교했다. 몰수한 엄숭의 가산 중에는 다음과 같은 재질의 옷이 있었다.

단緞은 대홍직금장화망룡단大紅織金粧花蟒龍緞, 대홍장화오조운룡
과견단大紅粧花五爪雲龍過肩緞

견絹은 대홍장화과견망견大紅粧花過肩蟒絹, 대홍직금망견大紅織金蟒絹

나羅는 대홍직금장화망룡라大紅織金粧花蟒龍羅, 대홍장화과견운망
라大紅粧花過肩雲蟒羅

사紗는 대홍직금장화망사大紅織金粧花蟒紗, 대홍직금과견망사大紅織
金過肩蟒紗

주綢는 대홍장화과견운망주大紅粧花過肩雲蟒綢, 대홍직금망룡주大
紅織金蟒龍綢

개기改機는 대홍장화과견운망개기大紅粧花過肩雲蟒改機, 대홍장화
두우보개기大紅粧花斗牛補改機

융絨은 대홍직금망융大紅織金蟒絨, 대홍장화과견운망융大紅粧花過肩
雲蟒絨

갈褐은 서양철색갈西洋鐵色褐

금錦은 대홍송금大紅宋錦, 오색장화금五色粧花錦

능綾은 대홍직금릉大紅織金綾, 홍릉紅綾

쇄폭瑣幅은 홍쇄폭紅瑣幅, 청쇄폭靑瑣幅

이 옷들은 생산지에 따라 품질이 달랐다. 소주素綢는 남경·조주潮
州·노주潞州·온주·소주산이 많았고, 견絹은 가흥·소주·항주·복주·

천주산이 많았다. 사주絲綢는 모두 상잠사桑蠶絲를 원료로 사용했는데, 산동의 충주䌷綢(명주)는 초잠사椒蠶絲를 원료로 사용했다. 이 잠주蠶綢는 검푸른색에, 산초 향을 풍겨 설사 때가 묻더라도 씻을 필요가 없었는데 가격은 융絨과 비슷했다.

광동 정향程鄕의 충주䌷綢는 아주 귀했다. 나부羅浮에는 충포䌷布가 있었는데 대호접충소사大蝴蝶䌷繅絲로 짰다. 문창文昌에서는 잠충蠶䌷이 산에서 나는 밤나무 잎만 먹어 뱉은 실이 단단하고 질겨서 오래 입어도 해어지지 않았다. 신안新安에서 생산되는 충포는 품질이 비슷했다. 남해南海 관요충포官窯䌷布, 순덕順德 용강충포龍江䌷布 등의 품질은 조금 조악했다. 광동에서는 융사絨紗·연랑주牛郎綢·오사五紗·팔사八絲·운단雲緞·광단光緞 등이 생산되었다.

금錦은 사천에서 생산되어 촉금蜀錦이라 했다. 두껍고 좋은 기술로 짠 것은 1겸縑에 은 50냥에 달했다. 그러나 옷을 만들기에는 적합하지 않아서 방석茵褥으로만 썼다. 촉 왕부王府에서는 사용했지만 일반 백성은 선호하지 않았다.

대융大絨은 모직물로 극히 귀해서, 북방에서만 유행하여 '고융姑絨'이라 칭했다. 고융은 가늘고 견실해서 한 필에 10여 장인데 비싸서 부잣집에서만 옷으로 만들어 입었다. 고융으로 외투의 바깥을 만들고 무겁고 두꺼운 능綾으로 안감을 댄 도포는 수십 년을 입었다.

북경에서는 말총馬尾으로 치마를 만들어 입자 많은 말이 수난을 당해서 지역의 폐해가 되었다. 북방에서는 담비貂·여우狐 가죽으로 옷을 만들어 입는 '수복獸服'이 유행했다. 남방에서는 '조의鳥衣'라고 조포鳥布로 옷을 만들었다. 조포로는 천아융天鵝絨·쇄복瑣袱 두 종류가 있었다. 천아융은 천아(백조) 세관細管을 잡기雜機에 섞어 사직絲織으로 짠 뒤 화려하게 만들었는데 홍색이 고급품이었다. 겨울용·여름용 두 종류가 있었는데 비를 맞아도 젖지 않아 '우사雨紗' '우단雨緞'이라 불렀다. 광동에서 생산하는 천아융은 토아土鵝(거위) 깃털이나 양융洋絨(벨벳)으로 만들어 품질도 떨어지고 가격도 저렴했다. 쇄복瑣袱은 앞에서 말한 쇄폭瑣幅으로 원래 아프가니스탄 북쪽(합렬국哈烈國, 헤라트)에서 생산되어 새털로 짰는데 무늬가 흰 비단紈綺 같았다. 짙은 홍색이 가장 비쌌지만 옷감으로는 적절치 않았다. 광동 사람들이 쇄복을 모방해서 만들었는데 품질이 원산지 것과는 비길 수 없었다.

명대에는 외국에서 다양한 의복 재료들이 도입되었다. 영락 연간에 황제는 신하들에게 상으로 서양포·고려포를 하사했다. 서양포는 겨울·여름용이 있는데 겨울용은 비교적 두껍고 여름용은 얇아서 "매미蟬紗처럼 얇고, 눈처럼 깨끗했다"는 평을 들었다.

옷감 염색은 색채도 다양하고 꾸준히 새로운 색감이 더해졌다.

홍색 계열: 짙은 홍색大紅, 연분홍색桃紅, 출로은홍出爐銀紅, 담회홍색藕紅色(지금의 수홍水紅·금홍金紅·여지홍荔枝紅·귤피홍橘皮紅·동방색홍東方色紅)

남색 계열: 침록沈綠·백록栢綠·유록油綠(지금의 하늘색·옥색·월색·옅은 녹색)

다갈색 계열: 정향丁香 다갈색茶褐色, 장색醬色(지금의 묵색墨色·미색 米色·응색鷹色·침향색沈香色·연자색蓮子色)

청색 계열: 치조색緇皀色(지금의 철색鐵色·현색玄色)

황색 계열: 미황薑黃(지금의 아자황鵝子黃·송화황松花黃)

자색 계열: 대자大紫(지금의 포도자葡萄紫)

명나라 궁중의 직염국織染局에서는 희고 엷은 홍색을 띤 해천하색海天霞色을 개발하기도 했다. 이로 미루어볼 때 명대의 옷들은 그야말로 오색이 찬란했다고 할 수 있다.

진수성찬과 거친 음식

속담에 "백성은 먹고 사는 것이 가장 중요하다"라는 말이 있다.[14] 도시 생활에서 먹는 것은 매일 반복되는 중요한 일이다. 황궁에서 후궁들이 귀하고 푸짐한 진수성찬을 즐기고, 진신 사대부 역시 장생 불로를 위해 양생을 즐길 때, 도시 백성은 일곱 가지 생활필수품을 구하기 위해 바삐 움직이면서도[15] 변변치 않은 음식조차 배불리 먹지 못했다.

---

14 "民以食爲天"(『사기』「역생육가열전酈生陸賈列傳」)
15 땔감·쌀·기름·소금·간장·식초·차를 말한다.

검소함에서 사치스러움으로

만력 연간, 북경의 사대부들은 연회를 열어 친구들을 초대해서 열
띤 담론을 즐기곤 했다. 식탁 위에는 주방장이 정성을 기울여 마련
한 산해진미가 가득하여 참석자들의 감탄을 자아냈다. 서로 술을
권하고 노래를 불러 분위기가 최고조에 달할 무렵, 가장 중요한 음
식이 올라왔다. 화적아火炙鵝와 활할양活割羊이었다. 화적아는 매운 산
초나무 즙椒漿을 먹여서 기른 거위로 만든 요리였는데, 요리할 때 불
을 붙여 깃털부터 서서히 타들어가면서도 거위는 죽지 않았다. 활할
양은 살아 있는 양을 구워가면서 산채로 고기를 발라내는 요리로
모두 최고로 부드러운 육질을 얻기 위해 선택한 방식이었다.

만명晚明 사대부들은 요리를 통해 기발함과 재주를 다투었다. 끝
없는 식탐을 만족시키기 위해 색다르고 특별한 방법으로 동물들을
잔인하게 죽이는 것도 마다하지 않았다.

그러나 명나라 초에는 도시에서 "연회는 검소하고" "별다른 진귀
한 음식 없이" 이루어져 일상적인 생활은 다소 궁핍할 정도였다.

태조는 음식을 포함한 모든 사치에 대해 엄격했다. 농민 출신으로
승려 생활도 했던지라 황제 자리에 오른 뒤에도 소박한 음식들을 먹
었다. 특히 아침저녁으로 두부를 먹었다. 마馬 황후 역시 몸소 주방
에 들어가 궁내 음식을 진두지휘해서 검소한 분위기를 이끌었다.

태조는 사치 풍조를 막기 위해 음식을 담는 그릇 사용에서 규정
을 마련했다.

공후公侯와 1품·2품관은 금으로 만든 술주전자·술잔을 사용하고 다른 그릇은 은을 사용

3품에서 5품은 술주전자는 은, 술잔은 금을 사용

6품에서 9품은 술주전자·술잔은 은을 사용, 다른 그릇은 자기를 사용

백성은 술주전자는 주석, 술잔은 은, 다른 그릇은 자기와 칠기를 사용

칠목기는 주홍朱紅·능금稜金 색이나 용·봉황 조각 등을 금함(『대명관제大明官制』「예부禮部」)

또 고위 관리라도 황금으로 만든 술잔은 사용치 못하도록 했다. 이런 규정으로 인해 도시의 음식 문화는 소박할 수밖에 없었다. 연회는 예절에 맞추어 진행되었고 사치나 탐욕은 드물었다. 몇 가지 경우를 보자.

명나라 초, 강소 남통주南通州에서는 보통 4명이 모임을 열었다. 손님이 늘어도 자리를 늘릴 수 없어 주인은 손님 옆에 끼어 앉았다. 도자기 술잔으로 자작을 하고 안주와 과일을 먹었다. 음식은 그때그때 마련했고 술도 시장에서 사와 배부르게 먹으면 그만이었다. 백성은 평생 이런 기회조차 가지기 힘들었다. 손님 접대에도 술·국·두부 정도가 전부였다. 귀족이나 부잣집에서도 비슷했고 가무는 생각도 할 수 없었다. 만약 어떤 집의 연회에서 가무단을 초청하면 모두 몰려가 구경하고 여러 날 이를 화제 삼아 이야기하곤 했다.(만력, 『남통주

지南通州志』)

강소 강양현에서는 연회 음식을 8개 이하로 제한하고 식탁에는 4명이 앉도록 규정했다.(가정, 『강양현지江陽縣志』) 절강 신창현에서는 현지에서 나오는 채소와 과일 등 5~7종류만 준비하고, 토기 그릇만 사용하도록 했다.(만력, 『신창현지新昌縣志』) 복건 소무부에서는 가정 이전에 거위 요리는 접대하지 못했다.(가정, 『소무부지邵武府志』) 혜안현에서는 제사 등 행사에서 거위를 죽이지 못하도록 했다.(가정『혜안현지惠安縣志』) 강서 영풍현에서는 음식은 4~5가지 이내, 과일은 현지 산, 가축은 집에서 기르는 것만 요리하도록 했다.(가정, 『영풍현지永豐縣志』) 성화 이후, 궁을 시작으로 도시의 음식은 사치스러워졌다. 궁에서 열리는 도교 제례의식인 재초齋醮는 원래 소박하고 호화롭지 않았다. 초기에는 과일을 '산찬散撰', 즉 그릇에 쌓아놓았고 여덟 근을 넘지 않았다. 성화 연간, 과일은 이미 '점체粘砌', 즉 설탕을 이용해서 과일들을 붙여 꽃 형상을 만들었는데 1척 그릇에 들어간 과일만 13근에 달했다. 궁에서는 여전히 두부를 먹는 습관이 남아 있었는데 두부는 메주콩이 아니라 새의 뇌腦를 익혀서 만들었으며 한 그릇의 두부를 만들려면 1000여 마리가 필요할 정도로 사치가 심했다. 황제는 조정 대사보다는 주색에만 빠져 있었다. 정덕제는 특히 술을 좋아해서 언제나 술잔과 국자를 옆에 낀 채 하루 종일 술에 취해 정신이 없었다. 궁 안에 '화주점花酒店'이라는 술집을 만들어 창기들과 놀아나니 정치는 실종된 채 문란의 극치를 보였다.

사치는 풍성한 음식과 과일에 대한 과도한 집착, 끊이지 않는 연회 등으로 이어졌다. 예전 연회에는 과일 5그릇, 요리 6가지, 국 3가지 정도였다. 중기 이후로 오면 일상적인 연회에서도 요리는 10여 가지가 넘었다. 절강 신창현의 한 귀족 연회에서는 오간五干(마른 음식)과 오습五濕(국물요리)를 합쳐 10가지를 마련하니 식탁마다 넘쳐나는 접시를 놓을 자리가 없었다.[16] 복건 소무부에서는 사대부가 연 연회에 100여 가지의 요리와 과일이 올라오기도 했다.(『사우재총설』) 이 음식들은 현지에서 나는 것이 아닌 먼 지역에서 온 것으로 산해진미였다. 거위는 당시 특히 귀한 요리의 하나로 백성은 쉽게 접할 수 없었는데, 30여 마리를 준비했고 이것도 부족해서 비둘기·반구斑鳩(산비둘기)까지 곁들이기도 했다. 실록에는 "도살한 가축이 1000여 마리가 넘고, 기름지고 신선한 음식이 언제나 100여 가지에 달했다"며 중기 이후 도시의 과도한 식도락 세계를 묘사했다.

연회에 등장하는 과일·음식·요리는 날마다 새로운 모습을 창조했다. '당전糖纏' '대양병정大樣餅錠' '족반簇盤' '삽화揷花' '점과粘果' '고정高頂' '사인獅人' 등 풍성했다. 송강에서는 "과일을 산처럼 높이 쌓았다果山增高樏架"라 했는데 과일 담은 접시를 층층으로 쌓아놓으니 그 모습이 장관을 이루었다.

연회의 좌석은 손님을 배려해서 식탁마다 혼자 앉으니 예전처럼 2인 혹은 서너 명이 같이 앉던 일은 이미 볼 수 없었다.

---

16 간채干菜는 분조粉條·해대海帶·분사粉絲·부죽腐竹을 포함하고, 습채濕菜는 총蔥·근채芹菜·향채香菜·황화채黃花菜를 포함한다. 그 외에 구채韭菜가 가능하지만 무·마늘은 피한다.

그릇에 관한 규정도 더는 찾아볼 수 없었다. 서민 출신으로 처음 관리가 되면 서옥犀玉으로 만든 술잔, 상아 젓가락, 옥배玉杯 등을 준비해서 연회를 여는 것이 일상적인 일이 되었다.(우신행于愼行,『곡산필진谷山筆塵』) 송강에서는 사대부들이 한옥漢玉이나 금으로 만든 잔을 사용했는데 장인들이 고대의 모습을 재현하여 극히 정교했다. 절강 가흥에서는 은수화로銀水火爐·금적소金滴㗻를 이용해서 모든 손님에게 금 소반과 호리虎螭 금 술잔을 제공했는데 세트마다 비용이 15~16냥에 달했다. 연회에 들어가는 비용도 날로 증가해서 보통 연회에도 좌석당 은 1냥에서 수십 냥에 달하기도 했다.

산해진미

조정에서는 정기적으로 '대연大宴' '상연常宴' 두 종류의 연회를 열었다. 천지天地에 제사를 지낸 다음 날 거행하는 대연을 '경성대연慶成大宴'이라 했다. 홍무·영락 연간에는 정월 초하루와 동지, 황제 생일聖節에도 거행했다. 영락 연간, 입춘·원소·사월초팔일·단오·중양·납팔臘八(음력 섣달 초팔일) 등 명절에는 봉천문에서, 태자의 생일에는 문화전에서 연회를 거행했다. 선덕 이후, 황태후 생일에는 오문午門 바깥에서 연회를 거행했고 참여하지 않는 관리들에게는 절전節錢을 주었는데 이는 모두 '상연'이었다. 비정기적인 연회도 있었다. 황자가 강학에 나가면 강학이 끝난 뒤 황제는 강관들에게 일반적인 상연보다 풍성한 연회를 베풀었다.(『용당소품』) 숭정 15년(1642) 9월, 숭정제는 명덕전에서 대신들에게 연회를 베풀었는데 12개의 식탁, 큰 화병, 금규화金葵花 잔(해바라기 형태로 큰 사발 주변에 꽃과 잎이 달려 있다)이 있었다. 이 외에도 다른 궁에서는 '봉연奉宴'을 베풀었고, 주변 나라에 대해서는 '사연賜宴'이 진행되었다.

궁내에서 수시로 열린 '내연內宴'에는 독특한 예절이 있었다. 만력제가 처음 등극할 때 열린 내연에서는 인성仁聖 황태후가 상좌, 자성慈聖 황태후가 중앙에 앉으면 만력제는 같이 앉지 못하고 잠시 기다려야 했다. 만력제는 두 황태후에게 문안을 고하고 머리를 조아린 뒤 꿇어앉아 차를 받았다. 만력제는 동각東閣, 중궁은 서각西閣에 앉았다. 매번 술이 돌 때마다 만력제는 술잔爵을 잡고 중궁 황후는 준樽을 잡고 꿇어앉아서 받았다. 이렇게 9번까지 계속한 뒤 두 황태후가 자리를 잡은 뒤에야 만력제와 중궁은 무릎을 꿇었다가 소연小宴이 열리면 비로소 같이 앉아 일상적인 대화를 시작했다.(『곡산필진』)

내연 외에 후궁들은 절기마다 연회를 열었다. 8월이 되면 화원에서 해당화를 감상하고 게를 먹는 '식해지회食蟹之會'를 열었다. 연회가 끝나면 자소초紫蘇草(자소는 꿀풀과로 기를 내리고 담을 줄이며 폐를 윤택하게 하고 장을 넓혀주는 효과가 있었다)로 손을 씻었다. 천계 연간, 객客씨는 후궁들에게 게를 발라 접시에 나비 모양으로 올리는 방법을 가르친 뒤 누가 잘 만들었는지를 가리는 대회를 개최하기도 했다.

궁중 태감들도 연회를 열었다. 중양절을 전후해서 서로를 초대하는 '영상연迎霜宴'을 열고 토끼 고기를 먹었는데 '영상토迎霜兎'라 했다.(『천계궁사』)

궁중 음식을 담당하는 어선御膳의 관리제도에도 변화가 있었다.
천계 이전에는 황제 식사를 사례감 장인·병필태감·동창 관리태감
이 번갈아가며 담당했다. 가정 연간, 가정제 조석 식사는 좌우의 태
감들이 맡아서 보다 간결해졌다. 숭정 초년에는 다시 상선尙膳에서
담당하다가 13년(1640) 예전처럼 태감들의 손으로 넘어갔다.

명대 황제들은 어떤 음식을 먹었을까? 일반인들은 황제가 용의 간
이나 봉황의 뇌龍肝鳳髓 같은 아주 진귀한 음식을 먹었을 거라고 상상
한다. 물론 천하가 황제의 것이니 각지에서 올라오는 공물, 계절 음
식을 맛볼 수 있었다. 그러나 전설 속의 음식이나 진귀한 산해진미는
만들어진 환상일 뿐이었다. 큰 행사 때마다 광록시光祿寺에서 용을
삶고 봉황을 튀긴다는 의미의 팽룡포봉烹龍炮鳳이라는 풍성한 연회를
준비했다. 용은 수컷 양, 봉황은 수꿩(장끼)으로 대신했다.(『천계궁사』)
아이들 장난 같지만 요리 기술이 아주 좋았다. 큰 대추大棗는 '안기
조安期棗'[17], 복숭아는 '방삭도方朔桃'라고 했다. 황제라고 언제나 산해
진미만을 먹는 것은 아니었다. 개인의 기호에 따라 어떤 황제는 민간
의 보통 음식을 좋아하기도 하고 재계를 해야 할 때는 반드시 소식素
食을 먹었다. 가정제는 도교를 숭상하고 장생불로를 추구해서 평상시
에 '기린포麒麟脯' '오색지五色芝' 등을 먹었다. 천계제는 신선한 해산물
을 좋아해서 조개·새우·제비집燕菜·상어 지느러미 등 10여 가지를

---

17   안기安期는 안기생安期生으로『열선전列仙傳』에 나오는 전설 속의 선인이다.

함께 요리해서 먹었다. 숭정제는 제비집과 닭을 끓여 달인 제비집 스프燕窩羹를 좋아해서 먼저 태감 5~6명에게 먹여서 짠맛을 조절한 뒤 먹었다.(『신궁유록燼宮遺錄』) 융경제는 당나귀 내장驢腸과 과일을 넣어 만든 떡인 과병果餠을 좋아해서 상선 태감들이 장안가의 골목에 가서 구매했다. 동궁 황후는 단 음식을 좋아해서 숭문가崇文街에 가서 구매했다.

재계가 다가오면 황제는 소식素食을 하며 절제했다. 홍치제는 1년 중 111일 동안 소식했다. 이 기간에는 모든 연회에서도 소식을 해서 어선방에서는 돼지·양·닭·거위 등의 도살을 금했다. 물론 황제의 소식에 대해서는 일반 백성이 알 수 없는데, 숭정제는 매월 10일 재계하면서 소식이 맛이 없다고 불평하곤 했다. 상선감에서는 거위의 내장을 빼내고 채소를 넣어 끓인 뒤 술로 깨끗이 씻어내고 다시 마유麻油를 이용해서 새로운 요리를 만들어 올리곤 했다.

궁에서 사용하는 음식은 대부분 공품이지만 민간에서 구매한 뒤 상선감에서 조리했다. 그 과정에서 독창적인 음식들이 출현했다. 연회에 나온 음식의 종류는 다음과 같은 것이 있었다.

보장다식寶裝茶食·향당響糖·전완纏碗·대은정大銀錠·소은정小銀錠·대만두大饅頭·소만두小饅頭·육탕肉湯·분탕粉湯·상생소화과자유小像生小花果子油酥·화두원앙반花頭鴛鴦飯·마우저양육반馬牛猪羊肉飯·봉자골棒子骨·양배피羊背皮·흑백병黑白餠·감로병甘露餠·대유병大油餠·소점심小点心·풍계風鷄·풍압風鴨·소작燒炸·안주按酒·과다果

茶·어자魚鮓·작어炸魚·운자마엽소면과고雲子麻葉笑面果糕·연안주軟
按酒 등이 있었다.(『화당각총담』) 이를 주식·후식·다식·요리·술·
차·공품으로 구분하여 순서대로 소개해보자.

주식

위에 언급한 음식 가운데 대만두·소만두·화두원앙반·마우저양
육반 등이 궁중의 주식에 속한다. 만두(속이 없는 밀가루 빵)는 명나
라 초기부터 있었고, 제사상에 오르던 공품供品이었다. 공신묘에 제
사 지낼 때 5048개가 필요했는데 강녕江寧·상원上元 두 현에서 공부
工部에 보낸 밀가루 20단担으로 만들었다.(『계암노인만필』) '염전捻轉'
은 제철 식품으로 "한해 새 오곡의 시작"을 알리는 궁중의 주식이었
다. 염전은 보리를 끓여서 딱딱한 껍질을 제거한 뒤 면으로 만든다.
'포아반包兒飯'은 '타채포打菜包'라고도 하며 배춧잎이나 상추에 밥과
고기·생강·파 등을 같이 비빈 후 싸서 먹는다. '훈충薰虫'은 2월 초
이튿날 먹는 것으로 기장으로 만든 면, 대추를 넣어 찐 떡棗糕을 기
름에 볶거나 면으로 묶어서 전으로 만든다. 숭정 조 때 익곤궁翊坤
宮에 있던 태감 유아무개가 잘 만들었다는 '편식匾食'이 있다. 요즘의
교자를 말한다. 편식이란 이름은 송대 개봉에서 유래했다.

다식·후식과 신선한 과일

다식과 후식은 모두 간식으로 떡, 전 등 쌀과 밀가루, 설탕으로
만들었다. 보장다식·향당·전완·대은정·소은정·상생소화과자유소·

흑백병·감로병·대유병·소점심 등이 있었다.

목서화병木犀花(桂花)餅은 남경의 궁에서 계수나무 꽃이 필 때 사인舍人 500여 명을 초대해서 면과 함께 전을 만들어 먹었다.(『계암노인만필』) 매년 4월 초팔일, 불상의 정수리에 물을 뿌리는 욕불절浴佛節 행사를 마친 뒤 조정에서는 문무백관에게 '불락영不落英'이라는 면을 하사했다. 호광 영왕부榮王府에서는 단오절에 '불락협不落莢'을 먹었는데 지금의 중쯔粽子였다.(『계암노인만필』) 이 외에도 송병松餅·감작減炸 등이 있다. 감작은 연회에 나온 소작燒炸으로 역시 전의 일종이었다.

궁중에는 첨식방甛食房이 있어 태감들이 전문적으로 단 간식을 제공했으며 외부에 알려지지 않아 궁중 진품으로 여겨졌다. 사와호안당絲窩虎眼糖·옥식당황玉食糖糧·불파라밀佛波羅密 등이 있었다.

4월이 되면 앵두가 "한해의 신선한 과일의 시작"을 알렸다. 또 봉선귤鳳仙橘·홍배小紅梨가 있었다. 중기 이후, 다과 식품은 '산찰散攛'에서 그릇에 쌓는 '점체粘砌'로 변하여 매년 엄청난 경비가 지출됐다. 접시에 여지荔枝·원안圓眼 110근, 대추·감 260근을 쌓아올려 높이가 2척이 되었다. 매년 9만4900여 근의 과일이 필요했다.

요리

명대 궁중 요리 중 비교적 유명한 음식 외에 두부 요리가 특히 돋보였다. 위에서 언급했듯이 두부는 새의 뇌로 만들었는데 정말 맛있었다. 천계제 유모 객씨가 만든 '노태가선老太家膳'은 천계제가 좋아하여 유명해졌다. 이 요리들 중에 신선한 초선하炒鮮蝦(새우볶음)와 인

삼순人蔘荀(인삼·죽순)이 특히 유명했다.

궁중에서는 여육驢肉(당나귀 고기)과 압육鴨肉(오리 고기)이 유행했다. 연말에 주로 당나귀 고기를 먹었는데 궁에서는 여驢를 귀신이라고 여겼기 때문에 고기를 먹으며 "귀신을 씹는다嚼鬼"라고 했다. 천계 연간, 세력을 떨치던 태감 위충현은 개고기를 즐겨 먹었다. 도문보涂文輔 등은 직접 개고기를 요리해서 건청전乾淸殿 안에서 손으로 잡고 순식간에 먹어 치우곤 했다. 오리 요리로는 먼저 하루 동안 오리를 푹 삶았다가 하루가 지나서 기름이 굳으면 먹는 '빙압氷鴨'이 유명했다.

궁중에서 사용하는 채소는 사원국司苑局에서 담당했는데 대나무 바구니에 담아 들어왔다. 매년 백중이 되면 궁에서는 은묘채銀苗菜, 즉 연뿌리의 부드러운 싹을 먹고 새 연밥으로 탕을 끓여 먹었다.

차

궁에서 마시는 차는 모두 공품이었다. 홍무 24년(1391), 차 생산지마다 매년 바칠 공차貢茶의 양을 정해 반포했다. 궁에서는 복건 건녕차建寧茶를 최상품으로 쳐 이 차를 마셨다. 북송 경력慶曆 원년(1041) 이래 용봉단龍鳳團 1근이 20개 병餠(차를 틀에 넣어 녹두전 모양으로 만듦)이었는데 궁에서는 차단茶團(송대에 만든 형태로 병 위에 용·봉황 등을 인쇄했다) 위에 금박을 입혔다. 명초에도 용단龍團으로 진상했으나 태조가 아차芽茶(어린 싹에서 딴 가늘고 부드러운 찻잎)로 바꿨다.

공품은 모두 '춘春'으로 명명했다. 송 선화宣和(1119~1125) 이전에

는 '옥액장춘玉液長春' '용원보춘龍苑報春' '만춘은엽萬春銀葉' 등의 이름
이 있었으나, 명대에는 '탐춘探春' '선춘先春' '차춘次春' '자순紫筍' 등
의 이름을 붙였다.

명나라 말 숭정조에 이르러 주周 황후의 집에서 매년 양선차陽羨茶
를 진공했다.(왕예창, 『숭정궁사』)

술

궁중에서 마시는 술은 '장춘長春'이라 불렸는데, 전통적으로 좋은
술맛을 '춘春'자에 빗대어 명명했다. 1년 사계 중 봄이 가장 아름다
웠기 때문이다. 명대 이전, 형양榮陽의 '토굴춘土窟春', 부평富平의 '석
련춘石練春', 의성宜城의 '죽엽춘竹葉春', 숭안崇安의 '곡미춘曲米春', 검남
劍南의 '소춘燒春', 오현吳縣의 '동정춘색洞庭春色' 등이 있었다. 이 외에
도 춘천春泉·부춘浮春·성춘成春·황도춘皇都春·유도춘留都春·십주춘十
洲春·해악춘海岳春·봉래춘蓬萊春·금파춘錦波春·부옥춘浮玉春·진회춘秦
淮春·풍화춘豐和春·곡계춘谷溪春·만상개춘萬象皆春·만리춘萬里春 등도
있었다. 궁에서 마시는 술 중 유명한 것으로 '금경로金莖露' '태희백太
禧白'이 있었는데 모두 태감들이 빚어서 광록시는 간여할 수 없었다.
금경로는 홍치 초년에 주조법이 나왔는데 순한 술로 뒷맛이 두터웠
으며 숙취가 없었다. 태희백은 소주처럼 맑고 깊었는데 질리지가 않
는 절품絶品이었다.(『사우재총설』)

술은 어주방御酒房에서 빚은 술과 태감이 궁 바깥에서 빚어 들어
온 술 등 두 종류가 있었다. 어주방에서 빚은 술은 금경로와 태희백

외에 '하화예荷花蕊' '한담향寒潭香' '추로백秋露白' '죽엽청竹葉靑' 등이 있었다. 숭정제는 금경로와 태희백을 좋아해서 '장춘로長春露' '장춘백長春白'으로 이름을 바꾸었다. 천계 연간, 위충현은 궁 바깥에서 '금반로金盤露' '하화예荷花蕊' '불수탕佛手湯' '군자탕君子湯' '경소京酥' '천유天乳' 등을 주조해서 황제에게 바쳤다.

궁중 술에 관한 기록에는 '계화온桂花醞' '국화장菊花漿' '부용액芙蓉液' '난화음蘭花飮' 등 60~70여 종이 더 있다고 했다.

명나라 오선敖銑은 "추운 아침 두뇌주頭腦酒를 가장 좋아한다"고 읊었다. 여기서 말한 두뇌주는 당시 매우 유행하던 술로 겨울에 고기와 잡내 나는 음식들을 큰 그릇에 같이 넣고 끓인 다음 뜨거운 술을 넣어 마심으로써 추위를 피했다. 조정에서는 동지부터 입춘까지 장군과 병사들에게 이 술을 하사했다.(『용당소품』) 『천계궁사』에서는 "후궁은 몰래 곡식 창고를 채우고, 골동을 맛본다"고 했는데 북경에서는 정월 25일 술을 마시는 것을 "곡식 창고를 채운다"고 묘사했다. '골동骨董'이란 말은 '전창주塡倉酒'로 여러 음식 맛이 나는 두뇌주일 것이다.

공물

궁에서 필요한 모든 음식 재료들은 일부 구매한 것들을 제외하고는 대부분 공물로 각 지방에서 나는 가장 훌륭한 특산물이었다. "5월 준치鰣魚는 마치 은처럼 하얗고, 후궁들에게까지 훌륭한 맛을 선사한다. 얼려서 오는 것인지 태묘에는 매년 새로운 것이 쌓여간

다"(왕세정王世貞, 『홍치궁사弘治宮詞』) 여기서 말하는 준치는 공물이었
다. 궁중에서 냉장 보관한다는 의미였을 것이다. 강소 해문海門에서
도 매년 준치 99마리를 진공했다. 명나라 초기, 강양江陽 후가侯家에
서 황궁에 갈치鰳魚를 진공한 이후 강양에서 잡힌 갈치는 정식 진공
품이 되었다. 매년 2월 초이튿날, 소금에 절인 생선鮓을 먹는데 '도화
자桃花鮓'라고 했다. 궁에서 사용하는 젓갈魚鮓은 모두 호광湖廣의 공
물로 성화 7년(1471)부터 2500근이 진공되다가 훗날 3만 근까지 증
가했다. 천계제는 운남의 진공품인 계종채鷄鬚菜를 매우 좋아했는데
가격이 은 몇 냥까지 상당했다.

기생 신발에 술을 붓다

소설 『금병매』 6회에는 다음과 같은 내용이 나온다. 서문경은 반
금련의 수놓은 신발에 술을 부어 마신다. 여기서 말하는 "신발에 술
을 부어 마시는 것"은 당시 사대부 사이에서 상당히 유행하던 '기혜
행주妓鞋行酒'를 말한다. 이러한 행위가 저속하고 더럽다고 여길지 모
르지만 명대에는 조금 변태적이지만 한편으로 고상하다고 여겼다.

궁궐의 식생활이 비밀에 싸여 있다고 하면, 명나라 도시의 벼슬아
치나 재력가들의 식생활은 노골적으로 쾌락을 추구했다. 풍성하고
다채로웠다는 말로는 부족하며 연회를 열 때마다 사치가 극에 달할
정도로 탐욕스러웠고 기혜행주처럼 방종한 행위로 세속 예법의 구

속을 받지 않은 반면, 한편으로 소박하고 청아함을 추구하는 이중성을 보였다.

홍치 연간부터 관리들이 유흥을 곁들인 연회를 즐기는 것에 조정이 관대해지자 유행이 시작되었다. 북경의 부자들과 남두攬頭들은 관리들이 조천궁·융복사 등에서 실습하는 것을 빌미로 연회를 열어 아는 사대부들과 교방사 사람을 초청하여 유흥을 즐겼다. 방탕한 관리들은 "남자 아이들頑童을 희롱"하기도 했다. 낭중 황위黃暐와 동갑인 고밀顧謐은 북경 서각두西角頭 장통가張通家에서 술을 마시고 아이들을 희롱하다가 아문에서 심문을 받기도 했다.(진홍모陳洪謨, 『치세여문治世余聞』) 그러나 홍치제는 경사 관리들의 이러한 태도에 전혀 다른 반응을 보였다. 밤에 연회를 즐기고 술에 취해 말을 타고 귀가하는데 등불이 없어 위험하니 길가의 상점들은 등을 밝혀 관리들이 안전하게 귀가토록 하라고 명했던 것이다.

남경 각 아문의 관리들은 매일 술 마시고 여흥을 즐기는 것이 일상이 되었다. 하양준은 다음과 같이 재미있게 묘사했다. "남경 각 아문이 연회를 열면 이부는 관리들을 접대하고, 호부는 물건을 조달했으며, 예부 육과는 교방사 배우를 담당하고 병부는 회동 장소, 형부와 도찰원·대리시는 점주, 공부는 작업반장, 태상시太常寺 신락관 도사와 광록시가 주방을 담당했다. 식탁마다 은 2전이나, 1전 반을 냈는데, 음식은 아주 풍족해서 결국 점주만 손해를 보았다. 일반인들은 토기에 술과 차를 마셨는데 성당盛唐과 장봉강張鳳岡이 독창적인 방법을 고안해서 은잔을 사용하기도 했다."

사대부들은 관리들과 교제하기 위해 공무가 끝나면 집이나 명승지에서 연회를 열었다. 공안파 문사 원종도袁宗道는 북경 소서천小西天 동곡사東峪寺를 여행할 때 절의 빈터에서 지인들과 공개적으로 연회를 열기도 했다.(원종도, 『백소재유집白蘇齋類集』)

집에서 여는 연회에서는 어린 자식들을 참석시키지 않는 게 문화였던 송강 지역에서도, 고인顧璘·고청顧淸의 경우 자식들을 옆에 앉히고 손님과 담소를 나누고 술을 마시기도 했다.

집·사찰·원림 등에서의 연회는 일종의 유행이 되었다. 원종도는 북경의 숭국사崇國寺 포도밭과 장원張園에서 연회를 열었고, 선이나 현학적 문제에서부터 학문·여행 이야기는 물론 해학적인 잡담과 은밀한 개인사까지 나누지 못하는 화제가 없었다.

명대에는 음식 문화가 발전하여 미식가가 적지 않았으나 오직 탐식만을 추구하는 무리가 더 많았다. 이들은 음식은 반드시 풍성해야 한다면서도 각박할 정도로 정교한 요리 기법을 요구했다. 정덕제는 대신들에게 연회를 베풀고, 요리사들에게 금 수백 냥을 하사했다.

거위는 상품요리인지라 사대부들은 거위의 머리와 꼬리를 자른 뒤 닭 머리와 꼬리를 붙여 내기도 했다. 이로써 "어사御史는 거위를 먹지 않는다"는 말이 유행하기도 했다. 중기 이후에 거위는 일상적인 요리가 되었고 조리 방법은 더욱 기상천외해졌다. 가정·융경 초년, 무석無錫의 거부인 안安씨는 집 옆에 전문적으로 가축을 기르는 축사를 지어 요리 재료로 쓰니 '안백만安百萬'이라는 별명으로 불렸

다. 거위는 수천 마리를 길러 매일 서너 마리씩 요리했고 한밤중에
도 갑자기 먹고 싶다고 하면 요리사는 살아 있는 오리의 다리만 잘
라서 요리하기도 했다.(『유남수필』)

조정에서는 관례에 맞추어 대신들에게 식사와 술을 제공했다. 하
언夏言은 이 음식을 먹지 않고 집에서 "왕공들이 먹는 풍성한 음식"
을 가져와 먹었다.(초횡焦竑, 『옥당총어玉堂叢語』) 만력 연간, 장거정이
식사할 때는 음식이 100여 가지가 넘었지만 젓가락을 인색하게 놀
렸다. 이런 사치는 전례가 있었다. 오대십국 시대의 오월吳越 왕비 오
라비인 손승우孫承祐(936~985)는 누이가 왕의 총애를 받는 것을 빙
자해 사치가 극에 달해 매번 연회를 열면 가축 수천 마리를 도축했
다. 평상시에도 수십 가지 요리가 있어야 수저를 들었다. 오월 왕을
수행하여 북벌에 나서면서 "큰 항아리에 물을 채우고 물고기를 넣
은 뒤 낙타에 실었다." 전쟁 중인 막사에서도 회를 먹는 등 자신의
식탐을 위해 무슨 짓이든 서슴지 않았다.

산해진미도 질리면 지방 특산물에 눈을 돌렸다. 명말 인사인 장대
張岱는 자칭 청참淸饞(게걸스럽게 식탐을 부림)이라며 자신이 먹어본 전
국의 특산물 명단을 작성하기도 했다.

  북경: 평파과苹婆果 · 황서黃鼠 · 마아송馬牙松
  산동: 양두채羊肚菜 · 추백리秋白梨 · 문관과文官果 · 첨자甛子
  복건: 복귤福橘 · 복귤병福橘餠 · 우피당牛皮糖 · 홍부유紅腐乳
  강서: 청근靑根 · 풍성포豐城脯

산서: 천화채天花菜

소주: 대골포라帶骨鮑螺 · 산사정山査丁 · 산사고山査糕 · 풍성포豐城脯 · 송자당松子糖 · 백원白圓 · 감람포橄欖脯.

가흥: 마교어포馬交魚脯 · 도장황작陶莊黃雀

남경: 투앵화套櫻花 · 도문조桃門棗 · 지율단地栗團 · 와순단窩筍團 · 산사당山査糖

항주: 서과西瓜 · 계두자鷄豆子 · 화하우花下藕 · 구아韭芽 · 현순玄筍 · 당서밀귤塘栖蜜橘

소산蕭山: 양매楊梅 · 순채純菜 · 구조鳩鳥 · 청즉靑鯽 · 방시方柿

제기諸暨(절강): 향리香貍 · 앵도櫻桃 · 호율虎栗

승현嵊縣(절강): 궐분蕨粉 · 세비細榧 · 용유당龍游糖

임해臨海(절강): 침두과枕頭瓜

대주臺州: 와릉감瓦楞蚶 · 강요주江瑤柱

포강浦江: 화육火肉

동양東陽: 남조南棗

산음山陽: 파당순破糖筍 · 사귤謝橘 · 독산릉獨山菱 · 하해河蟹 · 삼강둔정三江屯蟶 · 백합白蛤 · 강어江魚 · 시어鰣魚 · 이하자里河鮆(『도암몽억』)

이 특산물들은 현지 백성 눈에는 그저 토산물일 뿐이지만, 천하의 방물을 다 먹어보려면 가까운 곳은 며칠에서 몇 달, 먼 곳은 해를 넘겨야 하는 경우도 있었다. 장대처럼 경제적으로 풍요로운 사대부가 아니라면 결코 상상할 수 없는 일이다. 장대처럼 식탐을 만족시키기 위해 부지런히 다닌 경우는 명대 사대부 중에서도 매우 희귀한 사례였다.

사회적 분위기로 인해 사대부들은 전문적으로 요리를 다룬 식보食譜·채보菜譜·주보酒譜를 출간하는 것이 유행이 되고 식도락이 하나의 학문이 되어 고상한 자리에서도 화제로 등장했다.

사대부들의 식도락은 사치를 넘어 방탕의 경지에 올라 세속 예법으로도 다스릴 수 없었다. '기혜행주'가 대표적인 경우였다. 송나라의 선례가 있고, 원나라 말에도 양유정楊維楨이 구사형瞿士衡을 방문해 "신발로 술을 마셨다"고 했다. 융경 연간, 하양준은 소주에 있는 왕세정의 집 연회에 참석했다. 마침 하양준은 유명 기생 왕새옥王賽玉의 신발 한쪽을 가지고 있어 취중에 신발을 꺼내 술을 부어 마셨다. 왕세정도 좋아하더니 다음날 부채에 긴 시를 지어 이를 기록했다. "수중에 지닌 물건에 술을 마시니, 손님 뺨에 연꽃이 피는구나."[18](『사우재총설』)

물론 사치와는 담을 쌓고 소박하고 청아한 삶을 사는 인물도 있

---

18 "어제 하한림을 만났다. 궁궐의 비단옷을 벗고 유약을 바른 항아리가 흩어진다. 그는 자기가 작고 귀여운 기생의 빨간 장화를 가지고 있다고 말했다. 이것에 술을 마시니, 뺨에 연꽃이 피려 했다. 더럽지만 놀랍지 않았다. 종이 되어도 좋았다. 이렇게 함께 마시는 것이 더 좋고, 행복했다. 오래 만나다보면, 나비 두 마리가 황금을 다 써버릴 것이다昨遇何翰林, 宛如李供奉. 離披宮錦袍, 錯落琉璃甕. 自言長幹嬌小娃, 纖彎玉窄乾紅靴. 袖攜此物行客酒, 欲客齒煩生蓮花. 卻謂醒醲子, 但飮莫相詫. 令我身後名, 令我作仆射. 不如且共此一杯, 人生有情良快哉. 諸君倘過長幹裏, 雙蛾掃盡黃金堆."(『酒間贈何翰林良俊』)

었다. 강서의 한 사대부는 출세했지만 과거 곤궁했던 시절을 잊지 않고 채소를 '오래된 친구'라고 부르며 즐겨 먹었다. 건문제 때 상숙常熟 사람 황월黃鉞은 형사 급사중에 올랐는데, 조정에서 사람이 오자 채소죽을 대접했다. 병과 급사중 장성중蔣性中은 지방관 주침周忱을 초대했는데 안주가 다섯 가지에 불과했고 채소를 '금화채金花菜'라 과장하기도 했다.(하삼외何三畏, 『운간지략雲間志略』) 이낙은 『견문잡기』에서 포정사 참정參政 장초성張楚城은 고기요리 하나, '신선채神仙菜' 하나로 사람을 접대했는데 실은 절인 채소였을 뿐이었다. 왕서王恕는 운남 순무로 재직하면서 돼지고기 한 근, 두부 두 조각, 채소 한 접시가 식사의 전부였다. 고청정顧淸丁은 장원 출신 전복錢福이 방문하자 닭 한 마리와 생선 서너 접시를 준비했을 뿐이다. 소주 유명 문인 화가인 문징명文徵明은 더욱 검소하게 살았다. 아침은 간단한 과자와 떡을 먹고, 점심은 술 조금, 저녁은 밀가루 음식, 늦은 시간에 죽 두 그릇 등 아주 간단했다.

진신 사대부들과 달리 일반 수재秀才들에게 산해진미란 불가능했다. 공자묘에서 제사가 끝나면 수재들이 제사 음식을 훔쳤다는 이야기가 있었는데 이는 그들 생활의 궁핍함을 보여주는 장면이다. 『여몽록如夢錄』에는 개봉부 향시에 응시한 수재들이 쌀밥 한 그릇에 건더기가 거의 없는 탕細粉湯 한 그릇이 전부였다고 기록했다. 절강 소흥부 수재들은 평상시에 채소나 발효두부를 먹다가 열흘에 한번 소금에 절인 생선을 먹을 수 있었을 뿐 고기 맛은 거의 볼 수 없었다.

생활필수품 일곱 가지

속담에 "생활에 꼭 필요한 필수품 일곱 가지가 있는데 땔감柴·쌀 米·기름油·소금鹽·간장醬·식초醋·차茶"라고 했다. 원대 『절계령折桂 令』6회에는 다음과 같은 내용이 나온다. "창문에 기대어 할 말을 잊 었다. 일곱 가지 중 하나도 없으니 뭘 할 수 있는가? 장작은 영지, 기 름은 감로, 쌀은 단사와 같다. 장독은 물론이고 소금통 역시 텅 비 었고 차와 식초도 많지 않다. 이 일곱 가지도 없으면서 어찌 여자를 탐할 수 있겠는가?"[19] 도시 사람들에게 이는 하루도 없어서는 안 되 는 생활필수품이었다. 이게 없으면 "여자를 탐하는 일" 즉 어떤 일에 도 흥미가 없었다. 여요余姚 사람 왕덕장王德章은 "이 일곱 가지는 모 두 남의 집에 있다. 나는 없다고 걱정하기보다 달이 밝을 때 매화를 심겠다"며 안빈낙도의 절조를 보여주었다. 그러나 이 일곱 가지가 없 이 어찌 밝은 달을 보고 매화를 심겠는가. 그저 시인의 꿈일 뿐이었 다. 현실 속의 도시 주민들은 누구도 이 일곱 가지에서 자유롭지 못 했다.

『설문해자說文解字』에서는 땔감柴을 작은 나무들이라고 해석했는 데 집을 짓거나 그릇을 구울 수 없는 재료라는 의미였다. 큰 것을 잘 라서 장작柴, 작은 것들을 모아서 섶薪이라 했다. 『월령月令』에는 "섶

19 "倚蓬窗無語嗟呀, 七件兒全無, 做甚麼人家? 柴似靈芝, 油如甘露, 米若丹砂. 醬甕 兒恰才夢撤, 鹽瓶兒又告消乏. 茶也無多, 醋也無多. 七件事尚且艱難, 怎生教我折 柳攀花.(『倚蓬窗無語』)

으로 밥을 짓고 장작으로 불을 땐다收積柴薪"고 했는데, 명대에는 땔 감柴薪이라 통칭했다.

땔감은 연료로 생활필수품이었다. 땔감이 부족한 지역에서는 대체품을 찾아야 해서 가격이 매우 비쌌다. 송강부 무산릉無山陵은 산기슭이어서 억새와 볏짚만이 땔감으로 쓸 수 있어 인접 지역보다 가격이 비쌌다. 100근 한 단 가격이 햅쌀 1두로 은 6~7푼에서 1전 정도였다. 하남 여녕汝寧은 인구가 많고 경제 사정도 좋았지만 땔감은 부족해서 우기가 오면 부잣집에서도 "문을 부숴서 땔감으로 썼다"고 했다.

오吳 지역에서는 풀·볏짚을, 회淮 지역에서는 갈대蘆를 땔감으로 썼다. 북방에서는 석탄과 소나 말의 똥을 이용했다. 북경 궁에서는 석탄에 물을 섞은 수화탄水和炭을 썼다. 석탄은 가스를 발생시킨다. 그래서 석탄을 갈아 조리즙棗梨汁을 섞어 둥근 떡을 만들어 화로에 넣었다. 목탄의 일종인 홍라탄紅蘿炭도 사용했다. 역주易州 일대 산중의 단단한 나무를 태운 뒤, 붉은 흙을 이겨서 만들었기에 홍라탄이라 했다. 민간의 부잣집에서는 납蠟을 태워서 땔감으로 쓰기도 했다. 강서 황편수黃編修 집에서는 겨울밤 눈이 오는데 땔감이 떨어지자 "붉은 종이 5000장을 태웠다"고 했으니 사치가 지나쳤다고 할 수 있다.(정중기鄭仲夔, 『우기偶記』) 도시에서는 땔감을 거래하는 시장이 정기적으로 열렸다.(『여몽록』)

쌀은 『설문해자』에서 곡식의 열매粟實라고 했다. 명나라 때 공물로 바치는 쌀을 '향갱미香粳米'라고 했는데 맛이 좋았다. '장요미長腰米'는 부드럽고 입자가 커서 늦벼晩稻에 속했다. 이 품종으로는 팔월백八月白·은행백銀杏白·운리청雲里青·낙종落種·마자조麻子鳥 등이 있었다. 다음으로는 점성이 있는 황선黃秈이 있는데 타원형으로 딱딱해서 올벼早稻에 속했다. 찰벼糯는 술을 빚었고 천민들이 먹기도 했다. 북방에서는 쌀을 대미大米, 기장黍·조粟를 소미小米라 했다. 대미를 항상 먹는 것은 아니었지만 변방 지역에서는 가장 귀한 식량이었다. 남방의 빈곤한 사람들은 대소맥大小麥·메밀蕎麥·황흑두黃黑豆·잠두蠶豆·피稷·조를 먹고 기황이 들면 풀뿌리·나무껍질로 끼니를 때워야 했다.

도시에 필요한 양식은 모두 외지에서 공급되어 이를 전문적으로 취급하는 대미행大米行·강미점江米店 등이 있었다. 개봉성에서는 부근의 정주鄭州·휘현輝縣·광주光州·고시固始 등에서 온 다양한 대미大米들이 거래되었다.

기름은 『설문해자』에서 고膏라고 했다. 서광계의 『농정전서農政全書』에서는 두유·청유·채유·면화유·구유桕油 등을 소개했다. 밭에 채소를 심어 씨앗을 수확하여 기름을 짠 채유菜油 혹은 향유香油는 조리에 사용했다. 참깨를 갈아 만든 기름인 마유麻油는 향이 좋아 식용으로 사용했고 해독에도 효험이 있었다. 황두를 갈아 만든 두유는 취유臭油라고 하며 등을 밝히거나 일부 집에서는 식용으로 사용하기도 했다. 오동나무 씨를 갈아 만든 동유桐油는 도료로 사용했고 식용하면 구토와 설사를 유발했다. 두레박나무 씨를 갈아 만든 구유桕油로는 초를 만들었다.

궁에서는 피휘避諱(말과 글을 통해 높은 이의 이름이나 관련된 글자를

피하는 것) 때문에 '유油'를 '지마수芝麻水'라 불렀는데 매우 귀한 물
품이었다. 향유香油가 비싸면 돼지기름을 끓여서 식용으로 사용했다.
휘주 사람들은 장사를 잘해 많은 돈을 벌었지만 극히 검소해서 1년
내내 돼지기름을 먹었다. 항주 부근의 어잠於潛·창화昌化 같은 심산
유곡 지역은 기름 구하기가 어려워 숭늉에 채소를 볶은 '미유米油'를
만들었고, 광동에서는 차자유茶子油를 식용으로 사용했다. 이 외에도
노화유露化油·산유유山柚油·해당유海棠油·산죽과유山竹果油·마자유麻
子油·밀향유蜜香油·남인유欖仁油 등이 있었다. 객지 상인들이 외부에
서 원료를 가져다가 현지에서 가공하여 판매했다. 도시 곳곳에 기름
방油房·기름가게油店나 기름을 짜는 작방作坊이 있었다.

소금은 『설문해자』에서 짠 것鹹이라 했다. 명대에는 회절淮浙 지역
에 염장을 설치하고 조호竈戶·염정鹽丁이 소금을 생산했다. 섬서에
염지鹽池, 사천에 염정鹽井이 있었다. 고대 이래 목염木鹽·석염石鹽·백
염白鹽·홍염紅鹽·산자염傘子鹽·수정염水晶鹽·흑염黑鹽·황염黃鹽·자염紫
鹽·고염苦鹽·이염飴鹽 등이 있었다.

속담에 "소금을 많이 먹으면 근육이 늘고, 초를 많이 먹으면 힘이
세진다"고 했다. 왕제王霽는 "군자는 신맛을 즐기고, 소인은 짠맛을
좋아한다"고 했는데, 소인들이 짠맛을 좋아하는 것은 소금이 근골
을 강하게 한다는 속담에서 시작된 것이다. 명대에 소금 전매제도가
실시되면서 허가 없이 만드는 사염私鹽도 있었지만 일반 백성, 특히
도시 빈민층에게 여전히 소금은 구하기 어려운 귀한 것인지라 평생
음식을 무미건조하게 먹는 경우가 많았다.

장은『설문해자』에서 고기를 잘게 썬 것醢이라 했다. 고대에는 시장豉醬·개장芥醬(겨자장)·유협장楡莢醬(느릅나무장)·연주장連珠醬·옥진금장玉津金醬·원령장元靈醬·호로胡蘆·홍라장紅螺醬·의자장蟻子醬 등이 있었다.

고대의 시장豉醬(된장)을 명대에는 알장遏醬이라고 했으며 주로 두장豆醬이었다. 황두·소맥을 섞어 누래지면 '장황醬黃'이라 하고 소금과 물을 넣어 장독에 넣어 숙성시켰다. 장즙醬汁은 장유醬油라고 했다. 잠두로도 장을 만들었는데 잘게 부순 것은 세장細醬 혹은 눌장抐醬이라 했다. 부잣집에서는 구기장枸杞醬·매괴장玫瑰醬도 만들었지만 일반 백성은 거의 맛볼 수 없었다.

매장梅醬은 고대 왕들이 좋아했었지만, 명대에는 일반 평민들도 쉽게 접할 수 있었다. 여름에 매실을 따서 소금과 자소紫蘇와 섞어 햇볕에 말려 만들었다. 더운 여름, 차가운 우물물에 조금만 넣어 마셔도 해갈이 되었다.

초는 절임醃이다. 명대 사람들은 쌀이나 싸라기粞로 초를 만들었는데 술을 만들 때처럼 신맛이 났다. 상품은 홍색을 띠는데 '주인적초珠儿滴醋'라 했고 중품은 황색, 하품은 흰색이었다. 석초腊醋·도화초桃花醋·유월육초六月六醋·백주초白酒醋 등이 있었다. 곡식으로 만들어 도시에서는 많이 만들지 않았다. 속담에 "돈을 벌려면 술과 초를 팔아라"는 말이 생긴 것처럼 상당한 이윤을 보장하는 생필품이었다.

차는 목맹木萌으로 나무의 새싹으로 만들었다. 가檟·설蔎·명茗·천荈 등으로 불리기도 했다. 채집 시기에 따라 상중하로 나뉘는데 경칩

에 따는 것이 상품, 청명이 중품, 곡우가 하품이었다. 가짜를 섞는 일
이 많아서 송대에는 '도엽盜葉'이라 하고 시엽柿葉·부함엽桴欖葉 등이
있었다. 명대에도 고등수苦橙樹·양류아楊柳芽 등 가짜 차를 '탁엽托葉'
이라 했다. 도시 소시민들이 먹을 수 있는 차는 대부분 탁엽이어서
차라리 숭늉을 마시니, 평생 차 맛을 모르는 이가 많았다.

연잎에 찐 하포반,
찹쌀로 만든 부드러운 각로병

속담에 "백성은 백 가지 곡식을 먹는다民吃白穀"라고 했다. 물론 백
은 숫자일 뿐 실제로는 삼麻·콩菽·보리麥·피稷·기장黍 등 다섯 가지
였다. 명대에는 논벼手稻가 이미 가장 중요한 양식 작물이었다.

논벼의 품종은 지역별로 달랐다. 광동에 향갱香粳·여갱余粳·적갱
赤粳·진주갱珍珠粳·점적赤粘·황점黃粘·화점花粘이 있었고, 장안에는 입
자가 길고 큰 선미線米가 있었는데 강남 벼보다 좋아서 진공품이었
다. 청랑清浪의 향도香稻는 둥글고 컸으며 귀주의 넓은 지역에서 생산
되었다.

보리는 소맥을 내來, 대맥을 모牟·광穬, 잡맥을 작雀·교蕎라 칭했다.

북방에서는 대미大米를 갱도粳稻라 하고 나머지는 소미小米라 했다.
직稷과 서黍는 같은 것으로 점粘·부점不粘 두 종류가 있었다. 점서粘
黍·점속粘粟은 모두 출秫이라 했고, 속粟과 양粱은 황미黃米라 통칭했

다. 또 다른 노속蘆粟은 고량이라 했다. 양粱·속粟의 품종은 직稷과 서黍보다도 더 많았고 산동에서는 곡자穀子라 칭했다.

콩菽은 대두·녹두·완두·잠두·소두·여두穭豆·백편白扁 등의 품종이 있었다. 강두豇豆·호반두虎斑豆·도두刀豆도 양식을 대체했다.

고구마甘薯는 속칭 홍산약紅山葯으로 불렸으며 복건·광동 등지에서 생산되는 산서山薯와 명나라 말기 해외에서 들어온 번서蕃薯 두 종류가 있다. 광동에서는 백구白鳩·역서力薯·저간서猪肝薯·번서番薯 등이 생산되었다. 고구마는 쌀밥 대신으로도 먹었는데 서반薯飯이라 했다. 작게 썰어 오래 끓이면 저장도 가능해서 서량薯糧이라 불렀다.

옥수수玉蜀黍는 번맥番麥·어맥御麥이라 했는데 해외에서 들어왔다. 정덕 연간에 편찬된 『영주지潁州志』에 옥수수에 대한 최초의 기록이 나온다. 영주는 안휘성 북부이고 이전에는 대부분 연해 지역에서 재배했었다. 명대 지방지에는 이미 하북·하남·산동·섬서·감숙·소주·안휘·양광·운남 등에서 재배했다는 기록이 남아 있다.

북방에서는 면 종류를, 남방에서는 밥을 주식으로 삼았다. 송응성宋應星의 『천공개물天工開物』에는 연燕·진秦·진晉·예豫·제齊·노魯에서는 소맥이 반절, 나머지는 서黍·직稷·도稻·양粱이라고 했다. 천川·운雲·민閩·절浙·오吳·초楚 등지에서는 소맥 농사는 5퍼센트 정도이고 나머지는 수도水稻였다. 소맥은 수확한 뒤 제분해서 주식이 아닌 빵이나 탕 재료로 사용했다. 항주·가흥·호주·소주·송강 등 강남 지역의 주식은 대미大米였다. 가흥에서는 동용미冬舂米(겨울에 찧은 쌀)를 먹고, 찧지 않은 황조미黃糙米는 항주 상인에게 팔았다.(숭정, 『가흥

현지嘉興縣志』)

남방에서는 다양한 주식이 있었는데 광동 동완東莞의 '하포반荷包飯'이 유명했다. 향갱미香粳米에 생선·고기를 연잎에 싸서 푹 찌면 맛있는 하포반荷包飯이 되었다. 서녕西寧에서는 푸른 단풍青楓·오구나무烏桕의 부드러운 잎에 찹쌀을 찌면 검은색의 맛있는 밥이 되었는데 조반鳥飯이라 했다. 남웅南雄(광동)에는 고리 모양의 떡(거여粔籹)에 납수蠟樹(쥐똥나무 종류) 잎과 쌀가루를 섞으면 푸른색의 좋은 맛이 났다. 복건 장락長樂에서는 향계피香桂皮 잎을 쪄서 밥을 지었다. 경주瓊州(해남)에서는 야자열매 가루(남야분南倻粉)로 만든 야상반椰霜飯이 있었다.(굴대균, 『광동신어』)

도시의 빈곤층은 먹을 것이 없어 점심으로 죽을 먹었다. 당시 「자죽시煮粥詩」에서는 이렇게 노래했다.

밥으로 어떻게 죽을 만드는지 아이들에게 이야기해주라
한 되로 세 되를 만드니, 이틀 양식으로 엿새를 먹네
손님 오면 물만 더 부어 끓이니 돈 없어도 국과 탕이 된다
싱겁고 맛없다고 탓하지 마라, 싱거워야 몸에 좋다

해탈의 경지에 오른 심리를 보여주지만 결국은 빈곤으로 인한 무력함의 표현일 뿐이다. 어쩔 수 없이 먹는 죽이지만 종류는 다양했다. 이른바 신선죽神仙粥을 만드는 '신선죽방神仙粥方'은 찹쌀 반합에 생강 다섯 조각, 물 두 그릇을 넣고 끓인 뒤 큰 파를 대여섯 쪽 넣고

쌀이 익으면 다시 초 반 잔을 넣고 저어주면 되었다. 원래는 아픈 사람을 위한 치료식이었지만 빈곤층에서는 양생 음식의 하나로 먹곤 했다.

남방에서는 쌀가루米粉를 이용해서 다점茶点(다소茶素, 차와 곁들인 간식)을 만들었다. 광동에서는 포곡炮穀이 있었는데, 찹쌀에 강한 열을 가하면 튀밥이 되었다. 역시 찹쌀가루를 둥글게 빚어 가운데에 소를 넣은 뒤 기름에 튀기는 전퇴심함煎堆心餡, 찹쌀 반죽을 둥글게 만들어 기름에 튀긴 미화米花, 찹쌀가루에 흰 설탕과 돼지기름을 섞어 끓인 사옹沙壅, 찹쌀에 갱미粳米를 섞어 볶아 가루를 만든 뒤, 사각이나 원형 틀에 넣어 강하게 찍어낸 백병白餅이 있고 동지에는 동환冬丸이라 부르는 찹쌀떡(미자米糍)을 먹었다. 평상시에는 분과粉果 혹은 분각粉角이라 불리는 흰쌀을 물에 불려 반월형으로 빚은 뒤, 백갱미白粳米에 돼지기름을 섞어 피를 만들고, 다미로茶蘪露·죽순·다진 고기·거위 기름鵝膏으로 속을 만들었다(지금의 딤섬). 타식飽食은 야자·참깨·두강豆糠으로 만든 떡으로, 혹은 고사리蕨·칡葛·자고茨菰·고구마 가루 등으로 만들기도 했다. 이 외에도 황병黃餅·계춘병鷄春餅·소밀병酥蜜餅·유책油糩·고환膏環·박취薄脆 등이 있다. 유책과 고환으로는 면을 만들기도 했다.

남방에서 면은 주식은 아닌 간식으로 종류 또한 많았다. 가홍에서는 보릿가루로 떡을 만들었고, 여름에는 보리를 볶아 차 대신 마셨다. 광동의 면 종류는 너무 많아 일일이 열거할 수 없다. 면으로 탕이나 국羹을 만들기도 했다. 시장에서는 온도溫淘·냉도冷淘 두 종류의 면을 얇게 잘라 나비蛺蝶 날개 모양으로 만든 '수면水麵'을 팔았다. 이 외에도 간병干餅·사의유병蓑衣油餅·수제비餶飥·수정포水晶包·권증卷蒸 등이 있었다.

'각로병閣老餅'은 내각 대학사 구준丘濬이 개발한 음식이다. 구준은 광동 경태瓊台 출신으로 광동의 떡 종류인 다소茶素를 즐겨 먹었다. 찹쌀을 깨끗이 씻어 빻아 말려 가루를 만든 뒤 밀가루와 2 대 1로 섞고 소를 넣으면 부드럽고 진한 맛이 되었다. 구준은 이 떡을 황제에게 진상해달라고 내시에게 부탁했고 맛을 본 황제는 아주 좋아해서 상선태감에게 만들도록 했으나 만드는 방법을 알지 못해 그 맛이 나지 않았다.(진홍모陳洪謨, 『치세여문治世余聞』)

명대 말년, 포르투갈·네덜란드 사람들이 서방의 제빵 기술을 남방에 전하자 식생활에도 변화가 생겼다. 특히 포르투갈 사람들이 전한 상등품 보리로 빵을 만드는 기술은 중국 전통 떡 제조법과는 달랐다.(페레이라, 『중국보도』)

북경은 밀가루 음식을 많이 먹었는데 특히 병餅이 주식이었다. 밀가루로 만든 음식은 모두 병이라 불렀다. 불에 구워 먹으면 소병燒餅, 물에 끓여 먹으면 탕병湯餅, 쪄서 먹으면 증병蒸餅이고 만두饅頭는 농병籠餅이라 했다. 『여몽록』에 따르면 개봉에는 소병燒餅·낙막烙饃·은사銀絲·편식扁食(교자餃子)·기괴奇魁(과괴鍋魁)·산면蒜麵·육내심면肉內尋麵·절면切麵·유비油箅·유고油糕·전병煎餅·유분油粉 등이 있었다. 『귀이집貴耳集』에는 소병燒餅·화소火燒에 관한 최초의 기록이 나오는데 지금과는 제조 방법이 다르다. 북경에는 면과 향유, 깨로 얇은 병을 빚어 바둑판처럼 잘라서 기름에 튀긴 '기초棋炒'라는 유명한 면이 있었다.(『완서잡기』)

명대에는 단 음식을 일상적으로 먹었고 종류도 많았다. 개봉성에는 향당포響糖鋪에서 만든 연십連十·연오連五·연삼連三 합탁合桌 등 다양한 사탕들이 있었다. 애경사나 명절에는 인물·동물·과일 형태로 만든 향당響糖을 먹었다. 주周 왕부에서 연뿌리의 실로 만든 우사당藕絲糖 등 과자도 널리 환영을 받았다. 광동에서는 견당繭糖(누에고치 사탕)을 팔았는데 과사당窠絲糖이었다. 모양과 사용처에 따라 종류가 다양했다.

당통糖通: 정교하고 아름다운 줄 모양
취통吹通: 불어서 만들어 속이 비어 있음
당립糖粒: 속이 꽉 찼으며 큰 것은 당과糖瓜라 함
향당響糖: 탑·인물·새 등의 형상으로 만들어 애경사 때 사용
당전糖磚: 조왕신에게 제사 지낼 때 사용

연회에서는 지마당芝麻糖·우피당牛皮糖·수당秀糖·총당葱糖·조당鳥糖 등을 사용했다.

가정의 닭, 금단의 오리

중국인의 음식은 소식素食이 주를 이루지만, 육류로 만든 요리
가 종류도 많고 유명한 것도 많았다. 라다는『대명제국 관찰기』에
서 중국 남부 도시에서 본 풍부한 육류 음식을 소개했는데, 다양한
소육燒肉, 거위·오리 요리, 거세한 수탉 요리閹鷄, 훈제 고기熏咸肉, 돼
지갈비, 소고기는 물론 비둘기·산비둘기 등 야생적 구미를 지닌 것
도 있다고 했다. 크루스는『중국지』에서 남부 도시에서는 소고기와
물소 고기, 닭·거위·오리와 돼지고기를 소금에 절여 만든 매우 독
특한 엄육腌肉에 개구리까지 먹는다고 했다. 그는 광주 교외에 있는
식당 거리에서 "방금 도축한 개의 머리와 귀를 끓여 팔았는데 맛
이 돼지고기와 같았다"고 실감나게 전했다. 광주성에서는 매일 돼지
5000~6000마리, 오리 1만여 마리 등 다량의 가축을 소비했다.

북방의 개봉성에서는 양고기·훈제 닭·거위·오리·소·나귀·돼지
고기를 팔았다. 매일 수천 마리를 도축했으며 비둘기 시장에서는 거
위·오리·닭·고양이 등을 전문으로 팔았다.

육류 중에서 거위는 특히 맛이 뛰어나 "어사는 거위를 먹어서는
안 된다"는 규정을 두어 그 직책이 청렴 공정해야 한다는 것을 명시
했다. 명 중기 이후, 거위는 이미 일반적인 요리가 되어 심지어 부잣
집에서는 '매일 여러 마리'를 요리하기도 했다. 광주·개봉 등에서는
일상 음식이 되어 놀라울 만큼 소비량이 늘었다.

각 지방에는 유명한 육류 특산품이 있었다. 가정嘉定의 닭과 금단

金壇의 오리는 유명해서 시장에서는 팔지 않아 사대부들은 특별히 주문해야 했다. 가정嘉定 남상南翔·나점羅店에서 나는 닭을 삼황계三黃 鷄라 했는데 특히 부리와 다리, 껍질과 깃털이 모두 순전純全한 것은 상등품으로 상당한 값이 나갔고 질병 치료에 효험이 있다고 했다. 금단 오리는 사육 방법이 특이해서 색은 희고 살이 많았는데 '강남의 미美'라는 말이 나올 정도였다.

이탈리아 선교사 마테오리치利瑪竇는 중국인들이 우유는 마시지만, 산양유·치즈는 먹지 않는다고 했는데(마테오리치, 『중국찰기中國札記』) 이는 견문의 부족을 나타내는 것일 뿐이었다. 만약 마테오리치가 유제품인 대골포라帶骨鮑螺(우유와 사탕수수 설탕을 섞어 오래 끓여 여과한 뒤 몇 가지 방법을 거쳐 만든 음식)를 먹어보았다면 이런 말은 하지 못했을 것이다. 당시 시장에서 파는 유제품이 아주 많았고, 특히 미식가 사대부들은 치즈를 다양한 방식으로 만들어 즐겼다. 소흥 사람 장대張岱는 몸소 소를 길러 "밤에 우유를 짜서 새벽에 흰 거품을 걷어내고 동솥銅鐺에 끓인 뒤, 하얀 액 1근에 즙 4사발을 섞어 다시 끓인다. 옥처럼 맑은 액에 구슬이 붙어 눈과 서리가 내리듯 하며, 미인이 내쉬는 숨처럼 향기가 마음 깊이 스며든다"고 했으니 얼마나 정교한 방법으로 치즈를 즐겼는지 알 수 있다. 학상鶴觴에 화로花露를 넣어 시루에 쪄서 뜨거울 때 먹으면 맛이 지극히 좋았고 콩가루豆粉를 섞어 발효시켜 차게 먹는 것도 묘한 맛을 냈다. 우유를 끓여 연유를 만든 뒤 술·소금·초를 더하면 독특한 맛이 매우 좋았다. 소주의 대골포라는 가히 천하일품이었다.

복건에서는 "건양建陽 부녀자들에게 연평延平 두부豆腐와 소무邵武 우산은 선택의 여지가 없다"는 말이 있을 정도로 식생활에서 두부 는 빠질 수 없는 음식이었다. 한대漢代 회남왕 유안劉安이 만들었다는 두부는 송대 이래 주희朱熹·소평蘇平 등이 시를 지어 칭송했고,[20] 명 대 강양江陽 사람 손대아孫大雅는 더 고상한 이름으로 '숙유菽乳'라고 바꿔 부르기도 했다.

태호의 순채와 주산의 조기 어포

명나라 때 사치스러운 연회에서는 "산해진미를 차렸다水陸必陳"고 했는데 여기서 '수水'는 바다나 민물에서 나는 모든 해산물을 의미 했다. 당시 해산물이 아주 풍부해서 도시에는 전문적으로 취급하는 거리와 시장, 해초 전문점海菜店이 있었다. 크루스는 『중국지』에서 남 부 도시의 풍족하고 다양한 어류에 대해서 기록했으며, 라다는 『출 사복건기』에서 복건 동안진同安鎭 길 양측에 반 리에 걸쳐 형성된 어 시장의 생선가게에 대해 언급하고 있다. 페레이라도 『중국보도』에서 해변과 가까운 내륙도시 시장에는 청어鯡魚·우럭石斑魚·메기鮎魚·돛 새치旗魚(劍魚)·농어鱸魚·가오리鰩魚 등과 민물에서 나는 어패류 등이

---

20   朱熹, "種豆豆苗稀, 力竭心已腐. 早知淮南術, 安坐獲帛布."; 蘇平 "傳得淮南術最
      佳, 皮膚退盡見精華."(『詠豆腐』)

많았다고 했다.

민물고기는 직접 잡는 것 외에 양식도 했다. 양식 전문서적인 『양어경養魚經』이 있었고, 치어魚苗만을 파는 상인들도 있었다. 어민들은 치어를 사서 작은 못에서 양식하고 소똥을 사료로 사용해서 고기 생장이 매우 빨랐다. 도시에서는 호수濠에서 물고기를 양식해 관리들에게 식용으로 제공했다. 광주에서는 연어鰱魚·전어鱅魚·산천어鯇魚·붕어鯽魚 등을 양식했다.

전국적으로 유명한 해산물이 많았는데 제비집 요리燕菜가 단연 으뜸으로 황제가 좋아한 음식이었다. 명나라 말기에 근당 은 8전 정도여서 일반 백성은 엄두를 낼 수 없었다. 복건에서 잡힌 개량조개西施舌·비단가리비江珧柱도 천하 명품이었다.(왕세무王世懋, 『민부소閩部疏』) 광동에서 잡히는 많은 해산물 중 특히 전복鮑魚이 환영을 받았다. 특유의 시체 냄새가 나서 당시 "어부는 악취를 쫓아다닌다"는 말이 유행하기도 했다.(양계익楊繼益, 『연우우담燕寓偶談』) 강서·절강 해안, 특히 주산舟山 어장에서 나오는 '상鯗'은 바다가 주는 선물이라고 칭송되었다. 오왕吳王이 맛을 보고 고기 어魚자 위에 '미美'를 넣어 이름을 지었다고 전해진다.(『광지역』) '상鯗'은 '백상白鯗'이라고도 하며 조기黃魚(석수어石首魚)를 말했다. 오늘날의 상은 간어干魚로 조기를 소금에 절여 햇볕에 말린 것을 말한다. 명대에는 어부들이 바로 잡은 싱싱한 조기를 얼음에 냉동시켜 상인에게 넘기면 운하를 통해 바로 북경으로 운송되었다.

민물에서 나는 순채純菜(수련과의 다년생 식용 물풀)는 맛이 좋아 공물품이 되었다. 만력 연간, 추순오鄒舜五가 태호에서 순蒓을 채취하는 모습을 그린 장군도張君度의 「채순도采蒓圖」에 진중순陳仲醇·갈진보葛震甫 등이 제발을 달아 미담이 되었다. 오늘날 서호西湖에서 순채를 채집했다는 말이 전해지는데 이는 선전을 위한 광고일 뿐이다. 명나라 항주의 순채는 대부분 소산蕭山에서 왔는데 상호湘湖의 순채를 제일로 쳤다.

생선 요리에는 여러 방법이 있지만, 광동 사람들의 생선 요리가 특히 유명했다. 생선회는 '어생魚生'이라 했고, 회 뜨는 재료로는 농어·준치鰽白·조기·청어青鰽·드렁허리鱔·흑잉어魹 등이 있었는데, 잉어鯇魚가 상품이었으며 특히 흰잉어白鯇魚가 가장 귀했다. 바로 물에서 꺼낸 활어의 비늘을 제거한 뒤 피를 깨끗이 씻어 매미 날개처럼 얇게 회를 떠서 두 줄로 배열한 뒤 오래 묵힌 술老酒을 뿌리고 살균과 소화 작용이 있는 산초와 백지椒芷를 찍어 먹으면 입안에서 얼음이 녹는 듯했다.(『광동신어』) 회는 어추魚鱃와 어회魚鱠 두 종류가 있었는데 광동 서쪽 사람들은 어추, 동쪽 사람들은 어회라 했다. 어회는 남자들이, 어추는 여자들이 만들었다. 여자들이 출가하면 여자 집에서는 수십 통의 단맛과 신맛이 잘 어울려 향긋한 맛까지 나는 어추를 만들어 보내야 좋은 규수라는 말을 들었다. 광서 염주廉州에서는 주주육珠柱肉으로 어추를 만들었고, 광동 연주連州에서는 순충筍蟲(대나무에 기생하는 식용 곤충)을 얇게 마치 눈처럼 하얗게 썰었는데 맛이 일품이었다.

엄동설한의 황아채

북경성에 눈이 솜처럼 많이 쌓이면 시장에서 신선한 채소를 찾아볼 수가 없었다. 백성은 가을부터 저장했던 배추나 짠지 등을 먹었지만, 부잣집에서는 방에 불을 때서 채소를 길렀고, 소금에 절인 채소가 아닌 황아채黃芽菜·구황韭黃(움에서 키운 연한 부추) 등 신선한 채소를 먹을 수 있었다. 겨울에 먹는 신선 채소로는 오이黃瓜가 으뜸이었다. 겨울에 먹는 연한 오이는 농부들이 온실에서 재배한 것이다. 만력 연간, 왕세무王世懋는 『학포잡소學圃雜蔬』에서 말하길 "연경에서 재배한 왕과王瓜가 최고다. 방을 뜨겁게 해서 강제로 꽃을 피우면 2월 초에 열매를 맺었다"고 했다.

도시에서 일상적으로 먹는 채소로는 생강·토란·무·당근·유채·고사리蕨菜·갓芥菜·물냉이烏菘菜·여름배추夏菘菜·시금치菠菜·사탕무甜菜·배추白菜·비름莧菜·숙주豆芽菜·상추生菜·상춧대萵筍·동과冬瓜·황과黃瓜·참외甜瓜(香瓜)·박生瓜·수세미오이絲瓜·호리병박葫蘆·교백茭白·고수胡荽·파葱·부추韭·마늘蒜·작두콩刀豆·가지茄子·천가天茄·감로자甘露子·박하·자소紫蘇·산약山藥 등이 있었다. 오문(마카오)에서는 서양인들이 손님 접대에 양파洋葱를 사용했다고 했으니 이미 전래되어 들어왔던 것을 알 수 있다.

제철에 수확한 채소는 소금에 절여 짠지를 만들어 겨울에 먹었다. 북경에서는 늦가을에 집집마다 배추를 소금에 절였다. 항주의 황왜채黃矮菜와 같았다. 영파의 설리홍엄채雪里蕻腌菜는 부드럽기로 유명했는데 소주의 전간채箭干菜에 버금갈 정도였다. 북경에서 먹던 절인 배추는 아마도 지금 북방에서 매우 유행하는 백김치酸菜일 것이다. 설리홍엄채·전간채는 지금의 매간채梅干菜(메이간차이)를 말한다.

중국은 땅이 넓으니 다양한 채소가 재배되었다. 위도 범위가 넓고 남북의 온도 차이도 커서 남북의 도시에서 서로 다른 방법으로 요리했다. 광동에서는 신선한 채소가 많아, 묵나물干菜은 거들떠보지도 않았다. 강남에서는 봄·여름·가을에는 신선 채소를, 겨울에는 묵나물로 보완했다. 북방에서는 묵나물이 주를 이루고 신선 채소는 오히려 부차적이었다.

도시 교외에는 채소밭이 있었고, 사대부들 정원에도 밭이 있어서 채소는 쉽게 구할 수 있었다. 크루스는 『중국지』에서 남부 도시에서는 순무大頭菜·무·배추·마늘·파 등을 재배했다고 했다. 광동에서는 천혜의 조건으로 겨울에도 신선한 채소 10여 종이 가능해서 짠지 같은 절인 채소는 먹지 않고 "겨울에 채소를 저장할 필요도 없었다." 손님 접대에 절인 채소를 내놓으면 불경한 의미가 되었다. 가흥에서는 배추를 여름에 파종해서 겨울에 수확했는데, 10월이면 소금에 절여 '염채鹽菜'라 했고 겨울부터 초봄까지 주된 음식이었다. 강남에서는 집집마다 엄채 항아리腌菜缸가 있는 것이 일반적이었다. 북방의 개봉성에서는 신선 채소를 파는 곳도 있었지만 전문적으로 말린 채소를 파는 가게도 있었다.

미인을 웃게 하려면

과일 중 가장 귀한 것은 여지荔枝였다. 한악韓偓은 그 생김새를 「여지荔枝」에서 이렇게 칭송했다.

옥장玉籠을 여니 닭 벼슬이 젖어 있고
금반계金盤鷄가 아주 신선하다
미인을 웃게 하려면
비취 비녀 한 쌍을 먼저 걸어라[21]

여지 외에 평파과苹婆果·대추棗·배梨·살구杏·복숭아桃·양매楊梅(소귀나무 열매)·감귤柑橘·봉자榛子(헤이즐넛)·잣松子·비자열매榧·감柿·포도葡萄·감람橄欖(올리브) 등이 있었다.

도시에서는 지역마다 특산 과일을 즐겨 먹었고, 신선한 과일과 꿀(설탕)에 잰 밀전蜜餞·과포果脯가 있었다. 인공으로 얼음을 얼릴 수 있었고, 이를 저장하는 얼음창고水窖도 있어 남방의 많은 신선 과일이 북방 도시에도 널리 보급되었다.

광동에서는 신선 과일을 먹었다. 말린 여지荔枝脯·올리브橄欖豉·다래 꿀조림羊桃蜜煎(餞)·초절임한 망고스틴醋漬人面 등은 있어도 손님상에 내지 않았다. 제철 과일로는 여지·용안龍眼·감람橄欖·빈랑檳榔·광

---

21 "封開玉籠雞冠濕, 葉襯金盤鶴頂鮮. 想得佳人微啟齒, 翠釵先取一雙懸."

랑桃榔(야자의 한 종류)·야자椰·유자橘柚·파인애플菠羅·가자訶子(하리타
키)·참다래羊桃·산도山桃(소귀나무 열매)·포도·협죽도夾竹桃·망고蜜望·
레몬宜母·인면人面(망고스틴)과 산에서 나는 다양한 야생 과일이 있었
다. 강남 송강에는 만수과萬壽果(長生果, 땅콩)·강남 유자橘柚·불수감佛
手柑·수박西瓜 등이 있었다. 북방의 개봉성에는 과일가게果子鋪가 있어
사탕수수甘蔗·남방개苿薺·밤栗子·은행白果·토복령土茯苓 등을 팔았고,
남방 과일을 파는 남과점南果店과 말린 과일을 파는 간과점干果店에서
는 밀전 등을 전문적으로 팔았다.

계절 음식

도시에서 먹는 계절 음식은 지방의 풍속과 밀접한 관계가 있었
다. 설날, 북경에서는 변식匾食(교자), 항주에서는 산초나무 열매와 잣
을 넣고 빚은 술인 초백주椒柏酒·춘병春餅을 먹었다. 2월, 북경에서는
전병煎餅을 먹고, 청명절 항주에서는 청정반靑精飯, 즉 백양나무楊樹나
오동나무 잎의 즙을 짜서 푸르게 색을 낸 염반染飯을 먹었다. 4월, 북
경에서는 밀가루, 설탕에 느릅나무 열매楡錢를 섞은 유전고楡錢糕를
뿔처럼 만들어 먹었는데 '마호麻胡'라 했다. 엿과 볶은 쌀로 둥글게
만든 것은 '환희단歡喜團'이라 했다. 입하에 항주에서는 새 차를 마시
며 각종 간식을 먹었는데 칠가차七家茶라 했다. 단오에는 모두 종자
粽子를 먹었다. 광동에서는 잎에 싼 종자를 회종灰粽·육종肉粽이라 했

고, 댓잎에 싼 죽통종竹筒粽, 삼각형으로 만든 각자종角子粽이 있었다. 7월 7일, 가정嘉定에서는 밀가루와 설탕을 기름에 튀겨 화과花果 모양으로 만든 '교아녀巧兒女'를 먹었다. 8월 15일에는 월병月餠을 먹었는데 강서 신성新城에서는 '화병畫餠'이라 했다. 9월 9일, 북경에서는 밀가루로 만든 떡인 화고花糕를 먹었는데 큰 것은 동이盆만 하고 대추를 두세 겹으로 넣었다. 항주에서는 밥을 갈아서 찹쌀과 꿀을 섞고 찐 뒤 고기채를 깔아서 만든 밤떡栗糕(혹은 화고花糕라고도 함)을 먹었다. 중양절에는 국화주를 마셨다. 10월 8일, 불교의 성대한 명절에 항주에서는 백미·호두·잣·밤·대추 등 다양한 견과류를 넣어 끓인 납팔죽臘八鬻을 먹었다. 북경에서도 12월 8일 잡곡과 견과류를 끓인 납팔죽을 먹었다. 12월 24일, 항주에서는 교아당膠牙餳·나미화당糯米花糖·두분단豆粉團을 먹었다.

강남 오강吳江에서는 매년 두 번 계절 술을 마셨다. 쌀을 수확한 뒤 양, 돼지를 잡아 신에게 제사를 지내고, 친척이나 친구들을 초대해 노래 부르며 마시는 술을 '연상주年常酒'라 했다. 늦은 봄, 누에를 기를 때 희생과 감주로 제사牲醴饗神를 지낸 뒤에는 '낙산주落山酒'를 마셨다.(홍치, 『오강지吳江志』) 예로부터 꽃을 먹는 전통도 있었다. 「초사楚辭」에는 계수나무 꽃桂花으로 술을 담그는 '계장桂漿'의 전설이 기록되어 있다. 임가산林可山은 『산가청공山家淸供』에서 '광한고廣寒糕'를, 한공망韓公望은 『역아습의易牙拾意』에서 '계선탕桂仙湯'을 언급했었다. 항주에서는 술안주로 '천향환天香丸'을 먹었는데 치아 사이에 남아 있는 청량감이 이루 말할 수 없이 좋았다.(『서호유람지여』) 중양절에는 꽃으로 만든 '국화주'에 꽃으로 만든 '국화떡'을 먹었다. 가정현에서는 계수나무 꽃으로 만든 계화병桂花餠을 먹었다.

사대부들의 탕병회, 기생들의 합자회

명대 도시에서는 음식을 즐기는 모임社團이 있었는데 식도락과 집단의식의 표현이었다.

밀가루로 만든 것은 병餠이라 통칭했는데, 탕병湯餠은 뜨거운 물에 삶은 국수를 말했다. 북경에서는 관리들이 탕병을 먹는 '탕병회'가 있었다. 장성중蔣性中은 탕병회를 열어 이웃인 우겸于謙을 초대했다고 했다.(이연하李延昰, 『남오구화록南吳舊話錄』)

탕병회는 사대부들이 음식을 통해 사교활동을 한다는 증거였다. 음식 풍습이면서 교제의 일환이었다. 도시의 일부 사대부는 음식에 솔직담백하고 근검해서 사치스럽고 호화로운 것을 배제한다는 의미의 '진솔회眞率會'를 조직했다. 정통 5년(1440), 대학사 양사기楊士奇와 동료 7명은 '진솔회'를 조직해서 10일마다 작은 모임을 열고 음식 한두 가지(채소는 여러 가지를 준비해도 무방)를 준비해서 술을 마셨다.(『옥당총어』)

해회蟹會(게 모임)는 널리 유행한 모임이었다. 명나라 말기 장대는 형제·친구들과 소흥에서 해회蟹會를 조직하고 "오후에 만나 게를 먹었는데 비린내 제거를 위해 여러 차례 끓였다"고 했다.(『도암몽억』)

게 외에도 기름진 오리요리肥臘鴨·치즈牛乳酪·꼬막 회醉蚶, 오리에 배추를 넣어 끓인 탕을 준비했다. 그 외에 귤謝橘·밤風栗·마름 열매風菱, 병갱순兵坑筍이라는 채소 반찬, 술은 옥호빙玉壺氷, 밥은 여항余杭산 백미 햅쌀로 지었고, 차는 난설차蘭雪茶를 마셨다.

남경곡南京曲에는 기생들이 현란한 음식 솜씨를 뽐내는 모임인 합자회盒子會가 나온다. 기생들은 시간을 정해 각자 자기가 잘하는 나물, 밀가루 음식, 차 음식茶素 등을 가지고 와서 품평회를 열었다. 모두 찬합에 넣어왔기에 합자회라고 불렀다.(『판교잡기』) 소설 『금병매』 45회에서도 이계저李桂姐가 왕王 이모 집에서 이 모임을 열었던 것을 소개했다.

기생들의 음식은 상당히 정결했다. 남경곡南京曲의 기생들이 내놓은 음식들은 속된 것들이 없었으며 명주名酒, 명차名茶에 물엿餳糖 등은 모두 상품이었다고 했다.(『판교잡기』)『금병매』 59회에서 소개된 기생이 손님을 접대했던 음식 하화세병荷花細餅, 찬육사권攢肉絲卷 등은 매우 세련된 음식들이었다. 이에 비하면 시골 기생들은 짠지 네 알, 오리알, 건새우蝦米, 생선탕熟鮮, 함어鹹魚(간고등어처럼 염장한 것), 돼지머리, 간반장干飯腸(순대 종류) 등 매우 거친 음식들이었다.

황궁의 위세, 사대부의 여운, 백성의 실용

명나라 말년, 서방 예수회 선교사들이 주의 '복음'을 전하기 위해 멀리 중국에 왔다. 이 중 중국 사대부들이 '리 선교사利西士'라고 칭한 마테오리치가 가장 유명했다. 그는 중국에서 본 것과 선교 과정을 기록하여 『중국찰기中國札記』를 썼다. 중국과 서방의 도시를 다음과 같이 비교했다.

건축의 스타일이나 내구성 면에서 중국 건축은 모두 유럽에 비해 뒤떨어진다. 둘 중 어느 쪽이 더 나쁜지는 아직 말하기 어렵다. 중국인들이 건축에 착수하는 모습을 보면 미래 세대를 위한 게 아니라 자기 자신을 위한 집을 짓고, 한 사람의 수명을 기준으로 삼아 모든 요소를 그에 맞추는 것 같다. 반면 유럽인들은 문명의 요구사항을 따르고 불멸을 추구하는 듯하다. 중국인은 이런 성격으로 인해 유럽의 공공 건축에 표현된 화려하고 웅장한 미학을 감상하는 것이 불가능하다. 심지어 우리가 그들에게 알려준 관련 상황을 믿지 못한다. (…) 중국인들은 건물을 지을 때 땅을 파지 않고 탄탄한 땅을 골라 큰 돌을 가져다놓고 초석으로 삼는다. 설사 건물을 높게 올리기 위해 땅을 파더라도 깊이가 1~2미터를 넘지 않는다.

서양 사람의 눈에 비친 이런 모습은 일견 합리적인 부분이 있다. 그의 기록은 신중했지만 지엽적인 특징만을 본 것으로 중국 건축에 대한 전반적인 이해 부족은 피할 수 없다. 그는 진상품을 전하기 위해 북경 황궁도 방문했으나, 무슨 이유에서인지 황궁 건축에 대해서는 아는 것이 거의 없었다. 반면 영락 연간 해외 100여 개국의 사절단이 남경에 왔을 때는 보은사報恩寺 탑을 보고 기세에 눌려서 찬사를 금치 못했다.

건축은 도시를 구성하는 중요한 부분이다. 백성에게 집은 비바람을 피하고 도시 외관을 만들며 아름다움을 채우는 곳이다. 도시 건축물을 통해 백성의 다양한 생활 면모와 심리상태를 볼 수 있다. 도시 건축물에는 실용적 가치와 미학적 가치가 병존한다. 황실 궁전은 위세를 과시하기 위해 풍치를 지나칠 만큼 추구하고, 사대부 정원은 여유로운 삶과 산수의 미를 추구하며, 민가는 비바람을 피하는 것이 주요 기능이었다.

가옥의 등급

소설 『금병매』는 서문경 저택의 묘사로부터 시작된다. "앞에 다섯 채의 건물이 있어 일곱 개의 문을 거쳐야 본채에 들어갈 수 있는 저택이었다. 많은 노비를 거느리고 노새와 말도 적지 않아 비록 아주 부자는 아니지만 청하현淸河縣에서는 잘사는 축이었다." 그러나 이 문장은 대략적일 뿐 그 안에 포함된 자세한 내용은 알 수 없다.

사실, 서문경의 집은 명나라 법령을 어기고 있었다. 명대 가옥 관련 법령에 따르면, 일반 백성의 집은 3칸에 기둥 5개三間五架를 초과할 수 없었다. 서문경은 평범한 소시민으로, 비록 부친 서문달西門達이 객지를 다니며 약재를 팔고, 청하현에도 큰 약재 점포를 운영했다지만 조상들은 관직에 나간 적이 없으니 이런 큰 집에 살 수 없었다.

명대 가옥의 등급제도가 중기 이후에 무너지며 나타난 폐해에 대해 살펴보자. 태조는 왕조 창건 이후 가옥 등급에 관한 제도를 반포하고 방의 수, 기와, 장식물과 색 등에 대한 규정을 만들어 위반하지 않도록 했다.

홍무 4년(1371), 친왕親王의 궁전 제도를 제정했다. 왕부王府 궁전의 각 부문에 대한 규정은 아래와 같다.

정문, 앞뒤 전殿, 사문四門, 성루는 청록靑綠의 금장식
처마는 청흑靑黑 장식

성의 정문은 홍색 칠에 금도금, 구리 못 사용

궁전은 지붕을 아치형으로 하고, 중간에 반리蟠螭(교룡이 휘감은 모양) 그림 가능

주변은 금장식에 여덟 종류 길상화 가능

전좌殿座 전후에는 홍색 반리 문양 가능

휘장帳은 홍색 금박으로 반리 문양 가능

좌座 뒤의 벽은 반리 채색구름 가능

성의 서남쪽에 사직 산천단山川壇 가능

동남쪽에 종묘를 세우고 채색 반리장식을 용 장식으로 바꿀 수 있음

홍무 9년(1376), 친왕 궁전은 주홍색·청색·녹색, 다른 거실은 단·벽丹碧색만 가능하고, 친왕전내 병풍은 운룡雲龍 장식, 장막의 꼭대기는 청색 문기紋綺, 금가루로 용과 구름 등 황태자의 동궁 제도를 따르도록 했으며, 친왕 궁전 옆과 성 문루는 모두 청색 유리 기와로 동궁 제도를 따르도록 했다.

다른 왕들의 궁은 이미 정해진 격식에 따라서 신분을 넘지 못하도록 하고 더욱이 이궁離宮·별전別殿·누각이나 정자 등을 짓지 못하도록 했다. 만약 왕자, 왕손이 많으면 작은 궁실은 지을 수 있었다.(『황명조훈皇明祖訓』 「내령內令」)

홍무 5년(1372), 공주부公主府에 관한 제도를 정했다. 공주부는 청당廳堂 9칸 11가架에 화수두花獸頭를 설치하고, 지붕 밑 두공을 채색

해도 되지만 금은 사용하지 못하도록 했다. 정문은 5칸 7가, 대문은 녹유綠油·동환銅環·석출石础(돌로 된 기초)·벽돌 담장墻磚·조각 새김鐫鑿·영롱玲瓏 문양을 허가했다.(『태조실록』)

그리고 관민 가옥 등급에 대해서도 다음 규정을 반포했다.

(1)관리들의 집은 헐산歇山·전각轉角·중첨重檐·중공重拱·조정藻井을 할 수 없었다. 누방樓房은 중첨重檐에 포함되지 않아 가능했다.

공후公侯: 전청前廳 5~7칸, 양하兩廈 9가, 중당中堂 7칸 9가, 후당 7칸 5가, 문옥門屋 3칸 5가, 문은 금칠 가능, 수면파석환獸面擺錫環, 가묘家廟는 3칸 5가였다. 집은 모두 흑판黑板 기와, 용마루는 채색 동물 문양, 양동梁棟·두공斗拱·첨각檐角·창·방枋·주柱는 금칠이나 흑유黑油로 장식했다. 기타 곁채廊廡와 주방은 임의로 꾸밀 수 있지만 5칸 7가를 넘을 수 없었다.

일·이품: 청당廳堂 5칸 7가, 옥척屋脊(용마루) 청벽青碧, 와수瓦獸·양동梁棟·첨각檐角, 정문 3칸 3가, 문 흑유黑油·석환錫環이 가능했다.

육·칠품: 청당廳堂은 3칸 5가, 토황土黃으로 양동梁棟 장식, 정문 1칸 3가, 흑문黑門·철환鐵環이 가능했다.

(2)관리들의 집은 정청正廳 외에 다른 방은 정옥正屋 제도를 따르도록 했다. 적절하게 지을 수 있지만, 줄일 수는 있어도 지나치면 안 되었다. 문과 창은 주홍유朱紅油를 쓸 수 없었다.

(3)일반 백성 집은 3칸 5가를 초과할 수 없었고, 두공斗拱과 채색 장식을 할 수 없었다.(『대명관제大明官制』「예부禮部」)

중공重拱은 첩공疊拱이라고도 하며 사포四鋪로 오포五鋪를 만들고,

육포六鋪·칠포七鋪·팔포八鋪를 만들었다. 조정藻井은 천정의 우물 정자 격자 무늬 안에 수조水藻를 그린 것이다. 와수瓦獸는 지붕 위에 장식하는 짐승 머리獸頭·전각비선轉角飛仙·해마海馬 등을 말한다.

이 외에 명나라 때는 경사에 있는 공신들의 집에는 좌우 5장丈씩 10장의 빈터를 허가했다. 관리들이 부패로 쫓겨날 경우 집을 철거하는 경우를 제외하고는 자손들이 그 권리를 이어받아 영원히 살 수 있도록 가옥 등급제도는 규정되어 있었다.

화려한 주택

명초에는 가옥제도의 제약을 받아 도시 건축물이 매우 검소했다. 그저 "집은 비바람을 피하는 곳"이라는 기능에 충실했지만, 중기 이후로 가면서 기둥과 대들보가 날로 크고 화려해지며 큰 변화가 일었다.

명나라 초기 절강 태평현太平縣은 "집에 거실이 없었다." 강소 의진儀眞의 민가는 극히 "낮고 좁았다." 복건 소무邵武 역시 "건물 기둥에 조각이 없었다." 남경 같은 번화한 곳도 정덕 이전에는 가옥들이 왜소하고 거실廳堂은 주로 뒤에 있어 호사가들은 "그림은 그럴싸해도 소박하고 견실했다"고 했다. 강소 송강에서는 관리들이 성내에 근무했지만, 주거지는 대부분 성 바깥이었다.

중기 이후, 사회 전반에 걸쳐 사치가 일상화되자 가옥에 대한 금령은 유명무실해졌다. 홍치 이후 절강 태평현의 서민들은 "고관대작의 저택을 모방해서, 집에 사무실을 크고 넓게 지었다." 가정 말년, 남경에서는 사대부들은 말할 것도 없고 일반 백성도 많은 돈을 들여 응접실 3칸에 집은 금빛 휘황찬란하고 높게 지었다. 중첨重檐·수척獸脊이 관아와 같았고 정원과 채소밭園圃은 공후를 능가했으며 담에도 "그림을 그렸다." 송강에서는 진신들이 성내에 살기 시작하고 "대신들의 저택을 서로 사고팔며 이득을 남기거나, 거주할 때는 다양한 방법으로 담과 대를 쌓고 온갖 장식과 서화를 걸어 사치가 극에 이르렀다." 절강 황암黃岩 역시 "방과 사무실을 크고 넓게 지었다." 일반 백성도 왕·후·고위 관리들처럼 사무실을 지었는데 어떤 장인匠人 우두머리의 별장은 "웅장하고 화려하여, 공을 세운 황친에 뒤지지 않았다"고 했다.

이렇듯 가옥 등급제를 어기고 사치를 추구하는 흐름은 소설에서도 볼 수 있다. 방여호方汝浩가 지은 『선진후사禪眞后史』 33회에는 변상邊商 당래党係가 집을 짓는데 "담이 거리까지 이어졌고, 담 안으로 측실側屋 4칸을 짓고 중간 5칸에는 채색을 한 높은 건물, 다시 낮은 담 안쪽에 5칸 큰 사무실 등 모두 10여 칸의 크고 높은 방이 겹겹 담벼락으로 쌓여 있고, 기둥마다 호화로운 조각을 했다. 집 뒤편에는 커다란 밭이 있어 나무와 꽃을 길렀다." 5칸 큰 사무실은 서민들은 3칸을 넘어서는 안 된다는 규정을 위반했고, 높고 넓은 건물에 호화로운 조각 등은 더 말할 필요가 없었다.

황궁의 위엄

명대 도시 건축물 중에서, 궁전과 동식물을 기르던 원유苑囿는 궁
성 안에 있어 백성이 접하기 어려웠는데, 특별히 웅장하고 화려하
여 연구자들의 관심을 끌었다. 명대 궁원宮苑은 규모의 웅장함, 높은
누각과 겹겹이 쌓인 전루정각문殿樓亭閣門 등이 786개, 궁전 높이는
9층, 지장원址墻垣은 모두 임청臨淸의 벽돌, 나무는 남목楠木(녹나무)을
사용했다. 궁녀는 9000명이 넘었고, 태감은 10만 명에 달했으며 1년
에 지분전脂粉錢으로 은 4만 냥 이상을 소비했다.

천자가 사는 궁궐을 대내大內라 했다.『송사宋史』「여복지輿服志」에
서는 "황제가 기거하는 곳을 전殿이라 하고 전부 합쳐 대내라 한다"
고 했다. 유약우劉若愚의『작중지酌中志』에서는 대내의 외곽에 6개의
문, 내부에 6개의 문이 있다고 했다.

명대는 남북 양경제를 실행해서, 남경과 북경에 모두 궁전과 원유
가 있었다. 남경 궁전은 태조 오원년吳元年(1367)에 건축을 시작하여
정전을 봉천전奉天殿, 앞문을 봉천문奉天門이라 했다. 봉천전 뒤는 화
개전華蓋殿, 화개전 뒤는 근신전謹身殿으로 "양 옆은 낭무廊廡가 있었
다." 봉천전 왼쪽 건물은 문루文樓, 오른쪽 건물은 무루武樓였다. 근신
전 뒤에는 건청궁과 곤녕궁이 있고 6궁이 차례로 있었다. 사방 4개
의 문 중에서 남쪽은 오문午門, 동쪽은 동화문東華門, 서쪽은 서화문
西華門, 북쪽은 현무문玄武門이라 했다. 모두 소박하게 조각 장식은 없
었다. 홍무 10년(1377), 오문에 두 개의 관觀(높은 대)을 더해 중삼문

中三門이라 하고 동·서는 좌우문左右掖門이라 했다. 봉천문 좌우에는 동서각문東西角門을 세웠고, 봉천전의 좌우에 중좌中左·중우中右 2개의 문을 세웠다. 봉천문 바깥 두 개의 무廡에는 좌순左順·우순右順 문이 있고 문화·무영전에 연결되었다. 홍무 25년(1392), 대내에 금영교金水橋·서문瑞門·승천문루承天門樓 각 5칸, 장안長安 동東·서문西門을 지었다. 황제는 서궁에서 한가로운 시간을 보냈다.

북경 궁전은 남경과 같았지만 훨씬 웅장하고 화려했다. 성조가 연왕 시절, 원고궁元故宮 즉 훗날의 서원西苑에 머물렀는데 정난의 역 이후 그 자리에 궁전을 세웠다. 영락 15년(1417), 옛 궁에서 1리 떨어진 곳에 남경 궁전과 같은 훗날의 삼전三殿을 세웠고, 역시 서궁도 완성했다. 가운데 봉천전, 양측에 좌우 전이 있었다. 봉천전 남쪽에 봉천문, 좌우에 동서각문이 있었다. 봉천문의 남쪽에 오문, 오문의 남쪽에 승천문이 있었다. 봉천전의 북쪽에 후전後殿·양전涼殿·난전暖殿·인수궁人壽宮·경복궁景福宮·인화궁仁和宮·만춘궁萬春宮·영수궁永壽宮·장수궁長壽宮 등 모두 1630여 개의 방이 있었다.

북경 대내의 궁전들은 역대 황제의 기호에 따라 수리를 거듭했다. 홍희 원년(1425), 인종은 사선문思善門에 홍문각弘文閣을 짓고 한가로울 때 한림학사 양부楊溥에게 수시로 자문을 구했다.(『인종실록』) 천순 연간, 영종은 궁전을 새로 지었다. 대내 동남쪽에 있는 남성南城은 영종이 몽골 포로생활에서 돌아와 거주하던 곳으로 복벽復辟(황제가 다시 등극) 이후 정전正殿인 용덕전龍德殿과 남쪽 문 단봉문丹鳳門을 지었다. 용덕전 뒤에 착석鑿石으로 다리를 만들고 그 뒤에는 돌을

쌓아 수암秀岩이라는 산을 만들고 산 정상에 있는 원전圓殿을 건운
전建運殿이라 했다. 이곳에 물을 끌어들여 좌우에 정자를 짓고 기이
한 꽃과 나무를 심었다. 매년 봄에 내각 대신들과 연회를 베풀고 꽃
을 감상했다.(『용당소품』) 천순 4년(1460), 영종은 서원에 전殿·정亭·
헌軒·관館을 지었다. 원래는 태액지太液池가 있었는데 황제는 응화凝
和·영취迎翠·태소太素 등 행전行殿 세 곳과 비향飛香·옹취擁翠·징파澄
波·세한歲寒·회경會景·영휘映輝 등 여섯 곳의 정자와 운첩헌運輒軒·보
화관保和館 등을 지었다. 일이 있을 때마다 문무 대신들을 불러 유희
를 즐겼다.(『영종실록』) 정덕 연간, 무종은 공사를 더욱 크게 벌여 백
성에게 커다란 부담이 되었다. 은 24만 냥을 들여 표방豹房을 짓고
방 200여 칸을 더 만들었다. 내부內府의 비밀스러운 곳에 이궁離宮,
별전別殿에 새로운 집과 사찰·신묘·총독부·신무영神武營·향방香房·
주점酒店 등을 짓고 진국부鎭國府·노아원老兒院·현명궁玄明宮·교방사신
택教坊司新宅·석경산石徑山·사묘祠廟·점방店房 등도 지었다. 선부宣府에
도 행궁을 짓고 '가리家里'라 부르며 진귀한 노리개와 미녀들을 모아
유흥을 즐겨 돌아갈 줄을 몰랐다.(『무종실록』) 가정 13년(1534), 세종
은 서원하동西苑河東에 비애정飛靄亭·영취정迎翠亭·부향정浮香亭·보월
정寶月亭·추휘정秋輝亭·소화전昭和殿·등연정澄淵亭·적대피趨臺陂·임의
정臨漪亭·수운사水雲榭·좌임해정左臨海亭·우임해정右臨海亭·통옥정涌玉
亭·취경정聚景亭·의금정橫金亭·취옥정翠玉亭·힐수정擷秀亭·완방정玩芳亭
등 많은 정자를 짓고 친히 천아방天鵝房이라는 액자를 걸기도 했다.
대내大內는 건축 방법과 구성 모두 독특한 시스템을 가지고 있었

대명제국의 도시생활

다. 북경 내부內府에는 동일장가東一長街·서동일장가西東一長街 등 거리
가 있고 건물樓과 가로등이 있었다. 건물은 돌로 기초를 만들고 구리
로 벽을, 구리철사銅絲로 창을 만들었다. 밤이 되면 내부의 고차인庫
差人이 가로등에 불을 켜서 길을 밝혔다. 여름에는 궁 안에 햇빛 가
리는 차일막인 양붕凉棚을 설치하고 얼음을 먹어 더위를 피했다. 액
자는 유명한 서예가들이 쓴 것으로 모두 특색이 있었다. 태조가 금
릉(남경)을 수도로 정한 뒤, 궁과 각 아문, 사찰과 도관 편액은 모두
서예가 첨희원詹希源의 손에서 나왔다. 성조가 북경으로 천도한 뒤에
는 서예가 주공양朱孔陽의 글씨를 걸었다. 황실 건축에는 궁정화가의
작품들이 있는데 둘은 일란성 쌍둥이였다. 황궁 내전의 벽화, 천계
사天界寺의 영벽影璧, 남경 대보은사의 벽화 모두 대표적인 궁정화로
궁정의 풍치라는 미학적 특색 외에 황실 건축의 정신을 충분히 표현
했다.

명나라 초에는 황실 건축도 소박함의 원칙하에 건축되었지만, 방
법과 구성에서 일반 사대부 저택·원림과는 비교할 수 없었다. 공부
工部에서 태묘太廟를 수리할 때 제재소에서 동량을 세우는데 나무 끝
마다 구멍을 뚫고 동유桐油를 넣어 나무의 물을 제거해서 건축물의
부패를 막아 견고성을 유지하도록 했다. 정통 연간, 궁전에 색을 입
히면서 사용한 아교牛膠만 1만여 근에 달했다.

황실 건축은 화려한 외관, 웅장한 기세, 거대한 규모를 자랑했다.
북경 황궁과 남경 대보은사는 이러한 특징이 가장 잘 나타난 건축
물이다.

성조가 북경으로 천도한 뒤, 황실 건축에 심혈을 기울였다. 현존하는 고궁(자금성)은 규모와 평면 구성의 대비 등에서 건축 장인 예술의 결정품이지만 황권의 표현이라는 의미가 더 컸다. 즉 제왕의 궁궐과 원유는 웅장한 형태, 찬란한 색조의 궁극적 목적이 황실의 고귀함과 지고무상함을 널리 알리기 위한 것이었다.

예술사는 우리에게 비록 건축의 외형이 아름답지 않더라도 그 크기로 인해 사람들의 관심을 끌고 찬사를 받을 수 있다는 것을 거듭 알려주었다. 장성은 엄청난 규모와 뱀 모양蛇形線이 합쳐져 장엄하고 기이한 경치를 표현하여 민족의 상징물이 되었다. 명나라 초에 건축한 황궁 역시 웅대함과 단순함이 결합한 모습이었다. 크기는 궁실의 우아함에 웅장함과 대칭의 만남을 더해서 굼떴다는 느낌을 피할 수 있었다. 고궁故宮은 공간 구조가 놀람을 뛰어넘어 숭고한 미적 가치를 표현했다. 물론 건축물은 단순하지만 부족하지 않고, 화려하지만 세속적이지 않으며 웅장하지만 우둔하지 않았다. 기세·형체 모두 황실의 권위를 표현하는 데 부족함이 없었다.

영락 10년(1412), 성조는 태조와 마황후를 기념하기 위해 남경 천희사天禧寺 옛터에 대보은사 9층 유리탑을 지었다. 남경에는 보은사·영곡사·천계사 등 3대 사찰이 있는데 보은사는 높이 23장丈, 9층 8면으로 외벽은 백자 벽돌 구조이고 백자 벽돌 중앙에는 불상을 새겨 넣었는데 넘실거리는 옷자락과 신비로운 표정, 적당한 수염과 눈썹 등이 신기에 가까웠다.

주지번朱之蕃은 보은사 탑을 보고 "얼핏 보면 큰 나무가 하늘을 찌르는 듯한데, 홀연히 무수한 별이 벽대碧臺에 흩어지는 듯하다"고 읊었다. 탑 위에는 기름등 146개가 있어 밤하늘을 수놓았다. 밤이 되면 유리탑은 큰 나무가 높은 하늘로 뚫고 날아가는 듯하고, 등불은 마치 뭇별처럼 저녁 안개 속에서 흔들리고, 빛은 기괴하고 다채로워 사람들을 놀라게 했다.

이 탑은 황제 소유의 가마에서 구워낸 훌륭한 문화유산이다. 만명晚明 산문가 장대는 이 엄청난 공사를 거친 장대한 건축에 대해 "왕조 창건에 비할 정도로 강인했던 성조의 추진 정신, 물량 공세, 뒷받침해주는 법령이 없었다면 불가능했을 일"이라는 매우 객관적이고 음미해볼 만한 평가를 내렸다.(『도암몽억』)

황실 건축은 황권의 위세 외에도 또 다른 영향을 받았다. 명나라 초기 이후 소박함을 숭상하여 태조가 궁전 건설에서 사치스럽고 호화로운 면을 배제하고 누각·정자·동산 등을 짓지 않은 것은 오직 백성에게 부담을 지우지 않으려는 의도였다. 명 중기 이후 궁정 건축은 이런 소박한 품격에 강남 민가의 영향을 받아 새로운 아름다움이 더해진 모습으로 나타났다. 이러한 모습에 대해 진신 사대부들의 비평이 있었지만, 명대 도시 건축의 새로운 모습이라고 할 수 있을 것이다.

선덕 연간, 선종은 동원東苑에 초가집을 지어 제사 전후 재계를 하는 치제致齋를 했다. 동량과 난간에 삼나무를 사용했고 조금 서향이었으며 길을 돌아 사립문으로 들어가서 작은 하천을 만들었고, 다리를 건너면 초정草亭(풀을 얹은 정자)에, 작은 전각小殿이 있어 책을

읽고 거문고를 탔다. 대나무 울타리 밑에는 박·오이 등 채소를 심었
다. 천순 4년(1460), 영종은 서원에 전殿·정亭·헌軒·관館을 짓고 태액
지太液池 서남쪽의 태소전太素殿에는 풀을 얹고 백토白堊를 발랐다. 대
나무 울타리·분장粉牆·초가집 등은 강남 전원 풍경을 그대로 옮겨
놓은 것이었다. 궁중 기와는 원래 유리를 사용하여 휘황찬란한 금벽
과 더불어 황실의 특징이었다. 정덕 연간, 무종은 선부宣府에 놀러갔
다가 기생 유양녀劉良女를 데리고 돌아와 검은색 유리기와를 올린 등
희전騰禧殿을 지어주니 '흑노파전黑老婆殿'이라 불렀다. 명나라 말, 숭
정제의 전田 귀비는 강남 민가를 참조하여 궁내 거실을 완전히 바꾸
었다. 지나치게 높고 큰 창문 등 거주에 불편한 장식을 들어내고 난
간을 낮은 곡선으로 만들어 외부와의 차단을 약하게 하고 양주의
그릇, 대자리 등으로 새롭게 꾸몄다. 또 궁 서쪽에 돌로 쌓은 동굴을
만들고 약재와 꽃을 심어 '완월대玩月臺'라 했다.

　명대 궁 건축이 소박함을 추구했던 것은 송대 선화宣和 연간 궁중
에 강남의 백옥白屋 스타일을 모방하여 들여온 간악艮岳 전통에서 연
유되었다.[22] 일반적으로 궁궐 건축은 '조정의 얼굴'이면서 '국체國體'
를 담는다고 보기에 웅장하게 하는 게 일반적이었다. 명 중기 이후
오吳 지역 건축 양식이나 시골의 정경을 모방하여 초야 스타일에 빠

22　송대의 유명한 궁궐 정원으로 휘종 정화 7년(1117)에 공사를 시작하여 선화
　　4년(1122)에 완공되었다. 처음에는 만세산萬歲山으로 불렀다가 나중에 간악·
　　수악壽嶽 혹은 수산간악壽山艮嶽으로 바꾸었으며 화양궁華陽宮이라고도 불렀
　　다. 1127년 금군이 개봉을 침략했을 때 소실되었다.

진 것은 심미적 품격의 변화였다. 즉 장대한 호화로움에서 우아한 소박함으로 가는 과도기적 모습이었다.

팔자형 관청

명대 도시 건축에서 지방 관청은 매우 중요한 위치를 차지한다. 크루스는 『중국지中國志』에서 남부 광주에서 본 관청의 상황을 묘사했다.

> 관청에서 관리들을 만나기 위해서는 큰 운동장 규모의 넓고 긴 마당 두 개를 지나야 했다. 안에는 정갈한 꽃밭과 많은 과일나무가 있고 중간에는 관리들이 지나다니는 큰 복도가 있었다. 꽃밭과 복도 사이에는 관리들과 다른 잡부들의 업무 공간이 있었다. 이들의 거주 공간과 더불어 감옥도 있었다. 이들에게 음식을 공급하기 위한 채소밭과 양어장도 있었다.

명대에 경사의 관리들은 대부분 개인 거처가 있었다. 만력 연간, 관리들이 관직을 버리고 떠나자 북경성에는 "빈집이 많아 임대를 알리는 광고지들이 널려 있고 마차나 행인들은 찾아보기 힘들었다"고 했다.(설강薛岡, 『천작당문집필여天爵堂文集筆余』) 빈집 임대 광고지는 관리들이 대부분 집을 임대해서 거주했다는 것을 보여준다. 그러나 남경의 사법기구인 삼법사三法司 아문은 관에서 지었다. 태조는 고위 관리들은 큰 집에 머물러야 한다며 이를 '양방樣房'이라고 불렀다. 각 관청도 이에 따라서 관리 거처를 지으라는 의미였다. 홍무 18년 (1385), 경성의 관리들이 백성과 함께 거주하는 실상을 접한 태조는 예부낭중 증백기曾伯機의 건의를 받아들여 공부에 관리 숙소 100여 곳을 짓도록 했다. 명나라 말기에 이르면 남경 육부 당상관·관리들은 모두 관사에 거주했다. 남경 국자감은 수죽水竹과 정원이 아름답기로 유명했는데 공사公私 공간이 서로 어우러지게 설계한 것이었다. 이정기李定機가 남경에서 북경 예부시랑으로 왔을 때 관례에 따라 스스로 집을 사서 부하들에게 빌려주고 세를 받았다.(『용당소품』) 물론, 명대 도시 중에는 관민이 따로 살거나 같이 사는 다양한 경우가 있어, 관에서 제공하는 숙소에 살기도 하고 자신이 짓거나 임대해서 살기도 했다.

관청은 대부분 옛 관리들의 저택이나 빈터에 지어졌다. 양회 염운사는 한대漢代 동중서董仲舒의 저택이었고, 소주 순무의 행대行臺는 남송 병부시랑 위요옹魏了翁이 하사 받은 집이었다. 강서 순무 아문은 영창永昌 영화문永和門 내에 있었는데 신호宸濠의 난 이후 영왕부寧王府 승운사承運司를 도대都臺로 개조한 것으로 직조기織造機가 있던 방을 안찰사가 사용했다. 절강 순무 아문은 남송 중화궁重華宮이 있던 자리였다.

관청은 공서公署와 관해官廨(관아)로 구성되었다. 공서에서는 관리들이 업무를 처리했고, 관아는 휴식을 취했다. 북경 완평현宛平縣에는 현서가 북안문北安門의 서쪽에 있고 절애당節愛堂이라 했다. 동쪽에 막청幕廳, 서쪽에 창고, 뒤에 현일당見日堂 등 3칸이 있었다. 양쪽 계단을 따라가면 앞에는 이방·호방·양과糧科·예방·장과匠科·마과馬科·공남과工南科 등 육방六房이, 서쪽에는 병북과兵北科·병남과兵南科·형북과刑北科·형남과刑南科·공북과工北科·포장사鋪長司·가각고架閣庫·승발사承發司가 있었다. 앞에는 노대露臺·계석정戒石亭·의문儀門이 있었다. 동쪽에는 토지사土地祠, 서쪽에는 감옥이 있었다. 견일당 뒤에 지현의 관아, 다시 뒤에는 관창官倉·삼당三堂이 있었다. 동쪽에는 양마糧馬 현승縣丞과 전사典史, 당 서쪽으로 군장軍匠 현승縣丞, 앞쪽에 둔주부屯主簿의 관아가 있었다. 아전吏들이 머물 곳은 따로 없어 빈 공간을 사용했다. 일반 민가와 연결되어 있어 소리가 서로 들릴 정도였다. 또 민가를 빌려 머물곤 했다.(『완서잡기』)

관청 건축에도 특색이 있었다. 바깥에는 말을 매어놓는 용도의, '녹각鹿角'이라 불리는 나무들이 있었다. 관리들은 자신의 기호에 따라 관청 내에 서재書齋나 방을 만들어 독서용으로 사용했다. 곳곳에 대련對聯을 붙였는데, 북경 이부吏部 대당大堂에는 "공명은 부질없는 것이다. 크면 어떻고 작으면 또 어떤가, 부귀는 눈앞의 꽃일 뿐이다. 빨리 피어도 늦게 피어도 결국 지는 것이다."[23](담천談遷, 『북유록北游錄』)

관청에는 고위 관리가 순시를 올 때 머무르는 '공관公館'이 있었다.

---

23 "功名身外事, 大就何妨, 小就何妨; 富貴眼前花, 早開也得, 遲開也得."

송강부에는 부府 동쪽의 동찰원東察院이 가장 규모가 커서 순무·순안·제학도提學道가, 화정현華亭縣 남쪽의 남찰원南察院은 규모가 조금 작아 각도各道·감태監兌·각 부의 사반查盤·이형주찰理刑駐扎이 있었다. 성 동남쪽 변두리에 소금 상인 및 조민灶民들이 세운 신찰원新察院에는 염운사가 머물렀다. 동찰원 동쪽에 있는 공관은 동이형청東理刑廳이었다.

한대漢代에 지방 군국의 수상守相들은 모두 장안에 저택이 있었다. 당대 진주원進奏院, 송나라 조집원朝集院은 관청 숙소의 성격이었다. 명대에는 이런 예가 없이 향신들에게만 제공되는 사설 회관會館만 있었는데, 승진되어 올라온 관리들은 머물 수 없었다.

북경의 회관은 영락 연간에 시작되어 가정·융경 연간에 발전했다. 회관은 각 지방에서 올라오는 사람들이 머물 곳이 마땅치 않자 동향회관이 설립되었고 또 한편으로 편호編戶에 속하지 않은 채 타향을 떠도는 사람이 너무 많아서 관리가 쉽지 않자 역시 회관에서 사신士紳들이 관리토록 한 것이었다. 북경 내성內城 회관은 향신鄕紳들이 많았고, 외성外城 회관은 공거公車·세공사歲貢士들이 많았다.

정원: 좋은 놀이 장소

명대 말년, 소흥紹興에 상당히 유명한 장張모가 세운 개원礩園이라는 화려한 정원에는 당堂, 제방堤, 산, 흙을 높고 평평하게 쌓은 대臺,

대나무 숲길竹徑, 내실內宅, 긴 복도長廊, 아치형 다리曲橋 등이 있었다. 하루는 노인네 두 사람이 구경을 왔다. 한 사람이 "봉래蓬萊 낭원閬苑 같은데!" 하니 다른 한 사람이 "거기가 이런 모습이야?"라며 웃었다. 적어도 두 사람의 대화에서 명대 사대부들이 정원 꾸미기에 정성을 들였고 사람들은 이런 곳을 즐겨 찾아다녔다는 것을 알 수 있다.

사대부들의 집은 저택宅第·별채別墅·정원園林으로 구성되었다.

관리들은 관직에 있을 때 황제의 신임과 총애를 받으면 저택을 하사받기도 했다. 가정 연간, 세종이 도가 수련에 심취하자 도사인 상청진인上淸眞人에게 은 10여만 냥을 들여 강서에 저택을 지어주었다. 숭정 14년(1641) 가을, 사종思宗은 서광계徐光啓에게 송강부 상해현에 각노방閣老坊을 지어 하사했다.

송강부에는 진신 사대부들이 하사받은 저택이 적지 않았다. 서광계는 3조朝에 걸친 정치 원로여서 송강성 남쪽에 저택을 하사받았는데 군郡에서 가장 큰 규모였다. 그의 집 뒤에 상국相國 전용석錢龍錫도 역시 집을 하사받았는데 성내에서 제일 좋은 집이라는 평을 들었다. 남쪽에는 광록사경 고정심顧正心의 집이 있었는데 문에는 황제의 특명에 따라 금으로 글씨를 쓴 액자가 걸려서 대단히 웅장하고 아름다웠다.(『열세편閱世編』)

사대부들의 집은 일반 백성의 집과는 달랐다. 송강부 왕정매王庭梅의 집은 남쪽으로는 거리에 접해 있지만 깊숙한 곳에 중당이 있어 '동관東關 제일 저택'이라는 소리를 들었다. 임인보林仁甫의 집은 보조사普照寺 서쪽 다른 절들과 인접해 있었는데 매우 웅장하고 아름다웠다. 장용張蓉의 집은 통파문通波門 동쪽에 있었고 3층으로 지었는데 규모가 크고 화려했다. 동유중董有仲·육문유陸文裕·진호해陳滬海·장은태張銀台 등 모두 크고 아름다운 집을 소유했다. 라다는『대명, 중국의 일을 기록하다』에서 다음과 같이 묘사했다.

유명 인사의 집은 단층이었지만 면적도 넓고 규모가 커서 응접실과 많은 방에 여러 개의 정원은 물론 채소밭까지 있었다. 응접실은 지면보다 높았고 깔끔한 석판으로 계단을 만들었다. 집의 기초는 통상 방석方石을 기와 하나 높이로 깔았다. 소나무 기둥을 세우고 공栱을 올린 뒤 지붕에는 기와를 얹었다. 바닥에는 벽돌이나 석판을 이어 붙였다. 나무 기둥 사이에는 판벽널板條과 점토를 이용해 얇은 벽을 세우고 큰 나무판을 고정시킨 뒤 도니塗泥를 바르고 회칠을 했다. 정원과 채소밭 사이의 벽은 흙을 바르고 회칠을 했다.

이는 전형적인 복건 진신縉紳의 집으로 일반 사대부 집의 특징을 보여주었다. 복건의 도시에서는 단층이 많았지만, 다른 강남 도시는 대부분 2층 이상이었다.

사대부들의 응접실은 대부분 다섯 칸이고, 응접실 앞에 처마격인 '권붕卷棚'을 지어 더위를 피했다. 송나라 홍매洪邁의『이견지夷堅志』에서는 권붕이 비·바람을 막아주는 역할을 한다고 기술했다.[24] 육유陸游는『노학암필기老學庵筆記』에서는 "채경蔡京이 하사받은 저택은 너무

넓어 노환에 추위를 두려워했다. 처마扑水를 낮게 했고 그 바로 밑에
침실을 만들었다"고 기록했다. 송나라 때는 이를 '복처僕處'라고도 했
는데 "응접실에서 손님을 접대할 때 동복童僕이 옆에서 같이 접대했
다 하여 붙은 이름이다"(『계암노인만필』)

　사대부 저택 대문 바깥에는 장문墻門이 있었다. 나무로 골조를 만
들고 대나무를 육선六扇·사선四扇·이선二扇으로 마치 젓가락처럼 펼
칠 수 있었으며, 중간에 횡판橫板을 대고 위에는 검은 바탕에 홍록색
으로 꽃을 그려 넣었다.

　청당廳堂에는 봄에 춘첩春帖 대련을 걸었다. 고청당顧淸堂에는 이렇
게 걸렸다.

　　"주공周公의 재주를 구비했다 해도, 교만은 금물이다.
　　증자曾子처럼 부모에게 잘해야, 효도라고 할 수 있다."
　　"의롭게 일을 처리하라. 의가 서야 집안이 바로 선다.
　　이익만 생각한다면, 이익이 오기도 전에 해악이 찾아온다."[25]

　심봉봉당沈鳳峰堂의 대련도 보자.

　　"단오에 아이들처럼 풀싸움 하고, 태고 때 새끼로 매듭 짓던 마

24　"扑水扑風板, 屋翼剝風板."
25　"才美如周公旦　事親若曾子與""以義處事, 義旣立而家亦有成""利末得而害已
　　隨至".

음을 간직한다."[26]

즉, 세속의 분쟁이나 타인의 시선에 구애받지 않고 단출한 생활
을 꿈꾼다.(『사우재총설』)

이런 춘첩은 세상을 살아가는 격언이자, 사람들이 자연 속에서
유유자적한 생활을 꿈꾸도록 작용했다. 서예전문가들이 이런 서서署
書를 깔끔하게 해서楷書로 써서 저택에 걸었다. 장형張鏊이 과거 급제
하자 황한黃翰은 똑똑함을 널리 전한다는 의미로 '전계傳桂'라고 써
서 장형의 집에 걸어주었다.

관리들이 관직에서 물러나면 누방樓房을 짓고 꽃을 가꾸는 등 취
미 생활에서 새로운 즐거움을 찾으며 청아한 여생을 보냈다. 재화는
지키기 어렵다는 것을 잘 알기에 번잡하고 시끄러운 도시를 떠나 한
적한 시골에서 단조로운 자연과 더불어 살았던 것이다. 사치를 조금
부리는 경우에는 별장을 지었다. 항주 서호 소경사昭慶寺 주변 편석
거片石居에는 비각閣閣·정려精廬 등이 많았는데 '운치韻客를 아는 사람
들의 별장'이라는 의미였다. 장대의 산문집 『포함소包涵所』에 나오는
항주 청연산방靑蓮山房은 대나무와 매화가 가득하고 의련화봉 계곡
을 건너, 심산 벼랑과 숲 기슭이 마주하는 사이에 있었다.(장대, 『서호
몽록西湖夢錄』) 굽이굽이 굴곡을 지나 둘레를 돌면 나갈 수 없는 미로

---

26 송대 육유陆游의 『노심자영老甚自咏』: "殘年真欲數期頤, 一事無營飽即嬉. 身入
    兒童鬥草社, 心如太古結繩時. 騰騰不许诸人会, 兀兀从嘲老子痴. 亦莫城中买盐
    酪, 菜羹有味淡方知."

가 되었다. 바깥에 작은 돌로 제단을 쌓고 나무뿌리로 문을 엮어 고급스러운 분위기에서도 원시적인 멋을 냈다.

시골에 거처를 마련한 사대부들은 누추하지만 원정園亭을 짓고 친구들을 만나거나, 책을 읽고 시를 지었다. 송강의 방추정傍秋亭·적원適園 등은 초기에는 보잘 것 없었지만, 중기 이후 유행이 되면서 큰 비용을 들여 토목 공사를 해서 황석黃石으로 산을 만드는 등 사치가 만연했다. "대신들은 큰 집과 화려한 정원을 짓고 놀면서 연회를 즐겼다"고 했다.(『존여당시화』)

명대 강남의 정원은 두 번에 걸친 큰 유행이 있었다. 첫 번째는 성화·홍치·정덕 연간, 두 번째는 가정·만력 연간으로 후자의 바람이 전자보다 더 거세었다.(왕춘유王春瑜, 『명대 강남 원림을 논하다論明代江南園林』) 중엽 이후 강남에는 도시 사람들의 시골살기 유행이 불어 정원 발전을 한층 가속화시켰다. 고관대작과 돈 많은 상인이 풍족하고 향락적인 생활을 위해 도시를 떠나 시골의 험준한 골짜기나 물가에 별장·정원을 지었다. "눈이 가득 쌓인 깊은 산, 맑은 바람에 달 밝은 깊은 곳에서 매화를 즐겼다."[27] 정신적 경계를 가늠하면서 사시사철 천하 절경을 눈에 담고 음미하는 생활을 누렸다. 성안에서도 향촌의 원시적 느낌을 끌어들여 재력에 따라 아름다운 정원을 만들었고, 그만그만한 사람들이 기암괴석과 꽃들로 아름답게 꾸미고 집을 나가지 않고도 시골 정취를 느끼려 했다.(『하한림집何翰林集』)

27　명대明代 고계高启의 「매화구수梅花九首」: "雪滿山中高士臥, 月明林下美人來."

설강薛岡은 "북쪽의 유명한 정원은 도시에 있고, 남쪽의 유명한 정원은 서호에 있다"(설강薛岡, 『천작당문집필여天爵堂文集筆余』)고 했을 만큼, 정원이 가장 집중된 도시는 북경과 항주였다.

북경에는 황실의 외가·공신·총애 받는 환관中貴들의 정원이 서로 마주보고 있을 정도였다. 정국공定國公 정원은 '태사포太師圃'라고도 했다. 덕승교德勝橋를 지나 문을 들어서면 고색창연한 가옥이 보이고 기둥은 있으나 대련과 시 한수 걸지 않았다. 토담에도 백토를 바르지 않고, 연못 가장자리는 벽돌을 두르지 않았으며, 누각이나 정자도 세우지 않았고 나무는 꽃도 피지 않고 열매도 맺지 않았다. 영국공英國公 신원新園은 은정교銀錠橋의 관음암觀音庵에 있었는데 정원의 양쪽은 해자海子와 호수, 다른 한쪽은 낡은 절과 정자가 있었다. 의원宜園은 정덕 연간에 함녕후咸寧侯 구난九鸞이 지은 것인데, 훗날 성국공成國公을 거쳐 명나라 말기에 염부마冉駙馬의 차지가 되었다. 석대인石大人 골목(북경의 외교부 거리)에 위치해 있었고 계단을 올라가면 울창한 나무에 둘러싸인 집 너머에 또 집이 있고 앞에는 연못이 있었으며, 뒤에는 인공으로 조림한 산이 있었다. 이황친李皇親의 신원新園은 삼리하三里河 고도故道 일대에 있었는데 연못 가운데 조성한 매화정이 아름다웠다. 연못가에는 나무들이 즐비했다. 남쪽에는 방가원方家園·방가원房家園, 북쪽에는 장가원張家園·부가동서원博家東西園이 있었다.

항주 서호 경치는 일찍부터 유명했는데 특히 남쪽 유주정柳洲亭 일대에 별장·정원이 많았다. 대비군戴斐君 별장인 기원寄園, 전인무錢麟

武·상등헌商等軒·기세배祁世培·여무정余武貞·진양범陳襄范의 정원이 있었고, 황원신黃元辰의 지상헌池上軒, 주중한周中翰의 부용원芙蓉園 등이 있었다. 서호 주변에는 장대의 산문「포함소包涵所」에 등장하는 배원北園·남원南園이 있었는데, 남원은 뇌봉탑雷峰塔 아래, 북원은 비내봉飛來峰 아래에 있었다. 대청大廳은 공두拱頭로 대들보를 만들었는데 사자춤을 출 수 있을 정도로 컸다. 북원에는 팔괘방八卦房이 있었는데 정원에 여덟 개의 길을 부채 모양으로 만들었다.

송강 동교東郊에 고원顧園이 있었다. 네모진 백무百畝 면적에 기암으로 산을 쌓고 연못을 팠다. 돌다리를 만들었고 여러 집 사이를 물길이 복도처럼 흘렀는데 누각의 규모가 대단했다. 고관대작과 유명 인사들이 이곳에서 술을 마시며 시를 지었다. 배성北城 안인리安仁里에 있는 세춘당世春堂은 전면에는 조각으로 장식한 벽이 있고 높고 큰 집들 사이로 복도가 복잡하게 이어졌으며 후루後樓는 전무 남목楠木(녹나무)으로 지었다. 이층은 벽돌구조에 여러 색을 도금한 단청 조각이 극히 정교했다. 세춘당 서쪽에는 연회를 여는 낙수당樂壽堂이 있었다. 산과 물로 둘러 쌓여 있고 좋은 나무들이 무성하여 아주 훌륭한 정원이었다. 성의 남쪽에는 존덕당尊德堂, 서북 교외에는 노향원露香園이 있었는데 복숭아가 특히 유명했다.[28]

영파寧波 일월호日月湖 일대에는 사대부들의 정원이 많았다. 도융屠隆의 사라관娑羅館도 그중 하나였는데, '설낭雪浪'이라는 돌이 특히 유명했다.[29]

복건의 정원도 유명했다. 천주성의 넓은 땅에 사대부들은 앞 다투어 정원을 지었다. 매년 6월에는 맛있는 과일들이 넘치고, 무궁화朱槿 꽃이 선명하게 자태를 뽐내었으며 담장 너머로 푸른 유자綠柚가 물 결치니 붉은 여지와 더불어 눈을 쉴 곳이 없었다.

사대부들의 정원은 대개 품격이 다르고 개성적이었다. 북경의 작 원勺園은 은둔자들이 산속에 묻혀서 사는 형태였고, 작원芍園은 동산 과 정자·누각이 사치스러웠다. 과주瓜州의 우원于園은 별다른 특색은 없었지만 뇌석礨石이 기이했다. 바위의 높이가 2장丈이었고 꼭대기에 몇 그루 과실수와 목단·작약이 있었는데 올라갈 수는 없었다. 뒤에 는 큰 못이 있었는데 험한 봉우리와 골짜기를 지나 못의 가장 낮은 곳까지 가서 연꽃을 감상할 수가 있었다. 무석無錫 우공곡愚公谷이라 는 골짜기에 있는 정원은 자연 풍치를 강조했다. 담은 뇌석礨石으로 쌓고 나무로 문을 만들어 화려하게 장식한 다른 정원과는 달랐다. 송강 도원桃園은 복숭아나무로 유명해졌고, 노향원은 부녀들의 자수

---

28 노향원露香園은 예원豫園·일섭원日涉園과 더불어 명대 상해 3대 정원으로 불 렸다. 가정 연간 태수 고명유顧名儒와 동생 명세名世가 만죽산방萬竹山房 부근 의 황무지를 개척하여 세웠고 착지鑿池의 돌에 노향지露香池라는 세 글자를 새겼는데 일설에는 조맹부趙孟頫의 글씨라는 설이 있어 이후 노향원이라 불 렸다. 40무의 토지에 수 만냥의 거금을 들여 노향지를 중심으로 노향각露香 閣·의당漪堂·춘산관春山館·취강翠岡·구정鷗亭·관헌管軒·대사암大士庵·청련 지青蓮池 등이 있었다. 고명세는 정원을 만들 때 북방에서 좋은 품종의 복숭 아나무를 가져와 심었는데 이후 상해의 명품으로 자리잡았다.

29 도융屠隆(1544~1605)은 절강 은鄞현 출신으로 자가 장경長卿, 호가 홍포거사 鴻苞居士다. 진사 출신으로 예부 낭중을 역임했는데 청렴하고 민심을 잘 살피 는 관리로 칭송받다가 고향으로 돌아갔다.

가 정교해서 '고수顧繡'라고 불렸다.

남쪽과 북쪽의 정원은 각각의 특색이 있고 품격에도 차이가 있었다. 북경의 정원은 주로 공신과 태감들이 많이 지어서 크고 정치적 기운이 농후해 자연의 분위기는 잘 느낄 수 없었다. 게다가 정원에 물이 없다는 것은 큰 결점이었다. 성의 서북쪽에 있는 정업사淨業寺는 앞에 호수가 두 개 있어 정원을 꾸미기에 좋은 조건이었다. 서문벽徐文璧이 여기에 정원을 지었는데 여전히 그윽한 맛은 부족했다. 특히 대문에 건 '태사포太師圃' 세 글자는 이 정원이 뿜어내는 정치적 기운을 충분히 대변해주었다.[30] 북방 정원은 큰 집과 높은 정자에 산을 겹겹이 올렸지만 결국은 경사의 태평성대에 구색을 맞추려는 것에 지나지 않아 정원이 본래 갖추어야 할 고즈넉한 분위기는 볼수 없었다. 그나마 미중조米仲詔의 작원勺園 정도가 강남을 모방하여어느 정도 분위기를 냈다고 할 수 있었다.[31]

어쨌든 도시 정원은 모두 사치와 소박함이 쌍둥이처럼, 그리고 조정(정치)과 산림(자연)이 병존했다. 전통 유가의 생활대로라면 궁실은

---

30 서문벽徐文璧(?~1602)은 남직예 봉양현 출신으로 명 중기의 공신이다. 신종 즉위 후 후군도독부를 관장했다. 신종의 총애를 받아 태사太師 겸 태자태부 太子太傅에 봉해졌다.

31 미중조米仲詔는 북경 완평宛平 출신으로 만력 23년 진사이며 현령에서 시작하여 태복사 소경에 이르렀다. 관직생활에 기복이 심했으나 서화에 조예가 깊었다. 동시대 인물인 섭향고葉向高과 같이 회자될 정도였고 후세 사람들도 그를 서예가로 기억했다. 북경 서교西郊의 해정海淀에 작원勺園을 지었는데 중국 정원사에 중요한 위치를 점하고 있다.

지나친 장식보다는 습기를 피하고 소박하고 튼튼한 실용성이 중요했다. 송강의 세춘당은 후루後樓를 전무 녹나무로 지었으며, 평생 청렴결백을 자랑하던 예원로倪元璐가 지은 원정누관園亭樓館은 휘묵徽墨으로 칠했는데, 당시 휘묵은 황금에 맞먹을 정도로 지극히 비싼 재료였으니 그 화려함을 알 수 있었다.[32]

물론 사대부들은 청아한 생활을 표방했는데, 이를 볼 수 있는 것은 서재라는 공간이었다. 서재는 공명을 추구하는 시작점이고 공명을 취한 뒤에 안정을 취하는 장소였으며, 격랑의 정치권에서 물러난 뒤에는 더욱 한적함을 즐기는 곳이었다. 지나친 사치는 피하면서도 책과 늙은 나무의 고졸한 분위기, 키 큰 대나무와 신선한 꽃들이 서재에 필요한 요소들이었다. 사대부들의 서재를 살펴보자.

이일화李日華는 이상적인 서재에 대해 이렇게 말했다. "산과 계곡 사이 구불구불한 곳에 세 칸 집을 짓고 2층에 앉아 바깥 풍경을 즐긴다. 사방에 심은 100여 그루 대나무에서 불어오는 맑은 바람을 맞고, 남쪽에는 소나무 한 그루 있어 명월을 볼 수 있다. 오래된 매화

---

32 예원로倪元璐(1594~1644)는 절강 소흥부 상우上虞현 출신으로 자가 여옥汝玉, 호가 홍보鴻寶다. 천계 2년, 진사로 서길사, 국자좨주, 한림원 학사를 지냈다. 1644년 팔기군이 북경을 압박하자 자진했다. 왕희지·안진경·소식의 행초서를 이어받아 뛰어난 경지에 오른 서예가로 "필기筆奇·자기字奇·격기格奇"의 삼기三奇와 "세족勢足·의족意足·운족韻足"의 삼족三足이라는 호칭을 들었다. 당시 유약한 서예 풍을 벗어나 강렬한 개성을 선보였으며 황도주黃道周·왕탁王鐸과 더불어 명말 서단의 세 그루 나무, 왕탁王鐸·부산傅山·황도주黃道周·장서도張瑞圖와 더불어 "만명오대가晚明五大家"로 불렸다.

가지가 창문에 드리우고 번잡한 일은 잊는다. 동쪽에는 불가와 도가의 서적을, 서쪽에는 유가의 서적을 마련해놓고 그 중앙에서 붓을 들어 글씨를 쓴다. 아침은 흰밥에 생선국이고, 좋은 차를 마셔 건강함을 유지하며 모든 세속적인 왕래를 사절한다.(이일화,『자도헌잡철紫桃軒雜綴』)

장한張瀚은 관직에서 물러나 항주의 한적한 곳에 작은 집 세 칸을 지어 생활했다. 도시이지만 발길이 뜸한 곳으로 작은 창가에는 사시사철 꽃이 피었다.(장한,『송창몽어松窓夢語』)

장대張岱는 소흥 성내에 매화서옥梅花書屋·불이재不二齋를 지었다. 매화서옥에는 침대를 놓고 건너편에는 돌계단이 있어 태호에서 가져온 돌로 봉우리를 쌓았다. 목단과 매화를 심어 겨울에도 꽃을 보며 운남 차를 마시면 마음이 설렜다. 창밖 대나무는 바람을 따라 집에 그늘을 떨구고 사방으로 흔들렸다. 아주 친한 사이가 아니면 들어올 수 없었다. 불이재는 침대도 들일 수 없을 만큼 책이 가득했다. 봄에는 사방이 춘란이고 문지방 앞에는 작약이 반무半畝나 있어 매우 이채로웠다. 여름에는 건란建蘭의 재스민 향이 옷 깊숙이 배어들고, 중양절 전후에 국화를 창밑으로 옮겨 심었다. 입동이 되면 오동잎이 떨어지고 납매臘梅가 피어, 따스한 햇볕과 더불어 창문을 가득 채우면 화로에 담요氍毹를 덮었다.(『도암몽억』)

헌軒과 원정園亭 등 휴식 장소는 이름이나 구조가 모두 청아해서 독특한 심미관을 표현하고, '자적自適'과 '제세濟世' '낙樂'과 '노勞' 관계의 인생관을 반영했다. 이명지李明之는 자신의 정자인 '죽학헌竹鶴軒'

에 대나무 수십 그루를 심고 학을 두 마리 길렀다. 대나무는 봄볕에 무성해지고 서리가 내리면 시들어 군자의 절조에 비유되었다. 학은 멀리 날아 한가롭게 거닐며淸遠閑放 결코 때를 묻히지 않으니 세속과 거리를 둔 군자의 수행에 견주었다. 손공양孫孔陽은 '반락와半樂窩'라 했는데 범중엄范仲淹의 세상에 대한 우려와 소옹邵雍의 자적함을 겯들여 강호와 조정의 일을 잊지 못함을 보인 것이라 할 것이다.(하교신何喬新,『하문숙공문집何文肅公文集』) 화애국華愛菊은 어려서부터 근검하여 나이 들자 이노원怡老園을 지었는데 삼오三吳 도시에 있는 모든 원림 가운데 으뜸이었다.[33](양순길楊循吉『등창말예燈窓末藝』「화씨이노원기華氏怡老園記」) 이 이름들이 나타내는 것은 즐거움樂과 노동勞이 하나라는 것이다. 놀기만 하면 오래가지 못하고, 노동만 하면 즐겁지 않으니 사람들의 비웃음을 산다는 그런 경지였다.

처마가 있는 집

명나라 도시의 민가는 황궁처럼 웅장하고 호화롭지 않았지만 "비바람을 피할 수 있는" 실용성이 중시했다.

도시에는 상인들의 점포가 집중되어 있었다. 낭방廊房·포방鋪房 같

---

33 삼오三吳는 동진시대의 지역 명칭으로 오군吳郡·오흥吳興·회계會稽다. 일반적으로 장강 하류 지역을 의미하여 소주蘇州·상주常州·호주湖州·항주杭州·무석無錫·상해上海와 소흥紹興 등지를 말한다.

은 경우는 점포이면서 거주가 가능했다. 북경은 영락 초년에 도성이 되어 황성 사대문과 종고루鐘鼓樓 등지에 백성들에게 점포를 짓고 거주하도록 했다. 이를 '낭방廊房'이라 불렀다. 완평현宛平縣에는 주거를 겸하는 점포가 801칸, 점방店房이 16칸 있었다. 민가는 대부분 벽돌로 지어진 기와집이지만 초가집도 있었다. 영락 연간에는 북경에 초가집이 특히 많았는데 화재 위험이 높아 이후 기와집으로 개조했다. 매우 가난한 절대빈곤층은 절과 도관에 의탁하거나 정선정旌善亭·신명정申明亭 등의 정자 한 구석에서 겨우 비바람을 피할 수 있었다.

도시 백성은 일반적으로 거주하는 집이 유일한 재산이었다. 먹고 살기가 어려워지면 먼저 집을 팔았기 때문에 가옥 매매가 상당히 활발했다. 1년마다, 심지어 1년도 안 되어 집을 바꾸곤 했다.

지리적 환경과 풍습이 달라서 도시 백성의 거주 모습도 차이가 많았다. 남경에서는 부자나 서민 모두 대나무 문을 달았다. 이런 풍습은 육조六朝 때 시작되었다. 남경 진회하 주변의 하방河房(집)은 난간에 조각과 그림을 새기고, 창에는 비단에 구슬을 꿰어 만든 주렴珠簾을 걸었다. 하방 바깥은 집집마다 주홍색의 발코니에 꽃무늬 창문과 대나무 발이 있었다. 이런 집들은 만남의 장소이거나 유흥업소로 화선畫船이 오가며 그 주변을 돌았다. 여름 끝자락, 발코니마다 재스민 꽃향기가 진하게 돌았다. 둥근 부채團扇를 가볍게 들고 귀밑머리를 펄럭이며 요염한 모습으로 사람을 유혹하는 모습은 참으로 가관이었다.(『도암몽억』) 남경 기생집은 급의 차이에 따라 집의 규모도 달랐다. 고급 기생집은 '곡중曲中'이라 하여 앞문은 무정교武定

橋를 향하고, 뒷문은 고급 기생들의 거주지인 초고가鈔庫街에 맞닿았다. 쭉 이어진 기생집들은 정결하고 화목이 우거져 속세와는 완전히 다른 세상이었다. 주시珠市는 저급 기생들이 사는 곳으로 내교內橋 옆에 있고 구불구불 골목 안에 낮고 좁은 집들이 밀집해 있었다.(『판교잡기』)

복건에서는 토루土樓가 유명했다. 원형 건물로 안은 복도로 연결되며 모든 생활 시설이 다 갖추어져 있어 외부 침입으로부터 방어 기능을 갖추고 있었다. 라다는 『출사복건기出使福建記』에서 복주의 민가가 "네모진 돌로 세워졌고 기와로 지붕을 올렸다"고 했다. 천주, 장주漳州에서는 바닷바람에 기와가 날아가지 않도록 반원통형 기와筒瓦를 썼다. 이 기와는 산토山土를 구워서 황색이었다. 민가도 대부분 황옥黃屋으로 치문鴟吻(새 모양으로 뾰족하게 만든 기와)을 올렸는데 관아官廳나 진신의 저택과 별반 다름이 없었다.(왕세무王世懋, 『민부소閩部疏』) 수녕현壽寧縣의 집은 대부분 층이 있는 중옥重屋이지만 규모가 크지는 않았다. 백성은 산에서 구한 흙이나 나무판을 쌓아 편리하게 집을 지었다. 기와를 구하기 어려워 짓기 시작한 지 여러 해가 지나도록 기와를 올리지 못하는 경우가 많았다. 초가는 많지 않았고, 때로 단사團沙로 만든 질기와를 썼는데 쉽게 부서져, 진흙만큼 견고하지 않았다.(풍몽룡馮夢龍, 『수녕대지壽寧待志』) 집에서는 돼지를 길렀는데 방에 문을 달아 마음대로 다닐 수 있었고 문 바깥에 나무궤짝木柜을 놓고 재웠다.

광주廣州는 누방樓房이 아닌 대부분 평방平房이었다. 크루스의 『중국지『中國志』에 상세한 기록이 있다.

　　민가는 외형은 그다지 아름답지 않았지만 내부는 놀라웠다. 반
　　질반질한 흰 종이처럼 하얗고, 바닥은 네모반듯한 돌에 주홍색
　　이나 검은색을 칠했다. 연목棟木은 윤기가 나고 평평했으며 아
　　주 정교했다. 방 뒤쪽에는 마당이 있고 쉴 수 있는 정자와 나무,
　　작은 연목이 있었다. 뒤는 부녀자들의 방이고 앞은 처마가 있는
　　통로가 정원 앞을 향해 시원하게 열려 있었다. 문 앞에는 잘 다
　　듬어 만든 나무 상자가 칸막이처럼 있었는데 안에는 나무나 흙
　　으로 만든 신상神像이 있었다. (…) 지붕에는 좋은 진흙으로 잘
　　구은 기와를 얹었다. (…) 비를 흡수하는 기와는 넓고 짧았으며
　　가장 높은 곳의 기와는 좁고 거리를 향해 있는 기와는 석회 공
　　예품으로 장식했다.

　서북 도시들의 민가는 강남과는 달랐다. 섬서 진주秦州 등지 민가
는 기와 대신 나무껍질을 썼다.(『계암노인만필』) 산서에서는 굴을 파
서 한여름의 더위를 피했는데 늦은 밤에는 불을 때야 잠을 잘 수 있
었다. 집집마다 곡식을 굴에 보관하고 지하도를 파서 옆집과 통했
다.(『광지역』) 낙양에서도 굴을 파서 살았고, 오래된 무덤家穴을 뚫고
문으로 길을 내서 '요도窯道'라 했다. 무덤 옆에 흙으로 집을 지어 살
거나 산기슭에 굴을 파서 사는 것도 역시 '요窯'라 했다.
　휘주徽州의 민가는 보존이 잘 되어 있어 연구자들의 관심이 높았

다. 삼합원·사합원의 기본 형식에 방형方形이었다. 천정天井의 위치에 따라 요凹자형·구口자형·H형·일日자형 네 가지 형태로 구분되었다. 길고 좁은 천정이 휘주의 중요한 특징으로 특수한 평면 구조로 되어 있었다.

요凹자형은 3칸 정옥正屋의 천정 양쪽에 낭방廊房을 지어 들어가면 집이 두 개가 되는 구조로 한쪽에 계단을 설치해서 계단 밑은 응접실, 좌우는 방이었다.

구口자형은 3칸 2진進의 누방樓房으로 계단 밑으로 정간正間, 양측에 침실, 뒤로 들어가면 응접실, 그 사이에 좁고 긴 천정이 있었다.

H형은 앞뒤로 좁고 긴 천정이 있고, 양측에 낭방廊房, 중간에 정옥正屋이 있었다. 흡현歙縣의 유명한 건축물은 모두 이 유형이었다.

일日자형은 3칸 양진兩進으로 첫 번째와 두 번째 사이, 두 번째와 세 번째 사이에 천정이 있고 그 중간에 모두 낭방廊房이 연결되었다.

대부분 벽돌로 된 벽, 나무 기둥, 네모에 납작한 벽돌로 바닥을 깔아 남방 민가와 차이가 없지만, 건축 예술적인 면에서 선명하게 지방의 특색을 지니고 있었다. 전통 사회의 건축 형식은 쾌적하지만 빈틈이 없고, 소박하지만 화려했는데, 당시 웅장하고 화려하던 궁전과는 큰 차이를 보였다. 벽돌·나무·돌 등 보통 재료에 정교하고 우아한 조각뿐 아니라 다락, 문조門罩(문 위 눈썹 장식), 주초柱礎, 양가梁架, 계단 난간 등에도 다양한 조각을 해서 전체 건축물이 조각으로 구성되었고 특히 벽돌에 새긴 조각이 가장 큰 특색이었다. 조각의 소재는 전설속의 인물 혹은 희곡이나 민간 풍속, 동물(용, 봉황, 사자)과 화조류(매란국죽) 등 아주 다양했다. 한대 화상석畵像石처럼 고풍스럽고 소박했다.(왕리신汪立信·바오수민鮑樹民, 『휘주 명청 민거 조각徽州明清民居雕刻』)

명나라 도시의 민가는 자신만의 구조를 갖는 고유명사였다. 즉 장문墻門을 '대문臺門'이라 했다. 고대에 성문은 흙으로 쌓아 대臺를 만들었으니 대문臺門이라 했는데, 높은 곳에 올라가서 멀리 본다는 의미였다.(『유청일찰』) 집안에는 청당廳堂과 동서상방東西廂房이 있었다. 서상방西廂房은 서청西淸으로 조용한 곳이었다. 동영東榮·동익東翼·남영南榮·남제南除 등의 이름이 있었는데 모두 남정南庭의 의미였다. 남제는 중당을 말했다. 큰집은 창을 이층으로 만들어 바깥쪽을 창, 안쪽을 요寮라 했다. 처마 밑의 물받이를 '양구洋溝'라 했다. 절강 중부浙中에서는 이 물받이를 질기와陶瓦를 사용해 아궁이가 돌출한 모습으로 만들어 '음괄瀅'이라 했는데 막히지 않고 잘 통한다는 의미였다.

가구

『금병매』 37회에는 왕육아王六兒의 집을 소개하고 있다. "종이창 옆에 온돌이 있는데 그 주위로 비단에 장생이 앵앵을 만나는 것 등, 온갖 모양의 꽃과 벌들을 그린 그림들이 걸려 있었다. 위쪽 탁자에는 화장대·액자·분통 등 부녀자들이 사용하는 잡다한 용기들이 놓여 있었다. 바닥 나루에는 긴 향초가 꽂혀 있고, 그 옆에는 등거리의자가 있었다."

명나라의 가구는 구조·조각 등이 간결하고 명쾌하여 청나라의 가구와는 달리 중국 가구사에서도 독특한 위치를 점했다. 거주 환경이 다르니 가구를 갖추는 것에서도 차이도 컸다.

기물器物은 앞 시대에서는 없던 것들이 새로 만들어졌다. 명나라 사람들은 당시에 사용하던 "유건儒巾·난삼襴衫·절선折扇·위병圍屛·풍령風領·주반酒盤·사방두건四方頭巾·망건網巾·수화노水火爐 등은 예전에는 볼 수 없는 것들이다"라고 기록했다.(서충徐充, 『난주유필暖姝由筆』) 이 물건들은 도시 생활에서 꼭 필요한 생활용품들로 위병圍屛과 수화노水火爐가 대표적인데 유명 장인들의 손에서 만들어졌다.

황궁은 솜씨가 뛰어난 장인들이 모인 곳이었다. 내관감內官監이 관리하는 장인들을 '십작十作'이라 했는데, 즉 열 가지 분야의 전문 장인들이란 말로 나무木作·돌石作·기와瓦作·목재塔材作·흙土作·동작東作·서작西作·유칠油漆作·혼례婚禮作·화약火藥作을 말한다. 어용감御用監에는 목칠木漆·연옥碾玉·등작燈作·불교 관련佛作 등 '사작四作'이 있었다.(주일신朱一新, 『경사방항지고京師坊巷志稿』) 전국 각지에서 온 이들은 황실에서 쓰는 모든 기물의 제작을 맡았는데, 정교한 솜씨가 일반 민가용과는 비교할 수 없었다. 무영전武英殿에는 궁정화가가 그린 금분錦盆과 꽃, 과일, 방물장수 물건 등 다양한 그림이 있었다. 숭정 연간, 건청궁 서난각西暖閣에는 「빈풍도豳風圖」가 걸려 있었고, 후무後廡에는 금옥金玉으로 만든 그릇들이 있었다. 오화궁五花宮은 그리 크지 않았는데 용감龍龕이 있고 중간에는 금교의金交椅가 있었다. 나무가 많았는데 '접각接脚'이라 했고, 궁인들이 교대할 때 키가 작은 사람이 접각 위에 서서 서로 키를 일정하게 맞추었다.(『계암노인만필』)

궁중에서 사용하는 칠기는 서비犀毗·척홍剔紅·창금戧金·찬서攢犀·나전螺鈿 등이 있었고, 명대에는 척홍剔紅·전칠塡漆이 가장 유명했다. 송대에는 척홍剔紅 안에 금은을 넣었는데 명대에는 석목錫木을 넣어 영락 연간 과원창果園廠에서 제조했다. 척홍합剔紅盒 스타일은 자단蔗段·증병蒸餠·하서河西·삼당三撞·양당兩撞 등이 있고 상품은 자단蔗段 인물, 증병蒸餠 화초가 그다음이었으며, 원방圓方·팔각八角·조환條環·사각四角·목단판牧丹瓣 등도 있었다. 갑匣(작은 상자)에는 장長·방方·이당二撞·삼당三撞 등 네 가지 스타일이 있었다. 척홍剔紅 제작은 먼저 주칠朱漆을 36번하고 조각으로 세밀하게 장식한 뒤 흑광黑光을 칠하고 마지막에 '대명영낙년제大明永樂年制'라고 새겼다. 전칠塡漆로 화조를 새기고 전채주칠塡彩綢漆하고 평평하게 밀면 시간이 지날수록 새로운 맛이 났다. 전칠을 한 합盒은 작은 것이 더 귀했고 영지靈芝 주변으로 다섯 가지 색을 짙고 옅게 만든 것은 금으로 도금한 것같아 가격이 척홍剔紅(주칠을 여러 번 해서 무늬를 내는 기법)의 몇 배나 비쌌다.

사대부들의 서재에서 책상과 의자, 병풍과 휘장屛幃, 필묵, 거문고와 책이 빠질 수 없었다. 조금 더 우아함을 추구하려면 법서法書와 이름난 그림과 골동품 몇 개가 더해졌다. 정원이 있는 누각에는 화남花楠으로 책상을 만들고 그 위에 관요에서 만든 목이 가늘고 둥근 꽃병膽甁에 수선화를 꽂아두면 야인野人의 풍치가 나타났다. 북경에서는 수선화가 아니라 목단을 꽂아 부귀와 번화로움을 표현했다.

백성은 생활수준에 따라 가구가 달라졌다. 서문경 같은 벼락부자
는 관계官界에도 발을 걸쳤지만 시정의 때를 벗지 못해 거북이 등에
새우가 있는 커튼, 바닥에는 사자가 공을 가지고 노는 모습이 그려
진 융모絨毛 면실로 짠 깔개, 잠자리가 사마귀 배에 올라타 있는 비
누색의 네모진 탁자, 탁자 위에는 부처님이 정좌한 대리석 병풍, 주변
에는 미꾸라지가 새겨진 접이식 의자, 양쪽 벽에는 자죽紫竹 가지와
마노가 수놓아진 그림이 걸려 있었다.

가구는 새로운 유행을 따라 정교하게 제작되었다. 크루스의 『중국
지中國志』에는 광주에서 본 솜씨가 좋은 목공 장인이 만든 여러 가
구를 소개했다. 다양한 스타일의 상자에 세칠細漆하거나 색을 넣고
안에 가죽으로 테를 두르기도 했다. 좋은 백목白木이나 금은으로 도
금한 의자는 매우 정교했다. 침대는 상아·월계목月桂木·단향檀香나무
로 만들었으며 작은 도금합鍍金盒·대반大盤·바구니籃·책상 등은 일
일이 열거할 수가 없을 정도였다.

북방 도시는 온돌을, 남방은 침대를 사용했다. 온돌은 바닥이 따
뜻했다. 옛날에는 침대는 8척, 탑榻은 3척 5촌이라는 규정이 있었다.
침대는 여러 가지 이름이 있었다. 『금병매』에는 나전상螺鈿床(자개를
잘라서 붙이는 방식), 흑칠黑漆을 한 환문묘금상歡門描金床 등이 나온다.
나전상은 난간이 있고 양쪽에는 화초花草 깃털을 달았다. 『천수빙산
록天水氷山錄』에는 몰수된 엄숭 가산 목록이 나오는데 조칠雕漆 대리
석상大理石床, 흑칠黑漆 대리석상, 나전螺鈿 대리석상, 칠목대리석유가

상漆木大理石有架床, 산자山字 대리석상, 퇴칠나전묘금상堆漆螺鈿描金床, 감나전착의정상嵌螺鈿着衣亭床, 감나전착유가량상嵌螺鈿着有架凉床, 감나전소배등상嵌螺鈿梳背藤床, 양대모병풍상鑲玳瑁屏風床 등이 열거되어 있었다. 침대는 또 대상大床·중상中床·팔보상八步床·양상凉床·등상藤床·대리석상이 있고 팔보상과 중中팔보상의 구별이 있었다. 침대와 더불어 장만帳幔·장구帳鉤도 있었다. 반금련은 자사장만紫紗帳幔·대홍나권금장만大紅羅圈金帳幔·금대은장구錦帶銀帳鉤를 사용했다. 엄숭 목록에도 여러 색깔의 다양한 양식을 곁들인 금단견사장만錦緞絹絲帳幔이 있었다.

의자坐具는 호상胡床을 말한다.

도시 백성들은 대나무, 일반 나무 등으로 만든 다양한 의자를 사용했는데 모두 호상胡床에서 변화한 것으로 취옹의醉翁椅·방의方椅·원의圓椅·절첩의折疊椅·죽의竹椅 등이 있었다. 『금병매』에는 교의交椅·동파의東坡椅·취옹의醉翁椅가 나온다. 송강에는 태사의太師椅·고로의栲栳椅·권의圈椅·절첩의折疊椅가 있었다. 앉거나 누울 수 있는 고사의高士椅는 북경에서 보편화되었다. 종면棕綿 등으로 만든 것과 줄을 이어서 만든 것이 있었고 등藤으로 만든 것을 등상藤床이라 했다.

이 외에 앉는 가구로 올杌·등凳이 있었는데 모두 호상胡床의 다른 이름이었다. 올杌은 네모지고, 등凳은 가늘고 길었는데 훗날 뜻에서 따온 이름으로 죽올竹杌·목올木杌·조등條凳 등이 있었다. 일부 부잣집에는 다리가 세 개인 삼각목상三脚木床인 '정올鼎杌'이 있었는데 가기歌伎(연예인)에게 제공했다.

연회나 서재에서 물건을 올려놓는 가구로 기幾·대臺·탁卓이 있었다. 연기燕幾·서탁·천선기天禪幾·향기香幾 등은 크기가 다르지만 모두 네모 모양으로 연회에서 사용했다. 송강에서는 '정춘井春'이라는 작은 관탁官卓을 사용했다. 서재 서탁은 화이花梨·영백慶柏·철력鐵力·유목楡木 등 나무 재료를 사용했다.

명나라 때의 독창적인 가구로는 병풍이 있었다. 도시 관리들 집에는 여러 가지 색을 이용한 병풍과 칸막이隔子를 사용했는데, 용, 봉황 장식과 주칠朱漆은 사용할 수 없었다. 병풍 중 큰 격자隔子는 위병圍屛이라 했다. 병풍은 '좌座'로, 위병圍屛은 '가架'로 계산했다. 크기·재료·색·문양에 따라 다양한 형식이 있었는데 엄숭 가산 몰수 목록에는 다양한 크기의 대리석 병풍, 영벽석靈璧石 병풍, 백석소칠白石素漆 병풍, 기양석祈陽石 병풍, 왜금채화倭金彩畫 대병풍, 왜금倭金 은편銀片 대·소 위병, 채칠彩漆 위병, 묘금산수描金山水 위병, 흑칠첩금黑漆貼金 위병, 양피안색羊皮顔色 대·중·소 병풍, 왜금倭金 묘화초描花草 위병, 이금송죽매泥金松竹梅 위병, 이금산수泥金山水 위병 등 이루 헤아릴 수 없었다.

선방과 마방

선방船舫과 마방馬房은 교통수단인 배와 말을 보관하는 곳을 말한다. 어떤 사람이 선방을 만들었는데 질투를 느낀 사람이 물에 집을 짓는 것은 엄연한 위법으로 토호의 발호라며 감사監司 아문에 고발했다. 북방 출신인 관리는 "물에 집을 지을 정도면 무슨 일인들 못하겠는가"라며 노하여 잡아들였다. 당사자는 억울함을 호소했지만 소용이 없자 한 유생이 "남방은 물의 고장이라 집집마다 선방이 있는데 이는 북방의 집에 마방이 있는 것과 같습니다"라고 대신 설명해 주었다. 관리는 비로소 상황을 이해하고 그를 풀어주었다. 남방 사람들이 외출할 때 배를 타니 집집마다 선방을 만드는 것이 북방 출신은 잘 이해가 되지 않았던 것으로 남방 사람들이 북방에서는 말을 타고 마방을 만드는 것을 이해 못하는 것과 같은 이치였다.

여개輿盖 제도

가정·융경 연간, 남경의 관리들은 걷거나 나귀·노새를 탔다. 가정 연간 진사에 합격한 손비양孫丕揚은 노새를 타고 축하 인사를 다녔고, 걸어서 출근했다. 융경 초년, 남경 국자감 관리들은 걸어서 출근하고 평상복 차림으로 시장에 가서 물건을 사기도 했다. 남경 국자감 사업司業인 경중윤景中允은 집에 암컷 노새를 길러서 출근 때 타고 다녔는데 사람들이 웃어도 전혀 개의치 않았다. 만력 이후 변화가 생겼다. 송강에서는 사족士族 집안의 결혼식에서 관직 고하에 따라 청색 혹은 황색 양산을 사용했다. 명나라 말기가 되자 관청의 심부름꾼 집안 결혼식에서도 대담하게 황색 양산을 사용했다. 명나라 초중엽에는 상상할 수도 없는 일이었지만 명 말에는 일상적인 일이었다.

여輿는 마차, 개盖는 양산을 말한다. 명초에 예의에 관한 규정을 만들어 관민들이 출타할 때 지키도록 했다. 관리들만이 말이나 가마를 탈 수 있고 일반 백성은 걸어야 했다. 안장과 고삐·장식용 솔·밀치끈의 색깔은 검은색을 써야 하고 다른 장식은 불가했다.

관리들의 등급에 따라 양산凉傘·우산에 관한 규정이 있었다.

1~2품: 양산에 은부銀浮 도정屠頂 사용.

3~4품: 양산에 홍부紅浮 도정屠頂 사용, 흑색 다갈나표茶褐羅表, 안은 홍견紅絹, 삼첨三檐

5품: 양산에 홍부 도정 사용, 바깥은 청라靑羅, 안은 홍견, 양첨兩檐

6~9품: 양산에 홍부 도정 사용, 청견표靑絹表, 안은 홍견, 양첨

명나라 초, 양산에 금으로 수를 놓거나 주홍색은 쓸 수 없었다. 우산은 5품 이상 관리들은 홍견紅絹, 6품 이하 관리들은 홍유지紅油紙로 만든 것을 사용하는 등 엄격히 실행되었다. 4품 이상 관리들은 외출 시 갈개褐盖를 사용하고 그 이하는 과거에 합격한 장원만이 사용 가능했다. 한림원 검토檢討·수찬修撰 등 관리들이 출장이나 휴가에서 돌아올 때면, 비록 명망이 높았지만 관직은 4품 아래여서 청색 양산만 사용할 수 있었다.

명 중엽 이래 이 규정은 점차 무실화되었다. 6·7품 관리들이 규

정을 어기며 황선黃線이 들어간 양산을 쓰고 은과銀瓜(고대 위사衛士가 들던 병장兵仗의 일종으로 흰 과瓜형이다)를 든 선도가 길을 열었고, 한림원 서상庶常도 황산黃傘을 썼다. 을과乙科 출신 한림원 대조待詔·공목孔目(문서 취급자)·전적典籍·시서侍書 등이 따라하자 첨사부詹事府의 첨부詹簿·첨록詹錄 등 잡관들도 규정을 어기면서 황산을 썼다. 북경에서는 사림詞林의 5품 관리들이 "마치 고위 관료들 출타 때처럼 선도가 길을 열고" 서자庶子·유덕諭德·세마洗馬·강학학사 등도 대금산大金傘을 썼다. 예전에는 어사들이 황산을 쓰면 이상한 일이라고 여겼다. 훗날, 광록사승光祿寺丞이나 상보사승尙寶司丞, 지방 역체驛遞도 모두 갈개褐蓋를 썼다. 말기에는 수레에서 음식을 파는 무리들도 돈만 있으면 관직을 사서 고관대작을 모방하여 도로를 막고 시정을 활보했다.

　부녀자들은 외출할 때 안거安車(말이 끄는 수레)를 타다가 여교輿轎(마주 드는 가마)를 탔다. 남자는 아무리 신분이 높아도 마차나 말을 탔지 가마를 타지는 않았다. 한위漢魏 시대, '재여載輿'가 있었고 진대晉代 들어 도연명이 다리가 아프자 '남여籃輿'를 개발해서 제자들에게 들도록 했다. 당대唐代에 재상·삼공三公·사관司官 등 관리들이 아프면 '담자檐子'를 탈 수 있도록 했다. 재여載輿·남여籃輿·담자檐子로부터 교자轎子로 발전했다. 교轎는 고대에는 견여肩輿·요여腰輿·판여版輿·두자兜子라고 불렀다. 이렇게 볼 때, 교轎를 타기 시작한 것은 남송 때부터이고 명대에는 항주에서 교자가 가장 많이 생산되었고 품질도 좋았다.(『광지역』)

홍무·영락 연간, 도시에서 대신들은 말을 타고 가마는 타지 않았다. 북경과 남경에는 모든 기관의 문 앞에 말을 타는 상마대上馬臺가 있었다. 선덕 연간부터 관리들이 가마를 탔다는 설이 있는데 성화 연간에 금지시켜 3품 이상은 가마를, 4품 이하는 말을 타도록 규정했다. 3품이 가마를 탈 때나 4품 이하 관리가 말을 탈 때 앞에서 선도인 쌍곤雙棍이 길을 열었는데 '마곤馬棍'이라 했다. 대리大吏 이하 관리들에게는 모두 말을 제공했다. 무관과 공신, 황친도 말을 탔고, 늙은 후작, 삼공에게는 가마를 하사했다. 태감 중에서도 사례감, 동창 태감에게는 가마를 하사했다.

가마를 타기 시작하면서 세태에도 변화가 생겼다. 지방 관리들은 걸어서 퇴근했는데 성화 연간부터 사대부들도 말을 타기 시작하다가 홍치·정덕 연간이 되자 모두 말을 탔다. 처음에 관리들은 말뿐 아니라 노새·당나귀를 타곤 했다. 훗날, 가마를 타는 것이 유행이 되어 남경에서는 관직 고하를 막론하고 모두 2인용·4인용 가마를 탔다. 북경에서는 병마사兵馬司·지휘사指揮司 등 말직까지도 싼값에 가마꾼을 구할 수 있어 대놓고 가마를 탔다. 오직 전사典史 등 말직만 말을 타다가 오래지 않아 역시 가마를 타기 시작했다. 만약 관리들이 말을 타면 길가는 사람들의 웃음거리가 되곤 했다.

세태 탓에 거인·감생·생원도 외출할 때 가마를 탔다. 장덕유張德瑜가 거인이 되어 고향으로 돌아갈 때 병이 들어 눈에 띄지 않게 가마를 탄 것이 시초라는 말이 있었다. 그러자 많은 사람이 따라하기 시작했고 거인들은 모두 가마를 탔다. 심지어 어떤 이는 가마를 탈 때

대명제국의 도시생활

20여 명이 새로 맞춘 청포의青布衣를 입고 수행하여 성대한 모습을 연출하기도 했다. 이제 감생은 물론 수재도 10명 중 3명은 가마를 탔다. 융경 4년(1570)부터 사대부 자제들이나 집에 재력이 있어 수재가 되면 역시 가마를 탔다.

가마가 널리 보급되기 시작하면서 새로운 스타일도 출현했다. 남경에서는 오성병마五城兵馬가 유교帷轎는 타지 못하고 여자들이 타는 가마를 타고 가다가 길에서 아문의 상사를 만나 바로 가마를 내려 민가로 피하기도 했다. 나중에는 모두 유교帷轎를 탔는데 유만帷幔(장막이 있는 가마)이 호화로워지고 심지어 같은 아문의 장관을 만나도 개의치 않았다.

가마의 종류는 관교官轎·와臥(면眠)교轎·소요교逍遙轎·여교女轎의 구분이 있고 관교官轎에는 양교凉轎·난교暖轎·유교帷轎의 구분이 있었다. 한대에는 안거安車·입거立車가 있었다. 안거安車는 앉을 수 있는 보련步輦으로 명대 사교四轎·팔교八轎의 전신이었다. 옛날에는 걸가인 거桀駕人車를 깔보았는데 인거人車는 명대의 면교眠轎였고, 장첨거長檐車는 명대의 소요교逍遙轎에 해당했다. 명대 유교帷轎는 견絹·포布로 막을 친 것으로 고대의 건거巾車였으며 주지綢紙로 막을 쳐 비바람을 막는 것은 고대 유벽거油碧車의 잔재였다.

가마는 등죽사藤竹絲나 관화죽사管花竹絲·죽사竹絲로 만들었다. 크루스의 『중국지』에 상세 묘사가 있다.

관리들이 타는 가마는 사람들이 매는데, 내부가 화려해서 눈길

을 끌었다. 아주 큰 가마가 있었는데 아름답고 사면이 잘 가려
졌으며 작은 창문이 있었다. 위에는 상아나 동물 뼈, 나무로 창
틀을 만들었고 안에 앉아서 창을 통해 거리 구경을 해도 밖에
서는 안이 보이지 않았다. 성안의 부녀자들이 외출할 때 타곤
했다. 자리는 의자처럼 높아서 발을 곧게 뻗을 수 있었다.

항주에서 만든 가마가 가장 정교했다. 복건의 가마는 송대부터
내려온 모습을 유지해서 유명했는데, 특히 송강 사대부들이 복건 가
마를 많이 이용했다.

야항선

야항선夜航船은 강남의 두 도시와 진부鎭埠 사이의 정기 여객선을
말한다. 승객들은 여행 중 무료함을 달래기 위해 목소리 높여 떠들
기도 하고 한편으로 귀를 모아 경청하기도 했다. 찻집이나 술집처럼
야항선은 사람들이 소식을 교류하는 중요한 장소가 되었다.

장대는 『야항선서夜航船序』에서 명대 말년 소흥에서 항주를 오가
는 야항선에서 일어난 일을 기술했다. 스님과 사대부가 야항선에 올
랐다. 사대부가 말을 꺼내려 하자 스님은 위축된 표정으로 잠을 청
하려다가 상대를 떠보려 말을 받았다.

스님: 담대멸명澹臺滅明은 한 사람이요 두 사람이요?

사대부: 두 사람입니다.

스님: 그럼 요순堯舜은 한 사람이요 두 사람이요?

사대부: 물론 한 사람입니다.

스님: (웃으며) 그렇다면 소승은 다리를 좀 펴도 되겠소.

(담대멸명은 공자의 제자 한 사람이고, 요순은 요와 순 두 사람이니 반대로 대답했다. 즉 사대부가 아는 것이 없다는 것을 알았다는 의미다.)

남방에서는 배가 주된 교통수단이었다. 시간과 지역에 따라 배를 주舟 혹은 선船이라 했다. 양웅揚雄은 "관關의 서쪽에서는 선이라 하고 동쪽에서는 주라 한다"고 했고 『석명釋名』에서는 주舟가 "흘러가다", 선船이 "물을 따라가다"라고 했다. 선船은 다른 이름도 많은데 큰 배의 총칭은 소艘, 위아래 침대가 있는 것은 함艦, 대선大船은 가舸, 소가小舸는 차艖라 했고, 소주에서는 선船을 편艑이라 지칭했다. 수려須廬는 소흥 사람들이 타는 선船을 말했다.

월인越人들은 주舟를 잘 이용했다. 유안劉安은 "월령촉정越舲蜀艇은 물이 없으면 뜨지 못한다"고 했다. 광동 사람들은 요주搖舟를 잘 이용해서, "철선지인鐵船紙人·지선철인紙船鐵人", 즉 광동의 배는 쇠처럼 아주 견고한데 큰 힘을 들이지 않고 작은 배는 노 하나, 큰 배는 2~3인이 노를 저으며 돛을 올리고 가니 '종이 사람'처럼 힘이 약해도 쉽게 나아간다는 의미였다.

남방의 배는 기능·크기·장식에 따라 구분했다. 송강에는 항선航

船·유산선游山船·좌선座船·장로선長路船이 있었고, 훗날 낭선浪船·누선樓船·주난취막朱欄翠幕·정여정려淨如精廬 등이 있었다. 참선站船은 관에서 사용하는 관선官船으로 역참의 의미가 있었다. 선선仙船은 참선站船과 비슷했으나 평평하고 얕아서 짐을 싣지 못하고 여행객들만 태웠는데 소주 사대부들이 주로 사용했다. 항선航船은 소주-소흥을 오가는 배였다. 송강에서는 소주小舟를 칭하기도 했다. 배 후미가 앞보다 높고 나무나 대로 엮어 화물을 날랐다. 야항선은 정기적으로 도시 사이를 오가며 사람과 화물을 동시에 날랐다. 유산선游山船은 앞과 뒤의 높이가 같아 아래에는 화물, 위에는 사람이 탈 수 있었다. 소주 성내에서는 주로 술을 날라 유산선이라 했고 좌석 수에 따라 양지兩只·사지四只·육지六只·팔지八只의 구분이 있었으며 큰 파도에는 속수무책이었다. 가흥에서는 향선香船을 주선酒船이라 했는데 진향進香이나 호수 유람에 사용했다. 훗날 향좌香座로 고쳤는데 외모는 좌선座船과 유사했고 창문을 열거나 접을 수도 있었으며 술자리를 배치하기도 했다. 호양두선胡羊頭船은 노가 세 개 있다 하여 삼노선三櫓船이라 했고 날아갈 듯이 민첩했다. 훗날 갈수록 커지더니 관선官船처럼 되었다. 소주·송강에서 이 배를 조금 작게 모방하여 낭선浪船이라 했다. 호선湖船은 항주 서호에서 유행했다. 송대부터 유명했는데 당시에는 약 10여 장丈에 40~50명이 탔고 4~5장짜리 작은 배도 20~30명을 태웠다. 명대 호선湖船은 송대 것보다 조금 작았지만 장식이 훨씬 화려하고 난간과 창문이 커서 기댈 수 있고 조망이 좋았다. 당시 가장 유명했던 호선湖船으로는 '수월루水月樓' '연수부거烟水浮居 '호산낭적湖山浪迹' 등의 배가 있었다. 동거경童巨卿이 호산湖山을 여행할 때, 대죽으로 만든 뗏목을 타고 '연파조벌烟波釣筏'이라 제목을 지었다. "밤에 호수에서 낚시 뗏목을 타고 물결에 따라 흔들리니 마치 연잎처럼 묘연하고 달빛은 휘영청 밝다. 이슬이 떨어져 갈대 사이에서 퉁소를 연주하는 듯하고, 계곡에 부딪쳐 돌아오는 소리는 마치 속세를 떠난 사람을 떠올리는 듯 풍아한 정취를 알 수 있다." 누선樓船은 호선湖船이 더 화려하고 크게 변한 것이다. 서호 누선樓船은 부사副使 포함소包涵所가 만들었는데 크기에 따라 세 종류가 있었다. 제일 큰 것은 주연을 베풀 수 있어 노래를 부르는 아이들을 태웠으며, 다음 것은 그림과 글씨를 채웠고, 제일 작은 배에는 미인들을 태웠다. 아름다운 창문과 조각 아래에서 울려 퍼지는 노랫소리는 마치 꾀꼬리처럼 즐거운 기쁨을 노래했다. 손님들이 타면 아이들이 노래를 부르고 군무를 추니 볼 만한 절경이 연출되었다. 이 배를 타고 나가면 적어도 열흘을 놀았다. 장대의 부친이 소흥에서 이 배를 만들었는데 뗏목을 여러 척 연결해서 무대를 만들어 공연을 하기도 했다.

광동 사대부들이 타는 방선舫船은 누선樓船과는 비교가 안 되었지만 나름 독특한 풍치가 있었다. 신회新會 사람 오운伍雲은 '광풍정光風艇'을 만들어 밤낮을 가리지 않고 배에서 노래를 불렀고, 남해 사람 진추도陳秋燾는 '화신花身'을 만들었는데, 당나라 사람들이 "배 위에 앉아 물가에 목란화가 핀 것을 보고 자기도 모르는 사이에 봄에 취해서, 갑자기 배 위의 자신이 그 목란화와 꼭 닮았음花身을 깨달았다"고 해서 따온 이름이었다. 동완東莞사람 등운소鄧雲霄는 '천좌헌天坐軒'을 만들었는데 두보의 "봄날의 배가 마치 하늘 위에 앉은 것 같다"에서 따온 이름이었다.[34] 장서원張西園은 '오석호五石瓠'라는 배舫을 만들어 책을 가득 싣고 여러 곳을 유람했다.

광동 배는 선미가 뾰족한 배와 앞머리가 큰 양식이 있었는데 두매밤나무(철역목鐵力木)로 만들어 삼나무나 소나무로 만든 복건 배보다 크고 견고했다. 만약 바다에서 두 배가 충돌한다면 복건 배는 산산조각이 나지만 광동 배는 전혀 타격을 입지 않았다. 광동 배는 다음과 같은 종류가 있었다.

해상의 큰 선박인 양박洋舶은 독장박獨檣舶·우두박牛頭舶·삼목
박三木舶 세 종류.
경주瓊州의 작은 배로 등으로 엮은 등부선藤埠船은 선두는 뾰족
하고 선미는 커서 어미 오리 모양.
우선沇船은 단선單船일 경우 소편小艑, 쌍선雙船일 경우 대차大艖
단가정蛋家艇은 단민蛋民이 타는 배
용선龍船은 번우·대주·순덕 등에 있고 용주龍舟 대회에 사용

복건 배는 100여 명을 싣는 큰 건물 크기의 배로 바닥이 뾰족하고 꼬리는 솟았으며 머리는 높았다. 위에는 삼중의 타누舵樓가 있고

---

34 "春水船如天上坐."

옆에는 버팀목護板이 있으며 대나무로 엮어서 아주 견고했다. 복건배
는 종류가 많은데 다음과 같다.

초별선草撇船은 작은 배小艘

해창선海艙船은 홀수가 7~8척尺, 작은 바람에도 운행이 가능

개랑선開浪船은 선두가 뾰족해서 붙인 이름. 홀수가 3~4척,
3~5명 탑승. 4개의 상앗대槳와 한 개의 노가 있어 바람에 관계
없이 매우 빨랐다.

양두선兩頭船은 운반용으로 규모가 컸는데 풍랑을 만나면 돌기
가 어려워 두 개의 타舵가 있어 동풍을 만나면 서로, 서풍을 만
나면 동으로 틀었다.

창산선蒼山船 · 동교선艟驕船 · 팔장선八槳船 · 응선鷹船 · 숭명사선崇明
沙船 · 오공선蜈蚣船 · 유정遊艇 · 주가走舸 · 해골海鶻 · 피선皮船 등이 있
었다.

사륜대거

북방과 남방은 풍습의 차이 외에도 교통수단도 달랐다. 북방에
는 하천이 많지 않고 도시 사이에 광활한 평원이 펼쳐져 있어 마차
가 달리기에 적합했다. 남방에도 일륜차가 있어 한사람이 밀어서 가
지만 중량은 2석 정도에 100리 정도 갈 뿐이고 경사가 있는 언덕만

만나도 올라가기가 힘들었다. 남방 도시에서는 배가 위주여서 큰 거車는 본 적이 없던 것은 북방 사람들이 큰 배를 보지 못한 것과 같았다.

북방 도시에는 중량에 따라 끄는 동물이 달라서 마거馬車·우거牛車·독원거獨轅車·교거轎車 등이 있었는데 노새와 말의 힘으로 움직이는 것이 가장 많이 실었다. 노새가 끄는 마차는 이륜·사륜이 있는데 사륜마차는 멍에를 내리면 마차가 평평해져 안정성을 유지했다.

사륜마차는 50석石까지 실을 수 있었다. 노새는 8마리에서 12마리가 끌었고 운전자는 거상車廂 높은 곳에 앉았다. 하천이나 산, 좁고 굽은 도로는 가지 못했다.

산서에서는 곡식 운반에 우거牛車가 가장 일반적이었다. 길이 붐비고 좁은 곳에서 큰 방울을 울리니 '보군지報君知'라고 했다. 독원거獨轅車는 사람이 뒤에서 밀고 노새가 앞에서 끌었다. 말을 타기 싫은 사람들이 고용해서 앉아서 갔다. 수레 위에 천막을 쳐서 비바람을 피할 수도 있었고, 사람들은 서로 마주보고 앉아야 기울지 않았다. 장안長安, 제영濟寧에서 북경까지 갈 수 있었다. 사람이 타지 않으면 4~5석石의 화물을 실었다. 하남河南의 도시에서는 소가 끄는 교거轎車가 있었다. 바퀴 두 개에 가운데 축을 두어 균형을 잘 맞춘 뒤, 횡목을 올리고 그 위에 가마를 얹었는데 사람이 가운데 앉아야 기울지 않았다.

대명제국의 도시생활

관역과 객점

명대에는 인구 유동이 매우 심했다. 도시에서 관리들은 자리를 이동하거나 출장을 다녔고, 공문 전달이나 휴식을 위한 이동도 있었다. 상인들도 객지를 다니며 장사를 했으며 평민들은 외출·진향·여행 등으로 이동이 많았다. 이 유동 인구들이 여행 중 쉴 장소가 필요하니 관역館驛과 객점客店이 출현했다.

관역은 일찍부터 출현했다. 『주례周禮』 「지관地官」에서 "성 바깥에는 10리마다 여廬가 있어 음식을 제공한다. 30리마다 숙宿이 있고, 숙에는 노실路室이 있으며 노실에는 위委가 있다. 50리마다 시市가 있고 시에는 후관候館이 있고 후관에는 적積이 있다"고 했다. 한대에는 역驛을 설치해 손님을 맞았는데 이것이 역의 시초다. 『통전通典』에 따르면 당대에는 30리마다 역을 설치했다. 큰 도로가 연결되지 않는 곳은 별관別館이 있었는데 이때부터 '관역'이라고 통칭했다. 원대에 야율초재는 역영驛令을 정해 관부인官符印·패찰牌札을 지급했다. 명대에는 수역水驛에 배, 육역陸驛에 말과 식량廩餼을 배치했다. 관역에는 역승·찬전攢典 외에 지역에 따라 차이가 있지만 관부官夫·방부房夫·문자門子 등이 있어 왕래하는 관리들에게 편리를 제공했다. 수역에는 수부水夫, 육역에는 마부 등이 있었다.

심괄의 『몽계필담』에서는 송나라 때 역전驛傳에는 말馬·도보步·급행急遞 등이 있다고 했다. 급체急遞가 가장 빨라서 하루에 400리를 갔고 군용으로만 사용되었다. 희녕 연간, 금자패급각金字牌急脚이 출현했는데 고대의 체우격遞羽檄과 유사해서 하루 500리를 갔다. 고대에는 도보로 전달하는 것步遞을 '우郵', 말 타고 전달하는 것馬遞을 '역驛'이라 했다. 명대에는 급체포急遞鋪가 있고 포鋪에는 포사鋪舍가 있어 숙식을 제공했는데 기능은 급체와 같았다. 부·현 앞에는 총포總鋪가 있고 동서남북 각 방면으로 10리마다 포가 있어 전체傳遞를 이어서 전달했다.

도시에는 여러 종류의 숙박업소인 객점이 있어 사람들에게 숙소를 제공했다. 『여몽록』에서는 개봉성 내에 객점·과객점過客店이 있었다고 했다. 반점飯店·주점酒店도 손님과 화물·기생을 상대했다. 소설 『도올한평』 7회에는 후일낭侯一娘이 '육가반점陸家飯店'에 머무는 이야기가 나온다.

산동 태안주泰安州에는 태산 동악묘에 오는 진향객들로 인해 매우 번성해서 객점이 5~6곳에 달했다. 객점 부근에는 여마조방驢馬槽房 20~30여 곳이 있었고, 배우戱子를 위한 숙소도 20여 곳에 달했으며 기생들이 머무는 비밀 곡방曲房도 있었다. 투숙하려면 먼저 등록하고 은 3전 8푼에 세금으로 산은山銀 1전 8푼을 냈다. 객점의 방은 3등급으로 나뉘었는데 가장 낮은 하객下客은 아침저녁에 소식素食을 주고 점심에 소주素酒와 과일씨果核를 줘서 '접정接頂'이라 했다. 밤에는 축하연을 열었는데 하객賀客도 3등급으로 나뉘었다. 상등은 혼자 앉으며 당병糖餠·오과五果·십효十肴(고기안주)·과핵果核(과일씨 말린 것)이 차려졌고 연희가 있었다. 중등은 2인 1석으로 당병에 간단한 고기와 마른안주를 차리고 연희가 있었다. 하등은 3~4인 1석으로 당병에 고기안주는 같지만 연회 없이 노래만 있었다. 객점 한 곳에 연회는 20여 곳이 있었고 노래하는 사람 수를 셀 수가 없었다. 식당은 20여 곳에 심부름꾼만 100~200명에 달했으니 그 규모가 매우 컸음을 알 수 있었다.

제3장

세밀한 예의 제도

사교 예의

전통사회에서 공식화된 예의 제도는 매우 중요했다. 관리가 천자를 알현할 때는 언어와 용모에 일정한 예식이 있어 절대 소홀할 수 없었다. 대화가 예의에 부합하는가에 따라 미래의 관운에 절대적인 영향을 미치기 때문이다.

영락 연간, 급사중 한 사람이 성조를 알현했을 때, 황제가 이름을 묻자 "소신 황黃씨이고 진사가 되어 직책을 제수받았습니다"라고 했다. 성조가 "말이 많구나"라고 하자 그는 "소신 어려서부터 『노론魯論』을 읽었는데 군주에게 고할 때는 상세하게 하라고 배웠습니다"[1]라고 하자 성조는 답변에 흐뭇해하며 파격적으로 그를 산서 포정사로

발탁했다. 정통 연간, 악정岳正의 경우는 완전히 반대였다. 그는 말을 하다가 실수로 황제의 어의에 눈물을 묻히고 말았다. 황제는 "무식한 오랑캐들이나 말을 할 때 손짓 몸짓을 한다"라며 꾸짖고 파직시켜버렸다. 설선薛瑄은 어전에서 자칭 '학생'이라는 실언을 하고는 수치스러워 스스로 물러나기도 했다. 가정 연간, 황제는 남경의 한 병부상서가 사퇴를 요청하는 걸휴乞休 상소문에서 "향년 몇 세享年若干歲"라고 적자 신하의 예를 지키지 않았다며 평민으로 강등시켜버리기도 했다.(임시대林時對, 『하갑총담荷閘叢談』) 관리의 사소한 말이나 문자의 실수가 일생을 결정하는 중대한 변곡점이 되어버렸던 것이다.

명대에 사적인 모임인 사단社團이 유행하자, 도시에서의 사교 생활도 매우 활발해졌다. 사람과 사람간의 교류에는 관리나 백성을 막론하고 정해진 예의가 있었고, 조정에서 규정을 정해 백성을 구속하므로 시대적 풍속이 되었다.

교류는 정으로 시작하지만 일상화되면 문자를 통해 규정이 생기게 된다. 정으로 시작된 예의는 자연스러워 설사 환경이 변해도 변하지 않지만, 세勢를 기초로 한 예의는 부자연스러워 상황이 변하니 예의도 변했다. 명대 초기, 조정에서는 백성간의 교류가 정에서 출발하여 예에 어긋나지 않도록 교류 예의법을 상당히 세밀히 규정했다. 그러나 중기 이후, 정과 예의가 충돌하고 세와 예 사이에 모순이 나타나 결국 정으로 교류해야 할 친구 사이가 치졸하고 번잡한 형식으로 변질되었다. 권세를 추구하는 사람들은 그저 권세만 쫓을 뿐 예의와 수치를 무시한 채, 예를 허례허식으로 치부하기도 하고 경제적으로 풍요로워지자 사치를 추구하고 허세를 부리며 재력을 과시하다보니 예와 음악에서 규정을 어기는 참례난악僭禮亂樂 현상이 나타났다.

관료 사회의 예의

영락 연간, 성조는 내각을 존중하는 의미에서 "내각은 세 분의 양楊 선생(양사기楊士奇·양영楊榮·양부楊溥)이 있는 곳이니 태감들은 출입을 금하라"는 어명을 내렸다.

가정 연간이 되자, 한 태감이 "이곳에서 많은 일을 보았다. 예전에 장張 선생(장총張璁)이 어전에 나오면 우리는 허리를 굽혀야 했다. 하夏 선생(하언夏言) 때는 그저 눈길만 보냈다. 이제 엄嚴 선생(엄숭嚴嵩)은 우리와 공수拱手(왼손을 오른손 위에 놓고 두 손을 마주 잡아 공경의 뜻을 나타내는 방법)를 한다"고 했다. (『사우재총설』) 태감들의 눈에 내각의 체면은 갈수록 가벼워졌던 것이다.

내각대신과 태감 사이 예의의 변화는 전체 관료 사회의 풍조가 변했다는 것을 말해주는 한 단면이었다. 이런 변화를 알기 위해서는 명대 초에 규정한 제도부터 들여다봐야 한다.

관료 사회에서는 정치적 토론이든 업무 외의 모임이든 상하와 존비를 구별하는 엄격한 예절이 있었다.

명대 초기에는 원대의 낡은 풍습이 남아 있어 연회에서 술을 권할 때 무릎 꿇고 머리 숙여 절을 하는 배례拜禮를 했다. 홍무 4년 (1371), 읍배례揖拜禮를 정하고 관리들이 황제에게 진사奏事, 진공進貢, 제사祭祀, 상향上香, 전백奠帛, 제주祭酒, 독사讀祀 등에는 무릎 꿇고 배례하지만 그 외에는 읍배례하도록 했다.

읍례는 부하가 상사를 만나면 몸을 굽히고 손은 들어 눈까지 맞춰 존경을 표하고, 상사는 앉든 서든 답례를 할 필요가 없었다. 부하가 손을 입까지 올리면 상사는 손을 가슴까지 들어 답례했다.

배례는 만나는 이의 지위에 따라 방식이 달랐다. 황제를 알현할 때는 머리를 조아려 네 번 절한 뒤 다시 땅에 절한다. 동궁 태자를 만나면 머리를 조아려 네 번 절한다. 문무 관리들이 상사를 만나면 머리를 땅에 닿도록 숙여 재배再拜하고 상사는 앉든 서든 답례할 필요가 없다. 품계에 따라 부하는 손을 내리고 머리를 숙여 재배하면 상사 역시 머리 숙여 재배한다. 품계가 비슷하면 서로 재배한다.(『태조실록』)

홍무 5년(1372), 관리들에 관한 예의가 다시 반포되었다. 관리들은 매일 아침 공당公堂에서 만나면 먼저 공손하게 손을 모으는 숙읍肅揖을 하고 자리에 앉았다. 막관幕官(참모)은 먼저 장관에게 읍례한 뒤 막서幕署(사무실)로 돌아갔다. 속관屬官(부하)은 상사에게 자리에 서서 허리를 숙여 읍례한 뒤 상사가 앉으면 손을 모으는 공수로 답례하고, 막관은 읍례로 답례한다. 속관이 처음 상사를 만나거나 출장에서 돌아오면 반드시 재배를 하고 상사는 공수로 답한다. 막관도 마찬가지였다. 품계가 비슷하면 서로 읍례한다. 녹사掾史, 영사令史, 서리書吏, 선사宣使, 주차인奏差人 등 하급직은 아침에 장관을 만나면 계단 아래에 서서 읍례하고 물러났으며 장관은 답례할 필요가 없으나 막관은 공수로 답례한다. 계절 인사, 공참公參(부임후 상사에게 인사를 감) 혹은 출장 인사에는 양배례兩拜禮를 하고 장관은 답례를 하지 않지만 막관은 답례했다. 전리典吏(하급관리)가 막관을 만나면 반드시 계단 아래에 서서 숙읍을 하고 막관은 답례할 필요가 없다. 만약 계절 인사, 공참 혹은 출장 인사를 할 때는 반드시 양배례兩拜禮를 하고 막관은 공수로 답했다.(『태조실록』)

홍무 15년(1382), 관리들이 길에서 만났을 때와 공참에서의 예의를 반포했다. 오군도독부五軍都督府 좌우도독左右都督, 도독동지都督同知, 부마도위駙馬都尉가 길에서 공후公侯를 만나면 말에서 내려 옆에 선다. 도독첨사都督僉事, 육부상서가 길에서 공후를 만나도 말에서 내려 옆에 선다. 품계가 비슷한 사람이 길에서 만나면 그냥 지나간다. 금오金吾 등 위衛의 지휘指揮가 공후를 만나면 말에서 내려 피하고, 좌우도독左右都督, 도독동지都督同知, 부마도위駙馬都尉가 만나면 말에서 내려 옆에 선다. 도독첨사, 육부상서를 만나면 지나가도 되었다. 속관이 상사를 만나면 말에서 내려 피하고, 품계가 높은 속관이 품계가 낮은 상사를 만나면 지나간다. 아직 관직에 부임하지 않은 관리들이 관직에 있는 관리들을 만나면 반드시 말에서 내려 피한다. 관리들이 만나면 원래는 서로 피해야 하나 길이 좁아 피할 수 없으면 말에서 내려서 공읍拱立을 하고, 길에서는 길 중간으로 가지 말고 순서대로 좌우로 비켜서 간다. 황제의 명을 받고 들어온 관리나 제사를 주관하는 사제관祠祭官이 제사 장소에 갈 때는 누구도 막을 수 없었다.

공참 때, 도독부동지都督府同知, 첨사僉事가 좌우도독左右都督을 만나거나, 지휘동지指揮同知, 첨사僉事가 지휘사指揮使를 만나거나, 육부시랑六部侍郎이 상서尚書를 만나거나, 위衛의 지휘指揮가 도독都督을 만나면 당하堂下에서 배례拜禮를 행한다. 천백호千百戶가 지휘指揮를 만날 때도 마찬가지였다. 경현京縣, 지현知縣이나 부주현府州縣이 경부京府(응천, 순천) 부윤府尹을 만나면 당하堂下에서 배례拜禮를 행한다. 각 아문 좌이관佐貳官(보좌관), 막직관幕職官(지방관의 속관)이 상사를 만날 때 상사는 반드시 답배하고, 부하를 만나면 상사는 답례하지 않고, 품급이 비슷하면 반드시 답배하고, 품계가 높은 속관이 품계가 낮은 상사관上司官을 만나도 마찬가지였다.(『태조실록』)

홍무 30년(1397), 예의에 관한 금지 사항이 다시 반포되었다. 관리들은 품계에 따라 존비를 구분했으므로, 품계가 낮은 관이 서쪽에, 높은 쪽이 동쪽에 섰다. 품계 차가 2~3품이 나면 높은 자가 위, 낮은 자가 아래에 섰다. 4품 차가 나면 높은 자는 앉아서 예를 받았으며 낮은 자는 아래로 내려가서 절을 하고 무릎을 꿇은 뒤 용무를 고했다. 1품관이 2품관을 만나면 2품관은 서쪽에 서서 예를 행하고 1품관은 동쪽에서 답례했다. 3, 4품관을 만나면 3, 4품관은 아래에서 예를 행하고 1품관은 위에서 답례했다. 5품 이하 관리를 만나면 1품은 앉아서, 낮은 관리는 무릎을 꿇고 말했다. 관품이 낮은 사속관司屬官이 상사관上司官을 만나면 무릎을 꿇었다. 황제의 근거리에서 보필하는 관리 근시관近侍官은 품계에 따라 무릎을 꿇을 필요가 없지만 외관外官(지방관)과 교류할 수 없었다. 같은 부서에서 근무하는 관리 동료관同僚官은 품계가 달라도 예의에 구속되지 않아, 내부에서는 무릎 꿇고 배례할 필요가 없다. 관리들이 거리에서 만나면 머뭇거려서는 안 된다. 군인, 백성이 거리에서 관리와 조우하면 말에서 내려 비켜야 하는데 어기면 처벌받았다.

명대 초에 정한 이러한 예의 규정은 관직 생활에서 반드시 지켜야 할 보편적 규범으로 관직의 체면과 상하 존비를 구분하기 위한 중요 사항이었다. 모든 관리에게 체면과 존엄을 지키기 위해 예절을 갖추도록 요구하지만, 상대 역시 체면을 내세워 지키려 하지 않았다. 경성에는 전국 각지에서 온 다양한 목적을 가진 사람들이 모였다. 자존심이 강한 은사들은 비록 관리는 아니더라도 진신 관료들과 교류하며 여러 로비를 진행하다보니 원래 상당한 무게감이 있던 경성의 교류 방식도 강호의 방식游道에 휩쓸려 서서히 무너졌다.

시간이 흘러 분위기도 변해서, 명대 초기에 반포되었던 관료 사회에서의 예의 규정은 중기 이후 한낱 종이쪽으로 전락하고 말았다. 하급 관리들이 주제를 벗어나 고위 관리들을 업신여기는 참월僭越 현상이 갈수록 심해졌다. 더욱이 문관을 무관보다 중시하는 풍조가 성행하여 무관은 고위직일지라도 체면을 지키기가 어려웠다. 『대명회전大明會典』에는 관품이 1품 차이 나면 말에서 내려야 하고 3품 차이 나면 무릎을 꿇도록 규정했지만 실제로는 지켜지지 않았다. 시寺의 대경大卿은 3품관으로 상서·시랑을 만나면 비켜야 하고, 공후·훈신관은 1품 이상, 육부 상서는 2품관이어서 내각에 대해서는 예를 지켜야 했다. 육부 시랑은 3품관이니 이부상서에 예를 갖추어야 했다. 문관 중 일부 8·9품관이 공후를 만나도 예를 지키지 않고 길에서 부닥쳐도 피하지 않았다. 사관·과도관이 육부 상서를 만나도 예를 갖추지 않는 경우도 있었다. 갈수록 풍조가 악화되자 인심마저 각박해졌다. 대신들은 일보다는 봉록에만 신경 쓰다보니, 감찰관인 대간臺諫에게 약점을 잡히고, 대간은 이를 빌미로 대신들을 함부로 대했다.(『곡산필진』) 조정의 기강을 잡는 내각대신이나 관리 선발·승진을 관장하는 이부상서, 내각 다음의 고위직인 사관·여론을 관장하는 과도관의 지위는 날로 강해져서 품계를 초월하는 일이 다반사였다.

남에게 말 못할 비밀이 있는 사람들은 자신의 존엄은 내팽개친 채, 동료나 하급 관리에게 비굴하게 처신하니 예의 규범은 엉망이 되었다. 곽유번郭維藩은 "감언이설과 처신으로 서로 웃음을 보이지만 성의라곤 전혀 없었다. 태연하게 존대하지만 그것이 얼마나 나쁜 짓인 줄을 모른다"라고 일갈했다. (『황명소초皇明疏鈔』) 중기 이후 관료 사회에는 『대명전례大明典禮』 규정과는 전혀 맞지 않은 교류 예의가 날로 새로운 모습으로 나타났다.

경성의 관료 사회에는 여러 가지 변화가 감지되었다. 첫째, 내각 대신과 태감 사이의 긴장은 사라지고 태감의 권세가 날로 커졌다. 사례감 장인태감은 내각 대신에게 '노사부老師父', 내각 대신은 장인 태감을 '노선생老先生'이라 호칭했다. 둘째, 사림관詞林官(한림원)들은 선배를 만나면 몸을 굽혀 예를 표했고, 연회도 선배가 초청하지 않으면 감히 참석할 수 없었다. 한번은 어전회의에서 한 사림관이 편수編修 오위업吳偉業에게 앞에 있는 선배에게 인사를 하라고 어깨를 밀기도 했다. 또 한림원의 문서 전달관이 선배에게 사소한 잘못을 했다 하여 태형 30대에 처해졌다. 선배라는 자는 그저 서상庶常(서길사)일 뿐이어서 눈물로 억울함을 호소하자 검토檢討 심정가沈廷嘉가 "이 사람은 (실세인데) 서상이라고 무시했으니 태형은 당연한 것이네"라고 했다.(이청李淸, 『삼원필기三垣筆記』) 사림관이 방국坊局(첨사부詹事府 밑의 좌우 춘방春坊과 사경국司經局)이 되면 체면은 더욱 중요했다. 시간이 나면 젊은 인사들을 초청해서 '지기知己'라 칭하며 안면을 트고 만약 장래가 있다 싶으면 선배가 기꺼이 "무릎을 꿇기도 했다." 이러니 젊은 사관들은 갑자기 날아오는 선배들의 초청을 매우 두려워해서 "선배가 후배를 청해도, 후배는 선배에 응하지 않는다"는 말이 떠돌았다. 사림관은 차이가 7과科 이상 나는 선배를 만났을 때 "옆으로 비켜 말을 피해야 했다." 셋째, 중앙 육부의 속관은 예절에 민감하여 자리 배치에도 체면을 앞세웠다. 육부는 순서에 따라 이·호·예·병·형·공이었지만, 예부는 이부와 업무가 밀접하다며 호부의 앞에 서려 해서 매번 다툼이 일었다. 훗날, 병부도 호부 앞에 서려 하고 심지어 공부도 형부 앞에 서려 했다. 넷째, 육과관六科官이 처음 선발되면 대신들을 만날 때 지켜야 할 예의를 적은 『의주儀注』가 있었다.[2] 내용은 대신을 만나는 곳이 "집이면 절을 하고, 다른 곳이라면 명첩만 전하되 오래 기다리지 말 것"이었다.(『견문잡기』) 다섯째, 삭망 때는 북경의 관직에 있는 문생들은 스승에게 명첩을 전하고 방문했다. 여동록余同麓의 문인門人이었던 이상사李尙思는 여동록을 방문할 때마다 직접 명첩을 전했다. 여섯째, 남경에서는 가마를 내려 읍례를 하는 것이 유행했다. 국자감 좨주를 제외한 소구경小九卿은 길에서 대구경大九卿을 만나면 먼저 가마에서 내려 기다린 뒤, 대구경이 가마에서 내리면 다가가서 읍례했다.[3] 그리고 대구경이 가마에 오른 뒤에야 자신도 가마에 올랐다. 성화成化 이후에는, 육과 급사중이 말을 타고 길에서 대구경과 마주쳐도 말에서 내리지 않고 앞에서 공수만 했다. 훗날 해서海瑞는 남경으로 발령이 나자 이 모든 예를 무시하고 그저 가마 위에서 손만 들었다. 나중에는 오직 광록사경만이 규정에 따라 여전히 읍례를 취했을 뿐, 다른 소구경은 전혀 따르지 않았다.(『용당소품』)

지방에서, 순무·순안은 공무상 수시로 마주쳤고 향신들도 여러 이유로 부현의 지방관들을 방문했다. 이런 경우에도 지켜야 할 예의가 있었다.

명대에는 문관이 총독이 되면 군 내의 최고 존엄인 '군문軍門'이라 칭할 수 있었지만, 순무나 강을 방어하는 책임자인 조강도독操江都督

---

2   육과관은 급사중給事中으로 정7품의 낮은 품급이었지만 상소문 처리, 심의 안건을 내각에 보내거나 어전회의에 참여함으로써 상서에 맞대응하는 등 상당한 권력을 행사했다.

3   육구경大九卿은 육부상서六部尚書·도찰원도어사都察院都御史·대리사경大理寺卿·통정사通政使를 말하고, 소구경小九卿은 태상사경太常寺卿·태복사경太仆寺卿·광록사경光祿寺卿·첨사詹事·한림학사翰林學士·홍로사경鴻臚寺卿·국자감제주國子監祭酒·원마사경苑馬寺卿·상보사경尙寶司卿을 말했다.

은 '군문'이라 칭할 수 없었다.[4] 이들이 총독을 방문할 때는 대문 바깥에서 가마를 내려 중문으로 들어가 후당後堂에서 만났는데, 총독이 상좌에 앉고 순무·조강도독은 나란히 앉았다. 떠날 때는 총독은 대문 바깥에서 가마를 지켜보았다. 각 지방 총병이 총독을 알현할 때도 위의 경우를 따랐다. 총병은 총독 앞에 반드시 무릎을 꿇는 예를 취했다. 비록 공이 큰 훈신勳臣이라 하더라도 순무·조강도독에 비해 낮은 자리여서 하급관리의 예를 따라야 했다. 훗날 순무·조강도독도 '군문'이라 칭하자, 어사가 이들을 제압하는 등 모욕이 극에 달했으니, 무관의 지위가 상당히 추락했음을 알 수 있었다.

순무가 군문이라 칭하여 아문 앞에 황색포로 '군문'이라 쓴 깃발을 걸어 일종의 상징을 표현했다. 병비도兵備道도 이를 모방하여 아문 앞에 '식병飾兵(무기를 도열한다)'이라 두 글자를 걸자, 순안도 역시 '정숙貞肅(위엄을 세운다)'이란 황색 깃발을 걸었다.

순안어사는 순무와 의전으로 다툼을 벌이며 대등한 위세를 보이려 애를 썼다. 방상붕龐尙鵬이 복건 순무 시절, 황제의 조서가 내려오면 조서를 받는 자리에서 순안어사 이낙李樂에게 우위를 과시하려 했다. 관품으로는 순무가 순안보다 높았기 때문이다. 양박楊博이 순무 시절, 순안과 행사에서 만나면 바닥의 양탄자를 조금이라도 짧게 깔고 순안에게 "혹 실수가 있을지라도 지켜주시오"라고 정중하게 말을 건넸다.

---

4   남경에 설치한 부첨도어사로 강의 방어를 담당했다.

순무·순안이 부현을 순시할 때, 부현 속관들은 연도에 나와 무릎을 꿇고 맞이했다. 제학도提學道에게도 지부는 아문 앞에 무릎을 꿇었다. 이런 예는 주인이 손님을 맞는 것으로 지나친 것은 아니었다.

승려들은 승록사僧錄司 소속이었다. 북경의 사원에서는 주지가 감독관인 승관僧官을 겸하니 승려들도 상하의 예를 갖추었다. 숭국사崇國寺에서는 설이 되면 승려들이 주지에게 절을 하고, 주지는 앉아서 예를 받되 답례는 하지 않는 것이 규칙이었다.

지방에서는 신사와 사대부들이 지방관과 교류할 때에도 지켜야 할 예의가 있었다. 향시·회시에 합격한 지방 신사들은 관직 여하에 관계없이 순무·순안을 만날 때 명첩을 전하고 동등한 예를 갖추었다. 을방乙榜(향시 합격자 거인)이라도 경사에서 관직을 제수 받거나 혹은 지방에서 포정사·안찰사를 역임했으면 순무·순안과 교류할 수 있었다. 거인·공생·감생 출신으로 부좌府佐를 지냈거나 혹은 경사에서 산원散員(고정적인 업무가 없는 관리)을 지낸 향신은 부현관府縣官과 교류는 하지만 순무·순안과는 할 수 없었다. 부현의 잡직 역시 교류가 불가했다.

진사 출신의 지방 향신은 자신의 관직 고하에 관계없이 부현 등 지방관과 교류해야 했으며 부현관은 반드시 답례를 했다. 공생·감생 출신 향신에게는 명첩만 보냈다. 공생·감생 출신이 관직에 나가지 않았을 경우, 지부知府를 만날 때는 명첩을 보냈다. 옛날에는 진신이 연회에 지부를 초청하면 거인·공생들은 참석할 수 없었다. 지방 신사들이 만날 때는 공복을 입었다. 관리가 업무를 볼 때나 손님을 맞을 때도 마찬가지였다. 거인·공생·감생·생원이 관리를 만나거나 행사에 참석할 때는 공복을 입고 현좌縣佐·무변武弁 등 하급 관리 역시 공복을 입고 맞아야 했다. 지방 신사가 소송에 휘말려 공당에 나오면 서민과 같은 옷을 입었다. 초상중인 향신이 관리들을 만나거나 손님을 맞을 때는 필히 상복을 입고 가마나 우산에는 하얀 천을 둘러야 했다.

향신이 관리를 만날 때의 예의는 천차만별이었다. 만력 연간, 지방 신사가 이임하는 지부를 만나면 먼저 4배하고 다시 4배를 했는데, 첫 4배는 이별의 의미, 나중 4배는 다시 오기를 바란다는 의미를 담았다. 향신 원로가 문생 제자들에게 매우 친절한 경우도 있었다. 조정의 원로였던 서계徐階는 문생 이낙李樂을 문 앞까지 나와 맞이하고 담소를 나눌 때에도 진솔하고 담백했다. 한번은 "임천臨川(이낙의 호), 내가 일이 있어 먼저 좀 가겠네"라고 겸손하게 말할 정도였다.

생원과 관리 사이의 교제 예의는 수시로 변해 정해진 것이 없었다. 가정 6~7년 사이, 부현의 제조관提調官이 새로 부임하면 생원들은 화폐花幣[5]를 보내 축하했다. 만력 20년(1592), 제조관이 생원의 호를 불러도 생원들은 전혀 개의치 않았다.

관료들은 기회期會·영송迎送·주석酒席·공구供具·수의壽儀 등의 모임이 있었다. 기회는 정기적인 모임으로 음주와 유흥이 따랐다. 육과

---

5 화폐는 화전花錢의 다른 이름으로 통용되지는 않지만 뇌물이나 선물로 쓰는 돈을 말한다. 한대漢代부터 시작되었다.

六科에서는 매년 공개적인 연회를 열어 자리에 앉기 전, 주빈이 먼저 술을 권하는 것으로 예를 취했다. 예를 마치면 차린 음식을 들고 환담하며 수 차례 술을 권했다. 연회가 끝나도 주빈은 배웅을 하지 않았다.

영송은 고위 관리가 지방을 순시할 때 지방관이 하는 접대와 지방관이 새로 부임하면 향신들이 하는 접대를 말한다. 순무·순안이 순시를 오면 분촌分守·분순分巡·병비兵備 각도各道가 나와서 영접을 하고 신임 포정사·안찰사·도지휘사가 수행하며 부주현관府州縣官은 경계를 넘어서 영접했다. 지방관이 성성省城에 가서 업무 평가를 받거나 지방관이 부임하면 지방 학교 생원들이 영접을 했다. 송강부에서는 젊은이들이 학교에 들어가거나 과거시험에 참가하면 지방관들이 붉은 천을 두르고 환송했다. 훗날 부잣집 자제들이 학교에 들어가면 말을 화려하게 치장하고 화려한 깃발 100여 개를 앞세운 채, 머리에는 진주와 비취로 용 장식을 만들어 꽂고 친척들은 앞을 다투어 술과 화폐로 영접을 했다. 거인에 합격해 돌아오면 축하 행렬은 더욱 성황을 이루었다.(숭정, 『송강부지』)

주석은 순안이 지방을 순시할 때나 혹은 신임 지부가 부임하면 베푸는 연회였다. 순안이 송강부에 시찰 오면 지부가 주석을 베풀고 막우들이 배석했다. 호주湖州 지부가 부임하자 성황묘에서 주석을 열고 공연이 이어졌다. 심지어 현의 수재들이 성성省城에 가서 향시를 보거나 동생童生들이 새로 강학을 들을 때에도 명륜당에서 주석과 공연을 베풀었다.

공구는 순무·도어사 등 지방 행정장관인 방면관方面官이 부임이나 지방을 순시할 때 현지에서 숙식을 제공하고, 선물인 '하정下程'을 주는 것을 말했다. 선덕 이후, 곡부曲阜 공부孔府의 연성공衍聖公이 입경하자, 현지 관아에서는 양 한 마리, 거위 두 마리, 술 6병, 면 20근, 차·소금·장 등 각각 2근, 기름 등잔油燭 10개를 제공했다.(『화당각총담』) 순안이 송강부를 순시하자 제비집 요리 2근 한 접시를 제공했다. 어사 전몽득錢夢得이 북경에서 돌아오자 가흥지부 왕이덕王貽德은 하정의下程儀 1량을 보냈는데 소박한 편이었다. 심응룡沈應龍이 탄핵당해 고향으로 돌아와 호주성에 머물 때 오정烏程 지현 장면張冕은 하정 1부와 과실주를 들고 방문했다.(『견문잡기』)

수의는 관리의 생일에 부하들이 선물을 보내는 것으로 장거정 생일 때 관리들이 보낸 선물이 너무 많아 화제가 되기도 했다. 『금병매』에는 서문경이 경성의 채태사蔡太師 생일에 선물을 보내는 모습이 나온다. 관료 사회에서 선물을 보내는 것은 일상적인 일이었다. 지현知縣이 지방에서 과거시험을 주관하면, 일부 부잣집 자제들은 지현에게 과한 선물 공세를 하고 문생으로 자처했다. 지방 사대부들과 생원들은 부현 관리들과 교류하기 위해 은 10여 냥을 들여 책·비단·병풍·시집(다른 사람이 지은) 등에 서명을 해서 화려한 묵첩墨帖을 만들어 선물하기도 했다.

민간 예의

북경에서는 설에 세배를 다니는 풍속이 있었다. 정월 초하루 아침, 거리에는 서로 읍례를 하고 고개를 숙이는 사람들로 가득했다.

태조는 관료 사회의 예의를 제정한 뒤 민간에서 지켜야 할 예의에 대해서도 규정했다. 관료 사회의 예의가 관품의 고하로 정해진다면, 도시 백성은 나이와 신분 고하에 따라 존비가 결정되었다.

홍무 4년(1371), 민간의 예의 규정이 반포되었다. 자손들이 집안 어른을, 학생들이 스승을, 노복이 주인을 만나면 반드시 이마가 바닥에 닿을 정도로 고개를 네 번 숙이는 돈수頓首를 한다. 다른 친척 연장자에게는 순서대로 돈수 재배례하고, 동년배끼리는 공수 재배례 한다. 나이에 따라 읍례를 한다.(『태조실록』)

관에서 정한 민간에서의 예의는 장유유서와 귀천의 차이라는 두 가지 원칙이 있었다. 주인과 노복, 친척 관계가 서로 섞여 있을 때는 친척관계가 우선이고 유가 전통 예절에 따랐다.

상고시대에는 오른쪽, 중고시대에는 왼쪽이 상석이었다. 평상시의 연회에서는 읍손배궤揖遜拜跪했는데 당연히 왼쪽이 상석이었다. 남북 지역 간에도 차이가 있었다. 남방에서는 손님과 읍례한 뒤 손님은 동쪽, 즉 오른쪽에 앉았는데 북방에서는 손님이 서쪽, 즉 왼쪽에 앉았다. 남북이 다른 것 같지만 실제로는 고대의 의미에 따른 것이었다. 옛사람들은 처음 만나면 먼저 절한 뒤 방석에 앉고, 남방에서는 손님이 동쪽에, 주인은 서쪽에 앉았다. 거실에서 동쪽이 좌, 서쪽이 우여서 좌가 상석이라는 의미에 부합했다. 북방에서는 북쪽으로 방석을 놓고 어깨를 나란히 해서 절을 하면 손님은 당연히 서쪽에, 주인은 동쪽에 있게 되어 좌가 상석이 되었다. 명대에는 고대로부터 내려온 자리의 의미를 모른 채 북쪽을 향해 읍을 하고 손님을 동쪽에 앉게 하니 우가 상석이 되었다. 옛사람들의 관혼식冠婚式 때 손님을 공경하는 의미로 손님은 서쪽, 주인은 동쪽 계단에서 들어오니 손님이 오히려 하대를 받고 주인이 스스로 존대하는 모습이 되고 말았다. 결국 읍을 할 때는 손님은 서쪽에 있어야 했다. 그렇지만 남방에서는 여전히 손님이 동쪽에 있는 방식을 따랐다.

젊은이가 어른을 만나면 어른이 동쪽에 섰다. 전통적인 예절에서 본다면 잘못된 것이다. 젊거나 항렬이 낮은 사람이 먼저 읍을 하고, 어른은 위에서 읍을 했다. 때로 주인이 겸손해서 옆에서 답례하기도 하지만, 젊은 사람은 북쪽에서 위를 향해 읍했다. 만약 어른이 동쪽에 서 있으면 명확하게 어른과 어깨를 나란히 하고 서게 되므로 어른과 동등하다는 의미가 되어버렸다.

어떤 집에서는 자식들이 부모나 형제에게도 손님을 대할 때와 같은 예를 취했다.

명절이나 생일에는 마치 신에게 제사를 지내는 것처럼 풍성하게 음식을 장만했다. 일부 사대부 집안에서는 친척 간 지나친 예의는 오히려 피했다. 고인顧璘은 동생 및 왕자신王子新이란 사람과 함께 식사를 하다가 왕자신이 일어나 돌아가려 하자 문 밖까지 나와 하인에게 "잘 나가는지 보라"는 말만 던지고 바로 돌아와 자리에 앉았다.

서북 지역에서는 사대부 간 장유유서가 매우 엄해 연장자들은 젊은
이들의 이름을 바로 부르기도 하고, 술을 주고받을 때도 젊은이들은
반드시 무릎을 꿇어야 했지만, 귀천은 오히려 전혀 문제가 되지 않
았다.

소개할 때의 허세

도시의 사교에서 허세를 추구하는 병폐는 생활에 큰 영향을 미쳤
다. 관료나 사대부 사회에서는 일상적으로 명첩을 전하는 예가 있었
다. 명첩은 지금의 명함처럼 "주인에게 통성명을 전해서 미리 자신을
소개하는 것"이란 의미였다.(만력,『통주지通州志』)

고대에는 대나무를 깎아 그 위에 이름을 써서 '자剌'라고 했다. 훗
날 종이로 바꿔서 '명지名紙'라고 했다. 당대 이덕유李德裕 때부터 사
람들은 '문상門狀'을 사용했다. 명대에도 '자'라고 하는 사람도 있었
지만 일반적으로 '명첩'이라 했다. 명첩은 여러 종류가 있었다.

배첩拜帖. 관료나 지방 향신들이 서로 방문하거나 혹은 문생이 스
승을 방문할 때는 배첩을 전했다.『도올한평』1회에서 총리하무總理
河務 주형朱衡이 지방에 갔을 때, 사주泗州 지주知州가 '권생眷生'이라고
쓰인 배첩을 전한 것을 묘사했다.『금병매』76회에서는 순무 후몽侯
蒙이 서문경 집을 방문하면서 붉은 글씨로 '우생 후몽友生 侯蒙'이라
쓴 배첩을 전했다. 배첩의 내용은 비교적 간단했고 서명을 '위謂'라고

했다. 『금병매』 49회에서는 송宋 어사가 서문경을 방문했을 때 붉은 종이에 '시생송교년배侍生宋喬年拜'라고 쓰인 배첩을 전했다.

청첩請帖은 요첩邀帖이라고도 했다. 관리들이 주연을 열거나 지방 신사들과 모임이 있을 때에는 먼저 청첩을 돌렸다. 주국정朱國禎은 『용당소품』「명첩名帖」에서 동하주董遐周의 집에서 완함봉阮函峰이 보낸 청첩장을 살펴본 일을 설명했다. 완함봉은 '연시생年侍生'이라 자칭하고 이름 밑에 '등等'자를 넣어 초청자가 자기 혼자가 아님을 밝혔다. 또 '조림早臨'이라 써서 일찍 도착할 것을 재촉했다. 우측에는 '속速'을 썼는데 '조림'과 같은 의미였다. 『도올한평』 45회에서는 후국흥侯國興이 최정수崔呈秀를 초청하는 청첩 내용을 소개했다. "15일에 외삼촌의 생일에 간단한 음식을 장만해서 초청하려 하니 참석해주십시오. 사촌동생 후국흥"이라고 썼다.

게첩揭帖은 사통팔달의 교통 요지에 붙이는 게시물이다. 배첩에서 파생한 것으로 봉투가 없는 예첩禮帖이다. 『금병매』 30회에서는 서문경이 경성에 사람을 보내 채태사蔡太師의 생신을 알리는 게첩이 나온다.

설첩說帖은 관료 사회에서 다른 사람을 대신해 중간에서 일을 부탁할 때 사용했다. 일반적으로 자신의 명첩을 썼는데 이를 설첩이라 했다.

부계副啓. 상술한 명첩은 '간柬'이라고도 했는데 간은 이름을, 계는 일을 말해 '부副'를 첨가해서 사용했다. 최초의 부계는 길이가 전간全柬과 같고 푸른색 체크무늬를 사용했다. 숭정 연간에 붉은 띠 격자

무늬로 바꿨고 푸른색 체크무늬는 상중일 때만 사용했다.(엽몽주,『열
세편』)

명첩은 형식이나 크기에 따라 단첩單帖·전첩全帖·단홍單紅·쌍홍雙
紅 등이 있었고 재질은 시대나 개인의 기호에 따라 변화가 많았다.
동년배들이 서로 방문할 때는 단첩을 썼다. 경성의 고위관리들은 전
첩을 쓰다가 훗날 단첩으로 바꾸었다. 경사가 있을 때는 단홍첩을
썼다.(장덕경蔣德璟,『순강사신녕검설筍江社申寧儉說』) 남경 사대부 연회에
서는 처음에는 단첩을 썼는데 넓이 1촌 3분(1촌은 약 3센티미터), 길
이 5촌, 위에는 이름만 쓰고 그 뒤에 배拜와 날짜를 써서 지극히 단
순했다. 훗날 쌍첩으로 변했는데 전첩과 비슷했고 세 번 접었으며 길
이는 5~6촌, 넓이 2촌에 위에는 "권생眷生 혹은 시생侍生 아무개 배
拜"라고 썼다.(『객좌췌어』)

가정 초년, 사대부는 명첩에 백록지白鹿紙를 썼다. 서간에는 간혹
색이 들어간 1척 정도의 소전蘇箋을 썼다. 이후 주본백록라문전奏本白
綠羅紋箋을 쓰고 심지어 송강에서 나오는 오색랍전五色蠟箋와 연지구청
화조격안백록지胭脂球青花鳥格眼白綠紙를 쓰기도 했다. 관청에서는 연말
이 되면 대홍지 배첩이나 금무늬가 있는 대홍지銷金大紅紙로 선물 예
서禮書를 만들었는데 봉투만 5~6척(1척은 약 30센티미터), 넓이는 적
어도 4~5촌, 봉투 안은 붉은색으로 장식했다.(『유청일찰』) 어떤 명첩
은 길이가 5척, 넓이가 5촌, 봉투는 금지錦紙로 만들기도 했다. 이러
한 배첩에는 글자가 불과 다섯 자인데, 종이에만 이미 은銀 3리厘를
썼으니 대단한 사치였다.(낭영郎瑛,『칠수류고七修類稿』) 송강에서는 새

해에 동년배끼리 축하할 때, 단홍전간單紅全柬을 썼다. 단홍단첩은 경사의 관리가 아니면 쓸 수 없고 규제 또한 심했다. 효행으로 이름난 효렴孝廉이 시험에 낙방하고 단홍단첩을 보냈다가 사람들에게 사치라며 비웃음을 받기도 했다. 숭정 말기, 평상시에는 단첩으로 오인화지五印花紙를 쓰다가 송강부의 오운헌五雲軒, 정일헌精一軒에서 만든 공화착색백단첩拱花着色白單帖을 썼는데 매우 화려했다. 이후에는 전간대홍全柬大紅을 쓰고 혼인 때는 소금첩銷金帖을 썼고 그림은 갈수록 정교해졌다.

사교에 사용되는 명첩의 변화는 도시의 분위기를 반영하고 한편으로 관료 사회의 일면을 보여주었다. 관례대로라면 이부상서는 존경받는 자리이니 육경六卿 이하에서 보낼 때는 두 번을 접는 쌍절자雙折刺여야 했다. 사림관은 더욱 심했다. 만력 초년, 태창太倉 사람 대학사 왕석작王錫爵은 인화仁和 사람 이부상서 장한張翰이 단홍자單紅刺를 보내자, 받기를 거절했고 장한이 바꿔서 다시 보낸 뒤에야 받기도 했다. 육부 상서·시랑 등 구경九卿이 내각 대학사에게 보낼 때는 쌍첩雙帖을 보내고 대학사는 단홍첩單紅帖으로 회답하는 것이 예의였다. 호·예·병·형·공 오부 상서와 구경이 이부상서에게 보낼 때 쌍첩을 보내고 이부상서는 역시 단홍첩으로 회답했다. 훗날까지, 내각은 단첩, 이부상서는 여전히 쌍첩으로 회답했다. 각 부 속관과 중서中書·행인行人 등 관리들은 쌍첩으로 교류했다.

때로 자신만의 특색 있는 명첩을 가진 사람도 있었다. 왕괴야王槐野은 단명첩 위에 글씨를 깨알같이 썼다. 당일암唐一庵과 강서 신감新

淦 사람 황인인黃仁人은 부지런하게 친필로 써서 보냈다. 복건에서는 신임 상관이 부임하면 향신 사대부들은 붉은색 배첩을 쓰고 축하용 단폐緞幣[6]는 절대 쓰지 않았다.

명첩 내용에 나오는 호칭의 변화도 예의 풍속이 소박하고 두터웠던 모습에서 경박하게 변해가는 것을 반영했다. 명첩에는 특별한 호칭 없이 바로 이름을 썼는데, 만약 호칭을 쓸 경우 '시생侍生' '계말契末' '노우老友' 등이 유행했다. 내각 대학사 양정화楊廷和가 동료 모징毛澄에게 보낸 명첩에는 '양정화배楊廷和拜'라고만 썼다. 대학사 양저梁儲가 모징毛澄에게 보낸 명첩에는 자칭 '계말' 혹은 '노우'라고 했다. 모징이 두 사람에게 보낼 때에는 '시생'이라고 썼다. 지방에서는 지부·지현이 총병과 왕래할 때 일반적으로 '시생'이라고 썼고, 심지어 참장參將·유격장군遊擊將軍과의 왕래에서도 마찬가지였다.[7]

시생 칭호가 유행하다가 '만생晚生'이 출현했다. 순안어사가 순무를 방문할 때는 '만생시좌晚生侍坐'라고 썼다. 경성에서는 소구경小九卿 아문衙門 관리가 대구경 아문을 방문할 때도 모두 만생이라고 했다. 하양준何良俊이 설날 아침 문선낭중文選郞中 두증杜拯을 방문하면서 '시생'이라고만 쓰자 두증이 받기를 거절하고 하인을 시켜 돌려보냈다. 백발인 원로가 젊은 신진 관료에게 만생이라 칭해야 하는 계면쩍은 상황이 연출되었다. 관리들은 누구에게도 책을 잡히지 않으

6   단필緞匹과 화폐花幣를 합한 것.
7   명대 변방을 지키는 지휘관은 총병, 유격장군, 참장의 순이었다.

려 일률적으로 호칭이 없는 관함첩官衡帖을 썼다.

'만생' 이후 '치생治生'도 출현했다. 가정 초년, 향사대부鄕土大夫가 순염어사巡鹽御史를 방문할 때는 시생첩을 사용했는데 이후 향신이 죄수를 담당하는 휼형恤刑이나 조량을 담당하는 감태監兌 등 지방 잡직 관리들과 교류할 때는 일률적으로 치생을 쓰고 심지어 상대를 '노공조老公祖'라고 칭하기도 했다.

후학이 스승을 찾을 때는 여전히 '문생門生'이라고 썼다. 상관에게 아부할 때도 마찬가지였다.

'시생' '만생' '치생' '문생' 외에 '시교생侍敎生' '권시생眷侍生' '권만생眷晚生'이라는 호칭도 출현했다. 특히 '권'자의 남용은 이 시대 예의가 얼마나 허례허식에 젖어 있는가를 보여주었다. 순안어사가 순무를 방문할 때 '만생시좌晚生侍坐'라고 쓰다가 '만생첨좌晚生僉坐'라고 쓰더니 '만생정좌晚生正坐'도 등장했다. 훗날 '시교생'이 출현하자 순안과 순무가 다투어 이를 썼고 얼마 후에는 '시생'이라고 칭했다. 선배는 '권'자를 쓰지 않았다. 시골 노인이 휘주 상인에게 보낸 첩자에는 '향시생鄕侍生'이라 했고, 친구를 방문할 때 '시생'이라 썼는데 조금 겸손을 표할 때는 '교'자를 더해 '시교생'이라 하고 친척 사이에서는 '권'자를 쓰곤 했다. '통가通家' '연가年家' 등의 호칭은 별다른 근거가 없어 가볍게 쓸 수 없었다. 숭정 이후, '통가'에 '권'자를 쓰기 시작해서 동사同社 구성원끼리는 '권사제眷社弟' '권맹제眷盟弟' 등이 사용되었다. 과거시험에 붙은 향신들이 손님을 방문할 때 가벼운 사이에는 '권시생眷侍生'이라 하고, 사림士林이 과거시험에 합격한 향신을 방문할 때는 누가 먼저 붙었는지의 여부와 나이와는 관계없이 '권만생眷晚生'이라 썼다.

물론 이름이 널리 알려진 인사들은 이런 시류에 관계없이 자신만의 표현을 고집했다. 권세가 있을 때는 모두가 존칭을 썼지만 어떤 명첩은 호칭이 상투적이라고 사람들의 조롱을 사기도 했다. 소주의 광사狂士 상열桑悅은 경성에서 온 '관리'를 방문할 때 '강남재인상열江南才人桑悅'이라고 썼다.(『화당각총담』) 왕세정은 『고불고록觚不觚錄』에서 장거정이 태감 풍보를 만날 때 '만생'이라 했다고 기록했다. 오응기吳應箕는 『속續 고불고록』에서 남경의 장張씨 도어사都御史가 주연유周延儒의 방사房師로, 주연우가 입각하자 자칭 '만우생晚友生'이라 했다고 기록했는데, 이 두 사례는 사대부들 사이에서 오랫동안 회자되었다. 명첩에 관한 사례로 한 신하가 죄를 저질러 투옥되자 형부가 심문할 때 '만생晚生'이라는 첩자에 "형구 1벌을 첨부한다刑具一副奉上"라고 써 보내자, 죄인은 '시생'이라 쓰고 수고비로 은 1냥을 주어 보냈다는 웃지 못 할 일도 있었다.(『천작당문집필여』)

친왕親王이 문무대신과 만날 때 호칭의 변화는 친왕의 무게가 점차 떨어졌다는 증거였다. 원래 친왕은 존경받는 자리로 스스로 왕王이라 칭하거나 별호를 썼다. 훗날 노왕魯王은 직접 통성명을 해서 겸손하다는 말을 듣기도 했지만 일부 인사는 '체면에 어긋나는' 행동이라며 비난했다. 엄숭이 권세를 잡았을 때, 친왕은 아무런 호칭 없이 투자投刺(명첩을 주는 것)를 했다. 장거정 시대에는 친왕들이 일률적으로 '만생'이라 했다. 어떤 친왕들은 봉작 세습을 위해 '문생'이라는 말도 사양하지 않았으니 매우 기괴한 현상이었다.

권세 있는 집에서는 하인들도 주인의 권세를 등에 업고 진신, 대신들과 교류를 해도 이상하게 생각하지 않았다. 엄숭이 득세하던 시절, 하인 영연永年은 '학파鶴坡'라는 호를 썼는데 관료들이 모두 그의 호를 불러주었다. 한 어사는 그와 의형제를 맺었고 일부 관료도 그에게 투자投刺했다. 장거정이 득세하자 하인 유칠游七도 역시 본분을 잊고 구경·급사중·어사들과 교류했다.(『고불고록』) 진신, 고위 관리들이 권세가의 하인들과 교류할 때 어떤 호칭을 썼는지는 기록이 없어 알 수 없으나 분명 아양을 떠는 추태를 부렸을 것이다.

호칭

소주 출신의 유명한 서예가인 축지산祝枝山은 민간에서 강남의 4대 재사 중 한 사람이라고 칭송을 받았다. 그는 호를 '지지생枝指生'이라 했는데 손가락이 하나 더 있는 육지여서 그렇게 지었다는 기개를 보였다. 그가 쓴 『전문기前聞記』에는 우스운 이야기가 나온다. 강서의 한 지현이 도적을 심문하고 있었다. 지현이 도적의 이름을 묻자 도적이 '수우守愚가 황송합니다'라 답했는데 지현은 '수우'의 의미를 몰라 옆에 있던 서리에게 물으니 '수우'는 도적의 호라고 답했다. 당시는 도적도 호를 가지던 시대였다.

이름·호 등 호칭은 그저 부호일 뿐이지만 사회 교류에서는 꼭 필요했다. 호칭은 쌍방의 사회적 신분을 반영하고 도시 사회의 풍속을 보여주는 단면이다. 홍무 초년, 서찰에 '돈수頓首' '재배再拜' '백배百拜'라는 표현이 많았다. 이름을 지을 때도 '선성선현先聖先賢' '한당국보漢唐國寶' 등이 유행했다. 홍무 3년(1370), 예부는 다음과 같이 반포했다.

> 어른에게 편지를 쓸 때는 '단숙봉서端肅奉書', 답신은 '단숙봉복端肅奉復'이라 정함.
> 연령이나 신분이 상당한 사이에는 '봉서奉書', 답신은 '봉복奉復'이라 정함.
> 윗사람이 아랫사람에게 쓸 때는 '서기書寄', 답신은 '서답書答'이라 정함.
> 어린 사람이 어른에게 쓸 때는 '가서경복家書敬復'이라 정함
> 어른이 어린 사람에게 쓸 때는 '서부모인書付某人'이라 정함.
> 이름에 "천·국·군·신·성·신·요·순·우·탕·문·무·주·한·진·당天·國·君·臣·聖·神·堯·舜·禹·湯·文·武·周·漢·晉·唐" 등은 쓸 수 없다.(『태조실록』)

명대 초기, 도시 백성은 존경을 표하는 의미에서 관직에 없으면서도 관직을 사칭하는 풍습이 유행했다. 의사는 '태의太醫' '대부大夫' '낭중郎中', 머리를 손질해주는 사람은 '대조待詔', 관리 집에 있는 엄할화자閹割火者(거세된 자)는 '태감太監'이라는 관명을 사용했다. 태조太祖·성손聖孫·용손龍孫·황손皇孫·왕손王孫·태숙太叔·태형太兄·태제太

弟·태사太師·태부太傅·태보太保·박사博士·대관大官 등의 호칭도 유행했다. 태조는 이를 엄히 금지하고 의사는 '의사醫士' 혹은 '의인醫人', 머리를 손질해주는 사람은 '소비인梳篦人' 혹은 '정용整容', 관리 집에 살면서 거세한 자는 '혼자閽者'라고만 호칭하도록 했다.(『남경형부지南京刑部志』)

민간에서 사용하는 호칭에 대해서도 새로운 제도가 반포되었다. 백성 중 양장糧長·이장里長·갑장甲長을 지낸 사람은 이를 자字로만 사용할 수 있다. 길에서 나이 든 사람을 만났을 때 나이가 자기 아버지보다 많거나 같으면 백伯, 적으면 숙叔, 자기보다 많으면 형兄, 적으면 제弟라 칭한다. 관리를 지냈으면 대대손손 형제까지 관에서 쓰던 호칭을 쓸 수 있으나 자손은 '사인舍人'이라 칭했다. 만약 평생 흠 없이 살았고 다시는 관직에 나가지 않았더라도 자손들 역시 관에서 쓰던 호칭과 더불어 사인이라 칭할 수 있었다.(『어제대고속편御制大誥續編』)

성·이름·자는 일종의 부호일 뿐이다. 고대에는 성이 씨족을 대표했고, 이름은 정체성, 자는 표덕表德(덕행과 선행)을 나타냈다. 공자 집안은 "중니조술요순仲尼祖述堯舜(공자는 요순의 도를 근간으로 그 뜻을 펴고 서술했다)이란 자를 사용해서 조상에 대한 존경을 표현했고, 때로 "중니일월야仲尼日月也(중니는 태양과 달이다)"라며 존경하는 스승이란 의미를 담기도 했다. 고대에는 존경의 의미로 이름을 부르는 대신 대부분 자를 불렀다. 송대에는 존장자의 자는 함부로 부르지 않고 주로 별호로 불렀다. 그러나 주희朱熹·위요옹魏了翁 등 대가의 학생들은 별호도 감히 부르지 않았다. 명대에 와서, 다시 호를 중시하면서 관직에 나간 뒤에는 자를 부르지 않았다. 명대 말기에 관리가 되면 하는 일은 "오직 호를 짓고 첩을 얻는 것"이라는 우스갯소리가 유행했다. 만약 자를 부를 경우 '옹翁' '노老'를 붙여서 불렀다. 왕홍王弘은 "오늘날 서로 무슨 옹, 무슨 노라고 자를 부른다. 시정의 백정과 술집 주인들도 다 그러니 웃지 않을 수 없다"고 비꼬았다.(『유남수필』) 황제도 이러한 유행에 따라 스스로 별호를 만들어 자랑을 했다. 가정제는 도가 수련을 오래해서 '천태조수天台釣叟', 만력제는 아마도 순임금이 우임금에게 명했다는 "순역이명우舜亦以命禹"에서 따온 듯한 '우재禹齋'를 사용했다.

별호가 언제부터 시작된 것인지는 알 수 없다. 춘추의 '한천寒泉' '저리자樗里子' 등에서 시작되어 당대에 점차 많아지고 송대에 더욱 성행했다는 설이 있다. 명대 방효유方孝孺는 반택가潘擇可에게 보낸 서신에서 "교제의 수준에 따라 호를 쓰는 것은 일상적인 예의다. 존경하지도 않는데 존경한다고 하는 것이나 잘못된 호칭을 하는 것은 부끄러운 일이다. 어리고 우둔한 자가 자를 갖는 것은 지나친 것이고, 자에 별호까지 심지어 별호에다가 선생까지 붙이는 것을 예라고 할 수 있는가?"라고 비난했는데 이는 민간의 무분별한 호칭 풍습을 지적한 것이다. 사실 민간의 호칭은 나름의 문맥이 있어 예법으로 구속할 수는 없었다. 중기 이후 시정의 백정이나 술집 주인조차도 암庵·재齋·헌軒·정亭과 같은 별호를 가졌다. 오응기吳應箕는 자만 있고 호가 없는 문인들은 보지 못했다고 했는데, 몇 가지 경우를 살펴보자.

솜씨가 좋기로 유명한 장인들도 사대부들과 교류하기 위해 별호를 지었다. 가흥의 죽기 명가인 주朱씨 삼대는 가장 주학朱鶴이 '송인松鄰', 아들 주영朱纓이 '소송小松', 손자 주치정朱稚征이 '삼송三松'이라는 호가 있었다.(『유남수필』)

승려 중에도 사교를 즐기고 시를 잘 짓는 경우에 역시 별호가 있었다. 승려 대함大涵은 '흘설자吃雪子'라고 했는데 훗날 안탕雁湯(절강성 온주에 있는 산)과 황산黃山 등을 유람한 뒤 '안황雁黃'이라고 고쳤다.

기생들도 사대부들과 교류하며 시·노래를 짓고 승마나 협객 이야기를 좋아했다. 항주의 기생 왕쇄王瑣는 문사 정중기鄭仲蘷에게 보낸 서신에서 자칭 '왕랑王郞'이라 했는데 아마 별호였을 것이다.(정중기, 『이신耳新』)

상술한 대신의 하인들 중 엄숭의 하인 영연은 '학파鶴坡', 장거정의 하인 유칠은 '초빈楚濱'이라는 별호가 있었다.

도시의 백정이나 술집 주인들이 가진 별호 역시 나름 역사가 있었다. 예로부터 도시의 큰 상인이나 유명한 협객들도 거주지와 직업에 따라 별호를 지었다. 『한서漢書』에는 동시東市 가만賈萬, 성서城西 만장전萬章箭, 장금주張禁酒 조방趙放 등이 나오고, 『사기』 「화식열전」에도 옹백翁伯 판지販脂, 장씨張氏 매장賣醬, 질씨郅氏 쇄삭洒削, 탁씨濁氏 위포胃脯 등이 나온다. 명대에도 도시에서 간장을 팔든 소를 잡든 술집을 하든 돈만 많으면 누구든 별호를 가질 수 있었으니 예전과 크게 다르지 않았다.

별호에는 별명인 작호綽號(원호諢號)와 도호道號가 있었다. 작호는 폭군의 대명사인 하夏나라 걸왕桀王에서 시작되었는데 걸은 '대희大犧', 즉 힘이 세서 무거운 물건도 움직일 수 있다는 의미였다. 관료 사회에서도 '별명'을 부르는 것이 유행했다. 진기인陳沂人은 '진목장陳木匠', 광모인酈某人은 '광향마酈響馬'라 했는데 이는 외모가 흡사하다 해서 얻은 별명이었다. 마여기馬汝驥 역시 여성스럽다는 이유로 '마씨 둘째언니馬二姐'라는 별명이 있었다. 남명 홍광 때, 궁중에서 방중약房中藥이 필요하자 홍광제는 거지들에게 개구리를 잡아 진공하라며 등롱燈籠에 '봉지포섬奉旨捕蟾'이라 써서 '청개구리 천자蝦蟆天子'라는 별명을 들었다. 당시 내각 대학사인 마사영馬士英은 '귀뚜라미 싸움蟋蟀'을 즐겨서 '귀뚜라미 싸움 상공蟋蟀相公'이라 불렸다. 명말 복사復社 초창기에 손순孫淳은 다른 문사들과의 연락으로 바쁜 나머지 '손포사鋪司(공문 처리나 송달을 맡은 관리)'라는 별명을 얻었다. 협객·유맹·도적들도 별명이 있었다. 협객들 사이에서는 '태보太保'라는 별명이 유행해서 '십삼태보十三太保'라는 말이 있었다. 또 '천강天罡(북두칠성)' '지살地煞(살인자)'에서 영감을 받아 '삼십육천강三十六天罡' '칠십이지살七十二地煞'이라는 별명도 있었다. 이 외에 '낭두郞頭' '철검鐵臉' '엄왕閻王' '태세太歲' '선봉先鋒' '토지土地' '나호喇唬' '봉퇴棒槌' '벽시劈柴' '고자橋子' 등이 있었다.

작호 외에 도호도 있었다. 가정제가 도교를 신봉해서 자칭 '영소상청통뢰원양묘일비현진군靈霄上清統雷元陽妙一飛玄眞君'이라 했고 나중에 이것을 길게 늘려 '구천홍교보제생령장양음공과대도사인자극선

옹일양진인원허현응개화복마충효제군九天弘敎普濟生靈掌陽陰功過大道思仁紫極仙翁一陽眞人元虛玄應開化伏魔忠孝帝君'이라 했다가 다시 '태상대라천선자극장생성지소령통삼원증응옥허총장오뢰대진인현도경만수제군太上大羅天仙紫極長生聖智昭靈統三元証應玉虛總掌五雷大眞人玄都境萬壽帝君'이라고 바꾸는 등 긴 도호를 사용했다. 선종宣宗 황후 호胡씨도 '정자선사靜慈仙師'라 했다.

황궁에서 동궁과 서궁의 후궁들은 매번 황제를 알현할 때 '여아女兒'라 자칭했다.(이청李淸, 『삼원필기三垣筆記』) 『금병매』에서 서문경의 첩들은 사이가 좋아서 '달달達達' 혹은 '친달달親達達'이라 호칭했는데 궁내에서의 호칭과 유사한 이름들이었다.

관료 사회에서는 수재가 과거시험에 응시하면서 호칭이 시작되었다. 고대에는 수재를 청렴결백하게 큰일을 할 것이라는 기대에서 '조대措大'라 했다. 천하에서 큰일을 하는 사람은 오직 재상뿐이니 '상공相公'이라 부르기도 했다. 고염무顧炎武는 『일지록日知錄』에서 남방에서는 수재를 '관인官人'이라 부른다고 했다. 선비들은 일반적으로 '동학同學'이라 칭하고 특별한 모임을 결성하면 '맹형盟兄' '맹제盟弟'라 불렀다. 일단 과거를 통과하면 시험을 주관한 고위 관리는 '좌사座師', 실무 관리는 '방사房師', 같이 합격한 진사는 '동년同年', 동년의 아들에게는 '연질年姪', 좌사와 방사 아들에게는 '세형世兄', 좌사·방사가 선발한 진사는 '문생門生', 문생이 선발한 진사는 '문손門孫', 문생이 스승의 스승을 부를 때는 '태노사太老師'라고 불렀다.(고염무, 『정림문집亭林文集』) 지방 부현 학교에서 생원이 지부·지현 등 제조관을 부를 때는 '노대인老大人'이라 하다가 '노사老師'로 바뀌었다. 제조관과 생원의 관계가 비교적 돈독할 때는 이름이 아닌 호를 불렀다. '선생先生'은 원래 연장자를 부르는 통칭이었으나 어떤 제조관들은 생원을 '선생'이라 부르기도 했다.

경성에서는 대체적으로 관함官銜으로 불렀다. 관함은 관직의 옛이름 혹은 별명으로 비교적 고상한 맛이 있었다. 육부 상서는 주대周代의 관명인 대사도大司徒·대사마大司馬라 불렀고, 도찰원 좌우 도어사는 대중승大中丞, 금의위 장인掌印은 대금오大金吾, 순천부윤順天府尹은 대경조大京兆라 불렀다. 당대의 재상은 '당로堂老', 양성兩省은 '각로閣老', 상서는 '원장院長', 어사는 '단공端公'이라 했다. 명대에는 내각 대학사를 '각로閣老', 때로 내각수보를 '단공端公'이라 불렀다. 한림원 학사는 관명 대신 '북문北門'이라 불렀다. 당대의 급사중·중서사인은 '급사給舍'라 했는데 명대에도 역시 급사중을 급사, 중서사인은 '중사中舍'라 불렀다. 지방의 부좌府佐는 모두 '소부少府'라 하고 총병은 '대수大帥'·'대장군大將軍'이라 불렀다.

경성의 관료 사회에서는 '노선생老先生'이 가장 존귀한 호칭이었다. 내각에서 대소 구경九卿까지 모두 노선생이라 불렀다. 문생이 좌주座主에게도 노선생이라 호칭했다. 사례감 장인 태감이 때로 내각에 와서 대학사를 '노사부老師父'라고 칭하면 대학사는 태감에게 '노선생'이라 화답했다. 이동양李東陽이 겨울 오경(새벽 4~6시)에 출근하기 위해 장안가長安街를 지날 때 길가에서 술을 마시고 있던 편수 최선崔銑과 조우했다. 최선은 가마 앞에 서서 "노선생, 추운데 술 한 잔 하고

가십시오"라고 했다. 만력 초년, 태감 풍보의 권세가 등등하자 무청
후武淸侯도 '노공공老公公'이라 칭할 정도였다.[8] 엄숭이 집정한 이후 그
에게 아부하기 위해 '노옹老翁' 심지어 '부자夫子'라고 부르기도 했다.
이후 문생들은 좌주를 '노사'라고 부르고 삼품 이상의 관리들에게
도 '노옹'이라 불렀다.

경성 각 아문들끼리의 호칭에도 일정한 규칙이 있었다. 왕사진王
士禛은 『거이록居易錄』에서 내각에서는 서로 '노선생'이라 칭했고, 한
림원 첨사부 역시 마찬가지였다고 했다. 급사중은 '장과掌科', 어사는
'도장道長', 이부는 '인군印君' 혹은 '장관長官'이라 불렀다. 가정 중기,
삼품 구경들을 '옹'이라 호칭했다. 4~5품 한림과 지방 수령, 사헌부
方伯憲長 관리들도 모두 '옹'이라 불렀고 훗날에는 사대부에서 소시민
까지 모두 '옹' '노'를 붙였다. "관에서는 존비에 관계없이 모두 '노'를
붙이고, 사람들은 나이 관계없이 모두 '옹'이라 부른다"는 속담이 떠
돌았다.(『유청일찰』)

'노야老爺'는 경성의 구경과 사림관, 지방의 사도司道 이상 관리들
만 사용하고 그 외는 오직 '야爺'만 사용했으며, 향신은 '노다老爹'만
쓸 수 있었다. 부친 역시 노야라고 부를 수 있었으나 설사 귀족일지
라도 '대야大爺'라고만 칭했다. 상숙현 진찬陳瓚의 아들 우모禹謨·고운

---

8   무청후는 중요한 군공을 세운 사람에게 주는 작위로 문관은 받을 자격도 없
     었다. 태조 때 이선장李善長·유기劉基 외에 명나라 276년의 역사에서 문신은
     오직 왕수인王守仁, 사유정徐有貞 등 몇 사람뿐이었다. 어전에서는 일품대신一
     品大臣의 앞에 섰다.

정顧雲程의 아들 대장大章은 자신의 부친을 평생 '대야'라고만 불렀지 감히 노야라고는 부르지 못했다.

지방 관청에서도 변화가 있었다. 안찰사 첨사僉事 이상은 순무를 '노선생', 순안어사와 부사部使는 '선생' '대인大人' 정도였다. 호칭은 시대에 따라 무게감이 달랐다. '대인'은 원래 최고 존칭이었으나 명대에는 그만큼의 무게감이 없었다. 가정현승嘉定縣丞이 순안어사에게 '대인'이라 하자 순안어사가 크게 화를 냈다거나, 하옥린夏玉麟이 향시를 볼 때 지현에게 '대인'이라 했더니 지현이 매우 불쾌해 했다고 했을 정도였다.(『유남수필』) 일부 관리가 상사에게 아부하기 위해 부르기도 했는데 만력 연간, 강서 출신 학관學官은 지현에게 아부하기 위해 '노당존老堂尊'이라 호칭했다.(『견문잡기』) '당존堂尊'은 현승縣丞·주부主簿·유학박사儒學博士가 지현을 부를 때 쓰는 용어였는데, 유학박사가 그 앞에 '노老'자를 붙이는 일은 없었다.

관료 사회에서는 '폐敝'자를 붙여 겸손을 표하는 것이 유행이었다. 타향에서 고향을 칭할 때 '폐경敝京' '폐성敝省' '폐읍敝邑' '폐도敝郡'라 했고 갑을 양과에 같이 합격한 진사·거인들끼리는 '폐동문敝同門' '폐동년敝同年'이라 하고, 좌주를 '폐방사敝房師' '폐노사敝老師', 신사가 지현을 '폐부모敝父母', 같은 스승의 문하들끼리 '폐동인敝同人', 서리가 부청府廳을 '폐부주敝府主' '폐청주敝廳主', 속리屬吏가 당관堂官을 '폐당옹敝堂翁', 사유師儒가 학교를 '폐상敝庠', 관리들이 자신의 아문을 '폐아문敝衙門', 자신의 직책을 '폐함敝銜'이라 했다. '폐敝'는 타인에 대해 자신을 말하는 것으로 만약 상대를 칭할 때는 '귀貴'를 써서 '귀성貴

대명제국의 도시생활

省'·'귀군貴郡' 등으로 존대했다.(장자열張自烈, 『기산문집己山文集』)

민간에서 백성 사이의 호칭과 관리를 상대할 때의 호칭은 두 가지가 있었다. 백성 사이에서는 사생지간의 호칭에 변화가 있었다. 심치선沈治先은 장자열張自烈에게 "금릉 황이유黃圯孺는 어려서부터 미생眉生(심미생沈眉生)에게 교육을 받아 심치선을 만나면 '만생晚生'이라 칭했는데, 관직에 나가자 '만제晚弟'라 고쳐 불렀습니다. 복僕(장자열의 겸손) 왈: 이유圯孺가 진사가 되었으니 '만제'를 '시제侍弟'라 고쳐야 하지 않습니까? '만제'라고 하면 어느 날 높은 자리에 올랐을 때 다른 학생들은 '문생'을 '만생'으로 고쳐야 하지 않습니까?"라고 했다.(『기산문집』) 장자열의 우려에는 이유가 있었다. 개인 신분의 변화에 따라 스승에 대한 학생 자신의 호칭도 '만생'에서 '만제', 다시 '시제'로 바뀔 가능성이 매우 컸고, 심지어 학생들은 스승에게 '문생'에서 '만생'으로 변할 수도 있었기 때문이다. 물론 이는 특별한 경우였다.

도시에서는 사생간의 호칭에 일정한 관례가 있었다. 제자들은 스승을 '노사'라 호칭했다. 안 보이는 곳에서 친구들과 스승을 호칭할 때는 '모某 노사'라 하지 않고 자나 호를 사용했다. 스승의 친구가 자신과 나이가 비슷할 때는 '만생'이라 자칭하고, 스승보다 연장자일 때는 '선생'이라 불렀다. 훗날에는 일률적으로 '소제小弟'·'두제杜弟'라고 했다. 비교적 신중한 사람들은 상대를 '노형老兄'이라 칭했다. 스승의 친구 앞에서 자신의 스승을 칭할 때는 '모 노사'나 그 문하라고 직접적으로 하지 않고 그저 '모노某老' 정도가 적당했다.

성이 같을 때는 '가家'로 호칭했다. 위에 언급한 심치선이 심미생沈眉生을 칭할 때는 '가미생家眉生'이라 했듯, 예로부터 이미 '가'로 호칭했다. '가家'의 남용은 명대 중엽부터였다. 사람들은 배우는 사람도 '가'로 호칭했다. 하양준이 문징명文徵明과 담소할 때 문징명이 "우리 집我家 오 선생" "우리 집 이 선생" "우리 집 심 선생" 했는데 바로 오관吳寬, 이응정李應禎, 심주沈周 세 사람을 지칭하는 것이었다.(『사우재총설』)

남의 시집에 서문이나 묘지명을 쓸 때 문장 끝에 서명을 하는데 동년배들끼리는 '동학同學' '우인友人' '우제友弟'라 했다. 조상원趙賞元이 양계익楊繼益이 쓴 『연우우담燕寓偶談』에 서문을 쓰면서 '통가치제通家治弟'라 했고 왕행가王行可는 '우제'라 했다. '통가치제'의 '통가'는 두 사람이 아버지 때 이상의 우의가 있다는 것이며, '치'는 두 사람 모두 평범한 백성이라는 의미이며, '우제'는 친구·형제처럼 친밀한 관계를 표한 것이었다. 때로 '후생後生'도 있는데 비교적 고상한 표현으로 심주의 『심석전전집沈石田全集』에 실린 시에서 당인唐寅은 자칭 '후생 당인'이라 썼다. 선배에 대해서는 '후학後學' '후진後進' '통가자通家子'라고 썼다. 명대 후기에 들어서 '권제眷弟' '권질眷姪' '권만생眷晚生'이 유행했다.

백성은 순무를 '도야都爺', 총병을 '총야總爺', 순안을 '노야老爺', 부현관을 '상공相公', 명부命婦를 '안인安人' '부인夫人'이라 불렀다. '노상공老相公' '노부인老夫人'은 극존칭이었다.(유정기劉廷璣, 『재원잡지在園雜志』) 백성이 관리를 부를 때는 반드시 '야爺'자를 붙였는데 친근한 의미였다.(풍가馮柯, 『질언質言』「경세經世」) 즉 인척관계를 이용해서 관리를 호칭했던 것이다. 같은 이치로 종교에서도 '노야老爺' '내내奶奶'라고 불렀다. 현천상제玄天上帝를 '진무노야眞武老爺', 관우를 '관노야關老爺', 악비를 '악노야岳老爺', 황하의 금룡 사대왕金龍四大王을 '대왕노야大王老爺', 태산 벽하원군碧霞元君을 '정상내내頂上奶奶'라고 불렀다. 또 공자를 '공부자孔夫子' 혹은 '공성인孔聖人'이라고 불렀다. 당시에 '야'가 유행하자 공자를 '공성인노야孔聖人老爺'라고 부르기도 했다.

친척들 간의 호칭은 자연적으로 형성되었고 지역에 따라 차이가 있었다.

첫째, 남의 아버지는 '존보尊甫'라 칭했다. 보甫는 '부府' 또는 '부父'라고 칭할 수도 있었다. 남의 어머니는 '존당尊堂'이라 칭했다.

둘째, 서신을 쓸 때, 동년배 상대에게는 '인형仁兄', 자신은 '우제愚弟'라 해서 겸손을 표했다. '현제賢弟'도 무방했다.

셋째, 도시에서는 '수秀' '낭郎' 등의 호칭이 유행했다. 수는 가족 중 뛰어난 사람, 낭은 별 볼일 없는 사람을 지칭했다. 원말 명초, 강남에서 가장 부자였던 심만삼沈萬三은 '심삼수沈三秀'라고도 했고 『수호전』『금병매』에는 무대랑武大郎, 무이랑武二郎 등이 있었다. 별로 하는 일 없이 빈둥대는 사람들을 향해 "낭이 낭도 아니고 수가 수도 아니다(남자라고 할 것도, 별로 잘난 것도 없다)"라고 비꼬기도 했다.

넷째, 사대부와 관료 집안에서 하인들이 주인을 호칭할 때는 '가노야家老爺'라고 하면 주인도 좋아했으나, 비교적 신중한 관리 집안에서는 '가주家主' 정도였다.

다섯째, 사대부·관료 집안에서 아이들이 부모를 호칭할 때는 '노야老爺' '내내奶奶'라 했다. 송강에서는 사대부가 나이 마흔 이전에는 '노옹老翁', 여자가 서른 이전에는 '태태太太'라고 했다. 강남에서는 자녀들이 부모에게도 이런 호칭을 사용했다. 때로 자신의 부친을 '가엄家嚴'이라 했는데 이는 『역전易傳』에서 나온 것으로 부모가 매우 엄한 존재임을 나타낸 것이다. 남의 집 큰아들을 지칭할 때는 '주기主器'라 했다.

아버지가 아들을 부를 때는 '보보保保', 함부로 부를 때는 '견자犬子' '돈아豚兒' 혹은 '돈견豚犬'이라 했는데 함부로 기른다는 의미로 아구阿狗·아묘阿猫 등과 다르지 않았다. 형제의 자식은 '유자猶子'라 했는데 자기가 낳은 자식과 같다는 의미였다.(『유청일찰』) 도시에서는 아이를 귀하게 여겨 '보보寶寶'라 했지만 지나치다고 조롱을 받기도 했다. 원대에는 '보보保保'가 존중의 호칭이어서 승상을 부를 때 '왕보보王保保', 용사를 부를 때 '홍보보洪保保'(『원사元史』)라고 했고, 명초에도 조국공曹國公 이문충李文忠을 '이보보李保保'라고 호칭했었다.(『초목자草木子』)

여섯째, 가족 혹은 친척 등 혈연관계에서도 호칭의 일정한 규칙이 있었는데 지방 사투리에 따라 차이가 있었다. 북경에서는 할아버지를 '야爺', 할머니를 '내奶', 아버지는 '다爹' '별別(평성으로 발음이 파爸와 같다)' '대大', 어머니는 '마媽', 부모는 아들을 '가가哥哥', 딸은 '저저姐姐', 시어머니는 며느리를 '대수大嫂' '이수二嫂', 며느리는 시아버지를 '다爹', 시어머니는 '마媽', 사위는 장인을 '다爹', 장모를 '마媽', 조카는

어머니의 아버지를 '노야老爺', 외할머니는 '모모姥姥', 외숙모는 '금자
妗子'라 불렀다.

심방沈榜의 『완서잡기宛署雜記』에서는 광동의 도시에서 자녀들이
할아버지를 '아공亞公', 할머니를 '아파亞婆', 아버지를 '파爸' '다參', 어
머니를 '내奶' '마媽', 부모는 아들을 '시가屎哥', 딸은 '시매屎妹', 며느
리는 시아버지를 '대인공大人公' '가공家公', 시어머니는 '대인파大人婆'
'가파家婆', 외할아버지를 '외공外公'이라 했다.

양춘陽春에서는 외할아버지를 '옹다翁參' 외할머니를 '파다婆參'라
불렀다.

고명高明에서는 외할아버지를 '공저公低' 외할머니를 '외파外婆'라 불
렀다. 외삼촌은 '구부舅父', 외숙모는 '금모妗母'; 어머니의 삼촌은 '숙
공叔公', 숙모는 '숙파叔婆', 손자는 할머니 형제를 '구공舅公' '금파妗婆'
라 불렀다.(『광동신어』)

강소 의흥宜興에서는 형을 '황況'이라 불렀다.(『유남수필』) 일반적으
로 연장자는 '사姒', 연하자는 '제娣'라 불렀는데, 명대에는 형수를 '사
姒', 제수를 '제娣'라 불렀다. (『곡산필진』)

명대 도시에서는 지명에 따라 별명을 짓기도 했다. 곤산昆山은 '옥
봉玉峯', 강양江陽은 '징강澄江', 상숙上熟은 '우산虞山'라고 했는데 물론
이는 문인들이 부리는 호사였다.

이렇듯 호칭 풍습에서는 두 가지 특징이 있었다. 첫째는 호칭에서
예의 등급이 점차 퇴색해갔다. 고대에는 스승·부형·연장자에게만
'선생'이라는 호칭을 썼으나 명대에는 동년배·후배·의사·상인·수레

꾼·하인·심부름꾼들도 모두 '선생'이라 불렀다. '상공相公'은 수재의 존칭이었으나 훗날 서리도 '상공相公'이라 불렀다. 둘째, 고상한 품위를 뽐내려다보니 점차 허세가 가득했다. 특히 관료 사회에서는 고대에 쓰던 직함을 즐겨 사용했다. 지명에서도 명대 지명이 아닌 별명을 썼다. '권'자는 원래 친척을 의미했으나 동성끼리도 사용했다. 친척간의 정이나 교분 깊이에 관계없이 서찰에서는 모두 '권제' '권만생'이라고 썼다. 친소관계가 없는 사이에도 남용되었는데 이는 도시인들의 허세가 만들어낸 결과였다.

가례: 관혼상제

중국 전통사회는 예악禮樂 사회였다. 『효경孝經』에서는 "풍속을 좋은 방향으로 바꾸는 데 음악을 장려하는 것보다 좋은 것이 없다. 왕이 편안하고 백성을 잘 다스리는 데 예의를 가르치는 것보다 좋은 것이 없다"고 했는데 전통적인 관념에서 본다면 예악은 세상을 지배하는 '큰 경계'이며 더욱이 정치의 '근본'이었다.

예의 중 가례가 가장 기본이 되는데, 이는 관·혼·상·제의 사례四禮가 있었다.

남송 때 주희가 『가례家禮』를 다시 정리해 사회 행위 규범의 준칙으로 삼아 후세에 큰 영향을 미쳤다. 명대 초기, 민간에서는 여전히 원대의 풍속이 남아 있었다. 관례는 유치했고 혼례는 오직 돈만을 이야기했으며, 상례는 부도浮屠(승려)와 풍수에 현혹되었고 제례는 사라져 사대부들도 행하지 않았다. 왕조가 바뀌고 홍무 18년(1385) 사례에 대한 규정이 반포되었다. 그러나 백성이 여전히 옛 풍습을 버리지 못하자 사대부들이 실제 생활에서부터 실천할 수 있도록 번잡한 것을 간략화해 다시 반포했다.

관례: 성인 의식

관례는 성인이 되는 의식으로 이 예를 통해 성인이 되었음을 알렸다. 민간에서는 15~20세 사이에 관례를 행했다. 길일을 택해서 사당에 모신 조상의 위패에 고하고 존경받는 가까운 친척들을 초대했다. 주희의 가례를 따라 진행하고 끝나면 '자字'를 주었다. 자는 고대 성현이나 조상들의 이름은 사용할 수 없었다. 마지막으로 부모와 어른들에게 절을 올리는 것으로 마무리되었다. 다음날, 친척들에게 인사를 드리고 좋은 덕담으로 축원을 들었다. 잘사는 집은 견絹 1필, 보통 집은 포 1필, 어려운 집은 파帕 1방을 손님들에게 선물했다.

예를 마친 뒤, 음력 초하루에 지방관을 방문하고, 지방관은 사람의 도리에 대해 훈시했다.

도시에서는 전통 방식으로 관례를 행하지 않았고 아예 없어진 곳도 많았다. 경제적 사정이 좋지 못하면 친척을 초대해서 조상에게 고하는 것으로 대신했다. 어떤 집에서는 10여 세가 되면 스스로 관을 쓰고 친구들끼리 자를 지어주었다. 망건網巾이 나오자 이를 쓰는 것으로 관례를 대신하기도 했다.

지역별로 차이도 컸다. 북경에서는 사대부 집안 이외에 일반 백성은 관례를 하지 않고 혼례 때 남자 집에서 사람을 보내 신부의 쪽을 올리고, 여자 집에서는 신랑에게 관을 주었을 정도였다. 심방의『완서잡기』에서는 송강에 관빈冠賓을 초대해서 원복元服을 세 차례 바꿔 입는 삼가원복三加元服의 옛 방식이 남아 있었다고 했다. 의식이 끝나면 친척 어른들을 찾아 절을 하고 읍으로 답례했다.(『열세편』) 항주에서는 관례를 이미 오랫동안 행하지 않고 때가 되면 가묘에 가서 삼가三加 관례 방식을 따른 뒤 친척을 방문하고 덕담만 나누었을 뿐 사람들을 초청하지는 않았다.(장한張翰,『송창몽어松窓夢語』)

혼례: 신랑은 때리고 신부는 놀리고

『금병매』에서 서문경의 여섯 첩 중에서 이교아李嬌兒와 탁이저卓二姐는 기생 출신이었고, 맹옥루孟玉樓·반금련·이병아李瓶兒는 재혼녀였다. 전통적 관습에서 본다면 모두 예에 어긋나는 위반 사항이었지만, 만명晩明 시기, 도시에서 기녀를 첩으로 들이거나 부녀자들이 재혼하는 것은 전혀 문제가 되지 않는 일상적인 일이었다.

민간에서 혼례는 문명問名·납채納采·납길納吉·납징納徵·청기請期·친영親迎 등 여섯 가지 과정을 거쳤다. 특히 문명과 친영이 중요했고, 도시에서는 납채·납징·청기·친영 등 네 가지가 행해졌으며 문명 대신 상근례相近禮를 행하기도 했다. 하남河南의 도시에서는 먼저 송계送啓한 뒤, 상대방 집을 방문하는 배친拜親으로 문명을 생략했다. 물론 대부분 '중매인'이나 사주단자인 '경첩庚帖'이 문명을 대신했다.

중매인의 시조는 전설에 나오는 여와씨女媧氏였다. 『통감』에는 "여와씨와 태호太昊는 같은 어머니 소생으로 태호의 혼인을 도왔고 많은 사람의 반려자를 찾아주었다"라 했고, 『주례周禮』 「매씨媒氏」에도 "여와씨가 사람들을 맺어주었다"라 했다.[9] 도시에서는 길일을 택해 중매인의 중재 아래 서로 절을 하면 그만이었다. 심지어 가장을 대신해서 중매인이 말을 맞추기도 했는데 주로 여자가 많아서 '매파媒婆'라 불렀다.

혼인에서 경첩庚帖은 빠질 수 없었다. 경첩은 점쟁이가 남녀의 팔자를 보고 적합 여부를 결정해주는 것이었는데, 매우 유행했다. 상해 반윤단潘允端은 큰아들 결혼에 부인이 "10여 명 경첩을 보고 가장 좋은 사람을 선택했다"고 했다.(이정호李廷昊, 『남오구화록南吳舊話錄』) 이는 여자의 성정에 관계없이 그저 운명에만 집착하는 것이어서 많은 병폐가 있었다. 반윤단은 부인의 과도한 집착에 "여자 측에서 돈으로 매수해 우리가 원하는 결과를 말해준다"고 했으니 여자 측에서 미리 손을 써서 경첩을 위조하기도 했다. 장맹기張孟奇는 친구에게 보낸 글에서 "경첩은 운명을 날조한 것이다. 상대방이 아주 부자極富이고, 아주 귀하며極貴, 아들을 많이 낳는다極多男라고 사주를 고친다

---

9   주注에서 "判, 半也"라고 했는데 부부의 인연을 맺어준다는 의미였다.

면 어쩔 것인가?"라는 경고하기도 했다.

납채·납징은 예물이었다. 『통감』에는 "태고에는 남녀 차별이 없었
다. 태호太昊가 혼인할 때, 사슴가죽麗皮을 주었다." 사슴은 짝수로 훗
날의 납징은 이렇게 시작되었다. 비녀·돈·술·가축 등을 주었고 지
역마다 특색이 있었다. 잘사는 집은 은 15냥, 보통 집은 10냥, 어려운
집은 5냥 정도였고 선물을 가져온 사람에게 술을 대접하는 것이 예
의였다.

청기는 집의 형편과 관계없이 사람을 보내 혼례 날짜를 전하는 것
으로 예물도 필요치 않았다.

납채·납징·청기에는 모두 '구서具書' 즉 여자 집에 보낼 혼수聘禮를
적은 명단이 있었다. 여자 집에서는 받은 후 다시 돌려보냈다. 사대
부 집안은 보통 재력을 과시하지는 않았으나 일부에서는 혼수품으
로 뽐내기도 했다. "혼인에서 재력을 논하는 것은 오랑캐의 풍습이
다"라는 말이 있지만, 민간에서는 재력이 중요한 조건이었다.

빙례, 즉 혼수는 지역에 따라 차이가 있었다. 북경에서는 길일 전
에 비녀·반지·수건 등을 건넸고, 차와 과일 등을 대접하는 소다례
小茶禮가 있었는데 접시 수가 4반盤·6반·16반까지 집안 사정에 따라
다양했다. 부잣집에서는 대다례大茶禮 때 금·은·진주 등을 준비해서
재력을 과시했다.(『완서잡기』) 복건 수녕壽寧에서는 예첩禮帖을 '건곤서
乾坤書'라고 불렀는데 표첩裱帖(비단이나 두꺼운 종이를 발라서 책·화첩·
족자로 만듦)처럼 만들었다. 형편이 안 되는 집에서는 붉은 종이 혹
은 백고간白古柬으로 만들었다. 빙례는 여자 측에서 약간의 합단盒担

를 요구하고 남자 측에서 수용하면 혼인이 성사되었는데, 은 50냥을 넘지 않았다. 여자의 혼수는 많으면 대바구니 20단扭, 소 열 마리 등 재력에 따라 차이가 있었다. 가난한 집에서는 남자 집에서 먼저 여자의 혼수를 제한하기도 했다. 수녕壽寧에서는 강남에서 차와 대추, 광동에서 빈랑檳榔을 사용한 것처럼 떡餠을 사용했다. 혼사가 결정되면 여자 집에서는 옷을 마련하고 남자 집에서는 재력이 허락하는 범위 내에서 천막을 치고 준비했다.(풍몽룡, 『수녕대지壽寧待志』) 복건 혜안惠安에서는 술 1단罇, 거위 두 마리, 포 2필, 차 1합盒을 주었다.

황실 혼례에서도 빙례가 있었다. 친왕, 공주의 혼인에서는 지극히 풍성했다. 금 50냥·진주 10냥·화은花銀 400냥·각종 저사苧絲 40필에 납징 예물로는 옥곡규玉谷圭·금룡주취연거관金龍珠翠燕居冠 등이 있었다. 또 원병圓餠 위에 붉은 종이를 붙였다. 매인이나 태감이 비妃의 집에 보냈고, 다시 보낸 예물을 들고 서화문西華門을 통해 돌아왔다.(『대명관제』「혼례」)

도시의 혼례에는 두 가지 특징이 있었다. 첫째, 전체적으로 사치가 유행하여 빙례는 갈수록 풍성해졌다. 하북 순덕부順德府에서는 양·돼지·소·화홍花紅·포금布錦 등으로 그나마 소박했는데, 만력 이후 점차 은전금옥銀錢金玉으로 변해갔다. 둘째, 상대적으로 남방 도시가 북방 도시보다 빙례의 변화가 컸다. 북방에는 전통적인 예가 부분적으로나마 남아 있었지만, 남방, 특히 강남에서는 오직 금전만을 따져 전통적 의미는 완전히 사라져버렸다.

빙례가 정해지고 혼수 준비가 끝나면 '최장催粧' 혹은 '영장迎粧'이 이어졌다. 북경에서는 혼인 하루 전, 남자 집에서 방석과 수탉 등을 가지고 여자 집에 가는 것을 '최장'이라 했다. 송강에서는 여자 집에서 혼수를 남자 집에 보내는 것을 '영장'이라 했다. 악대樂隊의 인도 아래 가마를 타고 여자 집에서 마련한 혼수를 가져가는 것을 '송가장送嫁粧'이라 하며 혼수가 많음을 과시했다. 남자 집의 예물을 대바구니에 넣어 보내는 것을 '도방건挑方巾'이라 했다.(숭정, 『송강부지』)

청기가 끝나면 친영이었다. 전안奠雁(신랑이 신부 집에 기러기 한 쌍을 가지고 가는 예) 때는 술이나 돈은 필요치 않았다. 일부 지방에서는 기러기 대신 술을 마시기도 했다. 친영 때는 연극을 공연했으며 친지들은 선물을 보내 축하했고, 신부는 친지들에게 돈을 주었다. 이 풍속 역시 지방마다 달랐다. 북경에서는 신부가 문을 넘어 처음 가마에서 내릴 때 신랑은 말안장을 내려놓고 신부가 이를 넘어가도록 하는 '평안平安'식을 했다. 신부가 방에 들어가면 음양인陰陽人이 큰소리로 '최장시催粧詩'를 읊고 과자를 신방에 뿌리는 '살장撒帳'을 했다. 신부 집에서는 신랑 측 손님들에게 음식을 대접하는 연회를 열었는데 '작삼조作三朝' '작단구作單九' '작쌍구作雙九'라 했다. 한 달이 지나면 두 사람은 여자 집으로 가서 한 달을 머물다 돌아갔다. '살장'은 궁중에서도 유행했다.(『천계궁사』) 황실 혼례에서는 제후帝后 옷자락에 과자를 넣었다가 궁인들에게 뿌려 아들을 기원한다는 '득자得子'의 의미를 담았다. 송강에서는 신부가 머리에 오색종이를 오린 화계花髻를 쓰고 표주박 하나에 술을 담아 같이 마시는 합근合졸을 했다. 숭정 초년, 화려한 가마라고 해봤자 남색에 네 모서리에는 분홍색 공을 달았는데 훗날 붉은색 자수에 크고 작은 거울을 달아 더 가볍고 화려해졌다.

또 다른 특색으로 '쌍전마雙轉馬'와 '농신부弄新婦'가 있었다. 신부가 친정에 갈 때 사위와 같이 가는 것을 '쌍전마'라 했다. 북경에도 이런 풍속이 있었는데 춘추시대부터 유래를 찾을 수 있었다. 『좌전』 선공宣公 5년 "가을 9월, 제나라의 고고高固가 와서 여인을 맞이해 부인叔姬으로 삼았다. 겨울에 친정의 가마와 말을 타고 왔다가 결혼 후 말은 돌려주었다"라고 했다.

혼례에서 신부와 신랑을 떠들썩하게 괴롭히는 풍속은 당대부터 있었다. 『유양잡조酉陽雜組』에서 "신부를 맞은 집에서 농신부弄新婦를 한다"고 했다. 휘주 등지에서는 신부가 오면 친척들이 장난치며 못살게 굴어 신부의 옷과 신발이 뜯어지곤 했다.(『유청일찰』) 소흥에서는 신랑을 흠뻑 취하게 만들고, 절강 선거仙居에서는 신랑을 때리는 '타랑打郞'이 있었다. 도시의 혼례 풍속에는 다음의 특징이 있었다.

첫째, 명대 초에는 법률로 혼인에 대해 많은 규정을 두었다. 관리나 백성을 막론하고 "처를 첩으로 삼으면 곤장 100대에 처했다. 처가 있는데 첩을 들이면 곤장 90대에 처하고 바로잡았다." 백성이 "이미 처가 있는데 다시 처를 들이면 곤장 90대에 처하고 이혼離異했다. 남자가 40세가 넘어 아들이 없으면 첩을 들일 수 있는데 이를 위반하면 곤장 40대에 처했다." "관리는 악인樂人과 혼인하거나 첩으로 들일 수 없다. 위반하면 곤장 60대에 처하고 이혼했다. 그 자손도 마찬가지다." 신분의 귀천을 넘어선 결혼은 금지하고 "주인이 자신의 노복이 양인 여자와 혼인하는 것을 알았으면 곤장 80대에 처하고 여자 집은 신분을 1등 강등시켰다. 단, 몰랐으면 무죄다. 노복이 결혼을 강행하면 죄는 같았다. 주인이 사정을 알았으면 2등 강등에 처했다. 여자 종婢으로 입적하면 곤장 100대에 처했다. 노비가 양민으로 속여 양민과 부부가 되면 곤장 90대에 처하고 이혼했다."(『대명률집해부례大明律集解附例』)

고종사촌 혹은 이종사촌끼리 혼인해서 원래 친척관계에 또 다른 친척관계가 형성되는 것을 세혼世婚이라 했다. 명대 초기에 강서, 양절 지방이 특히 심해서 이와 관련된 혼인 소송이 많이 발생하자 법률로 금지시켰다. 홍무 17년(1384), 주선朱善은 존속비유尊屬卑幼가 서로 혼인하는 것을 금지하는 것 외에 고종사촌, 이종사촌 간의 혼인은 허락해줄 것을 상소하여 태조가 허락했다. 이는 당시 이러한 혼인이 상당이 성행했음을 증명한다.

둘째, 혼례의 연회가 갈수록 사치스러워져 때로 하객이 100여 명에 이르기도 했다. 어떤 여자 집에서는 아주 호화롭게 치장하고 하객 숫자로 서로 경쟁했다. 또 양가가 서로 연회를 열어 오가면서 많은 사치를 부렸다.

셋째, '취혼就婚'과 '차친借親' 등이 유행했다. 취혼은 원대 몽골족의 풍습으로 동생이 형수, 형이 제수와 결혼하는 것이었다. 『대명률』에서 이를 금지시켰지만 도시에서는 여전했고 이상하게 여기지도 않았다. 차친은 초상 중 혼인을 하는 것으로 명대 중후기에 일상적으로 일어났다.

넷째, 사기 결혼은 법률로 금지했다. 본인이 원래 장애·나이·서출·양자 등인데 그 신분이나 상태를 숨기거나 속이는 것과 자매나 형제를 대신 앞세워 사칭하는 것을 법으로 금지했다.

상례: 납골당

초상에서 상복을 입고 곡하며, 망자에게 수의를 입힌 뒤 관문을 덮는 과정은 모두 슬픔의 표현이었다.

도시의 상례는 북경의 경우 삼일장으로, 문 바깥에 초상임을 알리는 상패喪牌와 지전紙錢(저승 갈 때의 노자)을 걸었다. 지전은 망자의 나이에 맞게 한 살에 한 장씩 걸어 '도전挑錢'이라 했다. 영전에 식사를 올리고 고량 줄기 7개를 꽂았는데, 이는 저승에서 개가 달려들면 쫓으라고 쥐어주는 '타구봉打狗棒'이었다. 음양가는 망자의 출생일에 맞춰 불길함을 부르는 살신煞神이 있는 날을 골라 가족을 다른 곳으로 잠시 피하도록 했는데 '타살躱煞'이라고 했다. 묘지에서 돌아온 뒤에는 큰 그릇에 물을 가득 채우고 옆에 칼을 놓은 뒤 집 바깥에서 나무를 태우고 상주가 큰 그릇에 칼을 갈아 불길을 뛰어넘어 집으로 들어오면 나머지 가족들도 따라 들어왔다. 3일 후 묘지에서 제를 지내는데 '난묘暖墓'라 했다.(『완서잡기』)

전통 상례는 염殮·빈殯·곡哭·조吊·전부奠賻 등이 있었다. 염은 시신을 베나 이불로 덮는 것으로 '소렴小殮'과 '대렴大殮'이 있다. 소렴은 사망 다음날, 대렴은 소렴 다음날 이루어지고 집의 경제력에 따라 차이가 있었다. 빈은 사자를 묘지에 안장하는 것이다. 과정은 자질구레하게 사치스러웠다. 항주의 왕씨 부자는 미녀를 불러 "화장을 시켜 앞에서 인도"하게 함으로써 혼례와 별로 다르지 않았다.(『송창몽어』) 곡은 효자가 망자에 대한 슬픔을 표현하는 것으로 마음속 깊은 곳에서 우러나와야 해서 "울다 죽은 사람이 있다"고 할 정도였다. 가흥·호주에서는 "살아 있는 사람과 얽힌 문제가 너무 많은 경우" 울기는 하지만 애통함은 찾아볼 수 없었다. 사람은 죽었어도 살아 있는 가족은 재산을 차지하기 위해 싸우다보니 사자를 위한 애도보다는 하는 척만 했다. 조吊는 '산 사람'을 위한 것이고, 상傷은 '죽은 자'를 위한 것이다.[10] 명대에 이런 예는 이미 사라졌고, 사자에 대해 절을 하면 산 사람은 옆에서 감사를 표했다. 조례吊禮는 네 번 절하거나 머리를 조아렸다.(여유기呂維祁, 『사례약언四禮約言』) 고례古禮에 따라 상주는 천막이 아닌 거실의 한쪽 방에서 조문객들을 받았다. 가흥·호주에서는 천막 안에서 남쪽을 향해 조문객들을 맞고 조문객은 북쪽을 향해 절을 한 뒤 다시 천막을 나와 감사를 표했다. 이부시랑 제대수諸大綬가 죽었을 때 장거정이 조문을 갔다. 제대수의 아들은 풍속에 따라 조문을 받았는데, 장거정은 매우 불쾌해 하며 "내가 부친의 조문을 왔는데 어찌 남쪽을 향해서 맞는단 말인가!" 했으니 지방마다 차이가 있음을 알 수 있다.

---

10 "知生者吊, 知死生傷." 『예기禮記』「곡례 상曲禮上」에서 나온 말이다.

전부奠賻에서 전은 사자, 부는 살아 있는 사람을 위한 것이다. 명대에는 초상에서 아주 화려하게 치장하고 많은 물건을 쌓아두었으며 사람들이 부지런히 다니는 모습을 연출했다. 심지어 초상 때 썼던 상복 등 '흉한 물품凶物'을 사람들에게 나누어주며 다른 사람들에게도 자신을 대신해서 효도해달라고 했지만 실제로는 "부의금을 더 타내려는 속셈"일 뿐이었다.

상례 형식에도 큰 변화가 생겼다. 불교가 널리 성행하여 유교보다 불교식 상례가 주류를 이루니 화장이 성행했고, 지방에 따라 독특한 방식도 출현했다.

염에는 소·대의 구분이 있었는데 객지에서 사망한 경우를 제외하고 소렴은 하지 않고 사자의 손발을 펴고 옷을 단정하게 입히는 정도였다. 더운 여름에는 대렴도 전통에 얽매이지 않고 간단하게 행했다.(송훈宋纁, 『사례초고四禮初稿』) 가흥·호주 일대에서는 조부와 부친이 타향에서 객사하면 관은 방에 들이지 않았다. "차가운 시체가 들어오면 산 사람에게 좋지 않다"는 풍속 때문이었다.(『견문잡기』)

도시 상례는 역시 사치가 만연한 세태를 그대로 반영했다. 체면을 위해 새로운 유행도 생겼다. 영파는 동남 연해 문화를 대표하는 고장이었는데 나쁜 풍속들이 있었다. 첫째는 '성복成服'으로 짧게는 5~6일, 길게는 10여 일간 많은 손님을 초청한 뒤, 악단을 불러 연회처럼 화려하게 치렀다. 둘째는 '절제折祭' '송축送軸'이었다. 망자의 제사를 위해 돈·향백香帛 등을 영전에 놓은 것이 절제이고, 송축은 사람들이 보내온 물건들을 초상집에 걸어놓은 것을 말했다. 셋째는

'영상迎喪'으로 발인하는 날, 친척들이 수를 놓은 가마에 화려한 옷을 입고 배우 분장을 한 아이들을 태우고 관 앞에 세웠다. 네 번째는 '사효謝孝'로 효자가 조문에 고마움을 표하기 위해 해가 지기 전 마차를 타고 집집마다 첩帖을 돌리며 명절처럼 인사를 전하는 것이다.(『천작당문집필여』) 이 외에도 도시에서는 '난상暖喪'이라 하여 길가에 천막을 치고 악단과 기생을 불러 연회를 베풀고 춤과 노래가 곁들인 연극을 공연했다. 효자는 자리마다 돌아다니며 술을 권하다 보면 만취가 되기 일쑤였다.

이러한 상례 풍속은 사회적 물의를 일으키곤 했다. 원래 상례는 검소하게 치러 효도를 표해야 하는데, 사치가 만연하는 사회적 분위기 탓에 전통적 효도관념은 완전히 무너져버렸다. 북경에서는 부친상을 마친 지 얼마 되지 않은 '효자'가 친구, 기생들과 같이 노래하며 춤을 추는 등 추태를 부려 가짜 효자의 진면목을 보여주었다. 상술한 '난상' 현상도 이 중 하나였다. 그리고 초상 중 불사佛事를 했는데 진정으로 사자의 망령이 좋은 곳으로 가기를 바라기보다는 그저 자식의 체면치레를 위한 위선적인 행동일 뿐이었다. 부정한 일을 금하고 심신을 정갈하게 하는 재계齋戒도 마다하는 이들이 속출했다. 효자가 당연히 해야 할 여러 과정이 도식화되어 외적으로는 매우 번화하나 내면으로는 진실성을 찾기 어려웠다.

도시에서는 불교의 영향을 많이 받아서 수륙도장 등 법회가 열리고 화장이 성행했다. 승려를 초대해서 수륙회를 열어 망자의 죄를 경감해 이승에서 편히 쉴 수 있도록 인도한다는 이유였다. 하백

何白이 어떤 거사 집의 초상이 불교식으로 거행되는 것을 보고 경건한 마음으로 참석했다. 밤이 깊어지자 약사등藥師燈을 켜고 꽃을 뿌려 향기로운 내음으로 탁한 것을 물리쳐 도량을 정화하여 환희의 도량으로 만들겠다는 '산화散花' 의식을 하는 등 주변을 돌았는데 "사람들이 불심이나 교리는 멀리한 채 희롱하고 농담만 했다"고 적었다.(『발락주상인제산화소후跋樂洲上人除散花疏后』) 이것은 불교가 이미 전통 상례에 깊숙이 침투해서 민간에 광범위하게 영향을 미쳤으며, 경건하고 엄숙한 종교 의식이기보다는 타락한 허세였음을 보여준 것이다. 더 큰 영향은 화장의 유행이었다. 영락 연간, 복건 순안 어사는 "복건에서는 화장이 많고 매장은 하지 않는다"라는 상소를 올릴 정도였다.(『태종실록』) 수녕壽寧에서는 '금병위金甁位'라는 특수한 화장 방식이 유행했다. "빈 관虛棺을 만들어 안에 목판을 깔고 구멍을 몇 개 낸 뒤 유골함을 올려놓았다." 가족들이 공동으로 사용했으며 자리가 남으면 다른 사람에게 돈을 받고 양도하기도 했다.(『수녕대지壽寧待志』) 양도는 먼저 친족끼리 거래한 뒤 타인에게 넘겨야 소송을 피할 수 있었다.

제례: 선조에 대한 제사

제례의 본래 의미는 "죽은 사람을 공양하여 효를 이어가는 것으로 군자가 해야 할 일"이었으며, 조상의 은혜에 보답하여 음덕을 추모하는 행사였다.

주희의 『가례家禮』에 따르면 계절마다 사대四代를 모시는 제사가
있었다. 동지에는 시조始祖를 시작으로, 입춘에는 선조 외에 상원·단
양·중추·중구重九 등 절기에도 제사를 지냈다.

제사는 조상 위패를 모신 가묘家廟와 사당祠堂에서 고조부부터 아
버지까지 4대의 제사를 지냈다. 도시에서 가묘와 사당은 사대부나
부잣집에나 있었다. 엽몽주는 『열세편』에서 송강부 상해현의 반潘·
육陸·교喬씨 등 진신 집안에서는 가묘가 있어 항시 제품을 올렸다고
했다. 주인은 공복公服을 입고 제물로 바치는 동물인 생뢰牲牢와 음
악을 준비하여 자손들과 같이 참가했다. 교喬씨 집안에서는 신주를
모시는 차례인 소목昭穆 때, 부부는 한 탁자에 의자 두 개, 3인일 경
우는 의자 세 개를 놓고 좌우에 병풍을 놓아 서로 볼 수 없도록 했
다. 장한은 『송창몽어』에서 항주에 있는 자신의 가묘를 소개했는데,
각 절기, 여름 삼복, 음력 섣달, 기일에는 의관정제하고 제를 지냈으
며 훗날 종사宗祀를 세워 고조부 이하 신주를 모셨다고 했다. 제사
때마다 집안 자손들이 종사에 모였고, 제사가 끝나면 고기를 나눠
먹으면서 "월별로 돌아가며 향을 피우고, 원단·춘추 제사는 절대 거
르지 않는다"는 종중의 규약宗約을 읽었다.

제사 하루 전부터 재계하고 제기와 음식을 준비한 뒤, 예에 밝은
자제가 제사를 도왔다. 사당은 언제나 청결하게 유지하고 삭망에는
집안의 중요한 일을 고했다. 먼 길을 떠날 때에도 사당에 가서 고하
고 돌아와서도 마찬가지였다. 초상 중에도 제사는 지냈는데 반드시

상중에 입는 옷인 최복綫服으로 갈아입었다. 조상의 신주는 종가 장자인 종자宗子가 모시고 다른 자손들은 돕기만 할 뿐 절대 간섭할 수 없었다.

제사에서는 축문을 읽었다. 홍무 연간, 태조는 축문을 반포하여 민간에서 표준으로 삼도록 했다. "모년 모월 모일 효손 아무개는 집안 식구들과 함께 고증조부 할아버지, 할머니들께 고합니다. 조상님들이 덕으로 자손을 기르시고 온갖 정성을 다하시니 이렇게 성장했습니다. 계절이 바뀌니 새로운 옷과 음식을 준비했습니다. 물불에 다가갈까, 벌레에 물릴까, 질병을 앓을까 노심초사하며 보살펴주신 덕분에 자손들이 건강하니 모두 조상의 은혜와 보살핌 덕입니다. 더욱 잘해야 하나 어찌 할 바를 모르겠습니다. 춘하추동 절기가 바뀔 때마다 옛일을 생각하면 사모하는 마음을 금할 길 없습니다. 집안 식구들과 함께 음식을 바치니 부디 맛있게 드셔주십시오!"(장이기張爾岐,『호암한화蒿庵閑話』) 축문은 도시에서 보편적으로 사용되었다. 조상들의 정성으로 자손을 길렀고 그 노고를 마음속 아득한 곳까지 통감한다는 태조의 의도에 아주 부합해서, 누구도 축문에 이의를 달지 못하도록 했다.

도시에서 제례는 대가족을 거느린 부잣집에서나 행하는 행사였다. 일반 백성은 그저 생활에 치여 살기에 바빴다. 북경에서는 청명절에 귀천에 관계없이 정갈하게 옷을 입고 음식을 준비하여 묘지에서 묘제墓祭를 지냈다.『가례』의 제사는 이미 없어졌지만 아마도 종교 영향 때문이었을 것이다. 민간에서는 설날, 천지신명 위패를 모시고 고기를 준비해서 간단한 제사를 지냈다. 집집마다 신위神位를 모시고 유·불·도 삼교의 신들을 함께 그려놓았으나 어수선해서 정돈된 모습은 아니었다.

제4장

*The urban life
of the ming dynasty*

시
정
민
속

명절과 의식

　명절은 바쁜 생활 속에서 물질적 풍요와 정신적 휴식을 누릴 수 있는 시간이다. 한 시인은 원소절 북경 거리의 모습을 이렇게 읊었다. "원소절 밤, 집집마다 화기가 넘치고, 화려한 등불이 밝게 비춘다. 진주와 옥을 엮어 별과 달을 만들고, 비단과 명주실을 오려 치마를 만든다. 거리를 오가는 많은 화려한 마차, 부자집에서는 폭죽으로 밤하늘을 수놓는다. 선덕제도 오산鰲山의 아름다운 등을 구경하시네."(강영과江盈科, 「경사원소京師元宵」)

　원소절에 궁중 내 오산鰲山(정월 보름밤에 꽃등을 산처럼 쌓아서 전설 속 큰 자라 모양으로 보임) 등불이 아주 아름답다는 것을 표현했는데 명대 말기까지 북경에서는 이 시가 꾸준히 회자되었다.

　일 년 사계절의 문화와 풍속이 쌓여서 도시 백성이 고정적으로

함께 즐기는 명절이 만들어졌다. 어떤 명절은 오랜 전통을 지녔고,
또 어떤 명절은 종교적인 의식으로 진행되었다.

세시 절기

당나라 시인 이백李白은 "천지는 만물의 여관이고 시간은 영원한
나그네다. 뜬구름과 같은 인생은 덧없으니 즐거움이 얼마나 되겠는
가. 옛사람이 촛불을 들고 밤에 노니는 이유가 있었구나"라고 읊었
고, 송나라 소식蘇軾은 "좋은 때와 아름다운 경치는 언제나 거기 있
지만, 나는 이를 즐길 틈이 없네"라고 아쉬워했지만, 두 사람 모두
계절의 변화에 대해 유유자적하게 직접 조물주와 대화하면서, 세월
을 잊은 채 무엇에도 속박되지 않은 상쾌한 마음으로 만물을 키우
는 여유를 보여주었다.

도시에서는 관리와 사대부, 백성 모두 출세와 명예, 생계로 바쁘게
살다가 세시 명절이 되면 잠시 멈추고 좋은 기운에 취해 휴식을 즐
겼다. 북경·개봉·항주의 모습을 통해 도시의 세시 풍속을 살펴보자.

봄은 사계절의 시작으로 조정에서는 일상적으로 안부를 묻고 축
하를 주고받았다. 한 고조 때 장락궁長樂宮이 완성되자 황제가 설날
에 신하들에게 하례를 받는 것이 훗날 풍속으로 자리잡았다. 명대에
도 설은 중요한 행사여서 동지·하지와 황제 생일에도 백관의 축하
를 받았다. 당시에 "노인이 되어 돌아보니 한 살 더 먹은 줄 몰랐는

데, 아이가 손뼉치는 모습을 보니 또 새로운 해가 되었구나"라는 속
담이 유행했다. 새해에는 누구나 서로 축하하고 술을 마시며 즐거운
시간을 보냈다.

설에는 다양한 제사들이 이어졌다. 북경에서는 지전紙錢을 태우는
'소천장燒阡張'이 있었다. 집집마다 소·돼지·양 등 삼생三牲을 잡고, 지
전을 조상의 위패 앞에 놓았다가 3일이 지나면 태워서 뿌렸다. 사찰
의 불전에도 과일과 지전을 놓았다가 원소가 되면 태웠다. 항주에서
는 섣달 그믐날 청소를 마친 뒤 오경(새벽 3∼5시)에 꽃과 다과를 사
당에 바치고, 조앙신(부뚜막 신)에게는 당두糖豆(콩을 볶아 설탕을 입힌
과자)·미단米團(주먹밥)을 바친 뒤 조앙신을 영접하는 '접조接竈'를 지
냈다. 가족들끼리 미단을 나누어 먹으면 기쁨을 준다 하여 '환희단
歡喜團'이라 했다. 3일 동안 향과 촛불을 피우고 영정을 모신 영당影堂
에 차와 음식을 올려 조상들을 대접하는 것으로 마무리되었다.

제를 마치면 그다음 순서는 세배다. 북경에서는 아침에 일어나서
가장이 식솔들과 둘러서서 천지의 신과 조상신에 절을 올리고 만두
匾食를 먹으며 장수를 빌었다. 밖에서 사람들과 만나면 머리를 숙여
인사했다. 항주에서는 가족들이 거실에 모여 순서대로 어른에게 절
한 뒤 남자는 집안 어른들에게 명절 인사를 가고 부녀자들은 음식
을 준비했다. 개봉은 과거 주왕周王의 봉지封地여서 친왕이 왕실 가족
과 문무 관리들을 이끌고 승운문承運門 만세패萬歲牌에 가서 절했다.
그리고 존신전存信殿에서 신하들의 축하를 받고 연회를 베풀었는데
한 달여 동안 계속되었다. 백성도 세배하면서 연회를 즐겼다.

이후 며칠간 휴식이 이어졌다. 항주에서는 젊은이들이 친구 집을 방문하여 술을 마시고 노래했다. 낮밤을 가리지 않고 투경매쾌投瓊買快·투구번패鬪九翻牌와 도박·곤봉놀이·축구·노래 등을 했는데 '방혼放魂'이라 했다. 개봉에서는 상국사相國寺·소장가蕭墻街 등에서 옛날 이야기나 인과因果의 교훈이 섞인 이야기를 들었다. 아이들은 호두 던지기·동전 던지기에 몰입했다. 초여드레가 되면 동악묘에 가서 향을 올렸는데 이날이 다섯 염라五閻邏의 탄신일이라는 설이 있어 하루 종일 사람들로 붐볐다.

설이 지나면 봄을 맞는 영춘迎春이었다. 고대에는 입춘에 동교東郊 (동쪽은 오행상 목木에 해당하여 계절로는 봄을 상징한다)에서 봄의 신 청제靑帝를 맞았다. 명대에는 소망신塑芒神이 태세太歲였는데 흙으로 토우土牛를 빚는 것으로 시작되었다. 상월上月 건축建丑이 소여서 토우를 보내 추위를 쫓고 새로운 기운을 불러온다는 의미였다. 이날은 배우들이 의관정제하고 말을 타는 등 관리들이 조정에 입궁하는 모습을 연출했는데 많을 때는 10여 개 팀이나 되었다. 또 화려하게 치장한 기생, 동자들도 가마를 탔다. 수십 개의 정자에 시정의 물건들을 나열한 번화한 모습으로 망신토우芒神土牛를 연출해서 '간춘看春'이라 했다.¹ 대오가 지나갈 때마다 사람들은 향을 올리고 지전을 태우거나 오곡을 던져 망신토우를 맞이했다.

영춘 기간에 북경에서는 '요양양鬧嚷嚷'이라 하여 금종이로 불나방·나비·메뚜기 등을 동전 크기에서부터 손바닥 크기로 만들어 머리에 꽂고 거리를 누볐다. 항주에서는 부녀자들이 입춘에 만든 노리

개인 춘번춘승春幡春勝을 금으로 만든 제비, 나비 등과 함께 선물로 받아 비녀에 꽂았다. 연회에서는 분피粉皮(녹말 묵) 사이에 일곱 가지 채소를 넣어 내놓았는데 옛날 신반辛盤(파·마늘·부추·여귀·겨자 등 매운 맛이 나는 다섯 가지 채소를 담은 소반)의 의미가 있었다.

영춘이 지나면 정월 15일인 원소절이 되었다. 이날은 등을 밝혔다. 등을 밝힌 것은 한漢 무제 때 태을太乙 신에게 제를 올릴 때부터였다고 전해진다. 당대에는 3일간, 송대에는 5일간 통행금지를 해제하기도 했다. 명대 황궁 내에 쌓은 오산은 10여 층 높이였는데 여기에 금과 옥 장식을 한 뒤 등을 밝히면 마치 별이 은하수처럼 널려 있는 듯 지극히 호화로워 황친 귀족들이 모두 구경을 나왔다. 지방에서는 항주가 가장 성해서 가죽·견·사·종이로 등을 만들었다. 이 외에도 민중閩中의 주등珠燈, 백하白下의 각등角燈, 전남滇南의 요사등料絲燈 등 각 지역의 귀한 등도 등장했다. 등은 노자老子나 미인, 종궤가 귀신을 잡는 모습, 유해희섬劉海戲蟾(유해가 두꺼비와 장난을 친다)과 같은 그림, 포도·양매·감 등의 과일, 사슴·학·생선·말 등을 묘사했고 유리구

1 '망신'은 동방의 신神인 '구망신句芒神'을 말하는데 『산해경』에서는 구망신은 새의 몸에 인간의 얼굴을 했으며 용을 타고 다녔다고 했다. 구망신은 원래 소호씨小昊氏의 신하로서(이후 와전되어 소호씨의 아들이라고도 한다) 나무의 발아와 생장을 관장하고, 아침마다 태양이 떠오르는 신수神樹인 부상수扶桑樹와 그 지역을 돌본다고 했다. '구망句芒'이라는 글자도 구불구불 삐죽삐죽 얽히며 자라나는 초목을 가리킨다. 구망신은 곧 봄과 생명을 상징하는 나무의 신이자 봄의 신이었다. 박계화, 「봄의 시작 입춘立春」, 『관행중국』, 중국학술원, 2023년 4월.

슬, 운모雲母로 만든 병풍, 수정 발水晶簾, 유리병琉璃瓶 등도 있었다. 해가 지면 집집마다 등불을 켜고 북소리가 울려퍼지면 남녀가 거리로 쏟아져 나왔다. 신분을 감춘 채 시를 써서 누구인지를 맞추는 '시등猜燈'이라는 놀이도 했다. 구우瞿佑가 지은 등사燈詞 15수에서 그 활기찬 분위기를 알 수 있다.

> 동쪽 사람은 대나무를 잘라 무대를 세우니
> 서쪽 사람이 악단을 초대했네
> 과거시험 합격자 명단이 발표되면
> 오늘 밤은 아주 즐거울 것이다.
> (…)
> 도사都司(성省의 군 최고 책임자)가 폭죽을 쏘고 횃불을 드니
> 마치 진주들을 그릇에 담은 듯하다
> 머리 위의 달을 보니, 모두 즐거워 환호를 지르네

외지에서 온 상인들이 장사진을 치면서 등시燈市는 성황을 이루었다. 북경에서는 동안문東安門에서 북대가北大街까지 시장이 섰다. 항주에서는 수안방壽安坊에서 중안교衆安橋까지 사탕糖·종자粽子·분단粉團·연줄기荷梗·튀밥孛婁·해바라기씨瓜子 등을 팔았다. 개봉에서는 15일까지 기이한 꽃등과 함께 명주로 짠 인형紗人·장난감耍貨 등을 파는 시장이 1~2리에 걸쳐 길게 열렸다.

2월에는 명절이 많아도 별다른 행사는 없었다. 당·송 시대에는 초

하루를 중화절中和節이라 하여 정오에 제를 지냈다. 명대에는 이미 없어졌지만, 민간에서는 푸른색 자루에 오곡 씨앗을 넣어 선물하는 '헌생자獻生子'가 있었다. 이튿날은 '용대두龍擡頭'로 북경에서는 석회로 바른 문 바깥부터 부엌을 거쳐 물항아리水缸를 휘감는 구불구불한 형태의 '용을 인도하는引龍回' 행사를 했다. 전병煎餅을 부치고 구들을 달구어 벌레들이 극성을 부리지 않도록 기원했다. 개봉에서는 손님들에게 용의 수염을 빗댄 '용수면龍鬚麵'을 대접하고 과일, 육류, 채소 등을 선물했다. 항주에서는 사대부 집안 여자들이 쑥잎인 봉엽蓬葉을 지니고 다녔는데, "쑥은 가장 먼저 피는 식물이어서 몸에 지니면 늙지 않는다"는 의미였다.

2월 15일은 화조절花朝節이었다. 2월과 8월은 봄과 가을의 중간이어서 2월의 절반을 '화조花朝', 8월의 절반을 '월석月夕'이라 했다. 항주에서는 송나라 때부터 나비를 잡는 놀이를 했지만 명나라에 와서는 없어졌고, 사찰에서는 열반회를 열고 『공작경孔雀經』을 읽는 전통 풍속이 있었다. 개봉에서는 야외에 나가 벽도碧桃·홍매紅梅·서향瑞香·월계月季 등 봄 경치를 이루고 있는 꽃을 구경했다.

2월 19일, 항주 천축사天竺寺에서 열리는 관음회觀音會에는 사대부 집 부녀자들이 모여들었다. 서호 일대에서는 정원사들이 꽃을 짊어지고 나와 팔았는데 꽃을 사라고 외치는 그 소리가 정말 듣기 좋았다는 기록이 있다.

3월 3일은 북극우성진군北極佑聖眞君의 생일이었다. 개봉에서는 대도궁大道宮에서 제를 지냈다. 항주에서는 수숭초修崇醮가 열려 사대부

부녀자들이 향과 꽃을 올리고 집에서 정한수를 떠놓고 기도했다. 남녀 모두 냉이꽃薺花을 머리에 꽂았다. 이와 관련해 "3월에 냉이꽃을 꽂으니 그 화려함이 복사꽃이 부끄러워할 정도였다"는 기록이 있다.

동지부터 105일째 되는 날이 청명절이다. 옛날에는 묘제를 지내지 않았다. 한漢 명제明帝가 공경들을 데리고 광무제가 묻힌 원릉原陵을 참배한 이후 역대 왕조에서 제를 지내는 풍속이 되었다. 명대에도 계속되었고, 남경에서는 백관이 태조가 묻힌 효릉孝陵을 참배했다. 민간에서도 성묘를 했다. 청명 이틀 전이 한식이라 집집마다 처마 밑에 봄을 알리는 버드나무를 심는 '삽유插柳'가 있었다. "청명에 버드나무를 꽂지 않으면, 소년이 노인이 된다"는 속담에 남녀 모두 머리에 꽂았다. 산소에 향, 지전, 제사 물품을 올리고 절을 한 뒤 흙을 더 덮어주는 성토를 했다. 성묘를 마치고, 북을 치며 노래를 불렀다. 사람들은 가벼운 웃음소리를 봄바람에 실어보내며 집에 돌아갈 생각을 하지 않았다. 사방으로 둘러싼 푸른 산과 안개 자욱한 호수를 배회하다보면 마치 그림 속을 거니는 것처럼 극락세계가 따로 없었다. 좋은 경치에 홀려 흠뻑 취한 뒤에야 돌아갔으니, 성묘를 핑계 삼아 재미있는 야유회를 즐긴 셈이었다. 청명절 저녁, 항주에서는 "청명이 구낭九娘에게 시집가더니 돌아오지 않는다"라는 대련을 붙여 여름에 벌레가 괴롭히지 말라는 의미를 새겼다.[2]

3월 28일은 동악 제천상제齊天上帝 생일이라 전해지는 날이다. 항

---

2 "淸明嫁九娘, 一去不還郷."

주에서는 다섯 곳의 행궁 중 오산吳山 위에 있는 행궁이 가장 번성했다. 부녀자들은 앞다투어 향을 피우고 화과를 올리거나 경을 읽어 장수를 기원하기도 하고, 스스로 죄인의 몸에 채우는 형구인 가쇄枷鎖를 차고 죄를 고하며 자성의 기회로 삼았다. 개봉의 동악묘에서도 큰 행사가 열렸다. 민간에서는 과자·만두·과일·사탕·박하부채·환희단 등 선물을 주고받았다.

다음은 입하立夏다. 항주에서는 새로 나온 차, 신선한 과일을 이웃 친척들에게 선물했는데 '입하차立夏茶' 혹은 '칠가차七家茶'라 했다. 부잣집에서는 좀 더 신경을 써서 작은 과일에 조각하고 금박을 입혀서 말리茉莉·임금林禽·장미薔薇·계예桂蕊·정단丁檀·소행蘇杏 등 다양한 재료로 끓인 걸쭉한 차와 함께 여요汝窯 자기에 담아 올렸다.

4월 8일은 욕불절浴佛節로 사찰에서는 신도들에게 죽을 대접했다. 세속에서는 석가모니 탄신일이라 하여 승려들은 미륵불 법회인 용화회龍華會를 열기도 했다. 나들이에 나서는 이도 많아 북경에서는 서호경西湖景·옥천산玉泉山·벽운사碧雲寺·향산香山 등이 매우 붐볐다.

5월 5일은 단오 또는 천중절天中節이라 했다. "굴원이 멱라수汨羅(호남 지역에 있는 강)에 몸을 던지자 초나라 사람들이 슬퍼한 나머지 나룻배를 타고 나가 오채五彩 고엽菰葉에 찹쌀粘米을 넣은 웃기떡을 강에 던져주며 제사를 지냈다."(『속제해기續齊諧記』) 항주에서는 집집마다 찰기장黍秫으로 떡을 만들어 오색실로 묶었다. 창포로 천사가 호랑이를 타는 모습을 만들어 넣고 창포 실로 묶은 뒤 금종이로 벌레들의 형상을 오려 넣었다. 또는 색 있는 융絨과 금선을 섞어 금통 주머니筒符袋를 만들어 선물했다. 승려들은 나쁜 것을 쫓는다는 금통윤자金筒輪子 부적을 신도들에게 주었다. 의원에서는 향주머니香囊·웅황雄黃·조발유향鳥發油香 등을 이웃들에게 주었다. 또 집에 해바라기·석류·창포·쑥을 심고 오색 꽃종이花紙로 표시를 한 뒤 호랑이, 전갈혹은 천사天師 모습을 벽에 붙이기도 했다. 붉은 글씨로 "5월 5일 천중절에 모든 허튼 소리는 다 사라져라"라고 쓰인 대련을 기둥에 붙였다.[3] 혹은 백초百草를 약으로 만들어 개구리에게 먹이거나 두꺼비 피부에서 분비되는 백색 액체를 모아 '의방儀方'이라고 써서 벽에 붙여 뱀蛇虺의 접근을 막기도 했다. 개봉에서는 집집마다 애호艾虎(쑥호랑이)를 걸고 창포·웅황주雄黃酒·수유포주茱萸蒲酒·주사朱砂·웅황을 어린아이의 얼굴에 묻혀 다섯 가지 독五毒을 피했다. 또 각서角黍·유밀과油馓·납일 고기臘肉·닭·생선 등을 먹고, 선물로도 주었다. 홍황하포紅黃夏布·사선紗扇·한건汗巾 등으로 다양한 대기戴器를 만들었다.

남경과 복건에서는 용선龍舟(드래곤 보트) 시합이 성대하게 열렸다. 배에는 10~20명 정도가 타서 선두에서 북을 치는 사람의 외침에 맞추어 노를 저어 먼저 결승선에 닿는 배가 이기는 경주였다. 항주 사람들이 이를 보고 서호에서도 열었지만 그렇게 빠르지는 못했다.

민간에서는 야외로 나섰다. 북경에서는 사대부들이 술과 과일을 준비해서 천단天壇의 송림松林, 고량교高粱橋, 유림柳林, 덕승문德勝門 등에 놀러가는 것을 '답청踏靑(푸른 풀을 밟음)'이라 했는데 남경 우화대

---

3 "五月五日天中節, 赤口白舌盡消滅."

雨花臺보다 훨씬 장관이었다.

6월 6일은 천황절天貺節이었다. 지역마다 풍속의 차이가 있었다. 북경에서는 저장했던 물로 초와 장을 만들어 오이와 가지를 담그고 옷을 말렸다. 항주에서는 호수로 놀이를 나가 달을 보며 아침까지 술을 마셨다. 도시에서는 얼음과자를 팔았다. 고양이나 개 등 반려동물을 물가에 데리고 가서 목욕시켰다. 개봉에서는 볶음면을 먹으면 질병에 걸리지 않는다는 풍습이 있었다.

7월 7일은 칠석七夕이었다. 한 무제 때부터 직녀가 견우를 만난다는 전설이 널리 퍼졌다. 명대에는 칠석이 되면 집집마다 정원이나 창가에서 과일을 먹으며 한담을 나누었다. 부녀자들은 마당에 음식을 차려놓고 직녀에게 바느질과 길쌈 재주가 좋아지기를 기원하는 '걸교乞巧'를 했다. 혹은 작은 그릇에 거미를 모아놓고 다음날 아침 거미줄이 얼마나 잘 쳐졌는지 보는 놀이도 했다. 나무로 아이들을 조각해서 옷을 입힌 장난감을 파는 것을 '마후라摩睺羅(범어 Mahoraga에서 온 것)'라 했다.

7월 15일은 중원절中元節이었다. 지관地官이 죄를 사한다는 의미로 재계하고 성묘를 가서 제사를 지냈다. 푸줏간은 문을 닫고 승려들은 우란분회盂蘭盆會를 열어 등을 강물에 띄워 보내 익사한 영혼을 달래는 '조명照冥'을 실시했다.[4]

---

4 불교의 목련존자目連尊子가 지옥에서 어머니를 구할 때 겪었던 고난을 기리는 법회.

8월 15일은 중추절로 달을 즐긴다는 의미이며 당唐 현종 때부터 시작되었다. 월병·수박·모두毛豆·정갈한 음식素肴을 준비해서 달에 제사를 지내고 손님들과 술을 즐겼는데 '수박회西瓜會'라 했다. 가족들이 모두 모인다는 '단원團圓'의 의미로 월병을 선물했다.

9월 9일은 중양절이었다. 후한後漢 때의 인물 환경桓景의 고사⁵에서 시작되었으며, 높은 곳에 오른다는 의미로 밤떡栗糕을 먹었다. 수유나무 열매를 몸에 지니며 국화주를 마셨다. 백거이는 "자리 옮겨 국화 떨기 있는 곳으로 가니, 부침개와 술이 앞에 널려 있네移座就菊叢, 饍酒前羅列"라고 읊었다. 북경·개봉 등 북방 도시에서는 꽃떡花糕을 먹었다.

10월 초하루는 민간에서는 세랍歲臘이라 하여 지전·금붙이金錠·두꺼운 옷·제수품 등을 준비해서 성묘를 갔다. 남녀가 다섯 가지 색의 무늬가 들어간 두꺼운 옷을 입은 모습이 새겨진 판목을 사서 묘지에서 태웠다. 신발 장수들은 고용했던 일꾼들을 모두 내보내서 아낀 돈으로 신발에 제사를 지내고 겨울 날씨를 점쳤다.

입동에는 향초·국화·겨우살이와 덩굴꽃인 금은화金銀花를 끓인 물에 목욕을 했는데 '소개掃疥'라 했다.

---

5   후한後漢 때 환경桓景은 일찍이 선인 비장방에게 가서 유학했는데, 하루는 비장방이 "9월 9일 너희 집에 재앙이 있을 것이니, 급히 가서 집안사람 각각 붉은 주머니에 수유를 담아서 팔뚝에 걸고 높은 산에 올라가서 국화주를 마시면 재앙을 면할 것이다"라고 말했다. 환경이 이 말에 따라 9월 9일 가족을 거느리고 높은 산에 올라갔다가 저물녘에 내려와보니 과연 닭과 개, 소와 양 등의 가축만 일시에 다 죽어 있었다고 한다.

11월 동지는 양의 기운이 으뜸이라 하여 '아세亞歲(작은 설)'라 하고 설날처럼 서로 하례했다. 소주에서는 '비동수년肥冬瘦年(동지를 중시하고 신년을 간략히 지내다)이라는 말이 있을 정도로 중시하는 절기였다. 춘자고春粢糕·만두를 준비해서 조상에게 제사를 지냈다. 부녀자들은 어른들에게 신발과 양말을 선물했는데 옛날에 했던 '이장履長'의 의미였다.[6]

12월 초여드레는 '납팔절臘八節'로 석가모니가 도를 이룬 날이라며, 오곡과 과일을 섞어 만든 납팔죽臘八粥을 먹고 서로 선물하기도 했다.

12월 24일은 '교년交年'이었다. 백성은 조앙신에게 제사를 지냈다. 말의 형상을 조각하여 조마竈馬(꼽등잇과의 곤충)를 인쇄한 것을 사서 부엌에서 태웠는데 "멀리 하늘로 보낸다"는 의미였다.[7] 또 조앙신에게 교아당膠牙餳·나화미탕糯花米糖·두분단豆粉團·소탕병小糖餅을 바쳤다. 식구들이 모여 "조앙신은 아무리 힘들어도 불평하지 않는다"는 말을 새겼다. 거지를 저승사자로 분장시켜 '탐욕이 많은 악귀와 사신을 쫓아내는 의식'인 구나驅儺를 행하기도 했다. 집집마다 새로운 춘련을 걸고 거리에서는 퉁소와 북소리가 끊이지 않았다.

제석除夕(섣달 그믐날)은 솔가지를 높이 쌓아 태우는 '신분籸盆'을 하고 조상과 여러 신에게 제사를 지냈다. 불길이 하늘로 치솟으면 노

---

6   동지를 시작으로 부녀자들이 자신들의 주된 노동을 상징하는 신발과 버선을 바쳐 본격적인 노동이 시작됨을 알린 것이다.
7   몸은 갈색이며 등은 굽은 모양이다. 더듬이가 길고 뒷다리가 길어 잘 뛰며 날개는 퇴화되었는데 부엌, 마루 밑 따위의 습한 곳에서 살며 밤에 활동했다.

을빛처럼 밝았고, 폭죽과 북소리는 멀리까지 퍼져 나갔다. 가족들이
모여 아이들은 손안에 감춘 물건을 맞추며 노느라 밤을 샜는데 '수
세守歲'라 했고, 침대 아래 등을 밝히는 것을 '조허모照虛耗'라 했다.
밤이 깊으면 거울을 품고 밖으로 나가 사람들이 무의식중에 내뱉는
소리를 들어서 새해의 길흉화복을 점치기도 했다.

묘회廟會

묘회는 오래 된 제사祭社 활동으로 마을에서 행해지던 '사회社會'보
다 내용상 더욱 범위가 넓고 변화했다. 여러 신묘神廟에서 거행되고
묘마다 추앙하는 신령이 제사의 중심이라 '신회神會'라고도 했다. 민
간의 '사회社會'는 주로 사단社壇·사묘社廟와 토지신을 추앙하여 봄에
는 수확을 기대하는 기년제祈年祭, 가을에는 신곡 수확에 감사하는
제사가 주된 행사였다. 그러나 묘회는 불교 사찰이나 도교의 묘 등
을 포함해서 신령들을 추앙하는 것 외에 조정에서 정한 제사 규정
에 따라 비를 요구하거나 그치길 기원하는 기우祈雨와 지우止雨, 마귀
를 쫓아내는 구사驅邪, 해충을 제거하는 제황除蝗, 재난 회피의 양재
禳災 등 '음사淫祀(귀신을 모시는 제사)'가 있었다.

명나라 초, 태조는 민간의 이러한 활동이 과열될 것을 우려하여
마을에서 지내는 제사에 대해 규정을 두었다. 당시에는 봄과 가을에
지내는 두 제사에만 국한되었다. 중기 이후, 관청의 규정이 유명무

실화되면서 묘회가 활발해지기 시작했다. 항주에서는 성화 말년부터 묘회가 시작되었다. 시절이 태평했고 지역경제가 부유해지자 노魯 씨 성의 인사가 7월 13일 저후褚侯 강생降生을 축하하는 묘회를 제창하여 부잣집 자제들을 동원해서 태각抬閣(나무로 만든 가마 정자에 신의 상이나 전설 속 인물로 분장한 아이들을 태워 메고 다니는 것)과 여러 놀이를 벌였는데 아주 화려했다. 이후 각 지방에서 경쟁적으로 묘회를 열었다. 9월 15일, 천승묘千勝廟 묘회는 중안교衆安橋 동쪽에서, 9월 28일 화광묘華光廟 묘회는 강창교江漲橋 동쪽에서, 10월 초3일, 안공묘晏公廟 묘회는 협성항夾城巷에서 열렸다. 홍치 7년(1494), 화광묘 묘회에서는 여러 놀이 외에 극단을 초청해서 위간危竿(긴 장대 위에 올라가서 재주를 부리는 것)을 비롯해 다양한 춤과 묘기를 연출해서 열띤 호응을 받았다.(가정, 『인화현지仁和縣志』) 항주는 불교, 도교를 숭상해서 부처나 신선들의 탄신일에는 향을 피우고 다음과 같은 연회를 열었다.

정월 초엿새, 남산南山 법상사法相寺

9일, 종양궁宗陽宮 옥천전玉皇殿

15일 오산吾山 삼궁묘三官廟

2월 19일 서산西山 천축사天竺寺 관음전觀音殿

3월 3일 우성관佑聖觀

3월 28일 고탕古蕩 동악묘東岳廟

6월 24일 북산뢰원北山雷院(『전당현지錢塘縣志』)

명나라 초기, 북직예 광평부廣平府에서는 묘회가 없었는데 정덕 초
년에야 비로소 묘회가 열렸다. 영년현永年縣의 낭낭묘娘娘廟, 비향현肥
鄕縣의 조왕묘趙王廟, 곡주현曲周縣의 용왕묘龍王廟가 가장 유명했다. 묘
회가 열리면 상인들이 시장을 세우고 술집을 열었으며, 사람들은 향
을 올리고 복을 기원했다.(가정, 『광평부지廣平府志』) 『여몽록』에는 개
봉의 묘회에 대해 다음과 같은 기록이 있다.

3월 3일, 관제묘關帝廟 대회에는 수초修醮·타재打齋(고인의 평안을
비는 의식)와 향불이 끊이지 않아 멀리 북직예, 산동에서도 사
람들이 몰려들었다.[8] 3월 28일, 동악묘 대회에는 수초의 향불이
하늘을 덮고 모인 사람들이 땅을 덮었다. 상인들이 길가에 친
노점 천막과 식당은 발 디딜 틈이 없었다. 묘회마다 무대를 설치
하고 연극을 공연했으며 초醮와 재齋가 끊이지 않았다.

명 중기 이후, 묘회는 전국에서 경쟁적으로 진행되었다. 복건 수녕
현에서는 남자는 삼관三官(천관, 지관, 수관), 여자는 관음觀音 그리고
남녀 모두 마선馬仙을 숭배했다. 마선은 건안建安 장상리將相里 사람으

---

8 초초醮는 재앙을 쫓는 방법으로, 밤에 술이나 마른 고기 등을 바치고, 천황태
일이나 오성열숙에 제사를 지내고 주문을 올리는 의례를 말한다. 후에는 재
계 의례와 결합해서 재초齋醮라고 했으며, 이 재초 시에 올리는 주문을 청사
靑詞라고 했다. 당송 이후 도교의 대표적인 제사로서 널리 행해졌다.(『종교학
대사전』, 1998)

로 속칭 마오낭馬五娘으로 불렸으며 훗날 신선이 되었다.[9] 6월 16일은 그녀의 탄신일로 현관縣官이 제를 지냈다. 마을 백성은 신을 맞이하는 영신사회迎神社會를 조직하고 '우두머리仙首'를 정했다. 풍몽룡馮夢 龍은 마선묘에 대해 다음과 같이 기록했다. "12일 궁을 나가면 하루 두 번 재齋가 있었다. 오재午齋는 집집마다 돌아가며 공양을 하고 만 재晚齋는 가마에 타고 요란하게 거리를 돌아다니며 밤을 샜다. 이렇 게 3일 동안 성안을 다 돌고 난 뒤 환궁했다. 8월에 행사가 마무리되 었다. 부하인 '원사元帥'에게도 가축과 감주로 생례牲醴를 올렸다."(『수 녕대지壽寧待志』) 향鄕에서 거행된 마선묘회가 8월에 마무리되었다는 것은 민간 사사社祀와 하나가 되었다는 것을 의미했다. 복건 숭무소 崇武所에서는 매년 정월 마지막에 백성이 얼굴에 요괴와 같은 분장 을 하고 홍록색 옷을 걸치고 징과 북을 요란하게 치면서 폭죽을 터 트려 질병을 몰아낸다는 의미의 연극을 공연했다.(『숭무소성지崇武所城 志』「세시歲時」)

하남 하읍현夏邑縣에서는 정월 28일 동악묘회, 4월 8일 불회佛會, 5월 13일 관왕묘회關王廟會가 열렸다. 위씨현尉氏縣에서는 3월 16일·17·18일 삼일 동안 성황신城隍神 묘회가 열렸다. 풍성한 제품祭品을 올리고 요 란한 음악이 울려 퍼지는 가운데 연극을 보며 즐겁게 놀았다. 3월 26·27·28일은 동악묘 대회가 열렸고, 5월 13일은 관왕묘 대회가 열

---

9   마조媽祖, 진정고陳靖姑와 더불어 '복건 3대 여신' 중 하나다. 말을 타고 날아
     다니며 안전을 지키고 귀신을 쫓아준다고 했다.

렀다.(가정, 『하읍현지夏邑縣志』 『위씨현지尉氏縣志』)

오락

도시에서는 사회社會·묘회를 통해 신령들에게 기도하며 재물과 건
강을 빌었는데 이는 인간으로서의 무력함을 표현하면서도, 한편으
로 한 해 동안의 고생을 위로하며 오락을 즐기는 의미가 있었다. 신
을 숭배한다는 명분을 내세웠지만 실제로는 사람들이 즐기는 것이
었다.

매번 행사賽神(굿)에서는 연극이 펼쳐지고 백성은 이를 즐기면서
명대 희극은 번성하고 발전했다. 사회·묘회 의식에는 반드시 연극이
포함되었다. 장주漳州에서는 가을 수확 이후 모여서 선정적인 음희淫
戲를 하고 인형을 만들었다. 도석령陶奭齡의 『소시상남남록小柴桑喃喃
錄』에서는 소흥에서 연극배우 수천 명이 참가해서 "질병과 인간사를
포함해서 모든 일을 연극으로 풀었다. 징과 북소리가 계속 울렸는데
정작 주인공은 이미 죽은 뒤였다"고 했다. 복건 수녕에서도 연극이
성행했는데 반응이 좋지 않으면 바로 각본을 바꿔가며 즐겼다. 강소
곤산昆山에서는 4월 15일 오신회五神會를 열고 연극을 연출했는데 관
중이 구름처럼 몰려들었다.

명대 민간의 신을 기리는 연극에서는 공연이 여러 날 계속되어 각
본折子이 있는 경우가 많았다. 『원산당극목遠山堂劇目』에는 목련극目連

劇에서 목련이 어머니를 구하는 각본이 상·중·하 3권으로 매일 한 권씩 연출하다보니 3일이 걸렸다고 했다. 명말에 출간된 『오두탁옥잡자鰲頭琢玉雜字』에서는 복건 일대 묘회 기간에 공연된 연극에 나오는 대구對句 40여 종을 기록했다. 이 대구를 통해 충·효·절의 등 도덕적 주제 외에도 연극이 표현하려는 내용들을 알 수 있다. 물론 신령을 숭배하는 연극들이 주를 이루고 있었다는 점은 명확했다. 『예절전부禮節傳簿』는 민간 사社에서도 각본이 있는 연극이 많았다는 것을 말해주는데 예절 관념과 밀접한 관계가 있었다. 이 책에 따르면 관청에서는 3일을 정해주었는데 매일 아침 '유수維首'가 제를 주재하고 '주례생主禮生'이 예를 노래하며 일곱 차례 술을 올리면서 의식이 진행되었다. 연극은 정해진 시간과 술을 올리는 의식 사이에 공연하는 '간단한 종류單折'였다.

도시에서의 영신迎神 새사賽社는 문화적인 오락 기능이 강했다. 삶에 지치고 힘든 노동으로 살아가는 백성에게 신에 대한 믿음과 더불어 심신을 달래줄 오락이 필요했고 이런 활동을 통해 신을 기쁘게 한다는 명목으로 실제로는 사람들이 즐겼다. 『회남자淮南子』「정신훈精神訓」에서는 "가난한 마을에서도 토지신 제사를 지내며 물동이를 두드리고 노래 부르며 즐거워한다"라고 했듯이 오랜 세월 백성은 힘든 생활 틈새에 있는 이 소박한 즐거움을 이어갈 수 있었다.

사회社會, 묘회는 사람들에게 적절한 사회적 교류의 기회를 제공해주었다. 특히 태산·무당산·보타산 등지의 묘회는 전국적인 규모여서 사람들은 먼 길을 마다하지 않았고 오가는 여정에서 경험했던 것들을 통해 시야를 넓힐 수 있었다. 평상시에 집안에만 있던 부녀자들은 이런 기회를 빌어 자유롭게 모임에 참가하고 연극을 보며 사회 교류에 참여할 수 있었으니 그 역할이 적지 않았을 것이다.

인생의 즐거움

이 책에 자주 등장하는 명말의 문인 장대는 음식에 욕심이 많기로 명성이 자자했는데 어릴 때 신기한 경험을 했다. 그가 여섯 살 때, 조부를 따라 항주에 가서 유명한 청객淸客(자연 속에 사는 문인) 미공眉公 진계유陳繼儒가 전당錢塘에서 초대한 식사에 참가했다. 미공은 장대의 조부에게 "손자가 문장에 능하다니 한번 시험해보겠소"라며 병풍에 있는 「이백기경도李白騎鯨圖」를 가르키며 "이태백이 고래를 타고 석강石江 변에서 강물에 비친 달을 낚았다"라고 말하자 장대는 조금도 망설임도 없이 "미공이 사슴을 뛰어넘어 전당에서 가을바람을 때린다"라고 답했다. 미공은 크게 웃으며 "어린 친구가 참으로 영민하다"라며 흡족해했다.(장대, 『낭현문집琅嬛文集』)

미공은 어린 장대가 영민한 기지를 발휘해서 자신의 질문에 해학으로 받아치는 당돌한 태도에도 놀라지 않고 관대한 웃음으로 받아주어 문인의 풍모를 보여주었다.

유머는 이미 오래전부터 인류 문화 속 다양한 소화笑話와 우화寓話 등의 형식으로 녹아 있었다. 후한 말기 『소림笑林』에도 재미있는 이야기들이 실려 있었는데 시작은 전국 시기 송나라의 풍자까지 거슬러 올라간다. 옛날 책에는 숨겨진 유머가 많지만, 중국인들은 풍부한 감성에 따른 희로애락을 이성이라는 굴레 때문에 숨긴 채 살아왔을 뿐이다.

전한 동중서董仲舒 이래 "선진先秦의 여러 사상을 폐지하고 오직 유가 사상이 독존하게 된 이후" 중국 사회는 지나치게 엄숙해져 유쾌한 감성은 사라져버리니 유머러스한 이야기 역시 찾아보기 힘들어졌다. 엄숙함과 경건함이 사회를 뒤덮으니 경솔하고 가볍게 지껄이는 농담은 설 자리를 잃었고, 준엄한 도덕군자들의 풍모가 중국인들의 전형적인 이미지로 각인되었다. 송·명 시기, 이학理學이 성행하자 이러한 인식이 전 사회를 지배하면서 유머는 더욱 깊숙하게 숨어버렸다. 하지만 사물의 발전이 극에 달하면 반드시 반전한다는 물극필반物極必反의 이치대로, 명 중기 이후 도시에서부터 유머가 점차 유행하기 시작했는데 이른바 전통에 반대하는 현상 중 하나라고 할 수 있다.

문인: 즐기되 희롱하지 않는다

명대 이학은 송대 이학을 계승, 발전시켜왔다. 이학가理學家들은 여전히 인간의 칠정七情과 육욕六慾을 이성이라는 도포자락 아래 숨기고, 일상적인 감정 역시 과도하게 제한해 행동조차 쉽지 않으니 활기를 찾아볼 수 없었다.[10] 명나라 초의 이학가들은 인격 수양이라는 전통을 엄격하게 지킨다는 긍지 아래 생활 속 흥미 요소들을 경시했다. 이들은 특히 학문의 첫 번째 사명으로 말을 각별히 조심하여 군자가 된다는 '근언謹言'을 꼽고 이를 통해 '진리에 도달할 수 있다'고 생각했다. 또한 신중하게 행동하는 '신행愼行'을 위해 단정함을 유지하고, 심지어 흙으로 빚은 인형처럼 행동 규칙을 잘 지켜야 좋은 마음과 기운을 유지할 수 있다고 믿었다. 이들은 '농담戱謔'이 방종하고 마음을 흔들 수 있다며 극력 배척했다.(설선薛瑄, 『독서록讀書錄』)

유머는 영혼心靈을 드러내는 것이기에 이를 표현하려면 큰 아량이 필요했다. 명대 사대부 문인들은 이학가들과는 달랐다. 왕양명의 '심학心學'이 철학의 흐름을 바꾸면서 만명晩明 시기 사대부들의 마음을 대폭 열어놓았다. 느낌을 억압하지 않았고 대담하게 내보이니 본성이 풀려나왔고 무엇이 진정한 가치인지를 발견하려는 것이 중요한 과제가 되었다. 또한 위진 사대부들의 정신적 해탈 사조를 계승하여

---

10 칠정은 기쁨喜·분노怒·슬픔哀·두려움懼·사랑愛·미움惡·욕망欲이고, 육욕은 색色·미모美貌·애교愛嬌·말소리·이성의 부드러운 살결·사랑스러운 인상人相에 대한 탐욕을 말했다.

모든 사물에 대해 가벼운 시각으로 논하는 태도를 취하다보니 내뱉는 말마다 새로운 정취가 묻어나왔다.

유머는 생활에서 나온다. 명말 사대부들은 한가한 생활을 즐기면서 여유롭고 독특한 풍류를 찾았다. 석중립石中立은 남들의 시선을 의식하지 않았다. 그는 원외랑員外郎(이부 3급 관리)으로 동료와 함께 황실 동물원인 남어원南御園에 가서 사자를 구경했다. 관리원이 사자가 매일 5근의 고기를 먹어 치운다고 말하자 동료가 "사자가 우리보다 잘 먹네"라고 했다. 중립은 "아니지. 우리는 원외랑園外狼(동물원 바깥에 사는 여우)인데 어찌 동물원의 사자와 비교할 수 있겠는가?"라고 맞받았다.(낙천대소생樂天大笑生, 『해온편解慍編』) 짧은 몇 마디 속에 자조와 더불어 관리 봉록이 형편없이 낮은 것에 대한 불만이 배어 있었다.(사실 석중립은 송대 사람이지만 명대에도 많이 회자되었다.)

이처럼 사대부들은 생활 속 '농담'을 즐겼다. 문장을 좋아하는 사람들끼리 활발하게 모임을 열어 장난을 즐겼다. 소주의 장헌익張獻翼은 재주가 많고 호기심이 넘쳐 매일 문 앞에 수수께끼를 붙여놓고 '맞혀야 들어올 수 있다'라고 했다. 하루는 그가 "늙었는데 늙지 않았고, 작은데 작지 않고, 부끄러우나 부끄럽지 않고, 좋으나 좋지 않은 것은?"이라고 물었다. 이 문제에 대해 누구도 정답을 맞히지 못하고 시일이 지나갔다. 그러던 어느 날 왕치등王穉登이란 자가 "태공太公이 팔십에 문왕文王을 만났으니 늙었으나 늙지 않았고, 감라甘羅가 12살에 승상이 되었으니[1] 작으나 작지 않고, 문을 닫고 혼자 먹으면 부끄러우나 부끄럽지 않고, 문을 열고 같이 먹으면 좋으나 좋지 않다"라고 하자 장헌익이 크게 웃었다.(부백재주인浮白齋主人, 『아학雅謔』「사미射謎」) 사대부들은 이렇게 수수께끼 같은 농담을 주고받으며, 주인이 새로운 문제로 손님을 난처하게 하면 손님은 경전 내용을 끌어와 재치 있고 멋스럽게 화답하여 출제자가 항복하게 만들었다. 서로 지식의 깊이를 견주고 어우러지며 흥취를 만들어내는 문답이 사대부들에게 큰 즐거움을 가져다주었다.

사람의 괴팍한 기호는 유머와 밀접한 상관관계가 있고 그 연결점은 성격에 있으니 바로 성격의 희극적 요소가 중요했다. 희극적인 괴팍한 기호가 유머가 되고 사람들에게 받아들여지면, 괴팍하지만 희극적 요소로 인해 익살로 받아들여졌다. 만명晚明 시기 도시의 사대부들 중에는 이런 사람이 많았다. 고승학顧承學은 여인의 붉은 적삼을 입고 얼굴에는 분을 발랐으며 술 마시며 오나라 노래를 부르는 등 제멋대로의 행동으로 눈길을 끌었다. 눈이 많이 내리는 날이면, 나무 위에 앉아 술병을 들고 자작하며 노래를 멈추지 않았다.(송무징宋懋澄, 『구약집九籥集』) 이런 기이한 행동과 이해할 수 없는 외모는 익살과 함께 특이한 쾌감을 주었다. 정통파 인사들에게 '도깨비'라며 인격을 왜곡 당하는 배후에는 세속 사회에서 도피하려는 슬픈 감정이 숨어 있었다. 괴벽을 가진 사람들은 대부분 뛰어난 유머 감각이

---

11 진秦나라 좌승상 감무甘茂의 손자로 어려서부터 총명하여 승상 여불위의 밑에서 소서자少庶子가 되었다. 12살 때 월나라에 가서 계책을 이용해 10여 개의 성을 되찾아와 진왕秦王 영정嬴政은 그를 승상丞相에 임명했다.

있었다. 남들보다 출중한 인격을 가지고 자유롭게 자신의 역량을 발휘하며 어떤 환경적 어려움에도 홀로 맞서는 와중에 나름 쾌감을 느꼈던 것이다.

도시에서는 일상에서 진정한 본심을 드러내는 해학이 유행했다. 이런 풍조가 사대부들에게 영향을 미치자 관련된 여러 서적이 출간되었다. 책에서는 '아학雅謔(우아한 웃음)'과 '기학奇謔(기이한 웃음)'이라고 구분되었는데 모두 사대부들이 추구했던 해학의 영역이었다. 이러한 유머는 일반 백성과는 달리 함축적이고, 의미심장하며 온화함의 기교를 통해 초탈하는 여유를 찾으려는 뚜렷한 목적이 있었다. 고상하지만 속되지 않았고, 기이하지만 천박하지 않았다. 이러한 효과를 내기 위해 주령酒令(술 마실 때 재미를 위해 규칙을 만들어 벌주를 마시게 함), 대련, 등미燈謎(정월 대보름이나 중추절 밤에 등에 수수께끼의 문답을 적어놓는 놀이), 선문답 궤변 등을 이용해서 문자와 언어유희로 웃음을 자아내게 했다. 다만 이런 이야기는 그저 표면적인 소재여서, 깊은 뜻이 하층 민중에게까지는 전달되지 못했다.

풍몽룡은 『고금담개古今談槪』「담자부談資部」에서 "옛사람들은 술을 마시면서도 놀이를 했고, 글에도 대구가 있었으며 등에도 수수께끼를 걸었고 글자에도 조합이 있었는데 모두 총명함을 뽐내는 것이었다. 재주가 책을 이길 수 없으니, 책을 많이 읽으면 재미있게 웃을 수 있다"고 했다.[12] 낙천대소생樂天大笑生이 편찬한 『해온편解慍編』 중

---

12 "工者不勝書, 書其趣者, 可以侈目, 可以解頤."

14권은 「은어隱語」, 즉 수수께끼로 당시 유행을 엿볼 수 있게 해준다. 주령·대구·등미는 어떤 부분은 정교하지만 해학스러운 부분이 웃음을 선사해주니 유머의 일종이라 할 수 있었다.

『시경詩經』에서는 "우스갯소리를 잘하면 괴로운 일이 없네"라고 했다.[13] 고서를 뒤적이다보면 재미있는 일이 많이 나오는데 오묘한 도리를 깨우치면 사실은 모두가 선기禪機(예리하고 격식을 떠난 선승의 말이나 동작)였다. 선은 혜변慧辯이고, 유머는 기지이니 양자는 긴밀하게 연결되었다. 만력 말년, 원종도袁宗道, 원굉도袁宏道 형제가 도망령陶望齡 등과 북경에서 "열흘마다 만나서 선학을 이야기했다"고 하자 사대부들은 너도나도 따라서 선을 이야기하기 시작했다. 따라서 만명 사대부들의 유머에는 선기가 가득했다. 반유룡潘游龍의 『소선록笑禪錄』에는 선종의 궤변술을 통해 생활 속에서 입만 열면 선을 이야기하는 풍토를 꼬집었다. "한 수재秀才가 절에 가서 선사를 참배했다. 선사가 앉았다가 일어서지 못하자 이상하게 여긴 수재가 이유를 물었다. 선사는 '일어나지 않는 것이 일어나는 것이네'라고 답하자 수재는 갑자기 부채로 선사의 머리를 때리며 '때리는 것이 때리지 않는 것이오'라고 응답했다." 선종의 화두를 인용해서 궤변을 만들고 구두선口頭禪을 풍자해서 선종의 공안을 해결했던 것이다. 이렇게 선을 이용해서 웃음을 만들다보면 어느새 선은 조소의 대상이 되어버렸고, 웃음과 선의 결합은 매우 자연스럽게 진행되었다.

---

13 "善戱謔兮, 不以虐兮."

백성: 농락하고 익살부리기

명대는 법률로 백성을 사농공상士農工商 4등급으로 구분했다. 사대
부士는 관직에 나아간 진신縉紳과 아직 관직에 나가지 않은 유생인
청금靑衿을 포함하고 동시에 이학가와 문인의 구별이 있었다. 일반적
으로 '사' 계층이 포괄하는 정치가·이학가는 유가의 행위 준칙을 잘
지켜서 유머감각은 없었고, 문인은 비록 사대부들이 추구하는 한적
하고 소탈하며 우아하고 고상한 취미에서는 벗어나지 못하지만 어
느 정도 노장철학을 이해하여 정신적 해탈이라는 면과 연관이 있
었다. 농·공·상인 및 하층 백성은 상당한 유머 감각을 가지고 있었
다. 천민을 제외한 백성은 경제 환경에 차이가 있더라도 정치·사회
적 지위는 비슷해서 사대부와 같은 정치적 특권은 누리지 못했다.
유가 지식인들은 자신의 행동에 부끄러움을 안다는 공자의 '행기유
치行己有恥'의 가르침에 충실해서 항상 행동을 조심하고 일단 문제가
생기면 크나큰 치욕을 감수해야 했다. 이러한 치욕은 대다수 유학자
에게 커다란 경각심으로 작용했다. 물론 일반 평민들은 신분에 대한
특별한 보장이나 존엄이 없어 과도한 이성으로 자신의 감정을 억압
할 필요가 없으니 천성적으로 행동거지부터가 매우 자유로웠다. 틀
에 박힌 유학자들의 행동은 오히려 이들에게는 우습게 여겨져 조소
의 대상으로 삼곤 했다.

명대 중기 이후, 농촌에서는 토기 겸병이 심해지자 도시로 인구가
몰려들었다. 도시에서는 노동에 지치다보면 휴식 시간에 기분을 달

랠 장소와 매개체가 필요했다. 즉 정신적·신체적 피로를 푸는 것이 중요한 문제가 되었다. 술집이나 기생 등과 쾌락을 찾거나 연극을 보고, 이야기를 들으며 감각기관을 만족시키는 것으로 해소했다.

당·송 이래 문풍文風은 극히 성해졌지만, 재미있는 이야기는 찾기가 힘들었다. 이런 이야기들은 민간에서 구전으로 전해지고 특별히 기록하는 사람도 없었기 때문이었다. 명대에 들어 백성의 수요가 폭발하자 이런 이야기를 긁어모아 담아낸 조남성趙南星의 『소찬笑讚』, 풍몽룡의 『소부笑府』 등이 등장했다. 재미있는 이야기를 통해 도시 하층 백성의 진정한 생활을 살펴보고 민간에 전해지는 이야기들을 수집해서 연구하는 것은 분명 의미가 있다. 다만 구두로 전해지고 기록이 없다는 점과 설사 있더라도 체계적인 정리가 안 되어 효과적으로 이용할 수 없다는 점이 아쉬울 뿐이다. 더구나 조남성의 『소찬』 같은 자료는 이미 많은 문인의 가공을 통해 사대부들의 우아한 취향에 맞게 각색되었지만 그래도 하층 평민의 유머 감각을 엿볼 수 있었다.

청나라 초기의 문인 우동尤侗은 "조남성은 바른 사람이었지만 그가 만든 노래는 대부분 소문·속담이나 재미있는 이야기에서 소재를 취했다"고 평가했다. 이러한 취향은 『소부笑府』에서도 찾을 수 있다. 그런 이유로 이런 책들은 "사대부들과 무관하게 골목에서 명맥을 유지했다." 문인들의 작품에서는 평민 취향의 통속성을 통해 그들의 유머 특징을 대변해주었다.

평민들은 고단한 일이 끝난 뒤의 짧은 휴식 속에서 순수한 감성적 자극을 추구하다보니 저급하고 속된 내용이 섞여 있었다. 때로 노동의 피로를 해소해서 충분한 에너지로, 또 다른 하루의 피곤한 일을 맞이해야 하기 때문에 한번이라도 크게 웃는 것이 중요했다. 당시에 유행했던 이야기들을 보자.

(1) 아내가 무서운 남편의 이야기

전통시대는 남녀 존비가 명확하여 남자가 아내를 무서워한다는 것은 언제나 재미있는 소재가 되었다. 아내에게 맞은 남편이 침대 밑에 숨었다.

아내 왈: "빨리 안 나와요?"

남자 왈: "대장부가 한번 안 나간다면 절대 안 나가."(조남성, 『소찬』 「구내懼內」)

(2) 바보 사위 이야기

민간에서 이런 이야기는 항상 좋은 소재였다. 일반 가정에서 사위 선택은 중요한 일로 장인의 체면뿐 아니라 자매들 간의 화목에도 매우 중요했다. 자매들의 경쟁은 때로 사위들의 다툼으로 번지기도 했다. 그중 한 사람의 바보스러운 면을 강조하면 많은 사람의 웃음을 이끌어낼 수 있었다.

(3) 큰소리·허세·체면을 중시하는 사람들의 이야기

명나라 중기 이후 도시가 번성하자 전통 향촌의 소박한 감정들이 사라지고 풍속은 날로 각박해졌다. 하루 벌어 하루 먹고 사는 백성에게 저축이란 불가능했지만 외모를 꾸미는 일과 관련된 허세와 큰소리는 필수조건이었다. 이런 허상이 벗겨지면 예상치 못한 큰 웃음을 선사해주었다. 주인과 하인의 대화를 보자.

주인이 하인에게 말했다. "너, 밖으로 나가서 허풍 좀 떨어보거라." 그러나 하인이 대답을 하고 거리로 나와 삼청전三淸殿을 보고는 말했다. "우리가 세놓은 집만 하네." 용의선龍衣船을 보고는 또 말했다. "우리 집 배만큼 크네." 황소의 배를 보고는 말하길 "우리 집 주인 배만 하네"라고 했다. 말도 안 되는 허세에 사람들은 배꼽을 잡고 웃었다.(풍몽룡,『소부笑府』)

(4) 일반 백성의 생활 속 이야기

하층 백성은 생활에서 여러 사람과 접촉하다보니 자연스럽게 인생 경험이 풍부했다. 사소한 일도 이들에게는 재미있는 소재가 되었다. 방귀는 본래 생리 현상이지만 역시 웃음을 자아내는 좋은 소재였다.『소찬』의 「송비문장送屁文章」과『소부』의 「송비送屁」 모두 대동소이한 내용으로 아첨꾼의 생리를 이야기했다.

부부간의 은밀한 이야기도 사람들의 관심을 끌었다. 풍몽룡의 『소부』는 조남성의『소찬』과 달리 대중의 이러한 관심에 부합되는 내용에 많은 분량을 할애했다. 「도주구倒做龜」 「사과絲瓜」 「쌍부벽시雙斧劈柴」 「소향燒香」 「약명藥名」 「교아咬牙」 「취명取名」 「당주반當酒飯」 「불과不寡」 「조인造人」 등이 모두 남녀 간 성욕을 소재로 했다. 외설적이고 저속하지만 이를 통해 나름 깨달음을 마음에 새길 기회도 제공해주었다.

고금이래, 딸의 출가는 큰 경사이지만 한편으로 딸을 '잃을' 어머니는 입장이 달랐다. 그래서 모녀가 껴안고 통곡하는 풍습이 있었지만, 울음 뒤에는 희극적인 상황이 전개되었다. 이에 착안하여 포복절도하는 이야기를 만들기도 했다. 또 다른 소재로는 신체적 장애에 관련된 것도 있었으나 언급하지는 않겠다.

이러한 이야기는 모두 '대중문화'의 범주에 속하는 하층 백성이 즐기는 오락의 한 부분이었다. 대중문화는 언제나 '시민 오락'이 '고급 예술'을 위협해서 저급화시킨다며 비난과 비평을 받아왔다. 그러나 이러한 관점은 간단한 사실을 간과하고 있다. 즉 소위 상층사회의 '고급 예술'은 실제로는 유유자적한 생활, 심지어 정말 생활의 무료함에 젖어 있던 사람들이 만든 것이라는 점이다. 청아함이니 고아한 심미관이니 하지만 단지 문자 유희를 통해 별것도 아닌 것을 마치 무엇이 있는 것처럼 포장한 것뿐이었다. 대중의 웃음은 마음속에서 우러나와 일부러 꾸린 부자연스러움보다는 생명의 활력으로 가득 차 있었다. 이 웃음은 민간에 강력한 생명력을 불러일으키며 사회의 구석구석까지 퍼져나갔다.

대중 언론: 민요

1644년, 숭정제가 매산에서 목을 매 자살함으로써 명나라는 멸망했다. 같은 해, 복왕福王이 남경에서 등극하여 홍광弘光 조정이 탄생했다. 만주족 철기 군대가 남하하자 사방에서 전란이 일어났지만 남경은 세상 평온했다. 희곡 『도화선桃花扇』에서 간신으로 나오는 마요초馬瑤草(사영士英)가 권세를 휘두르며 매관매직을 일삼는다는 소식이 시골구석까지 떠들썩하게 전해졌다. 불만을 가진 사람은 "거리에 중서中書(고위 문관)가 너무 많고, 도독都督(고위 무관)은 꽉 찼다. 감독관(감기監記)은 양처럼 많고, 관리(직방職方)는 개처럼 흔하다. 천년 쌓인 먼지를 펄럭이며 시 한 수 지으면 시험도 필요없다. 강남의 돈이 다 마씨 집으로 들어갔다"라고 묘사했다.(계육기計六奇, 『명계남략明季南略』)

명대 정치 부패는 가정 연간부터 그 조짐이 보이기 시작했다. 희곡 『명풍기鳴風記』에서는 간신 엄숭의 모습이 적나라하게 묘사되었다. 가정 시기, 그가 전권을 휘두르며 대단한 권세를 부리자 도시 백성들은 차갑게 비웃었다. "엄숭은 금은보화를 산처럼 쌓고, 칼과 톱을 마음대로 휘둘렀다. 게가 도대체 얼마나 옆으로 길 수 있는지橫行(만행을 저지르는 것과 게가 옆으로 기는 것은 음이 같다) 똑똑히 두고보겠다."(『용당소품』)

민요와 소문謠諺은 도시 백성의 마음속에서 자연스럽게 우러나오는 외침이었다. 전통사회에서 도시 백성이 이용할 수 있는 여론매체는 거의 없었기에, 그들의 외침은 민요와 소문에 실려 널리 전파되었다.

민요와 소문은 이른바 공공 여론이었다. 여론이란 다수 사람이 공통의 관점을 형성하는 것이다. 사회 구성원들이 도덕적 정의감에서 출발하여 부당한 사건에 대해 직접적으로 문제를 제기하고 개인들은 이성적·비판적·자주적 입장에서 자신의 의견을 표함으로써 공공 여론이 형성된다.

명나라는 중국 전통 사회의 말기에 해당하며, 사회 구조 깊은 곳에서부터 이미 변화가 시작되고 있었다. 전제 황권의 강화와 정치 부패가 가져온 정치권력의 붕괴는 도시 여론을 들끓게 했고 조야에서 다양한 모습으로 나타났다. 관방 언론 기구로는 과도科道가 있었고, 과도관은 언관이었다.[14] 과도를 중심으로 한 언론 시스템은 군신관계 내지는 군민관계에 대한 관방 여론을 담당했지만, 이 시스템이 당연히 해야 할 일을 하지 않으니 도시에서는 필연적으로 민간 여론이 일어날 수밖에 없었다.

민요, 소문

도시에서 민간 여론은 항상 존재했다. 정치가 잘되고 백성이 평안한 태평시대에도 "재야의 반대의견"을 피하지는 못했다. 그러다가 조정이 부패해지고 과도관이 입을 다문 채로 아무 소리도 하지 않으면 관방 여론의 감독 기능은 무색해지고 민간에서는 민요와 소문이 점차 일어나면서 그 부족한 부분을 보완했다.

민요와 소문은 명대 정치를 그대로 반영하면서 왕조와 생사를 같이했다. 명나라는 원말 정치를 풍자하는 민요와 소문 속에서 탄생했고, 동시에 정치 부패를 원망하는 소리와 함께 생을 마감했다.

원대 말기, 나라의 기강이 무너지고 풍속이 경박해지자 황하 주변에 "눈이 하나인 돌사람이 황하를 움직여 천하를 바꾸려 한다"는 민요가 퍼졌고 전국에서 군웅들이 일어서기 시작했다.[15] 장사성張士誠이 궐기하여 동생 장사신張士信을 승상으로 임명하고 장사신은 서

---

14 장거정은 "과도는 조정의 귀와 눈이다竊以爲科道乃朝廷耳目之官"라며 중시했다.(『請有言官以彰聖德疏』) 장거정에 관해선 주둥룬 지음, 이화승 옮김 『장거정 평전』(더봄, 2017)을 참조할 것.
15 한산동韓山童(1297~1353)은 또 "눈이 하나인 석상의 길을 막지 말고 이것이 출현하면 세상이 거꾸로 될 것이다"라고 퍼트렸다. 이 석상이 발견되자 한산동은 송나라를 복원한다는 명분으로 난을 일으켰다.

생 황경부黃敬夫, 의사 채언문蔡彦文, 점성가 엽덕신葉德新 등을 등용하니 나라가 하루도 편할 날이 없었다. 당시 소주에는 "승상이 나라 일에 황채엽黃菜葉(세 사람의 성을 합쳐 '늙은 오이 잎사귀'로 풍자함)을 등용하니 하룻밤 사이에 서풍이 불어 바싹 말라 비틀어졌다!"는 소문이 자자했다.(낭영郎瑛, 『칠수류고七修類稿』) 동요·소문 등 민간 여론에서 이미 대명 제국이 탄생할 수 있는 계기가 싹트기 시작했던 것이다.

명나라 초 홍무 연간에, 장강 제방이 수시로 붕괴하자 사람들은 저파룡豬婆龍(전설 속의 악어류 동물)의 소행이라고 생각했으나 '저豬'와 '주朱(태조의 성)'가 동음이라 감히 말하지 못하고 그냥 '원黿(자라)'이라고만 했다. 태조는 '黿(원)'과 '元(태조 주원장의 원)'이 역시 동음이어서 천하의 자라를 모두 잡아 없애라는 명을 내렸으니 억지의 극치였다. 당시 "문둥이 자라야, 문둥이 자라야 얼마나 억울하니"라며 태조를 풍자한 노래가 유행했다. 200여 년이 지나자, 명나라는 원나라의 전철을 그대로 밟아 무거운 세금과 요역으로 백성의 고통은 이루 말할 수 없었다. 특히 숭정 조정에서 매년 백성에게 집세를 걷으려 하자 북경에서는 원성이 폭발하여 숭정제를 '중정重征(이중 징세)'이라 풍자하니 마치 해서海瑞가 상소에서 가정제嘉靖帝를 '가정家淨(집이 깨끗하다는 말로 가정 황제와 동음)'이라 칭한 것과 같은 이치였다.[16](『삼원필기』)

민요와 소문은 국정을 이해하고 민정을 살피는 좋은 창구였다. 정치의 청탁, 국력의 성쇠, 인품의 선악, 풍속의 변화가 그대로 반영되었기 때문이다. 민요의 요謠는 '반주 없는 노래徒歌'이고 이언里諺의 언은 '말을 전한다傳言'의 의미로 직언을 말했다. 요와 언은 모두 운어韻語(rhythm)로 서로 보완의 관계였다. 또한 언어로서 스스로 울림을 가지면서 자신의 의사를 전하니 민간의 사정을 상부에 알리는 중요한 통로가 되었다. 백성의 입을 통해 먼 곳까지 전해져 충분히 여론 역할을 했다. 여기에는 슬며시 돌려서 말하는 풍유諷諭, 아첨의 송유頌諛, 미래를 예측하는 점험占驗豫測의 세 가지 기능을 포함해서 어떤 사건이나 사람에 대한 가치 판단이 담겼다. 주로 사랑과 원망이 섞인 반응을 읽을 수 있었다.

조정에 대해 풍자하는 기능은 대략 다음 네 가지 방면에서 나타났다.

천자와 관리에 대한 것

인종·선종 시대를 인문이 성하다 하여 '인선지치仁宣之治'라 했다. 그럼에도 백성은 선종에 대해서 완곡한 비판을 서슴지 않았다. 선종이 귀뚜라미 싸움에 심취하여 소주 지부 황종況鍾에게 1000마리를 잡아 진공하라는 밀지를 내리자 "귀뚜라미가 우는 것은, 황제가 잡으라고 하기 때문이라네"라고 노래했다. 민간의 이런 비판은 우리가 알고 있는 '인선지치'의 또 다른 측면을 이해하는 데 도움을 줄

---

16 해서는 가정제에게 올린 상소에서 "당신이 황제 자리에 있는 동안, 백성은 세금 내느라 짐이 깨끗이 비었다"고 비난했지만, 가정제는 그에게 죄를 묻지 않았다.

것이다.

헌종 때 태감 왕직, 가정 때 권신 엄숭, 희종 때 태감 위충현 등이 조정을 장악하고 권력을 휘두른 시기는 명나라 정치의 암흑기로 사방에서 노래와 소문이 들끓었다. 헌종 때, 환관 위영韋英·양방梁芳·상명尚銘이 서로 총애를 다투자 "위영의 집, 양방의 말, 상명의 은이 마치 기와처럼 쌓여 있네"라고 했다. 태감 왕직의 부정부패로 조정은 극도의 혼란에 빠졌고 아첨이 난무하며 온갖 추태가 연출되었다. 그가 변방 순시를 나가면 지나는 지방의 도어사들이 완전무장한 채 200~300리 바깥까지 마중 나와 먼지를 뒤집어쓰고 하인처럼 꿇어앉았는데 이것이 승진의 기준이 되었다. "도헌都憲(도찰원 도어사)이 마늘 찧듯 머리를 찧고, 시랑侍郎은 파를 굽듯 발을 오므렸다"고 했다. 헌종은 무력했고 대학사 유길劉吉·만안萬安·유후劉珝는 아무 말도 못하니 "세 명의 종이 노인네, 흙으로 만든 육부상서"라고 노래했다. 원로와 대신들이 자신들의 자리 보존에 바빠 직언을 하지 않자 종이나 흙으로 만든 인형과 무엇이 다르냐는 신랄한 풍자였다. 황제가 이들에게 정사에 대해 물으면 모두 답변을 회피한 채 머리를 조아리며 만세만을 외쳐대니 '만세상공萬歲相公'이란 노래가 더욱 매섭게 돌았다.

가정 시기, 엄숭이 권세를 잡자 백관이 두려움에 떨었다. 엄숭이 표의권票擬權을 아들 세번世蕃에게 넘겨주자 "큰 승상은 엄숭, 작은 승상은 세번"이라는 노래가 떠돌았다.[17] 부자가 정치를 농단하니 이부·병부 관리들은 항상 관리 선발에 관한 자료인 선부選簿를 준비하여 언제 있을지 모를 그들의 요구에 대비했다. 특히 이부 문헌사文憲司 낭중 만채萬寀, 병부 직방사職方司 낭중 방상方祥이 엄숭 기분을 잘 맞추어 움직이는 것이 마치 노예 같다 하여 엄숭 집안의 "문무文武 집사"라는 소문이 나돌았다.

천계 때, 태감 위충현魏忠賢이 득세하자 신하들이 앞다투어 문턱을 뻔질나게 넘나들어 "팔천여귀八千女鬼(8000명의 여자 귀신)가 경사를 어지럽힌다"는 소문이 나돌았다. 魏자를 八+千+女+鬼로 풀어내 위충현의 농단을 비유한 것이었다. 어사와 급사중인 이번李蕃·이노생李魯生·이항무李恒茂 등이 위충현의 심복이었다. 이 씨 세 명이 매일 이부와 병부를 분주히 오가며 농단을 부리자 "관리가 되려면 삼리三李에게 물어라"라는 말이 생겼다.

지방관이 백성에 끼친 해악에 대한 것

민요와 소문은 지방에서도 유행했다. 특히 지방관의 탐욕과 가혹한 행위에 대한 풍자성 공격이 많았다. 경태 연간, 광동순무 우시랑이 뇌물을 받고 죄가 있는 자는 풀어주고 양민은 혹형으로 가혹하게 대하자 광동 백성의 원망이 극에 달하여 "순무巡撫(지방의 최고 장

---

17 표의票拟란 표지票旨, 조지條旨라고도 하며 전국 각지에서 올라온 주장奏章을 황제에게 보내기 전에 내각 대학사들이 먼저 보고 표시하는 것을 말한다. 즉 문서의 중요도에 따라 내각 대학사들이 표시를 하여 황제가 결정하기 쉽도록 도움을 주었다. 이는 '황제를 대신하는' 의미로 볼 수도 있으며 군주 전제 체제하에서 황제 대신 결정할 수 있다는 것은 실로 엄청난 권력이었다. 엄숭 부자에 관해서는 주둥룬의 앞의 책, 2장을 참고할 것.

관으로 백성의 어려움을 보듬는다는 의미)가 아니라 순고巡苦(백성의 고생을 보듬는다)"라 했다. 소주 지부 조曹 아무개는 자기가 상점을 열고 민간에서 사들인 물품을 팔았다. 사들일 때 가격을 1할만 쳐주니 "조曹 지부 물건은 가게들이 분담하고, 부傅 지부는 하는 일도 없이 빼앗아간다네"라는 소문이 돌았다.[18] 지방관은 지위 고하를 막론하고 백성을 수탈해서 오직 자리를 지켜 부귀를 추구하려 드니 결과가 좋을 수 없었다. 민요와 소문이 가장 좋은 증거였다. "지현은 빗자루로 쓸고, 태수는 삼태기에 담고, 포정사는 푸대에 걷은 돈을 경사로 가져가서 바친다." 결국 경사에 있는 고관들이 탐관들의 종점이었다. 날아가는 기러기의 털을 뽑아 만든 지방관의 뇌물은 결국 경사의 관리들에게 주기 위한 것이라는, 간단하고 거칠지만 시대적 병폐를 정확히 지적하고 있었다.

각종 사회 병폐 언급

명대 중기 이후, 조정은 황폐화되어 정치가 부패하니 인사는 엉망이고 사대부들은 책임 회피에 급급했다. "경사에는 열 가지 웃기는 명물이 있다"는 소문이 유행했는데 "의례를 담당하는 광록시光祿寺의 차, 의료기관인 태의원太醫院의 약 처방, 제사를 맡은 신락관神樂觀의 기도, 무기를 만들고 관리하는 무고사武庫司의 창칼, 궁궐과 성곽

---

18 조평분曹平分, 부백탈傅白奪. 여기서 전傅 아무개는 또 다른 탐관오리를 지칭하는 듯하다.

의 수리를 관장하는 영선사營繕司의 공사 현장, 소외 계층을 구제하
는 양제원養濟院의 구호품, 궁중음악을 주관하는 교방사敎坊司의 예인
들, 감찰과 탄핵 기관인 도찰원都察院의 기강, 국립대학인 국자감國子
監의 교육, 서책을 관리하고 문서를 편찬하는 한림원翰林院의 문장이
다"라고 했다. 정부 조직이 한심한 이유는 이런 것뿐만이 아니었다.
심덕부는 『만력야획편』에서 "관의 말을 기르는 태복사의 말은 쓸모
가 없고, 역법을 연구하는 흠천감은 고루하고, 제사를 관장하는 태
상사의 음악은 오류투성이"라고 했다. 이 외에도 국고인 태창太倉의
금고는 비었고, 경사 삼대영三大營의 병사들은 노약하고, 조서 등 기
밀문서 처리기관인 제고방制誥房의 글씨는 엉망진창인데다, 문화전文
華殿·무영전武英殿의 그림은 색이 날아갔으니 그저 탄식만 가득했다.
당시 조정 각 부서에서는 자신들만의 속어를 만들어 자조적인 풍자
를 하기도 했다. 병부에서는 "인사관리부서인 무선武選은 은혜도 베
풀고 원망도 듣는다. 직방織方은 복지 부서여서 돈은 없고 일은 많
다. 말을 관리하는 거가車駕는 좋은 점과 나쁜 점이 다 있다. 무기를
생산하고 보관하는 무고武庫는 한가할 뿐 아니라 떡고물도 많이 나
온다."[19]

조정이 민간에서 수녀繡女(수를 놓는 젊은 부녀)를 선발하는 일은 백
성에게 엄청난 부담을 안겨주었다. 부녀들은 이를 피하기 위해 급하

---

19 "武選武選, 多恩多怨; 職方職方, 最窮最忙; 車駕車駕, 不上不下, 武庫武庫, 又閑
又富."

게 결혼을 서두르다보니 상대를 잘못 만나 평생 불행해지는 경우가 많았다. 융경 3년(1568), 조정에서 7, 8세 이상 20세 이하 처녀들을 선발한다는 말이 잘못 전해지자 "음력 12월에 어지러운 바람이 분다 하니, 여자들이 시집가기 바쁘네"라는 동요가 나돌았다.(『유청일찰』)

풍속이 날로 각박해졌다

도시에서 민요와 소문은 풍속의 변화를 반영하면서 한편으로 이러한 각박한 변화에 일침을 가했다. 북경은 전국에서 물건이 모이니, 때로 '웃픈' 일들이 많이 발생했다. 관리가 진신縉紳보다 많고, 여자가 남자보다 많았으며 기생집이 양갓집보다 많고 거지가 상인보다 많았다. 또한 나쁜 풍속, 불량배 등이 넘쳐 "하늘에 바람 불지 않는 날이 없고, 땅에 먼지가 없는 날이 없듯, 없는 물건이 없고, 사람이 못하는 일이 없다"는 노래가 유행했다.(두문란杜文瀾, 『고요언古謠諺』) 만명에 이르러 사대부 문화가 쇠퇴하여 용기 있는 인사들이 보이지 않자 "지호자야의언재之呼者也矣焉哉(사람으로 하여금 깊은 생각을 하게 한다는 의미)를 잘 사용해서 문장을 써야 좋은 인재다"[20]라는 말이 떠돌았다. 스스로 인재라며 뽐내는 자는 재주와 학문이 부족하니 방건方巾(문인이 썼던 두건)이 너무 흔해 "성안 가득 문장이 날리고, 거리가 온통 방건으로 덮였다"라는 말도 성행했다. 북경에서는 재주와 학문도

20　지之는 앞 문장의 특정 사물, 호乎는 강렬한 의문과 한탄, 자야역者也亦은 긍정과 강조, 언焉은 한탄과 반문의 말로 '심사숙고하는 상태나 말을 형용하는 것'으로 실제적이지 못함을 꼬집었다.

없는 사람이 진사가 되면 "호나 짓고, 첩을 얻을 생각뿐"이라는 풍자
가 무성했다.

민요와 소문에서는 칭송과 아첨이 짝을 맞추어 그림자처럼 붙어
다녔다. 같은 민요이고 같은 사람에 대한 칭송일 수 있지만 동시에
다른 사람에게는 폄훼와 지적이 되었다. 가정 시기, 소흥지부 이교李
僑가 선정을 베풀자 백성은 그의 출근길에 향을 피웠다. 산양山陽 지
부 이李 아무개는 인심을 얻지 못해 출근 때마다 철사로 울타리를
쳐서 혹시 모를 접근을 막아야 했다. 소흥성 주민들은 "부에서는 향
을 피우고 현에서는 철사로 줄을 치는 것이 바로 선정과 악정의 차
이라네"라고 노래했다. 짧은 몇 마디에 백성의 애증이 절절하게 묻어
났다. 선정을 베푼 황후나 관리들에 대한 칭송도 적지 않았다. 태조
의 황후 마馬 씨가 황실 관리를 잘하자 사후에 궁인들이 노래를 지
어 추모했다. "우리 황후는 자비로움으로 황실과 나라를 인도하셨
네. 나를 낳고 기르셨으니 그 덕을 영원히 잊을 수 없네. 덕은 영원
해서 저승에 가더라도 변치 않으리." 효종 때 내각 대신 이동양李東
陽·유건劉健·사천謝遷의 공적에 대해 "이공은 지략이 풍부하고, 유공
은 결단력이 뛰어났으며, 사공은 강직하셨네"라고 칭송했다. 노래가
묘사한 인물평은 실제로도 매우 공정했다. 지방에서도 청렴한 관리
에 대해 칭송이 그치지 않았다. 강양江陽 지현 주빈周斌이 선정을 베
풀자 "가뭄에 주공周公의 기도로 단비가 내리고, 수해에 주공의 기도
로 물이 빠졌네."(『명사明史』「양선전楊瑄傳」) 강서 순안어사 왕철王哲은
재임 기간에 친록親錄(관리의 권한으로 죄인을 사면함)으로 억울한 죄

인 수백 명을 풀어줬는데 "강서에 철哲이 하나 있어 유월에도 새하얀 눈이 내리는데, 천하에 철哲이 열이면 태평은 쉴 틈이 없을 것"이라며 선정을 칭송하고 천하태평에 대한 바람을 담았다.

이런 민요에는 칭송과 아첨 외에 예언·예측의 기능도 있었다. 사실에 근거해서 예측하다보면 맞을 수도 있고 전혀 효과가 없을 수도 있었다. 때로는 기록자가 견강부회해서 미신에 불과한 경우도 있었지만 대부분은 사실에 기초하여 합리적인 추론을 만들어냈다. 엄숭 부자에 대해서는 "권세가 부자는 언젠가는 감옥에 갈 것이다"라는 예측은 "좋은 일에는 좋은 결과가, 나쁜 일에는 나쁜 결과가 따른다"는 일반인들의 경험에서 나온 것으로 합리적이었고 역사도 결국 이를 증명했다.

과거시험에서도 정확하게 결과를 예측했다. 정통 13년(1448), 과거 회시 결과가 나올 때쯤 "아시는가, 금년 장원은 팽시彭時라네"라는 말이 돌았는데 결과는 정확하게 맞았다. 정치적 예측은 더욱 많았고, 특히 왕조가 흥하거나 망하고, 교체되는 시기에는 한층 기승을 부렸다. 건문建文 초년 한 도사道士는 "제비燕를 쫓지 마라. 쫓다보면 높이 날아야 하는데, 높으면 제기帝畿(천자의 직할지)에 들어간다"라며 주체朱棣(영락제)의 '정난지역靖難之役'을 정확하게 예상했다.(『명사明史』「오행지五行志 3」) 정통 2년, 경사에 큰 가뭄이 들자 골목마다 기우제를 지내고 읊었다.

"우제시여(비의 신이시여), 우제시여, 성황의 토지 신이시여. 비가 다시 오면 내 토지를 돌려주시오雨帝雨帝, 城隍土地. 雨若再來, 還我土地."

대명제국의 도시생활

그런데 '우제雨帝'는 '여제與帝', 제帝와 제弟(아우)는 동음이고; '성황城隍'은 성왕郕王(즉 영종)을 가리켰다. 따라서 앞의 말은 황위를 성왕郕王에게 넘기라는 말이었다. '다시 오면'과 '돌려주시오'라는 말은 영종 복피를 뜻했다. 천계 초년, 한 도사가 조천궁朝天宫에서 노래를 들었다.

"위귀委鬼가 조정을 휩쓰니, 가지 꽃이 땅을 붉게 물들인다委鬼當朝立, 茄花遍地紅."

'위귀委鬼'는 즉 '위魏'이고, '가화茄花'는 '객客'을 지칭했다. 훗날 위충현과 객 씨가 권세를 휘둘렀으니 그 예측이 맞았다. 숭정 말년, 북경과 오吳 지역에는 '송아조宋阿罩'라는 구호가 널리 유행했다. 훗날 이자성이 북경을 공격하자 숭정제가 자진하면서 천하가 이자성에게 넘어갔는데, 이자성의 자가 '조아棗兒'이니, '송아조宋阿罩'의 의미는 "아조阿罩에게 보내라送(전하라)"는 것이었다.(棗와 罩는 동음)

원래 노래에는 이런 속 깊은 정치적 의미는 없었지만 훗날 사람들이 자신들의 필요에 따라 의미를 첨가했다. 경사의 기우제, 건문 초년 도사의 노래 등이 바로 당시 정치 형국과 쌍방의 역량을 대비하여 꿰뚫어본 노래였다. 물론 도사의 노래는 연왕燕王(주체)이 퍼뜨린 것일 수도 있다. 송아조宋阿罩는 확실히 당시의 민심을 반영한 것이었으니 결과 예측은 정확했다.

익명 문서

도시의 담벼락과 집집마다 대문에 크고 작은 벽보가 붙곤 했다. 명대에는 이런 벽보를 '게첩揭帖' 혹은 '익명 문서匿名文書'라고 불렀는데 매우 오랜 역사를 지니고 있었다.

민요와 소문은 입에서 입으로 전해지고 시간이 지나면 문자로 남았다. 익명 문서는 일단 널리 퍼진 뒤 시간이 지나면 소문으로 발전했다. 앞에서 언급한 "경사의 열 가지 웃기는 명물"은 가정 7년 (1528), 대신들이 조회를 기다리던 조방朝房에서 누군가가 말한 우스갯소리를 같이 있던 사람들이 듣고 입에서 입으로 전하다가, 오래 떠돌다보니 소문이 되었다.(저인획猪人獲,『견호집堅瓠集』「계집癸集」) 만력 5년(1577), 장거정의 아들 사수嗣修가 과거시험에서 2등(방안榜眼)으로 합격했다. 3년 뒤 셋째 아들 무수懋修가 다시 장원으로 합격하자 누군가 황궁 정문인 조문朝門에 다음과 같은 벽보를 걸었다.

장원, 방안 모두 성이 장張씨네.
문성文星(관운을 주관하는 관직)이 초방楚邦(장거정 고향)만을 비춘 것은 아닐 텐데,
만약 상공이 권세를 계속 유지하지 못해도
다음 아들이 탐화랑探花郎(3등)으로 합격할 수 있을까!

이 시가 널리 퍼졌는데, 장거정 사후 이 두 아들의 공명이 모두 취

소되자 또 다음과 같은 소문이 나돌았다.

정축년에는 눈이 없었고丁丑無眼(첫 아들이 합격한 해)
경신년에는 장원이 없네庚辰無頭(셋째 아들이 취소된 해)

천순과 성화 연간 익명 문서와 벽보는 민간의 정치적 시각에서
탐관을 공격하며 지방관의 비리를 논하는 여론의 수단으로 활성화
되었다. 헌종이 즉위하여 '모함'을 하거나 특정한 사람을 거론하는
'정치 간섭' 행위에 대해 금지령을 내렸다. 금지령에도 불구하고 상
황은 변하지 않았다. 성화 7년(1471), 비난을 담은 벽보가 더욱 성행
하고 사람들은 조정과 사회에 대한 불만을 쏟아냈다.(『헌종실록』)
　소주 사람은 말투가 경박했는데 노래 가사에서도 그대로 나타났
다. 만력 14년(1586), 고향에서 악명이 높았던 대학사 유후劉珝가 죽
었다. 기일에 스님을 초청하여 경을 읽는데 집 문 앞에 익명의 글이
걸렸다. "저승의 나찰과 야차는 흉악한 귀신이 왔다고 걱정하고, 정
자 위의 선남선녀는 악마가 죽었다고 축하한다."(『만력야획편』) 명말,
역당 완대성阮大鋮의 죄상이 천하에 폭로되었지만 그는 여전히 남경
의 여러 인사와 교류하며 재기를 도모하고 있었다. 오응기吳應箕·진
정혜陳貞慧·후방역侯方域·황종희黃宗羲 등 복사復社 명사들이 「유도방
란공게留都防亂公揭」를 써서 완씨의 죄상을 다시 폭로했다. 글이 공개
되자 그는 별 수 없이 남문 바깥의 우수산牛首山에 들어가 다시는 감
히 나오지 못했다.

익명의 벽보와 노래 외에 희곡戱曲 역시 여론을 전파하여 정치를 풍자하는 좋은 수단으로 사용되었다. 성화 연간, 대학사 유후劉珝의 아들 유자劉鎡가 기생을 불러 난잡하게 술을 먹었다는 소문이 돌자 동네 사람 조빈趙賓은 희곡「유공자곡劉公子曲」을 지어 "난잡한 교방사에서 상소문을 올리다"라고 꼬집었다.[21] 만력 시기, 파면당한 어사 전대錢岱는 사대부들에게 조롱을 당했을 뿐 아니라 행적 또한 희곡으로 만들어져 "골목마다 떠들썩하게 전해졌다."(작자 미상, 『필몽筆夢』) 명말에 유명한 '민초동환民抄董宦' 사건의 시작은 동기창董其昌이 여자를 납치하여 마을 사람 범모范某를 억울하게 죽인 일이 "희곡으로 만들어져 널리 퍼진 것이었다."(문병文秉, 『정릉주략定陵注略』) 숭정 16년(1643), 만주족 군대가 북경에 들어오자 주연유周延儒가 이끄는 수비 병사들은 백성이 유린당하는 것을 보고도 감히 대적하지 못해 사람들의 분노를 자아냈다. 그러자 희곡「나라를 팔아먹은 이야기賣國傳奇」가 일시에 "전국적으로 유행했다."(조익趙翼, 『이십이사찰기卄二史札記』)

명나라 초, 태조는 언로를 책임진 과도관 외에 현직 혹은 은퇴한 관리, 진신들을 배치해 신분이 낮은 일반 백성이 할 말이 있으면 할 수 있도록 "백성과 소통하는 언로를 넓혔다." 그러나 영락 시기 "저간의 일은 정상적인 통로를 통해 아래로부터 순서를 밟아 올리도록" 바뀌어 백성이 관리의 부정과 부패, 학대를 고발하려 해도 층층으

---

21 "雜敎坊院本奏之."

로 막혀 결국 위까지 전달되지 못했다. 더욱이 탐관이 막아서면 백성의 억울한 사건이나 정치적 폐단 고발은 정상적인 언로를 통해서는 불가능했다. 노래·소문·벽보와 같은 민간 여론이 널리 퍼지게 된 것은 이러한 필연적인 배경이 있었기 때문이었다.

민간 여론은 실제로 대중적인 전파 매개체였다. 노래·소문은 읽고 들어서 입에 감겨야 대중이 좋아하고 받아들였다. 동시에 쉽고 통속적이어야 글을 알지 못하는 백성도 쉽게 따라했다. 노래·소문·벽보가 출현하면, 사람들은 입과 입을 통해 서로 알리며 마치 비와 바람처럼 자연스럽게 여론 구실을 했다.

분장하고 무대에 오르다

이원梨園은 도시에 사는 사대부들이 한가한 시간을 보내거나, 백성이 피로를 풀기 위해 자주 가는 유흥 장소였다. 무대 아래에서 연극을 보며 박수를 치고 정서적인 위안을 찾곤 했다. 이원을 통해 명대 도시 생활의 다양한 문화를 살펴보도록 하자.

연극 극단

명대 말년, 남경성에는 '흥화부興化部'와 '화림부華林部' 등 두 연극 극단이 유명 문인 왕세정王世貞의 「명봉기鳴鳳記」를 공연하며 우열을 다투었다.[22]

당시 남경성 내 수십 개의 극단 중 두 극단이 가장 환영을 받았다. 돈 많고 한가로운 휘주 상인들이 성내의 문인·부녀자들을 초청하여 두 극단에 대해 품평회를 열었다. 두 극단 모두 수준 높은 연기를 선보여 승부를 내기가 쉽지 않았다. 화림부에서는 이영李伶이, 홍화부에서는 마영馬伶이 엄숭嚴嵩을 연기했는데 사람들은 화림부의 손을 들어주었다. 마영은 낙담한 나머지 연기를 포기하고 재상의 집에 문지기로 들어가서 재상의 실제 생활을 관찰하기 시작했다. 몇 년을 고생한 끝에 그는 다시 극단으로 돌아왔고 다시 한 번 펼친 승부에서 마영의 연기는 이영보다 한 수 위라는 평가를 받아 결국 최후의 승자가 되었다.(『장회당문집壯悔堂文集』「마영전馬伶傳」)

이것은 명나라 말년의 이야기로 명나라 초에는 극단이 많지 않았다. 연극은 본래 도시의 관료층과 사대부는 물론 백성이 틈이 나거나 힘든 노동 끝에 즐기는 중요한 휴식 매체였다. 초기에는 관의 규제가 엄격해서 노래를 배우는 자의 혀를 자르기도 했었다. 예부가 관장하는 교방사敎坊司 악공들이 관청의 모든 제사를 맡았기 때문에, 상업적 목적을 가진 극단은 많지 않았다. 그러나 토지 겸병이 심화되어 농민들이 토지를 떠나 다양한 업종으로 진출하게 되면서 극

---

22 내용은 세종世宗 때 세종의 태자태사太子太師였던 엄숭과 아들 세번 일파와 하언夏言, 양계성 등 왕세정 일파 사이의 정치투쟁 이야기다. 그 줄거리는 하언과 엄숭의 싸움에서 시작된다. 엄숭이 세종의 총애를 등에 업고 하언을 죽이고, 자신을 황제에게 고발했던 양계성 또한 살해하자 이에 격분한 사대부들과 엄숭 일파 사이에 싸움이 일어난다. 즉, 충신당과 간신당의 싸움에서 끝내 충신당이 엄숭 일파를 타도했다.

단 활동도 점차 활성화되기 시작했다.

북경과 남경은 정치·문화의 중심으로 각지의 극단이 모였다. 남경은 주로 수서문水西門·회청교淮淸橋 일대였다. 이곳에는 극단의 행정을 맡은 총우總寓와 행업신을 모신 노랑암老郞庵이 있었다. 극단들은 각자 극단의 깃발을 걸고 관중들의 시선을 끌었다. 극단 구성원 사이에 일이 발생하면 노랑암에 모여 향을 올리고 사실을 고한 뒤 총우에서 체벌 등 처벌을 논의했고 벌을 받는 사람은 절대 반항할 수 없었다. 극단마다 생生·단旦·정淨·축丑 등 역할을 담당하는 10여 명의 단원이 있어 이름을 비석에 적어 노랑암에 세웠다. 이름이 적힌 사람의 자손이 연극을 하면 '연극 집안世家子弟'이 되고, 나이가 들면 '노도장老道長'이 되어 내부에서 중추적인 역할을 했다.

북경의 극단은 달랐다. 소창小唱과 현소弦索(관현악 합주)를 하는 이들의 자제는 주로 신렴자新廉子·구렴자舊廉子 호동에 살았다. 정덕 때 고좌顧佐가 관기官妓를 금하자는 상소를 올리자 경성의 진신들은 유흥거리가 없어져서 관현악기에 맞추어 노래 부르는 소창이 유행하기 시작했다. 진신들은 모이면 소창을 들었다. 주로 영파 사람들이 많았는데 만력 연간까지 임청·개봉·진정·보정 출신 어린아이들이 절강 사람이라고 속이며 소창을 불렀다.(『만력야획편』) 대반大班은 대부분 춘수椿樹 호동에 살았다. 골목에 들어서면 집집마다 문 위에 붉은색 종이로 곤곡昆曲·해염海鹽 등 소절강蘇浙腔 50여 극단 이름이 적혀 있었다.(『도올한평』) 대반은 해염海鹽·여도余姚·자계慈溪·황엄黃巖·온주溫州 사람들로 '극단 집안 출신戲文子弟'이라 불렸고 양갓집 자제도 부끄러워하지 않았다. 양갓집 자제들이 배우가 되면 가난한 집 출신들과는 달리 생계에 대한 긴장감이 떨어져 대부분 취미 정도로 즐기다가, 곧 싫증을 내고 자신들의 익숙한 생활로 돌아가곤 했다. 여장 남자들을 '장단妝旦'이라 했는데 부드러운 음성, 가벼운 걸음걸이로 실감 나는 연기를 했다.(육용陸容, 『숙원잡기菽園雜記』)

상하이박물관에 소장된 명대 『옥화당일기玉華堂日記』 원고에는 당시 극단에 관한 자료들이 남아 있는데, 송강부·상해현 일대에서 다양한 희곡이 성행했음을 알 수 있다. 희곡 외에 평화評話·탄창彈唱·창사唱詞·고취鼓吹·피영皮影(그림자 연극)·근투跟鬪·파희把戲(잡기)·우희偶戲(목우희木偶戲) 등도 있었다. 희곡에도 곡조에 따라 곤산강昆山腔·익양강弋陽腔·해염강海鹽腔·여요강余姚腔 등 사대 강腔과 태평강太平腔·휘주희徽州戲 등이 있었다. 상해 이원梨園, 송강 이원, 소주 희자戲子, 오문吳門 이원, 오문 희자, 소주반蘇大班, 항주 희자, 여요余姚 이원, 여항余杭 이원, 소흥 이원, 태평 이원, 태평 희자, 절강 희자, 휘주 희자 등 극단들은 화정과 상해 일대에서 공연을 했다.

개봉성 내에는 왕부, 향신 집안에서 육성하는 극단들도 있었는데 큰 곳(대리원大梨園) 70~80개, 작은 곳(소취타小吹打)은 20~30개가 있었다. 도시 사대부들의 생활은 안정되고 풍족했으므로 서화, 가곡 등을 좋아해서 배우 혹은 시첩侍妾 서너 명을 곁에 두고 풍류를 즐겼다. 즉 상업적인 극단 외에도 사대부들이 집에서 가정식 극단을 양성했다. 문인 이개선李開先은 집에 배우 20~30여 명, 여기女伎 2명, 어린 여자 가수 여러 명을 데리고 있었다.(『사우재총설』) 명말 조정에서는 환관 완대성阮大鉞이 악명을 날리면서도, 한편으로 극단을 양성해서 직접 노래를 가르치며 독창적인 신작들을 선보였다. 그는 자신이 직접 극본을 쓰기도 했는데, 배우들이 극본에 충실하고 완급 조절을 잘하여 다른 극단들보다 완성도가 높았다. 배우의 동작과 눈동자 하나하나에도 주인의 세세한 설명이 따라붙는 등 독특한 재미가 있었다.(『도암몽억』) 상술한 『옥화당일기』의 주인공인 상해 사람 반윤단潘允端은 거금을 들여 20여 명의 배우를 양성해 대형 공연을 했다. 배역에 맞는 하인들을 고르기 위해 여러 차례 소주를 왕래했고, 공연에 참여하는 사람들 중에는 스스로 찾아오거나 소주-상해를 오가며 전문적으로 배우나 하인들을 소개하기도 했다. 이렇게 고용된 사람들은 이름을 바꿔 '정呈'자 항렬로 '정춘呈春' '정절呈節' '정예呈藝' 등을 예명처럼 사용하여 다른 극단과는 구별되었다. 반윤단 집안의 이원은 특히 유명해서 지현知縣도 여러 차례 공연을 보러 왔다.

유휘劉暉는 자기 집안 여자들로만 구성된 여자 극단을 꾸몄는데, 단순하게 특별한 배경과 조명으로 표현만을 중시하는 타 극단들의 결함을 보완해 극의 진실성을 강조했다. 『당명황유월궁唐明皇游月宮』을 공연할 때 음악에 맞춰 황혼을 연출했다. 검을 든 손이 떨어지면서 벽력같은 소리가 나고 어둠속에서 둥근 달이 떠오르면 오색구름 속에 항아嫦娥[23]가 앉아 있고 오강吳剛[24]과 토끼가 절구를 찧고 있었

---

23 중국 고대 신화에 나오는 달의 신. 『산해경山海經』에 태양신인 제준帝俊의 아내인 항아가 달덩이 같은 알 12개를 낳고 대황大荒의 일월산日月山 골짜기에서 목욕하는 이야기가 나온다.

다. 관객들이 신비한 모습에 넋을 잃은 사이, 10여 명이 손에 등을 든 채 명암으로 환영을 연출하자 상상할 수도 없던 장면이 연출되었다.(『도암몽억』)

남곡南曲에 나오는 성기聲妓(노래와 춤을 추는 기생)는 교방사 소속이었다. 본래 소곡을 많이 불렀으나 명나라 말기에는 연기 비중이 커졌다. 양원楊元·양능楊能·고미생顧眉生·이십李十·동백董白 등이 유명했다.

마을 연극

명대 극단은 관청에서 절기마다 행하는 행사·창당회唱堂會·마을 연극 등 세 가지 활동이 있었다. 명절이나 절기가 되면 지방 관청에서는 무대를 설치하고 극단을 초청해서 손님들과 공연을 관람했다. 개봉성에서는 장농莊農·모녀毛女·백이십행百二十行 극단이 다양한 연극을 공연했다.

창당회는 관리나 향신 집안에 경사가 있을 때 하는 공연이었다. 『유림외사』에는 향신 설薛씨의 소첩 생일에 극단이 축하 공연을 하는 모습이 나온다. 먼저 집안의 집사가 극단에 와서 연극을 정하고

---

24 중국 전설 속 인물로 신선 공부를 하다가 잘못을 저질러 옥황상제에게 달나라로 유배를 가 나무를 베는 벌을 받았다.

계약금을 낸 뒤 나머지는 공연이 끝나면 정산했다. 생일 축하 공연에서는 축하 의미가 있는 내용을 선정했다. 징이 울리고 막이 오르면 먼저 팔선八仙[25]이 나와 생일 축하와 장수를 기원하는 「수역무성고壽域蔘星高」를 부르고,[26] 왕모낭王母娘이 수도壽桃(신선한 복숭아나 복숭아 모양의 밀떡)를 올렸다. 일반적으로 '배항이 신선을 만났다裴航遇仙'는 「옥목기玉枚記」도 많이 공연되었다.[27]

민간에서는 마을 연극이 매우 성했다. 이는 전문적인 배우 공연과 행사 때마다 백성이 자발적으로 조직해서 즐기는 두 종류가 있었다. 소흥의 흥도興陶 북방에 있는 엄조묘嚴助廟에서는 정월 상원절에 묘회를 열고 극단을 초청했는데, 때로 항주에서 많은 돈을 주고 불러오기도 했다. 「채백해蔡伯喈」[28] 「형차기荊釵記」[29]가 주로 공연되었고,

25 도교 신화에 등장하는 8인의 신선으로 남녀노유男女老幼, 빈부귀천貧賤富貴를 대표한다. 팔선은 팔보八寶라고 불리는 법기나 보물寶物을 손에 들고, 시대에 따라 달리 지칭되었으나 명나라 오원태吳元泰의 『팔선출처동유기八仙出處東遊記』에서는 종리권鐘離權·장과로張果老·한상자韓湘子·철괴리鐵拐李·여동빈呂洞賓·하선고何仙姑·남채화藍采和·조국구曹國舅를 말했다.

26 수역壽域은 수명의 세계를 말하고, 무성蔘星은 여와씨가 세웠다는 여아국女兒國을 말한다. 즉 이 영원한 세계에서 정해진 수명을 다 누리기를 기원한다는 의미다.

27 당唐대의 수재였던 배항은 남교역藍橋驛에서 한 할머니를 만났다. 그가 목이 말라 물을 달라고 하자 할머니는 운영이라는 여자를 시켜 물을 주었다. 배항은 운영에 한눈에 반해서 청혼을 했고 할머니는 옥으로 만든 절구와 절굿공이를 구해와 선단을 만들면 허락한다고 했다. 배항은 온갖 어려움 끝에 결국 선단을 만들었다. 달에 있는 토끼도 배항의 노력에 감동해서 도움을 주자 할머니는 혼인을 허락해서 두 사람은 행복한 삶을 살다가 신선이 되었다는 내용이다.

대명제국의 도시생활

공연 때는 노인 한 사람이 무대 밑에 앉아 극본과 대조해보고 배우가 대본과 한 글자라도 다르게 하면 무대 밑에서 바로 야유와 소란이 일어나 다시 시작해야 했다. 그래서 소흥에서는 새로운 극본이라는 의미의 '전백해全伯唶' '전형차全荊釵'라는 말이 유행했다.(『도암몽억』) 루쉰이 소설 「사회社戱」에서 언급한 「목련희目連戱」는 어려운 동작이 많아서 전문 극단이 공연했다. 휘주 극단이 연기한 「정양희자旌陽戱子」는 동작이 경쾌하고 날렵하여 대련 장면을 잘 연출해서 인기가 좋았는데, 3일 낮밤 동안 계속되었다. 등장인물인 천신지기天神地祇·우두마면牛頭馬面·귀모상문鬼母上門·야차나찰夜叉羅利·거마정과鋸磨鼎鍋·도산한빙刀山寒氷·검수삼라劍樹森羅·철성혈해鐵城血海 등은 오도자吳道子의 「지옥변상도地獄變相圖」의 구성과 같았다. 공연에 나오는 귀신들은 모두 종이 공예로 만들어서 돈이 많이 들었다.(『도암몽억』)

소흥 엄조묘의 상원절 묘회에서는 전문 극단 외에 아이들로 구성된 순수한 마을 극단의 공연도 열렸다. 완성도는 떨어지지만 많

---

28 「비파기琵琶記」를 말한다. 주인공 이름을 따 「채백해蔡伯唶」라고도 했다. 원말 명초의 부흥기 남희南戱의 대표작이다. 채백해의 아내 조오랑趙五娘은 과거 보러 가는 남편과 작별하고 홀로 고향 진류陳留에서 시부모를 모시던 중 대기근을 만나, 자신은 겨를 핥으면서 효성을 다했으나, 그들이 연이어 죽자 할 수 없이 비파를 등에 메고 걸식하는 신세가 되고 서울로 올라가서 남편을 찾는다. 백해는 이미 과거에 급제하여 재상의 사위가 되어 영화로운 생활을 보내고 있었다. 경성 거리에서 해후한 두 사람은, 재상 딸의 양보로 행복한 대단원을 이루게 된다.

29 남희 「형차기荊釵記」는 원나라 학자 계단추柯丹邱가 썼다고 전해지지만 왕궈웨이는 명 태조의 열일곱 번째 아들인 영왕寧王 주권朱權이 작가라고 추정했다.

은 사람이 참여한다는 데 의미가 있었다. 상업이 번성했던 임청臨淸에서도 영춘迎春에는 거리가 인산인해가 될 정도로 사람들이 몰려나와 다양한 공연이 펼쳐졌다. 거리에는 인형傀儡이 뛰어다니는 인형극傀儡戱이나 어린이들이 관음을 접견하는 것, 당 현종과 양귀비, 삼원급제三元及第, 오자등과五子登科 등 다양한 주제의 연극이 공연되었다. 「여순양비呂純陽飛」「검참황룡劍斬黃龍」「종규착귀鍾馗捉鬼」 같은 종교적 성격이 농후한 것도 있었고 『삼국지』 중 제갈량이 맹획을 일곱 차례 포획하는 연극도 있었다. 소흥에서 비를 기원하는 공연에서는 귀신이 사람의 침을 무서워한다는 전설에 따라 사람들이 다투어 침을 뱉는 '일일분조신해귀日日扮潮神海鬼'라는 행위를 했다. 「수호전水滸傳」 공연에는 양산박 호걸들을 연출하기 위해 소설 속 인물과 외모가 유사한 사람들을 찾아서 무대에 올렸으므로 생동감이 넘쳤다.

마을 공연은 성황묘·관제묘 등 주로 도교 사원 앞에서 행해졌다. 장대張岱는 위충현이 실각하자 다른 사람들이 쓴 전기 수십 권을 편집해서 만든 「빙산기氷山記」를 소흥 성황묘에서 공연했는데 수만 명이 몰려들었다. 『도올한평』 13회에는 위충현이 계주薊州 성황묘에 가서 "두 사람이 주자籌子(입장권)를 사서 들어갔는데 징소리가 나고 사람들이 모여들더니 마침내 「초파기蕉帕記」[30] 공연을 보았다"라고 했다. 공연을 보기 위해 주자를 샀던 것을 보면 아마도 일반적인 마을 공연과는 다른 상업 공연으로 근대적 극장의 초기 형태였는지도 모

---

30   명대의 희곡작가 단본單本(1562~1636)의 작품.

른다.

이원은 유명한 배우들도 많이 배출했다. 앞에서 언급한 남경 홍화부 마령 외에 팽천석彭天錫과 주초생朱楚生도 유명했다. 팽천석은 정축淨丑 배역으로 역사상의 간신들을 연기했다. 악랄하고 간사한 성정과 음흉한 말재주 등 인물에 대한 그의 해석은 높은 경지에 이르렀다는 평가를 받았다. 눈과 눈썹 그리고 주름 사이에서 우러나오는 연기는 웃음 속에 칼을 숨기고 음산한 괴살기鬼殺氣가 넘쳐 사람들에게 오싹한 소름이 돋게 했다. 여자 주초생은 남장 연기를 했는데, 동작과 대사의 오묘함은 남자들도 따라갈 수 없었다. 그녀는 음악에 정통한 요익성姚益城과 함께 극의 분석에 깊은 조예를 보였고, 그녀가 연기한 「강천모설江天暮雪」 「소광검霄光劍」 「화중인畫中人」은 곤산昆山의 연기 선생들도 감히 흉내 낼 수 없었다. 외모는 뛰어나지 않았지만 진심이 묻어난 연기로, 혹시 실수가 있으면 다음에는 반드시 고쳐서 공연을 했다. 명대 희곡사에서 매우 중요한 여배우로 기억되었다.

다양한 곡예 기술

백희百戲는 고대 음악·춤·잡기 등의 총칭이다. 하나라 때의 음악과 춤에서부터 주나라 때의 '산악散樂'과 '강무講武'를 거쳐, 이후 위·진·수·당·송·원·명·청 등 각 시대의 희곡까지 꾸준히 전통을 이어왔다. 이는 주례周禮가 정한 '예악禮樂'의 구속을 벗어나 경직된 묘당廟堂 가무를 대신하여 풋풋하고 활발한 민간 가무의 전통을 이어온 것이다. 중국 고대 문화 전통의 깊이와 표현 예술의 다채로움을 담고 있으며 내용이 풍부했다. 중국에 현존하는 희곡·가무·잡기 등은 대부분 고대 백희의 내용과 특징을 전승한 것이다.

2000년 전인 한대漢代에 이미 '백희百戲'라는 단어가 출현했다. 『한문제찬요漢文帝纂要』에는 "백희는 진한秦漢시대 유명했던 잡기들로, 줄타기高絙·칼 삼키기吞刀·불 뿜기履火·솟대타기尋橦 등이 있다"고 했다. 당시에는 연극이 아닌 음악과 춤·잡기 등 예술의 총칭이었다. 『설문해자』에는 고대의 "희戲는 삼군의 편제로 병사를 말한다"[31]라고 했는데 '치우희蚩尤戲' '각저희角抵戲' '축국희蹴鞠戲'처럼 군대와 관계가 있었다. 사회가 발전함에 따라 병영에서의 활동이 오락으로 변해서 사람들이 보편적으로 좋아하는 종합예술 형식으로 발전했다.

명대 도시에서는 이런 잡기와 춤이 널리 유행하여 강호 예인들의 생활 수단이 되었고, 궁은 잡기의 총본산이었다. 정덕 3년(1508), 무종은 각 성에 백희에 정통한 사람들을 찾으라고 명하여 공중회전인 근두筋斗와 백희 등이 황실의 주요 오락 프로그램으로 편입되었다. 이들에게 숙식을 제공하여 백희의 여러 프로그램을 익힐 수 있도록 했고, 원나라 때처럼 예부 밑에 교방사를 설치하여 관리했다. 성대한 연회가 열리면 이들은 군무·공중회전·말 타기·말 위에서 활쏘기

---

31 "三軍之偏也, 一曰兵也."

등 다양한 기예를 펼쳐 보였다.

궁에서 열리는 공연은 프로그램이 다양했다. 영락 10년(1412), 북경에서는 황제의 친위군인 우림군羽林軍이 새로 세운 동원구장東苑球場에서 '격구擊鞠'를 선보였다. 중서서인 왕불王紱은 「단오사관기사격구시연端午賜觀騎射擊球侍宴」에서 당시 상황을 구체적으로 묘사했다. 중국 국가박물관에 보관중인 「명헌종행락도明憲宗行樂圖」에는 원소절에 궁에서 잡기를 공연하는 모습이 그려져 있다. 성화 21년(1485)에는 잡기·마술을 선보였는데 그림에서는 굴렁쇠를 빠져나가는 충협冲狹(다른 말로 찬권鑽圈), 양발 위에 항아리나 사람을 올려놓고 돌리는 등인蹬人 등을 볼 수 있었다. 한 사람이 눕고 다리 사이에 사다리 같은 것을 끼워 다른 사람이 그 위에 올라서 공연하는 등장간蹬長竿 같은 기예는 명대 이전에는 볼 수 없었고 근대 이후에도 맥이 끊어졌다.

민간에서는 백희가 더욱 성행해서 영신새회迎神賽會 때마다 공연이 빠지지 않았다. 전문 예인이나 극단은 남북 각 도시를 돌아다니며 공연을 했다. 왕기王圻의 『삼재도회三才圖會』에는 잡기 공연에 관한 여러 폭의 그림이 실려 있는데 주로 노천 광장에서 이뤄지는 비차飛叉·중번中幡·사화단耍花壇·쌍석雙石·강자杠子·석쇄石鎖·화전花塼·사자춤舞獅子 등의 모습이었다. 그림 상단에는 관객들과 도구를 넣은 상자·마차 등이 있었고 출연하는 예인들 외에 다른 문인들의 모습도 보였다.

비차는 영신새회의 시작을 알리는 잡기로 공연자가 양쪽 끝이 삼지창처럼 생긴 봉을 손을 대지 않고 오직 몸 근육의 긴장과 이완을 이용해서 팔·다리·등 위에서 마음대로 굴리고 공중으로 던졌다가 잡는 동작이었다. 다양한 기교와 순발력 있는 동작이 활기차고 기민했다. 창의 끝에 천을 둘러 기름을 발라 불을 붙였다가 끄는 것을 '화차火叉'라고 했다.

중번은 길이 3장丈의 가는 대나무 깃대 끝에 그릇을 올려놓고 주변에는 길상을 의미하는 말이나 그림이 수놓아진 천을 둘렀으며 꼭대기에는 작은 방울을 달았다. 공연자가 이 깃대를 등 뒤에서부터 허리·엉덩이·이마·턱을 이용하여 떨어뜨리지 않고 자유자재로 돌리면 펄럭이는 깃발과 방울 소리에 사람들은 환호했다.

사화단은 공연자가 크고 작은 도자기 항아리나 술독을 이마·손목·발로 차고 등으로 굴리는 동작으로 정확하고 안정되게 제어하는 선이 굵은 기예였다.

쌍석은 역도처럼 대나무 양쪽에 둥근 돌을 매달고 공연자가 춤을 추거나 혹은 엎드려 양다리로 드는 동작을 보인다. 또 돌과 함께 몇 사람이 같이 매달려 '천근석千斤石'이라 불리기도 했다.

강자는 철봉을 말한다. 본래는 민간에서 하는 운동이었는데 공연자가 난이도가 높은 동작을 가미하여 잡기의 한 종목이 되었다. 나무로 틀을 만들고 양쪽에 용머리를 달아서 북방에서는 '반룡지술盤龍之術'이라 불렀고, 이를 연습하는 모임을 '반룡회盤龍會' 혹은 '강자회杠子會'라고 했다. 명절이 되면 큰 마차 위에 나무 구조물을 설치하고 그 위에서 다양한 동작을 선보였다.

석쇄는 역도처럼 약 20~60여 근 무게의 돌을 들고 던지고 받고 머리에 이거나, 등으로 지는 다양한 동작을 선보여 '오화비석五花飛石'이라고도 했다. 화전 또한 10여 근 무게의 벽돌을 마치 석쇄石鎖처럼 약 1장 높이로 던지는 동작이었다.

『여몽록』은 개봉성 예인들의 활동을 상세하게 기록했다. '우희비선偶戲飛線'은 아마도 인형극을 이야기하는 듯한데 제선구提線摳, 제각구提脚摳 등이 있었다. 이는 송대『동경몽화록』에도 보이는 기예로 명대까지 남아 있었다. 큰 천막을 치고 그 안에서 이루어지는 '희붕잡사戲棚雜耍'도 언급되었는데 놀이로는 고간삭상高竿索上·주삭走索·근투跟鬪·탄도呑刀·농도弄刀·농팽弄鬆·무분舞盆·답고교踏高蹻·촬희법撮戲法·파가자擺架子·견사희牽絲戲·격벽희隔壁戲 등이 있었다. 북경에서도 상원절과 청명절에 잡희 공연을 했다. 유동劉侗·우혁정于奕正이 지은 『제경경물략』에는 배간扒竿·근두筋斗·찬권鑽圈·첩안疊案·통자筒子·해수解數 등 당시 예인들의 활동이 기록되어 있다.

소설『도올한평』에서는 시장을 따라 다니며 공연하는 예인들의 정교한 기술을 "말협기靺鞨技"라고 묘사했는데 말갈에서 전해졌다는 설이 있었다.

민간의 영신새회迎神賽會에서 잡기 공연은 빠지지 않았다. 왕치등王穉登의 『오사편』에서는 소주 일대에서 공연된 인형극傀儡·장대 위에서 기예 펼치기竿木·칼을 교차시켜 문 만들기刀門·말 부리기馬戲·우산 휘두르기弄傘·광동사자 놀이廣東獅子 등에 대해 자세하게 기술했다. 정중기鄭仲蘷의 『이신』 역시 의황宜黃 지역의 칠석 영새迎賽 때 행해진, 물고기가 용으로 변한다는 내용의 놀이인 '어용각지지희魚龍角

抵之戲'에 대하여 기술했다. 전여성의 『서호유람지여』에서는 항주 우성관佑聖觀 묘회廟會에서 공연한 작간雀竿 기술에 대해 상세하게 묘사했는데 공연자는 3장 높이의 나무를 세워놓고 그 위에서 "춤과 같은 변화무쌍한 모습을 연출했다"고 하여 정교한 기술과 아름다운 춤이 결합된 모습이라고 했다. 항주에서는 '금희禽戲' 즉, 동물을 훈련시켜 보여주는 잡기가 유행했다. 원말 명초, 항주에서는 '사람탑 쌓기龜疊塔' '두꺼비 재주부리기蝦蟆說法' 등이 있었다. 이 잡기는 '똑똑한 동물 연기靈禽演劇'로 더욱 발전했는데 고지새蠟嘴를 훈련시켜 노래하면 무릎을 꿇었다가 일어서거나 "깃발을 들고 춤을 추거나" 혹은 "팔괘 명첩을 가로세로가 차이가 나지 않도록 쓰거나, 공중으로 던진 물건을 날렵하게 가로채기도 했다."'교충의敎蟲蟻'는 황색과 흑색 개미를 양 팀으로 나누어 첫 번째 북을 치면 개미들이 진을 구축하고 두 번째 북소리에 싸움을 벌이고 세 번째 북소리에 떨어졌다가 네 번째 북소리에 원래 구멍으로 돌아가는 '개미싸움螞蟻角武'을 연출했다.

양주 일대에서는 청명절에 무대에서 힘을 겨루는 씨름의 일종인 '낭자상복浪子相撲' 공연이 있었다. 「쌍금방雙金榜」「모니회牟尼會」「춘등미春燈謎」 등에서는 도사자跳獅子·도포마跳跑馬·무룡등舞龍燈·반강자盤杠子 등 기교가 매우 뛰어난 잡기들이 포함되어 연극의 내용을 더욱 풍부하게 함은 물론 두 장르가 결합하고 있음을 보여주었다.

이 외에도 마술이 있었고, 입을 이용한 구기口技 종류도 있었다. 마술은 '촬롱撮弄'이라고도 했다. 무명씨가 지은 『사현기四賢記』에는 이 공연이 소개되어 있다. 『신선희술神仙戲術』은 중국 최초의 마술 책으로 약 20여 종의 마술이 소개되었다. 진정陳鼎의 『유계외전留溪外傳』 「소옹전嘯翁傳」에는 명말 왕경汪京이라는 사람이 나오는데 휘파람을 잘 불어 호가 장소노인長嘯老人이었고 사람들은 줄여서 소옹嘯翁이라 불렀다. 그는 피리소리, 학과 말 울음소리, 바람소리, 군대 전투 소리 등에 능했다. 같은 시기에 유명했던 사람으로 낙양왕洛陽王·소양리昭陽李 등이 있었다.

여행

명나라 말의 인물 구식사瞿式耜는 시「춘유春游」에서 "푸른 언덕은 웃음 머금은 듯하고, 산 위의 이슬도 오는 봄 감추지 못하네. 날씨 청량하여 사람 취하게 만드니, 봄꽃 향기에 식욕조차 멈추었네. 소매 흔들고 치맛자락 휘감아 누가 제일 잘 추는가? 계곡에서 고기 낚으며 술에 취한다. 어느새 봄의 절반 지나갔으니, 봄 술 한 잔으로 아쉬움 씻네"라고 읊었다.(『구식사집瞿式耜集』) 춤추는 소매와 치맛자락도 좋지만 대자연이 주는 봄의 기운이 더욱 싱그러웠다. 도시에 사는 사대부들에게 야외에서의 흥취는 생활에 큰 활력소가 되었다.

명나라 초기, 홍무 연간부터 정덕까지(1368~1521), 조정은 백성의 이동을 엄격하게 제한하여 사민은 정해진 직업 속에서 본분을 지키며 일에 몰두해야 했다. 게으름을 피우고 놀거나 태만하는 분위기가 아니었다. 물론 일부 사대부는 개의치 않고 놀러 다니기도 했지만 대다수 백성은 일에 매여 나다닐 여유가 없었다. 중기 이후, 환관들이 권력을 농단하여 조정이 어지러워지자, 정치적으로 뜻을 펴지 못한 사대부들이 실의에 찬 나머지 정사를 멀리하고 자연을 벗 삼아 아픈 마음을 달래려 했다. 농부들 역시 토지 겸병이 심해지자 농촌을 떠나 도시로 이주한 뒤로는 시간이 많아졌다. 농촌에 남은 농부들도 법과 예의 속박이 느슨해진 틈을 타 명절에는 부근 명승지로 놀러 다니곤 했으니 여행은 점차 유행으로 발전해서 주요 대중문화의 하나로 자리 잡았다.

환유·유학·야유

도시 사대부들이 하는 여행의 종류에는 환유宦游·유학游學·야유冶遊가 있었다.

환유宦游는 업무와 여행이 결합된 것이다. 정무를 틈타 산천경계를 돌아다니며 현지 민정과 풍속을 살피고 자연스럽게 풍류를 즐기는 것이다. 정통을 고집하는 사대부들은 청렴하게 백성을 위한다는 일념에 틀에 박힌 생활을 하다보니 정무 외에 여가로 여행을 즐긴다는 것은 상상할 수 없어 이런 고상한 생활을 이해하지 못했다. 해서海瑞와 유종주柳宗周가 대표적인 인물로 이들의 문집에서 여행이나 산수를 주제로 한 시나 문장은 찾아볼 수 없다. 그러나 다른 사대부들은 관직에 나간 이후 번잡한 공무를 마치 감옥처럼 여기다가 틈만 나면 자연을 돌아다니며 답답한 마음을 달랬다. 왕사성王士性은 북경·하남·사천·광서·귀주·운남·산동 등지에서 근무했는데 여행을 좋아하여 자연에 관한 책으로 『오악유초五岳游草』『광지역廣志繹』을 썼다. 원굉도는 강소 오현 지현을 지내면서 부근 산천을 섭렵했다. 군인이자 언어학자였던 진제陳第는 평생 떠돌아다니며 언어를 채집하고 두루 여행했다. 초횡焦竑은 진제의 『모시고음고毛詩古音考』에 서문을 쓰면서 "천하를 주유하니 마치 신선처럼 유유자적하다"라고 부러워했다. 종성성鐘惺性은 상중에도 여행하며 시를 썼다.(담원춘譚元春, 『담우하합집譚友夏合集』)

유학游學은 학문과 여행이 합쳐진 것이다. 여행은 수단이고 학문이 목적이었다. 만명晩明 학자들은 과거 사대부들의 가벼운 학풍에서 벗어나 실제적인 고찰을 중시했다. 정약증鄭若曾은 『강남경략江南經略』을 쓰기 위해 두 아들과 함께 삼강 오호三江五湖(남방의 세 강과 태호 일대)를 다니며 현지 사람들에게 직접 실정을 물었다. 이 책은 단순한 여행서일 뿐 아니라 동남 연해 지역 방어에 관한 중요한 군사 지식을 기록했다. 왕사성의 『광지역』 역시 오악五岳[32]과 명산대천을 두루 섭렵한 뒤 완성한 것으로 넓은 산천은 물론 곤충과 초목 등 자세한 자연환경, 국가의 정책과 지방 사투리까지 망라했다.(『광지역』「자서自序」) 지리·운하漕河·천관天官·오방 풍속·변방 상황·초목·새와 동

---

32 동악 태산, 서악 화산, 남악 형산, 북악 항산, 중악 송산을 말한다.

물·약초·방물·음식·제도·습도·고도·원근 등 인문지리와 자연지리를 결합한 여행서였다. 여행가 서하객徐霞客은 전국 명산대천을 돌아다니며 자연지리를 다 기록하고 과거 잘못된 부분을 수정하여 『서하객유기徐霞客游記』를 집필했다. 고염무顧炎武는 현지 토호들의 방해로 반청反淸 활동을 할 수 없게 되자, 1656년 단신으로 북상하며 산동·하북·산서·섬서 일대를 여행하면서 각 요충지의 퇴역 병사들을 대상으로 자신이 알던 내용과 대조를 해서 『창평산유기昌平山水記』 『영·평이주사사營·平二州史事』 『일지록日知錄』 등을 완성했다.

야유冶遊는 사대부들이 주로 하는 여행 방식이다. 산천경계를 즐기고 친구들을 방문한 뒤 기록으로 남기는 것으로 명대에 특히 성행했다. 여회余懷의 『판교잡기板橋雜記』에서는 남경의 풍류를 즐기던 사대부들의 한 면을 기록했다. 정치적으로 뜻을 펼치지 못하고 실의에 빠지면 사대부들은 대자연으로 가서 시와 술에 빠져 억눌렸던 본성을 깨워 자연이 주는 즐거움을 마음껏 즐기고 관직에서 얻었던 괴로움을 풀었다. 송무징宋懋澄은 "여행을 즐기는" 습관으로 마음만 동하면 비바람이 불든, 파도가 치든, 낮밤을 가리지 않고 먼 길을 떠나서 자칭 "자연에 어울리는 도인宜水宜山一道人"이라 했다.(송무징, 『구약집九籥集』) 이들은 전국의 명산대천을 걸었던 족적과 경험을 여행기와 시로 남겼다.

만명 사대부들이 여행에 빠지다 보니 '산인山人'이 많이 나왔다. 이들은 직업적 '여행가'라고 할 수 있으며, 평소 써놓은 자신의 시문과 세치 혀를 무기삼아 전국을 누볐다. 비록 다른 사람에게 기생하는 여행이었지만 자연이 주는 즐거움만은 누구보다도 많이 누렸다.

사대부들의 여행은 초기에는 혼자 다니다가 명 말기에 이르러 단체 여행으로 변화했다. 혼자 다니면 본성의 도야라는 장점이 있었지만 고독감을 피할 수 없었다. 사대부들은 모여서 작은 배·의자·차·식기·향로·쌀·땔감을 마련했고, 식사량과 주량이 큰 사람은 더 많이 냈다. 일단 밖에 나가면 정해진 숙소나 일정, 인원수에 제한이 없었다. 여행 목적은 한가로움을 맛보는 것 인만큼 자연과 벗하여 한담과 유머를 나누고 음악이 곁들이면 더할 나위 없었다.

사대부들은 '교유交游'라는 이름으로 스승이나 친구들을 만나는 것을 중시했다. 원림園林은 자연의 산수를 한정된 공간에 농축해놓은 공간으로 사대부들은 전국 도시에 있는 유명 원림을 찾아다녔다. 만들어진 산, 다양한 꽃과 나무, 뛰어난 구조로 인해 유명해진 곳을 답사했다. 이곳은 사대부들 교유에 좋은 환경을 마련해주었다. 개인 원림은 대부분 여행가들에게 개방하지 않았으나 일부에서는 주인의 허락을 받고 문화 모임을 여는 것이 가능했다. 소설 『취성석醉醒石』에서는 가정 연간 왕금의王錦衣가 북경 순성문順城門 서쪽에 세운 정원을 소개했다. 응접실·다실·서재 등이 모두 강남 스타일을 모방해서 정교하고 우아했다. 굽은 복도를 따라 걷다보면 창이 있는 작은 정자가 나오고 주변 꽃과 대나무 사이로 조용한 오솔길이 전개되었다. 왕금의는 무장이라고는 믿을 수 없을 만큼 문학을 좋아하고 사대부들과 교유를 즐겼다. 때로 문인들이 연회를 열기도 했는데 전겸익錢謙益은 '가아당문연假我堂文宴'이라며 명사들을 초청해서 목단을 주제로 술과 시를 즐기기도 했다. 왕금의도 문인들을 초대해서 "모임을 만들어 시를 지었다"고 했다. 이런 문화 모임은 바로 사대부들의 여행이 만든 부산품이었다.

여행의 즐거움

사대부들이 단체 여행을 즐기는 것과 함께 도시의 백성 역시 단체로 여행을 즐기는 것이 대중문화가 되었다. 연말에 산동 연주兗州 백성 100여 명이 '향사香社'를 결성해서 태산과 무당산 등에 간 것이 대표적인 사례다.

명대 사람들이 여행을 즐겼다는 것은 지나친 표현이 아니다. 북경·남경·소주·항주에서는 여행이 특히 일상화되었다. 정월 16일, 부녀자들은 흰 주단으로 만든 적삼을 입고 무리를 지어 밤길을 걸으며 "허리와 다리의 병을 쫓는다"는 '다리 밟기走橋'와 '액막이走百病'를 했다. 3월 동악제 탄신일에는 '사송림耍松林'이라 하여 삼삼오오 짝을 지어 치마를 벗고 소나무 숲에 앉았는데 중추 때까지 계속되었다. 북경 사람들은 백운관白雲觀이나 근교의 향산사香山寺 등으로 놀러갔다. 서산西山의 적수애滴水涯는 경관이 수려했지만, 거리가 멀어서인지 사람이 많지 않았다.(『구약집』)

남경은 유도留都(옛 도읍지)로 사람들이 많이 모였다. 진회하 양안에는 하방河房의 진기한 풍경과 더불어 교제와 은밀한 만남이 가능

한 집들이 많았다. 집값이 비싸도 수요가 많았고 등선燈船의 화려함
은 어디서도 볼 수 없는 천하제일의 경관이었다. 단오가 되면 남녀
가 짝을 이루어 등선을 보러 몰려들었다. 양의 뿔처럼 생긴 양각등羊
角燈을 단 작은 돛단배 100여 척이 꼬리에 꼬리를 문 모습이 마치 불
을 짊어진 화룡이 꿈틀거리는 것처럼 천지를 밝혔다. 취보문聚寶門에
서 물길이 닿는 통제문通濟門까지 왁자지껄한 분위기가 연일 계속되
었다.

남송 이래 항주 사람들은 구속을 싫어해서 놀러 다니기를 즐겼
다. 항주 주변의 산천은 하늘로부터 선사받은 것으로 특히 서호는
유람의 성지였다. 봄가을에 성묘를 가기 때문에 청명·상강에는 산소
가 특히 붐볐다. 봄의 막바지에 복숭아꽃과 버들 향기가 진동할 때
소제蘇堤 6교橋 사이는 마치 비단 물결처럼 아름다운 모습을 연출했
다. 늦은 가을에는 언덕을 가득 메운 부용과 호수 물빛이 어울려 서
로 아름다움을 다투었다. 성안 사람들이 무리를 지어 나와 짝을 찾
거나 호수에서 노를 저으면 노래가 길을 덮고 웃음소리가 봄바람과
달 사이를 꽉 채워 돌아갈 생각을 하지 못했다. 7월 15일 서호가 인
산인해를 이루자, 장대張岱는 그저 사람들 외에 아무 것도 볼 수 없
었다고 했다. 서호 구경은 사시巳時(오전 9~11시)부터 유시酉時(오후
5~7시)까지로 달이 뜨면 모두 아쉬워하며 돌아갔지만, 7월 15일만은
남아서 달구경을 했다. 어부·뱃사공·배우들과 술집 등을 운영하는
상인들은 풍족한 수입에 웃음꽃을 피웠다.

소주는 한술 더 떴다. 소주는 물의 고장이라 사대부들이 자기 배

를 가지고 연회가 열리는 곳이면 바람처럼 달려갔다. 명말, 복사復社 대회가 열리자 사대부들이 한꺼번에 몰려들어 물길이 막히곤 했다. 대회가 끝나면 서로를 초대해서 유람을 즐기니 웃음소리가 끊이지 않았다. 소주 산당山塘 일대는 매년 등선燈船이 구름처럼 몰려들어 유람객들로 크게 붐볐다. 상원절은 등의 날이라 모든 점포가 등을 달았다. 청명절·단오절 역시 여행객들과 용선龍舟 시합으로 성황을 이루었다. 6월 24일은 연꽃 생일이라 해서 외출하지 않는 이가 없었다. 유람선들은 봉문封門 바깥 황천탕黃泉蕩으로 몰려들었고, 만개한 연꽃 때문에 연꽃탕이라 불렀다. 이날 멀리서 온 사람들은 크고 작은 배를 막론하고 웃돈을 준다 해도 배를 구할 수 없으니 그저 언덕 위를 배회할 뿐이었다. 배 위에서는 음악소리가 끊이지 않았다. 수려한 옷을 차려입은 부녀자들을 태운 배들이 어깨를 부딪힐 듯 지나가면 땀 내음이 베옷을 뚫고 퍼졌다. 8월 중추절까지 호구虎丘는 여전히 성황을 이루었다.

청명절은 성묘를 가는 풍속이 있었지만, 사람에게는 후하고 귀신에게는 박해서 성묘는 핑계였고 놀이가 더 중요했다. 북경에서는 도시락을 준비해서 가마에 지전紙錠을 달고 성묘를 갔다. 성묘를 마치면 나무 사이에 앉아 '취하도록 마셨다'. 성묘는 명실상부한 야유회였다. 소흥에서는 남녀가 화려한 옷을 입고 항주 사람들이 호수 유람을 즐기듯 역시 화선畵船을 타고 음악을 연주했다. 성묘를 마치면 근처 사원이나 사대부들의 화원을 둘러보았다.

백성은 부처에 절하고 향을 피우며 소원을 빌었다. 도시나 시골을 막론하고 평소에는 절약 검소한 생활을 하지만 이날만은 아낌없이 향을 피웠다. 명대에 향을 가장 많이 피우는 유명지로는 보타산普陀山·태산·무당산과 항주의 천축산이 꼽혔다. 보타산은 불교의 성지로 합산재合山齋 때에는 승려 5000~6000명이 모였으니 그 성황을 알 수 있었다.[33] 이곳에서 향을 피우는 것은 도시 사람들의 커다란 소망이었다. 보타산은 바다를 건너야 하니 2층으로 된 향선香船을 타는데, 위에는 남자가 아래는 부녀자들이 탔다. 이 기간 먹고 마시는 모든 일은 사찰의 승려인 향두香頭가 맡았다. 태산에 가는 것역시 도시 사람들의 오랜 바람으로 날이 밝기도 전에 징소리에 맞추어 아미타불 소리가 온 산을 흔들었다. 산에 오르면 진향·예불·보시를 했다. 항주 천축산도 선남선녀들이 반드시 가야 할 성지로 음력 2월 19일에는 사찰에 자리가 없을 정도였다. 특히 청나라 초, 전란으로 보타산 길이 막히자 많은 사람이 천축사로 몰려 향불이 성하기로는 동남에서 단연 으뜸이었다.

향을 피우고 예불을 드리는 것은 종교의식이지만 도시 백성에게는 여행을 갈 수 있는 좋은 핑계거리였다. 능몽초凌濛初의 소설 『이각박안경기二刻拍案驚奇』에는 북경 장가만張家灣에 있는, 어떤 집 하인의 처자 막莫씨가 이웃 부녀 2~3명과 술과 안주를 마련하여 동악묘에 향을 올리러 가는 내용이 나온다. 소설 속 대사는 "간 김에 야외에서 음식을 먹고 놀다가 오겠다"고 이어진다. 도시 백성은 사대부처럼

---

33 절강浙江 항주만杭州灣 입구 남쪽 주산군도舟山群島 동쪽 해역에 있는 섬.

풍족하지는 않아도 평소 절약해서 모은 돈으로 향을 피운 뒤, 경건한 마음으로 자연을 즐겼다. 게다가 보타산·태산·천축산은 모두 경관이 뛰어난 명승고적이 아니었던가!

백성은 사대부들과 확실히 차이가 있었다. 진신 사대부들은 돈뿐만 아니라 특권도 있어 풍광이 뛰어나고 사람들의 발길이 닿기 어려운 숭산嵩山·여산廬山·안탕산雁蕩山·무이산武夷山에 가서 충분히 즐길 수 있었다. 현지 백성은 이들 일행의 숙식을 맡아야 해서 이들이 오면 큰 부담이 되었다. 도시 백성은 스스로 준비해서 먼 길을 가야 했지만 이를 마다하지 않았다. 이들이 성지에 도착하면 보시를 하고 향세香稅도 내야 했다. 태산은 매년 수십만 전의 향세를 걷어 사찰의 큰 수입원이었다. 물론 도중의 상인들도 이 과정에서 돈을 벌었지만, 관리의 여행과 백성의 여행에는 커다란 차이가 있었다.

무료함을 달래다

명 중기 이후 도시 인구가 급격히 팽창하면서 도시인들의 여가 시간이 증가하고, 한편으로 많은 사람이 여행이 떠나는 등 대중문화가 확산되었다. 도시 사람들은 여가 시간에 어떤 놀이를 즐겼을까? 대체적으로 도박博奕, 산가山歌 부르기, 속어, 주령酒令(벌주), 급구령急口令(잰말놀이), 수수께끼 풀기謎語 등이 있었다.

도박

항주에서는 상업이 번성하여 생활이 풍족해지자 일찍부터 도박이 유행했다. 절강 안찰사는 도박 사건을 처리하면서 "순식간에 천금을 잃고, 주사위 한 번 던져 미인을 잃는다"고 경고했다. 한 부자는 도박으로 처자식을 잃기도 했다. 양반가 출신 아내는 충격을 받아 목을 매어 스스로 목숨을 끊었다. 부잣집 남자들이 도박으로 아내와 첩을 잃고 소송에 휘말려 10여 명이 한꺼번에 연루되기도 했는데 대부분 사대부가의 자제들이었으니 도박의 심각성을 알 수 있었다.

박혁博奕은 포박蒲博(도박)과 혁기奕棋(바둑)의 합성어다.[34] 일반적으로 혁기 역시 도박의 일종이어서 박혁이라 칭했다.

역대 정부는 백성이 도박에 빠지면 빈둥빈둥 나태해진다며 엄격하게 금하고 중벌을 내렸다. 태조는 남경 회청교淮淸橋 북쪽에 소요루逍遙樓를 지어 본업에 충실하지 않고 도박, 국희局戲(바둑과 장기)로 소일하는 자들을 이곳에 가두었는데 '소요뇌逍遙牢(한가로이 노니는 감옥)'라는 그럴싸한 이름을 붙였다.

명 중기 이후 할 일 없는 무리가 점차 늘어 도박도 성행하기 시작했다. 북경에서는 별다른 직업이 없는 '날호喇唬'들이 도박장을 개설해서 교묘한 방법으로 재물을 사취했다. 그들은 전문적으로 말패抹牌(마작이나 카드와 유사한 놀이), 바둑, 쌍륙雙陸, 풍선 차기 등으로 사람을 끌어모았다. 남경에서는 건달을 '유민莠民'이라 했는데 하루종일 음식과 돈을 걸고 도박을 했다. 풍속이 갈수록 악화되어 부잣집 자

---

34 도박에 대해서는 국립민속박물관 번역총서 제3권인 차이밍펑, 『중국 유희사』(2023)를 참고할 것. 박혁에 대한 연구로는 김달수, 「바둑의 기원과 관련된 박혁의 의미에 대한 문헌 연구 및 고찰」(명지대학교 석사논문, 2006)을 참고할 것.

제들이 도박 빚이 커지면 부동산은 물론 아내와 첩, 자식들까지 걸게 되었다.

전문 도박꾼들은 자칭 '상식相識'이라는 무리를 지어서 젊은이들의 돈을 갈취했다. 몰래 손동작으로 암시하거나, 약물을 먹이기도 해서 내막을 모르고 덤비면 대부분 속았다. 젊은이들은 흥이 오르면 그물에 걸려 몸을 뺄 수 없었다. 가흥에서는 이렇게 바보처럼 술을 먹고 먹잇감이 되는 대상을 '주두酒頭'라 했다. 주장조朱長祚는 『옥경신담玉鏡新譚』에서 명대 말기 조정을 망치며 '구천세九千歲'라고 불리던 태감 위충현이 바로 "시정에서 망나니 짓"을 했던 출신이라고 했다.[35] 위충현은 사례감 병필태감이 되기 전에는 보잘 것 없이 매일 저포樗蒲(주사위를 던지는 도박)로 생계를 유지했다. 집에 식량도 없고 가난했지만 담이 커서 직업 도박꾼으로 살았다.

도박은 악습이라 조정에서는 수차례 금령을 내리고 사대부들 또한 비난을 멈추지 않았다. 엽춘급葉春及은 도박은 설사 재물을 걸지 않더라도 '모두 죄악'이니 단호하게 끊으라고 했다.(『혜안정서惠安政書』「향약鄕約」) 위대중魏大中은 "박혁은 탐심貪心·살심殺心·치심痴心(어리석은 생각)·진심嗔心(욱하는 마음)이 합쳐진 것으로 비록 액수가 작아도

---

35 천계제 때 위충현은 사례감 병필태감을 지내며 황제의 총애를 받아 '구천구백세'라고 불리며 국정을 농단했다. 황제가 '만세萬歲'이니 '구천구백세'는 황제 바로 다음 권력자라는 의미였다. 당시 민간에서는 "충현은 알아도 황제는 누구인지 모른다"라는 말이 유행했다. 천계 7년(1627), 황제가 위충현의 10대 죄상을 발표하고 금의위가 압송하려 하자 그는 추성阜城에서 스스로 목을 매 자살했다.

해악이 크다. 못난 인사들이 그 나락에 떨어지면 패가망신하거나 목숨을 잃으니 빠지지 않도록 경계해야 한다. 사리를 분별하지 못하면 벗어나지 못한다. 돈을 따도 돌아서면 남는 것이 없어 고수라 한들 무엇하겠는가"라고 경계했다.(『최락편最樂編』「정집正集」)

일부 진신 사대부들은 도박을 풍류이자 오락의 하나라고 생각하기도 했다. 장주長洲의 축윤명祝允明은 주색을 좋아하고 항시 도박을 했다. 황보충皇甫冲은 환격구, 음악, 도박 등을 잘하여 소주 젊은 문사들이 우두머리로 받들었다. 복청福淸 하사벽何士璧은 술과 도박에 빠졌다. 여요사余姚謝는 퇴임 후 매일 손녀와 대마초叶子를 피우며 나날을 보냈다.

소주, 상주 일대에서 사대부들의 도박이 날로 심해졌다. 일부 관리는 퇴직한 후 도박장을 개설해서 도박꾼들의 피난처가 되기도 했다. 만력 말년에는 진사가 "도박하지 않는 것을 수치로 여기는" 상황까지 출현했다.

사대부들이 도박에 빠지기 전에는 동전 던지기, 쌍륙 등의 놀이가 있었다. 동전 던지기는 한 번에 서너 개를 같이 던져 승부를 결정하는 간단한 놀이로 어디서나 가능했다. 소설『성세항언醒世恒言』에서는 "동전을 던져 같은 면이 나오면 혼성渾成, 달리 나오면 배간背間이라 했다." 민간에서는 쌍륙이 유행했다.[36] 소설『금병매』2회에 파락호 서문경에 대해 "도박이나 쌍륙·장기·말패 등 잡기는 못하는 게 없다"라고 묘사한 대목이 나온다.

사대부들이 도박에 빠지자 천계 연간에 새로운 도박인 '마조馬吊'

와 '엽자희葉子戱(종이 카드놀이)'가 출현하여 크게 유행했다.[37] 고염무
는 『일지록』에서 "만력 말기 천하가 태평하고 사대부들도 할 일이
없자 도박에 빠졌다. 천계 연간부터 전국에서 마조를 못하는 사람
이 없다"고 했고, 신함광申涵光은 『형원소어荊園小語』에서 "시정에서 도
박이 흥하고 사대부들도 좋아하는데 최근에는 호광에서 마조가 밤
낮을 가리지 않고 미친 듯이 퍼지고 있다"고 했다.

엽자희는 『수호전』과 관련이 깊다. 조정에서 양산박 무리를 소탕
하기 위해 현상금을 걸었는데, 두목부터 조무래기까지 금액에 차등
을 두어 현상 수배했다. 엽자희에서는 이 차등을 둔 현상금 구조를
차용하여 놀이 규칙에 사용했다. 영종 때 동남일대 도시에서 유행
했다. 육용陸容은 『숙원잡기菽園雜記』에서 "이 도박은 곤성昆城의 사대
부로부터 동네 하인까지 누구나 한다. 내가 이곳 학교에 8년을 있으
면서도 하지 못하자 사람들이 깔보았다. 1전에서 9전까지를 1엽葉씩,
100에서 900까지를 1엽씩으로 했고 1만 관 이상은 모두 사람을 그
려 넣은 모습이었다"라고 했다. 만력 말년에는 종이 카드가 틈闖·헌

---

36 '타마打馬라고도 하며 천축에서 전해졌다고 했다. 나무 놀이판 좌우에 흑백
  12개의 말이 움직여 쌍륙이라 했다. 흑마는 좌에서 우로, 백마는 거꾸로 움
  직이며 상대방을 제압하면 이기는 시합을 말한다. 진일보한 부분은 차이명
  핑, 앞의 책, 2장 「고대 놀이의 주요 유형」을 참고할 것.
37 40장의 종이 패로 이루어졌다. 십만관十萬貫·만관萬貫·삭자索子·문전文錢의
  네 개로 나뉘는데 말의 다리처럼 4개여서 마적馬吊이라 칭했다. 명대에는 엽
  자희葉子戱라고도 했으며 현재 마작의 원형적 모습이다. 엽자희와 관련된 진
  일보한 부분은 차이명핑, 앞의 책 1장 「고대 놀이의 역사 개괄」을 참고할 것.

獻·대순大順[38] 셋으로 변화하여 숭정 때까지 크게 성했다. 숭정 때 왜
구가 만연하자 종이에 가장 많이 회자하는 사람들 별명을 붙여 틈
闖·대순大順 외에 '틈탑천闖塌天' '입지왕立地王' '일도장一堵墻' '조조曹
操' 등이 있었는데 대체로 엽자희의 별명에서 변화한 것이다.(오위업吳
緯業, 『수구기략綏寇紀略』)

　도박꾼들은 재신財神을 추앙했다. 일찍이 『진서晉書』 「모용보전慕容
寶傳」에서는 "도박에서 신을 숭배한다고 하는데 어찌 허망하지 않는
가!"라고 했다. 아무리 뛰어난 도박꾼이라 할지라도 불안한 심리를
안정시키기 위해 신을 믿어, 운이 따르는 희신喜神을 반기고 전설 속
흉신인 학신鶴神을 멀리해서 "아침에는 남쪽을 향하지 않고, 저녁에
는 북쪽을 향하지 않는다"고 했다.

　도시에서는 '화도花賭'라는 풍치 있는 놀이도 출현했다. 기생들이
술·도박을 잘하니 돈을 거는 속도로 기생의 성격을 판단하는 것이
다. 송대 이원응李元膺은 "젊은 낭군에게 놀림을 받은 요염한 기생이,
소매 안에서 작은 옥 반지를 꺼내어 어디에 걸지를 망설이네"라고
했고 명대 유황상劉黃裳은 "빠르면 협객이나, 젊은 낭관 역시 머뭇거
리네"라고 읊었다. 기생집 밀실 비단 보료 위에 앉아 교성과 향내를
맡으며 하는 도박은 가무를 보는 것과는 또 다른 풍치가 있었다. 그
러나 이름이 아무리 우아하고 신선해도 도박은 역시 도박이었다. 사

38　'틈闖'은 명 말기의 이자성李自成이 틈왕闖王을 일컬었던 것, '헌獻'은 장헌충
張獻忠을 말하고 '대순大順'은 장헌충이 대서국왕大西國王을 일컫고 연호를 대
순으로 한 것을 의미한다.

대부는 패가망신하고, 일반 백성은 결국 남의 집 담을 넘는 도둑이
되거나 무리를 지어 방화·간음·살인 등 못하는 짓이 없는 도적떼
신세로 전락하고 말았다.

달빛은 돌고 돌아 세상을 비추다

명대 민가民歌(민요)는 산가·이곡俚曲·소령小令 등으로 이야기에 곡
조가 가미된 문학 형식이었다. 민요의 곡조는 희곡 음악의 기본이
되었고 이야기 내용은 백성의 심미적 정취에 부합했다.

도시에서 유행한 민요에는 잡곡·속곡俗曲이 있었는데 '오가吳歌'와
'월가粵歌'가 제일 유명했다. 전여성은 "오가吳歌는 소주가 으뜸이고
항주 시인들이 소재를 제공했다"고 말했다. (『서호유람지여』) 노래 중
에는 부賦·비比·흥興 등 형식이 있으니 문인이 창작한 것임을 알 수
있다. 오가吳歌가 민간 대중문화의 산물이라면 월가粵歌는 민족과 지
역적 특성을 표현했다. 굴대균屈大均은 "광동粵 사람들은 노래를 즐겨
서 좋은 일만 있으면 노래를 불렀다. 가사가 모두 우아한 것은 아니
고, 평측平仄도 연주가 필요치 않았으며 속어와 사투리가 섞여 있었
다"고 했다.(『광동신어』)

민요와 이곡의 발전 과정을 살펴보자. 원나라 때 연燕·조趙 등지에
서 소령이 시작되어 성행했다가 명대 선덕·정통·성화·홍치 이후 중
원에서 「쇄남지鎖南枝」 「방장태傍妝台」 「산파양山坡羊」 등이 유행했다.

특히 전해 내려오던 「니날인泥捏人」「혜타괘鞋打卦」「오추계熬鰍髻」가 으뜸이었고, 이후 「사해아耍孩兒」「주운비駐雲飛」「취태평醉太平」 등이 뒤를 이었다. 가정, 융경 연간 양회에서 강남까지 「요오경鬧五更」「기생초寄生草」「나강원羅江怨」「곡황천哭皇天」「간하엽干荷葉」「분홍련粉紅蓮」「동성가桐城歌」 등이 널리 퍼졌는데 형식은 사곡詞曲과 점차 멀어져 음란한 말로 저급한 정을 묘사하고 가락의 높낮이가 다를 뿐이었다. 만력 이후, 「타조간打棗竿」「괘지아挂枝兒」 등이 유행하여 지역·남녀노소·신분을 막론하고 모두 따라 부르니 민간에 큰 영향을 미쳤으며 악보가 출간되기도 했다. 「산파양山坡羊」은 남북 지역 모두 같은 이름으로 불렸는데 북방에서 더 유명했다. 「수락산파양數落山坡羊」의 곡조는 선화, 대동, 요동 3진鎭에서 전해졌다고 했으며 경사 기생들은 현악기를 타면서 북방 리듬으로 연주했다. 비록 언어는 외설적이고 천박했으나 여행자羈人들의 "환영을 받았다."(『만력야획편』) 남경에서는 「조라포皀羅袍」「서강월西江月」 등이 유행하자 「하서육낭자河西六娘子」「요오경鬧五更」「산파양山坡羊」이 뒤를 이었고 다시 「타조간打棗竿」「괘지아挂枝兒」 등이 널리 퍼졌다.(『객좌췌어』)

민요는 독창적인 곡조와 독특한 창법이 있었다. 「산파양」은 침수沈水·수락數落의 두 종류 곡조가 있었고, 「방장태傍妝台」「사해아耍孩兒」 등도 특별한 악보가 있었다. 「동성가桐城歌」「괘지아挂枝兒」「간하엽干荷葉」「타조간打棗竿」 등은 「산파양」의 음절을 모방했는데 더 음탕하고 사치스러웠다. 오강吳江의 산가山歌는 "먼저 감탄사 발성으로 시작한 뒤 노래가 나오거나, 먼저 노래가 있고 감탄사로 나머지 음을 마무리하는" 방식이었다. 민요 곡조는 상간복상桑間濮上, 음미淫靡 두 부류로 통속적이어서 이해가 쉽다하여 속악俗樂이라 했다. 민요가 유행하기 이전 원래 교방사 악기樂妓들이 연주하는 쟁箏과 '구궁십이九宮十二' 등이 큰 환영을 받았는데 민요가 출현하자 더 이상 "귀에 들어오지 않았다"고 했다. 설강薛岡은 『천작당문집필여天爵堂文集筆余』에서 민요에 대해 "최근 골목마다 부르는 「괘지아」는 노랫말이 좋고, 완곡한 감정 처리로 크게 슬프지 않았고, 품위를 잃지 않았으며 풍자적이다. 호광에서 유행한 「나강원羅江怨」은 음조가 비통해서 "비나 달빛 아래 뱃머리에 머리를 누이니, 애간장이 녹았지만 새로운 소리를 통해 옛 의미를 새겼다고 했다"고 했는데 적절한 평가였다.

민요의 내용은 통속적이면서 도시 백성의 정서를 표출한 것으로 다음과 같은 내용을 포함했다.

첫째, 남녀 간의 정을 통해 유교의 위선을 지적했다. 풍몽룡이 묶어낸 『산가山歌』는 남녀 애정을 다룬 '사랑의 족보私情譜'라고 할 수 있다. 민요는 행간에 남녀의 정을 노출하는데 이 중 「송과자送瓜子」는 "씨는 딱딱한 껍질 속에 숨겨져 있고, 아가씨는 힘들게 정인을 보냈네. 씨앗의 맛 잊지 못하고 혀끝에 감도는 향내를 아직도 간직한다네"라고 노래했다. '씨앗'이란 기생들이 습관적으로 손님을 지칭하던 용어이지만, 여기선 남녀 사이의 애정으로 비유했다. 때로 유교의 엄격함을 깨고 대담하게 내연녀의 사랑을 다루기도 했다. 『산가』「사정사구·유私情四句·偸」에서는 "몰래 정을 나눈다고 너무 놀라지 마라. 하다가 들킨다고 어쩌겠는가. 관가에 끌려가 고문을 당해도 이를 악물고 정인의 이름을 지킨다"며 내연녀의 대단한 의리를 묘사했다.

『산가』에 수록된 민요는 실제 생활 속 남녀 간의 정을 더욱 애틋하게 묘사했다. 『산가』「사정사구·소私情四句·騷」에서는 여자가 문 앞에서 "차가운 눈으로 사람들을 쳐다본다"라며 남자를 훔쳐보는 모습을 묘사했는데 이는 『금병매』에서 반금련이 2층 창가에 앉아 오가는 멋진 남자를 몰래 훔쳐보는 것과 같았다. 『산가』「사정사구·등私情四句·等」에서는 여자가 사랑하는 남자를 애타게 기다리는 마음을 매우 구체적으로 묘사했다.

때로 남녀의 성행위를 직접 묘사했는데 역시 백성의 세속적인 정취를 반영한 것이었다. 「동면同眠」에서는 여자가 밤에 "남자와 같이 잠을 잔다"며 이불속에서의 모습을 묘사했고 「입추立秋」에서는 두 남녀가 붉은 천막 속에서 즐기는 모습을 아주 저속하게 묘사했으며 「본사저本事低」에서는 여자가 "좋다가 말았다"며 남자의 조루를 탓하는 모습도 그렸다.

둘째, 민요는 기분 전환이 목적이지만 때로 세상에 경종을 불러일으켰다. 오吳 지역의 산가는 "달이 돌고 돌아 몇 곳을 비추면, 몇 집은 웃고 몇 집은 우울하다. 몇 집 부부는 같은 침상에서 잠을 이루고, 몇 집 부부는 멀리 떨어져 산다"는 세태를 묘사했다. "남산에서는 비둘기가 울고, 부친은 늘그막에 새로 아내를 맞았다. 부친은 기뻐서 어쩔 줄 모르는데, 전처의 아이들은 외로움에 울고 있다."(엽성葉盛, 『수동일기水東日記』)

민요는 또 불공평한 세상에 불만을 품고 은거하는 사람들의 의식도 반영했다. 청계도인이 지은 『신진일사神眞逸史』 22회에는 어부의 노래가 두 곡 나오는데 "물에 비치는 달빛은 은하수와 같으니, 천천히 노를 저으며 이가俚歌를 부른다. 당신이 다툰 명리를 계곡의 고기 잡는 도롱이와 비교할 수 있을까?"라거나, "일엽편주로 오가다가 잡은 고기를 술로 바꾸니 얼굴에 웃음꽃이 피었다. 풍파가 험한 곳은 가면 안 되는데, 낭묘廊廟(조정)만큼 풍파가 험한 곳은 없다네"라고 노래했다.

셋째, 민요는 세상과 사람을 풍자하면서도 유머를 담았다.

민요는 방탕한 부잣집 아들과 승려들을 주요 소재로 삼아 풍자하기도 했다. 『신진일사』 4회에서는 방탕한 아들이 기생과 도박에 빠져 결국 남의 집 담을 넘어 도둑이 되는 일을 서술하고 마을마다 이를 방지하는 노래를 지어 부르기도 했다. 5회에서는 비구니 조趙씨가 말을 잘해서 전문적으로 매파 일을 했는데 "화류계에 신이 있어 도움을 주었다는데, 여자 불한당을 보내 사람의 마음을 현혹시키네"라며 살며시 조씨 비구니의 실체를 풍자하기도 했다. 8회에서는 승려 종수鐘守가 세력을 부리며 활보해도 감히 말을 못하자 속마음을 토로하기도 했다. "승려는 종을 치는 사람인데 한밤에 자기 마음대로 치네. 마음속에 살아 있는 관음을 품었어도, 보살의 눈물도 살피지 않으니 그저 머리를 숙일 수밖에."

성화 연간 북경 금대 지역의 노魯씨가 간행한 『신편사계오경주운비新編四季五更駐雲飛』 등을 시작으로 명나라 말기 풍몽룡의 『산가』까지 많은 작품이 출현했다. 비록 함축적이고 고상한 사대부들의 작품에는 미치지 못하고 음률도 제각각이어서 산만했지만, 통속적이고 신선한 생명력으로 대중의 환영을 받았다. 골목에서 부녀자와 아이들의 입을 통해 전해졌는데 실체적이고 풍부한 감정과 내용으로 새로운 장르를 형성했다.

벌주와 잰말놀이

북송 양억楊億의 『한망령閑忙令』에서는 "세상에서 누가 가장 한가한가? 소맷자락을 흔들며 화산으로 돌아간 사간司諫이지. 세상에서 누가 가장 바빴던가? 장군방張君房을 잃어버린 중서성이지"라고 읊었다.[39] 명대 사대부들은 술자리에서 벌주 삼아 이 노래를 이야기보다 형식으로 이용했다. 다음 사람이 이어서 "한가하다고? 바람에 물결을 따라가면 평탄하다. 바쁘냐고? 선두에 서서 경계를 넘고, 댐을 건

---

39 당시에는 인재 선발이 공정치 못해 문장 재주가 없는 사람들이 사신詞臣으로 고위직에 있었는데, 정작 나라에 중대한 일이 발생하면 뛰어난 문장력을 가진 유생들에게 번번이 손을 빌렸다는 의미다. 송대 상부祥符 연간에 일본에서 '신광사神光寺'를 짓고 기문을 지어 내려달라고 청했다. 당시 신하들 중에서 문장에 뛰어난 사람이 없어 늘 저작낭학사著作郎學士 장군방張君房에게 부탁했다. 장군방은 말단 관원으로 마침 술집에서 술을 마시고 있어서, 관원들이 온 도성을 다 뒤져도 찾지 못했다. 뒤에 『민망령閑忙令』을 지어 옥당고사를 정리할 때 전희백錢希白이 "세상에서 누가 가장 바빴던가. 장군방을 잃어버린 중서성이지世上何人號最忙 紫微失卻張君房"라며 은근히 자신을 장군방에 비유했던 것이다.

너려면 바쁘지." 그러자 전예형田藝衡이 이어서 "세상에서 누가 가장 한가한가? 기생이 늙으면 한가하지. 세상에서 누가 가장 바쁜가? 남의 여자와 정을 통하는 남자가 제일 바쁘지"(『유청일찰』)라고 가사를 치자 모두 한바탕 크게 웃었다.

도시에서는 술을 마시면서 주사위 놀이, 주먹에 쥔 물건 알아맞히기, 투호(항아리에 화살을 던져 넣는 것), 말패 등을 하며 주흥을 돋우었다. 남경·소주의 사대부들은 주사위 놀이, 송강에서는 투호, 숨긴 물건 알아맞히기 등이 주된 놀이였다. 『금병매』16회에서는 "이병아李瓶兒가 서문경과 알아맞히기 시합을 해서 32폭 상아패를 가져왔는데 탁자 위에는 천홍점茜紅苫과 술병이 있었다." 19회에서는 "서문경이 기생 이계저李桂姐 집에서 응백작應伯爵, 사희대謝希大 등과 정원에서 투호 놀이를 했다"고 했는데 당시의 유흥을 엿볼 수 있는 부분이다.

이런 놀이는 사대부의 고상한 처세와는 맞지 않았다. 투호는 원래 오랑캐를 정벌하기 위해 지내는 제에서 발전한 것으로 술자리에서 떠들썩하고 시끄러운 분위기를 조성하며, 숨긴 물건 알아맞히기는 장구사복藏鬮射覆 놀이에서 전해진 것으로 술자리에서 흥분해서 소매를 걷어부치며 주먹을 휘젓기 일쑤라 그 모습이 민망했다. 따라서 사대부들은 품위를 지키는 모습을 보이기 위해 주령을 선호했다.

고대부터 술은 중요한 유흥이었다. 『시詩』에서는 "술을 마시면 취할 수 있으니 감독관을 세우거나, 사관의 도움이 필요하다旣立之監, 或佐之史"라고 했다. 한대에는 군법으로 다스렸고, 당대에는 음주 사실을 기록으로 남겼으며, 명대에는 영관令官과 감령監令을 설치해서 역시 엄하게 통제했다. 상숙常熟에서는 행령行令이 괴로운 일이 되었다. 주록사감酒錄事監의 주재 아래 잔에 술이 한 방울이라도 남았으면 벌주를 마셔야 하고 남은 양만큼 더 마셔야 했다. 만약 이야기를 이어가지 못하거나 빠트리거나 혹은 잔을 들지 않아도 역시 벌주를 마셔야 했다. 벌을 받으면 해명하고 또 벌주를 마셨다. 10번 벌을 받으면 반드시 10잔을 마시고 일체 용서는 없었다. 설사 술을 마셨어도 고의로 트집을 잡아 잔을 살펴보고 다섯 방울이 남았다면 5잔을 다시 마셔야 했다.(양순길楊循吉, 『소담蘇談』) 원래 즐거운 유흥이었으나 이렇게 마시다보면 고역스런 일로 변질되었다.

상숙은 엄한 벌주 규칙으로 유명했지만, 인근 오강吳江 지역은 그리 엄격하지는 않았다. 다만 술자리에서 간干, 격格, 기起, 주住 네 글자로 만든 주령이 있었다. 간干은 한 방울도 남기지 않고 반드시 잔을 비워야 하고, 격格은 스스로 자작하면 안 되고, 기起는 마시다가 중간에 일어나서는 안 되고, 주住는 중간에 멈추어서는 안 된다는 것이다. 이 네 가지를 범하면 주인이 벌주로 술을 마셔야 했다. 손님 중 잘 마시는 한두 사람을 '감령監令'으로 추천하여 감령의 감시 아래 말소리가 크거나, 용모가 흐트러지면 역시 벌주를 마시도록 했다. 만약 감령이 규칙을 어길 경우 자리에 있는 모든 사람이 지적할 수 있었다. 술을 이기지 못하는 사람은 연장자에게 말해서 분량을 미리 정하기도 했다. 하지만 결국 마지막에는 "주인을 빼고 모두가 취했다."(홍치, 『오강지吳江志』)

이런 주령 외에도 문자 유희를 통해 청아함을 추구하려 했다. 전예형이 가을날 손님을 초대하여 달구경하며 술을 마시다가 갑자기 흥이 나서 '운엄호월雲掩皓月(구름이 밝은 달을 가렸다)'이라고 영令을 띄우고 사성四聲 운韻으로 답하라고 요구했다. 만약 못하면 운당 벌주 한 잔씩이었다. 앞의 내용을 중복해서는 안 되니 상당히 어려웠다. 손님은 '천랑기열天郎氣烈(맑은 하늘, 강렬한 기운)' '추상흥발秋爽興發(상쾌한 가을, 많은 사람)' '섬교계복蟾皎桂馥' '풍랭로길風冷露洁(찬바람, 맛있는 이슬)' '정미취극情美醉極(최고의 품격)'이라 받았고 마지막으로 기생 옥섬玉蟾이 '행주창곡行酒唱曲(술마시며 노래하고)'이라 맞추니 우아한 분위기를 연출할 수 있었다.

일반 백성은 술 마실 때 주사위 던지기와 주먹에 쥔 물건 알아맞히기, 문자 유희 등을 했다.

음주 중 하는 행령에는 '정진속마頂眞續麻' '급구령急口令' '탁패도자拆牌道字' 등의 문자 유희가 있었다. '정진속마'는 송나라 이래 유행하던 놀이로 끝말 이어가기였다. 교길지喬吉之는 『소도홍小桃紅』에서 그 방식을 "洛花飛絮隔珠簾, 簾靜重門掩. 掩鏡羞看臉兒耍, 耍眉尖, 眉尖指屈將歸期念. 念他抛閃, 閃咱少欠, 欠你病厭厭"이라고 소개했다. 끝 글자가 그다음 구절 첫 글자로 나와야 한다. 『금병매』에서는 주사위 놀이와 꽃 이름을 결합해서 더욱 복잡해졌다. "한 번 던져 홍紅이 나오면 홍매 대 백매" "두 번 던져 앞에 연蓮이 나오면 연의희채원蓮漪戱彩鴛" "세 번 던져 삼춘리三春李, 이하불정관李下不整冠", "네 번 던져 장원홍壯元紅, 홍자불이위설복紅紫不以爲褻服" 등으로 진행됐다. 1부터 4까지 순서대로 행령을 해서 일점홍—點紅·병두령幷頭蓮·삼춘리三春李·장원홍 壯元紅은 꽃 이름이 되고 홍紅·연蓮·이李·홍紅은 바로 정진속마頂眞續麻 였다.

탁패도자拆牌道字는 '탁백도자拆白道字'라고도 하며 역시 송나라 이래 전해져 오는 놀이다. 글자를 풀어헤쳐서 하는 놀이였다. 황정견黃庭堅이 『양동심사兩同心詞』에서 "你共人女邊着子, 爭知我門里挑心"라는 문장 중 '여변착자女邊着子(여자 변, 아들 자)'는 '호好'자를, '문리도심門里挑心(문 안에 마음 심을 놓다)'은 '민悶'자를 풀어 쓴 것이라고 설명했다. 명나라 때는 이런 문자 유희가 매우 유행했다. 『여몽록如夢錄』에서는 개봉성에서 유행하던 주먹에 쥔 물건 알아맞히기, 행령, 탁패도자 등을 기록했다.

등롱 수수께끼

도시 생활에서 성행했던 또 다른 문자 유희는 등燈에 수수께끼를 적어서 푸는 놀이가 있었다. 주로 원소절에 행해졌는데 "호사가들은 시구를 숨기거나 여러 물건을 등에 걸어두어, 사람들이 추측하게 했는데, 이를 '등미燈謎' 혹은 '탄벽彈壁'이라고 했다."(가정, 『오강현지』) 청대 『청가록淸嘉錄』에서는 "등의 한 면에 교묘한 은어를 붙이면, 사람들은 다른 세 면에 있는 힌트를 보고 답을 맞추었다"라고 했다.

고대부터 이어져 온 '수사廋辭'라는 게 있었는데 바로 명나라 때

의 '은어隱語' 즉 '수수께끼謎'였다. 일반적으로 '수수께끼'는 '황견유
부黃絹幼婦'에서 시작되었다고 알려졌지만,[40] 실제로는 초나라의 오거
伍擧[41], 삼국시대 위나라의 만천曼倩[42] 때 이미 있었다. 남조 송나라 포
조鮑照(?~466)의 『포조집鮑照集』에서 '정井'자를 찾는 수수께끼를 소
개한 바 있었다. 명대 항주에서는 글자를 찾는 놀이가 유행했는데
영락 연간의 전당錢塘 사람 양경楊景이 특히 유명했다. 이와 관련한
놀이는 다음과 같았다:

---

40 후한 때 조아曹娥라는 소녀가 강물에 빠진 아버지의 시신을 찾지 못하자 자
신도 강물에 몸을 던져 죽고 말았다. 사람들이 그 효성을 기려 비석을 세우
고 한단순邯鄲淳에게 비문을 쓰게 했는데, 비문이 훌륭하다고 소문이 자자했
다. 뛰어난 문장가인 채옹蔡邕도 직접 가서 읽어보고는 감탄하여 "황견유부
외손제구黃絹幼婦外孫齏臼"라는 여덟 글자를 비석 뒤에 새겨놓았다. 사람들이
채옹이 남긴 글의 의미를 모르던 차에 조조曹操가 양수楊修를 대동하고 지나
가다가 비문을 보았다. 조조가 양수에게 그 뜻을 묻자, 양수는 안다고 대답
했다. 조조는 양수에게 자신도 그 뜻을 풀어볼 터이니 말하지 말라며 30리
쯤 간 뒤에야 마침내 여덟 글자의 의미를 알겠다며 양수와 각자 해답을 적기
로 했다. 양수는 "황견은 색色이 있는 실絲이니 절絕자가 되고, 유부는 어린少
여자女이니 묘妙자가 되며, 외손은 딸女의 아들子이니 호好자가 되고, 제구는
매운 것辛을 담아受 빻는 절구이니 사辭자가 되어, 이를 합치면 절묘호사絕
妙好辭(절묘하게 훌륭한 글)라는 말입니다"라고 적었는데, 조조가 적은 내용과
같았다. 조조는 자신은 30리 길을 가는 동안 생각해냈지만 양수는 바로 알
았으니 그의 재능이 자신보다 뛰어났다며 감탄했다.
41 오거가 초나라 장왕에게 간언하며 "수수께끼를 하나 올리겠습니다. 언덕 위
에 새가 있는데, 삼 년 동안 날지도 울지도 않습니다. 이 새는 무슨 새입니
까?"라며 장왕의 답변을 유도해 그의 실정을 깨닫도록 했던 것을 가리킨다.
42 순선荀詵으로 만천은 그의 자字다. 서진 시기에 상서를 지낸 순우荀寓의 아버
지다.

글자 알아맞히기

"위나 아래에 아무것이 없으며, 위에 있을 수 없고 아래에 멈춘 것은?"(답은 '일一')

"난간에 사람이 있는데 보이지 않고閃, 답답한데 웃을 마음이 없다悶?"(답은 '문門')

물건 알아맞히기

"네모나 원 안에 우아한 문장이 있는데 때로 얼굴 가득히 붉은 화장을 한다?"(답은 '도장印章')

"하늘이나 땅에 있지 않으며 중심이 감추어져 있는 오묘한 것은?"(답은 '거미蜘蛛')

사람 알아맞히기

사람들이 다 뾰족한 모자를 쓰고 있다人人皆戴瞻帽?(답은 '소동파蘇東坡') 소동파는 3살 때 세상을 떠난 형이 있었다. 따라서 소동파는 둘째이니 중仲, 그가 쓰는 모자는 높아서 장통長統(長筒)이었다.

군실君實이 새로운 천遷 자리에 부임하다君實新來轉一官?(답은 '사마천司馬遷') 사마광의 자가 군실君實인데 문제에서는 천遷이라는 자리에 오른다고 했으니 정답은 사마천이다.

배첩을 왕개보에게 돌려보내다門狀送還王介甫?(답은 '사안謝安') 얼핏 보면 왕안석인 듯하나 사실 '송환'은 재주가 부족하여 사절謝絶한다는 의미이니 사안석謝安石, 즉 사안을 말했다.

노공潞公은 추운 적이 없었다潞公身上不曾寒?(답은 '온언박溫彦博') 온언
박은 노국공潞國公에 봉해졌지만 얼핏 송대 문언박文彦博 같으나 실제
로는 온언박溫彦博을 말했다.

(『서호유람지여』『계암노인만필』)

속어와 은어

명나라 도시에서는 다양한 언어들이 통용되었는데 그중 속어와
은어도 있었다. 속어는 오랜 시간 축적되어 대중 사이에서 인정된
소통 언어를 말했다. 이런 속어들이 명대 소설에서는 '자고도自古道
(옛부터 이르기를)' 혹은 '상언도常言道(항상 이르기를)'라거나 때로 직접
적으로 '속어도俗語道(속어에서 말하기를)'라는 방식으로 나타났다. 소
설『금병매』로 보자면 "예로부터 이르기를 어려서 시집은 부모의 말
에 따르지만, 재가는 본인이 결정한다" "잘 살고 싶으면 죽도록 노력
해야 한다"라거나 "항상 이르기를, 세상의 모든 재물은 우연히 얻는
게 아니니 영원한 부자도 영원한 거지도 없다"라거나 "속어에서 말하
기를 하루가 지나면 또 하루가 시작된다"라고 한 사례가 있다. 이런
말들은 민간에서 이미 오랫동안 통용되어 왔다.

순천이행順天而行: 순리대로 행한다.

수시이과隨時而過: 언제라도 간다.

봉장작희逢場作戱: 분위기를 맞춘다.

견경생정見景生情: 보이는 모습에 마음이 움직인다.

혹은 경전에서 유래한 말들도 있었다.

당단부단當斷不斷, 반수기란反受其亂: 결단해야 할 때 하지 못하면 반드시 어려움이 닥친다.

적재천만積財千萬, 불여박예수신不如薄藝隨身: 많은 재물보다는 하찮더라도 재주를 배우는 것이 좋다.

용생용龍生龍, 봉생봉鳳生鳳: 용은 용을 낳고, 봉황은 봉황을 낳는다.

혹은 시문에서 따온 말들도 있었다.

미음심선취未飮心先醉, 부재접배주不在接杯酒(뒷구 도연명의 싯귀) 술도 마시기 전에 마음이 먼저 취해, 술잔을 들지 못한다.

단지행호사但知行好事, 막요문전정莫要問前程(풍도馮道의 싯귀) 좋은 일인 줄 알기에 계획을 묻지 않았다.

단존방촌지但存方寸地, 유여자손경留與子孫耕(하항賀尤의 싯귀) 조금의 땅이라도 있다면 자손들이 농사를 짓게 하라.

속어의 형식은 다양해서 '헐후어歇后語' '쌍관어雙關語'[43] 학어謔語 구호口號를 비롯해 심지어 방언 이어俚語(속된 말)까지 있었다. 『금병매』에서는 다음과 같이 쌍관어를 사용했다. "몸집은 작아도 담은 크구나. 뾰족한 입에 장난이 심하고 사람을 보면 숨기에 바쁘고 찍찍거려 한밤중에도 잠을 못 자게 괴롭힌다. 올바른 사람이 할 짓은 안하고 구멍과 틈새만 좋아한다. 더 나쁜 것은 물건을 훔치고도 아닌 채 입을 싹 닦아버린 것." 쥐를 빗대어 이야기했지만 실제로는 반금련과 왕조아王潮兒의 사통을 암시한 것이었다.

학어는 대부분 풍자로 경박했다. 오원췌伍袁萃는 "근래 사대부들의 못된 습관이 많은데 특히 소주가 심하다. 지방 관리들이 무리를 지어 욕을 하거나 노래·이야기나 사자성어로 중상모략을 한다"고 했다.(『임거만록林居漫錄』) 원택문袁澤門이 송강에 있을 때, 성 동쪽에 살고 있는 동년배 원袁씨와 친해 가끔 같이 술을 마셨는데 이런 말이 돌았다. "동쪽에 사는 원袁씨가 서쪽의 원袁씨와 술이 취해 비파나무를 다 따버렸다." 때로 사서집구四書集句를 팔고문으로 만들어 관리들을 풍자하기도 했다. 장주長洲 지현 강영과江盈科가 늠생廩生 풍馮씨에게 세금을 잘못 걷자 풍씨는 팔고문으로 풍자했다. "관리는 군자인

---

43 소리는 같으나 뜻이 다르고, 글자는 같으나 뜻이 다른 단어, 즉 동음과 동의 관계를 이용한 것을 말한다. 이런 쌍관어를 쓰면 함축미가 강화된다. 絲(사)는 실을 가리키지만 음이 같은 思(사)의 뜻이 더해지면 그리움·사모함의 의미가 포함된다. 蓮(연)을 따는 것이 憐(연) 즉 사랑을 구한다는 뜻이 되는 것이나 끝을 뜻하는 終(종)과 음이 같은 鐘(종)을 남에게 선물하지 않는 것도 같은 이치다.

데 왜 사람을 못살게 하나, 모자(오사모)는 백성을 잘 돌보라고 씌워준 것이다." 소주 지부 주일오周一梧는 호가 회백懷白으로 강직하여 학생들에게 특별대우를 해주지 않자 생원들은 "흰색은 흰색이어서, 보물을 덮고도 모르니 선생의 호는 잘못 지은 것이네"라고 조롱했다. 장주 지현 관선정關善政이 처음 부임하자 "선정善政이 백성의 재물을 가져가는 것이 관건關鍵이네"라며 이름으로 팔고문을 지어 비판했다. 사대부들도 지방 수령을 조롱했다. 곤산 정약용鄭若庸은 가정 때 사람으로 악부樂府를 잘하여 기생들에게 "버드나무가 우거졌어도, 말 타고 오는 젊은이가 없네白門楊柳"라고 하자 기생들은 손님이 떨어질까 두려워 문인 설근연薛近兗에게 돈을 주고 "진회秦淮에 꽃이 피니 여전히 성황을 이루네"라는 시로 맞대응했다.

구호도 속어의 일종으로 실없는 농담이었다. 가정 연간, 가흥의 진신들이 큰 화를 당하자 한 사대부가 이렇게 비꼬았는데 이런 식이었다.

책 속에 양식이 많다고 하는데 탕통판湯通判 집에서는 형편없는 죽을 먹고 있네
책 속에 황금 집이 있다더니, 조주사趙主事는 중에게 맞아 울고 있네
책 속에 옥같이 아름다운 여자가 있다고 하더니, 진진사陳進士는 서수徐秀에게 발을 잘렸네
책 속에 마차가 많다고 했는데, 전거인錢擧人은 홀로 걷고 있네

『금병매』에서도 조롱 섞인 구호가 나왔다. 서문경과 반금련이 간통을 하고 무대랑을 독살하자 동네 사람들은 "간사한 서문경이 부끄러움을 모르고 간음한 뒤 첩으로 들이니, 가마 안의 간통녀는 뒤만 졸졸 쫓아가네"라고 말했다.

속어는 현지 방언이나 속된 언어와 관계가 있었다. 북경 사람들은 말로만 욕을 하는 사람을 말은 잘하지만 참지 못한다는 의미로 '삼금랑두穆金榔頭'라 했고, 곧 죽을 사람은 흙으로 돌아갈 날이 가까웠다는 의미로 '거천점원去天漸遠'이라 했으며, 얼굴에 병색이 완연한 사람에게는 염라대왕이 아직 안 불렀는데 왜 먼저 가려고 하느냐는 의미로 '염왕미구閻王未勾, 하자압도何自押到'라 했는데 실없고 매우 각박한 말이었다. 때로 이 말들은 "아직 안 불렀는데 먼저 가려는 것은 하늘이 멀다는 것을 알아서이고, 만약 삼금추穆金椎를 받으면 저승길에서도 돌아올 수 있다"고 조롱 섞인 말을 붙이기도 했다. (장일규蔣一葵, 『장안객화長安客話』)

은어는 행화行話로 특정 사회나 같은 업종 내에서만 통용되어 다른 사람들은 알아들을 수 없었고, 주로 강호에서 쓰였다. 명대에 관료 사회에서 뇌물을 주는 방법은 시장과 별로 다르지 않았다. 사람들의 눈을 피하기 위해 은어를 사용했다. 정덕 연간, 유근劉瑾이 국정을 농단할 때 뇌물 액수가 '일간一干'이라 하면 '일천一千'이었고 '일방一方'이라 하면 '일만一萬'을 의미했다.(진홍모陳洪謨, 『계세기문繼世紀聞』) 또 황금은 '황정黃精' 백은은 '백랍白蠟'이라 칭했다.(『임거만록』「기집畸集」)

시정에서는 기생이나 매춘부들도 자신들만의 언어가 있었다.『금병매』에서 응應 백작과 이계저李桂姐가 정애향鄭愛香을 놀리자 정애향이 "불요리저망강남不要理這望江南, 파산호아巴山虎兒, 한동산汗東山, 사문포斜紋布"라고 쏘아 붙였다. 청대 장죽張竹은 이것이 매춘부들의 행어로 '망望'은 '왕王', '파巴'는 '팔八', '한汗'은 '한漢'과 같은 발음, '사斜'는 '사邪'로 합치면 "팔왕한사王八汗邪"가 되었다.(강남江南, 산호山虎, 동산東山, 문포紋布는 아무 뜻이 없고, 왕팔王八은 개자식, 한사汗邪는 날씨가 더워 혼이 나간 놈이라는 말이다.) 항주에 있는 상인들도 시장에서 통용되는 자신들만의 언어가 있었다. 숫자를 세는 '사평시어四平市語'를 예로 들어보자. "일一은 억다교憶多嬌, 이二는 이변풍耳邊風, 삼三은 산추향散秋香, 사四는 사향마思鄕馬, 오五는 오가기誤佳期, 육六은 유요금柳搖金, 칠七은 체화대砌花臺, 팔八은 패릉교覇陵橋, 구九는 구정랑救情郎, 십十은 사리자舍利子였다. 그리고 소小는 소려화消黎花, 대大는 타타운朶朶雲, 노老는 낙매풍落梅風이라 했다."(『서호유람지여』)

강호를 떠도는 도적들도 자신들만의 언어가 있었다. 하간河間·보정保定 등 지역의 군인과 백성이 혼거하는 지역에서는 도적들을 불러 훔친 말과 노새, 소, 당나귀들을 반값에 매매했는데 이를 '접수接手' 혹은 '수매단각收買短脚'이라 했는데 역시 외부인들은 알 수 없는 은어였다.

The urban life
of the ming dynasty

제5장

조
정
에
서
강
호
까
지

황제와 관료들의 심리

　황제는 제국을 통치하는 집단의 최고 수장으로, 그의 의지와 행동에 따라 제국의 운명이 결정되었다. 명나라를 세운 태조 주원장에서부터 자살로 생을 마감한 마지막 황제 숭정제까지 일별해보면, 황제들의 지식수준과 종교 신앙, 취미나 주력한 활동 등은 여러 면에서 차이가 났다. 태조는 검소하고 소박했고, 무종은 방탕했고 호전적이었으며, 세종은 도교에 맹목적으로 심취했다. 희종은 황당무계한 행동과 말을 하곤 했다. 머리에 황관을 썼다는 건 무엇이든 할 수 있다는 의미였지만, 일상생활에서의 실제 모습은 차이가 컸다. 황제들의 성격 차이는 도시 생활에 중요한 영향을 미치는 요인이기도 했다.

왕과 재상들 마음 가는대로

명대 황제들은 대략 두 부류로 나눌 수 있다. 첫째는 유교 전통에 따라 교리에 충실하고 정사에 몰두했으며 근검한 생활을 한 그룹으로 태조가 대표적이며 성조·인종·선종 등이 여기에 속한다. 둘째는 예의 규칙을 포함한 전통 미덕과는 어울리지 않는 그룹이다. 자주 궁 생활에 대한 피로감을 토로하고, 도교에 심취하거나 유희가 일상화된 이들로 무종·희종이 대표적이다. 세종과 신종 역시 이 그룹에 속한다.

황친인 주권朱權은 궁의 생활을 묘사한 「궁사宮詞」 70편을 지었는데 태조에 대해서는 "침식을 잊고 정사에 몰두해서 모든 일을 스스로 처리했다. 퇴청한 뒤에도 탁자 위에는 항상 상주문이 가득했다"고 기록했다. 황성증黃省曾도 「홍무궁사洪武宮詞」 12편을 지었는데 그중 4편이 태조가 정사를 돌보는 태도와 검박한 생활 모습이었다.

닭이 울면 천자가 침상에서 내려와 계단을 따라 걸으셨다.
화려한 복도 양쪽으로 화장을 마친 비빈들이 도열해 있다.
호랑이 머리가 조각된 거대한 황궁의 정문이 열린다.
신선한 봄기운은 마치 자색의 광휘가 자금성 높은 곳에서 내려오는 듯하다.[1]

금과 옥이 가득 찬 황실에 달빛이 들어와

화려한 보위에 자색 옷이 빛난다.

황제는 서재에서 정사에 파묻혀

삼경이 되었는데도 가마는 아직도 돌아오지 않았다.[2]

황제가 일찍 일어나 천하를 살피는 사이 황궁의 주방은 바쁘게 움직인다.

궁녀들은 산해진미를 붉은색 접시에 담아 황제에게 올린다.

황제는 차려진 음식을 조심스럽게 돌아본다.[3]

처마로 이어진 비빈의 방마다 자색 침대가 놓여 있다.

황후는 안살림의 기강을 중시하여 화려한 조각과 장식을 금지시켰다.[4]

    태조는 근검한 생활을 강조하고 자신이 몸소 실천했다. 천하를 다스릴 때는 '게으르지' 않고 편안과 안일을 취하지 않아야 진정한 태평성대를 누릴 수 있다고 생각했다.

    홍무 10년(1377) 대신들에게 말했다. "짐이 즉위 이래 밤낮으로 정

---

1   "雞鳴天子下床梯, 內直紅妝兩隊齊. 閶闔虎頭門大啟, 春星猶帶紫宮低." 자색紫色은 고대에 존엄한 권력을 상징하는 색으로 제왕의 권위와 통치 지위를 의미했다.

2   "金鋪玉戶月流輝, 寶座瑤堂映紫衣. 聖主觀書居大善, 三更龍輦未言歸."

3   "君王蚤起視千官, 金灶爭催具鳳餐. 紅粉珠盤排欲進, 再三擎向手中看."

4   "雲簷排比玉妃房, 戶戶俱鋪紫木床. 聖後從來敦內治, 不教雕鏤雜沉香."

사를 살펴, 날이 밝기 전에 어전에 나오고 포시晡時(오후 네시)가 되어
서야 퇴청했다. 밤에 누워서도 걱정이 많으면 일어나서 하늘을 보며
생각을 했다. 별자리가 어지러운 날은 통 잠을 이룰 수가 없었다. 백
성에게 필요한 일을 적어놓았다가 날이 밝으면 바로 지시했다."

홍무 18년(1385)에 또 말했다. "짐은 날이 밝기 전에 나왔다가 밤
이 되어서야 퇴청한다. 낮에 했던 모든 일에 대해 생각하고 만일 잘
못이 발견되면 한밤중까지 계속 생각한 뒤에야 자리에 눕는다." 그
러자 신하들이 "폐하께서 애쓰시는 것은 천하 백성의 커다란 복이
지만 지나친 피로는 피하셔야 합니다"라고 간언했다. 하지만 태조는
"나라고 피곤하고 싶겠는가? 천하가 편안하지 못하면 나는 배고파
도 먹지 않고 피곤해도 쉬지 않았다. 이제 난이 끝나고 천하가 안정
을 되찾았으니 쉬고 싶지만, 자고이래 황제가 근면하게 정사에 몰두
해야 나라가 발전하고 게으르고 나태하면 쇠락하여 천명은 사라지
고 민심이 떠났다. 이 모든 것이 황제의 근검과 나태함에서 결정되니
어찌 무섭지 않겠는가? 쉬는 시간이라고 편히 쉴 수 있겠는가?"라고
답했다.

태조는 정사 처리에서 실용정신을 강조했다. 그는 제왕이 맑은 마
음으로 욕심을 줄이고 정사에 몰두한다면 백성을 해치는 백해무익
한 정책은 없어져 편하게 자기 땅에서 풍족한 생활을 할 수 있을 것
이니 이게 바로 신선이라고 했다. 공훈과 업적은 책에 남기고 명성
이 후세에 전해지는 것이 바로 장생불사라고 했다. 특히 개인의 사
욕에 반대했고, 고질적인 악습에 대해서는 깊은 반감을 표했다. 한번

은 화개전華蓋殿에서 신하들과 몸가짐에 대해 토의했다. "사욕보다 더 큰 해악은 없다. 남녀·음식·의복 등뿐 아니라 자기 것만을 챙기려는 것은 모두 사욕이다. 예禮만이 사욕을 방지할 수 있다. 예가 사라지면 사욕이 넘쳐나고 오만해진다. 군주가 예를 지키지 않고 욕정에 휘말리면 백성은 엄청난 재앙에 빠진다. 신하들이 예를 지키지 않으면 집안에 큰 일이 발생한다. 따라서 예를 따라 일을 행하면 과실을 줄일 수 있지만, 사욕이나 오만으로 일을 하면 자신부터 망치게 된다."

태조는 생활에서도 엄청난 극기를 발휘했다. 자신이 농부 출신이라 농부가 겪는 고생을 누구보다 잘 알았다. 홍무 2년(1369) 5월, 종산鍾山에서 돌아오는 길에 독룡강獨龍岡에서 말을 내려 돈화문淳化門까지 걸어와서야 다시 말을 타고 궁에 돌아왔다. "짐이 오랫동안 농사를 짓지 않았다. 농부들이 밭에서 고생하며 농사짓는 모습을 보니 마음이 아파서 나도 모르는 사이에 여기까지 걸어왔다." 농업을 중시하는 태조의 사상은 여러 정책을 통해 표현되었다.

명대 실록에서는 태조에 대해 "궁에서 사용하는 그릇은 검소하고 옷과 음식 역시 평범했다"라고 적었다. 태조는 새로운 나라를 세우기 전날, 건축을 맡은 관리들이 황궁 건축 도면을 보여주자 화려한 조각은 모두 삭제하는 등 과도한 사치를 없애고 실용적으로 지으라고 중서성에 지시했다. 오원吳元(1367) 9월, 새로운 궁전이 완성되었는데 조각 장식 없이 검소했다.[5] 홍무 원년(1368) 8월, 황제의 가마와 복식에는 황금을 써야 하지만 모두 동으로 대체하도록 명했다.

명대 황제 중에서 무종이 가장 방탕무도했다. 왕세정王世貞은 「정덕궁사正德宮詞」 20편 중 네 편에서 무종의 생활은 무예·닭싸움·공놀이·표방·음주·불경 듣기 등이었다고 기록했다.

청나라 초 모기령毛奇齡의 『명무종외기明武宗外紀』 역시 무종에 대해 묘사했다. 무종은 일생동안 내내 술에 취한 중독 상태였다. 측근들은 항상 술을 준비해서 황제가 취하게끔 한 뒤, 틈을 노려 권력을 휘둘렀다. 황제가 술이 깨면 다시 술을 권했다. 황제가 보정부保定府에 들렀을 때 순무 오부伍符가 준비한 주연에서 제비뽑기 놀이를 했다. 황제가 져서 기분이 상했고, 제비를 땅에 던져 오부에게 줍게 한 뒤 벌주를 내렸다. 잔뜩 마신 오부가 비틀거리며 넘어지자 황제의 입가에 비로소 웃음이 돌았다.

무종은 평생 유희를 즐기며 살았다. 궁내에 '표방豹房'이라는 비밀스러운 방을 만들어 매일 교방사 악공들을 불러 가무를 즐겼다. 상원절마다 궁내에 등을 밝히는 것을 좋아했는데, 정덕 9년(1514), 건청궁으로 등불이 옮겨 붙어 화재가 발생했다. 그는 표방에서 뛰쳐나와 엄청난 화염을 보고서는 "대단한 폭죽이네"라며 웃었다.

---

5 주원장은 군사를 일으킨 뒤 명목상 한림아韓林兒의 신하였기 때문에 한림아의 용봉龍鳳 연호를 사용했다. 1361년 한림아가 주원장을 오국공吳國公으로 봉했고, 1364년 스스로 오왕吳王이라고 칭하고도 여전히 용봉 연호를 사용했다. 만약 자신의 연호를 사용하면 원나라나 다른 무장들의 공격을 받고 또한 반역이라는 소리를 들을 수 있기 때문이었다. 1366년, 한림아가 죽자 주원장의 세력은 한층 커져서 진우량을 평정한 뒤 비로소 오 원년이라 하여 하나의 독립된 정권임을 표방하고 등극할 준비를 했다. 1367년 말 남쪽 세력이 대부분 소멸되자 주원장은 이듬해를 홍무 원년으로 정하니 그 전해는 오 원년이라 했다.

또한 무예를 좋아했다. 황제의 존호보다 무관이나 공신의 칭호를 더 좋아했다. 영왕 주신호朱宸濠가 반란을 일으키자 스스로 '총독군무위무대장군총병관總督軍務威武大將軍總兵官' '후군도독부태사진국공後軍都督府太師鎭國公'이라는 긴 이름을 지은 뒤 친히 군대를 이끌고 토벌에 나섰다. 여색도 밝혀 음양술에 능한 금의위 도독 동지同知 우영于永을 가까이 두었다. 색목인인 우영은 회족 여자가 피부가 좋고 깨끗하여 중원 여자보다 아름답다고 유혹하자 무종은 서역 춤에 능한 회족 무희 12명을 선발하도록 했다. 그가 태원에 놀러갔을 때 여자 악공 중에서 낙호樂戶 유량劉良의 딸을 눈여겨보았는데, 그녀는 악기樂妓 출신으로 이미 진왕부晉王府 악공 양등楊騰과 결혼한 유부녀였음에도 '미인'이라 칭하며 곁에 두고 특별히 총애했다.

이에 비한다면 희종은 개구쟁이 황제였다. 진정란秦征蘭은 「천계궁사天啓宮詞」에서 희종의 취향·성격·생활에 대해 기록했다. 그는 다양한 취미를 즐겼는데 가장 좋아했던 것은 목공木工이었다. 칠기, 벼루와 문방사구를 넣어두는 서랍인 연상硯床, 화장품 상자 등을 다섯 가지 색을 담아 만들었는데 솜씨가 뛰어났다. 기분이 좋으면 만든 물건을 환관들에게 궁 바깥에 나가 팔아오도록 시켰다. 한번은 공작이 매화를 쫓는 조각을 새긴 호등護燈 8폭 병풍을 만들었다. 환관에게 '궁에서 제작한 물건御製之物'이니 1만 전을 받아오라고 시켰는데 다음날 매매가 이루어졌다는 소리에 뛸 듯이 기뻐했다. 그가 나무를 다듬고 있을 때 급한 상소가 올라오면 글을 아는 여관女官에게 읽으라고 시킨 뒤 장인태감 왕체건王體乾에게 "알았으니 너희가 알아서 처리해라"고 말하면 그만이었다. 희종은 목공 외에도 좋아하는 것이 많았다.

그는 말을 좋아하고 타는 것도 즐겨했다. 위충현이 변방에서 좋은 말을 구해오자 적하총赤霞驄·유운流雲·비현광飛玄光 등의 이름을 하사했다. 자연 경치를 좋아했다. 위충현이 어용감御用監에 서호·호구 등 명승지를 그린 오채 병풍을 제작토록 하여 황제 보좌 옆에 놓자 너무 좋아해서 시간 가는 줄 모르고 쳐다보았다. 새 잡기도 좋아했다. 한번은 서원을 산책하다 나무에 올라가서 어린 새를 잡다 떨어져 얼굴이 깨지기도 했다. 다음으로 고양이를 좋아했다. 궁에 고양이 방을 마련해서 좋은 품종의 고양이들을 길렀다. 수컷은 '소시小厮', 암컷은 '아두丫頭'라 부르고 관직명을 붙여주고 돈을 하사했다. 숨바꼭질 또한 좋아했다. 건청궁 내 섬돌 사이에는 오래된 작은 구멍이 많았다. 벽돌로 쌓고 이름을 붙인 뒤, 달이 밝은 밤이면 환관들을 데리고 숨바꼭질을 즐겼다. 마지막으로 썰매타기를 좋아했다. 서원 호수가 결빙되면 붉은색 썰매를 만들어 환관들에게 끌도록 시켰다.

여러 가지 취미에도 불구하고 여자에는 별 관심이 없어 저녁 연회가 끝나도 한밤중까지 잡극만 보다가 취침에 들었다. 궁사宮詞에서는 "육궁 깊은 곳에 아름다운 여자들이 있지만, 대부분 좋은 시절을 원망으로 삭히고 있다"라고 읊었다.[6]

---

6   "六宮深鎖萬妖嬈, 多半韶華怨里消."

그를 죽이니 통쾌하도다

명대 황제들 중 태조와 성조를 제외한 나머지 황제들은 모두 궁에서 태어났다. 이들은 생활환경과 교육의 정도에서 차이가 컸지만 예술에 대해서는 유사한 열정을 보였다. 물론 이런 열정의 배후에는 목적과 역할의 차이가 있었다. 음악에 대한 생각도 달라서 각자 성취도를 논하기는 어렵지만 서로 다른 흔적들을 남긴 것은 분명했다.

태조가 즉위 후 첫 번째로 한 일은 새로운 예악禮樂의 정립이었다. 원나라 때의 오랑캐 풍습을 폐지하고 당대唐代 제도를 회복하여 그 기초 위에서 귀천의 차이가 분명한 새로운 예제禮制를 세우려 했다. 음악은 백성의 소리에 부합하여 신의 소리로 답하는 것이라며, 이를 위해 음악 복고 운동을 실행했다. 원대의 음악에 대해서는 우아했던 옛 음악의 정취가 사라지고 '음사풍곡淫詞艷曲'만 남아 "오랑캐 소리와 정음正音이 뒤섞였다"고 비난했다. 태조는 원대 악장 중 쓸데없이 번잡한 유사艐詞에 대해 특히 반감이 많아 예부 상서에게 "외설적이고 통속적인 가사"를 "평화롭고 원만한" 가사로 고치라고 명했다. 홍무 4년(1371), 이부와 예부에서는 「연향구진악장宴享九奏樂章」을 제정했다. 또 태조가 승려 종륵宗泐에게 「헌불악장獻佛樂章」을 만들게 한 것은 불교 음악사에 중요한 공헌이 되었다. 이 노래들에 '선세善世' '소신昭信' '연자延慈' '법희法喜' '선열禪悅' '편응遍應' '묘제妙濟' '선성善成' 등 이름을 붙였다. 태조 자신도 음악에 조예가 깊어 「태사천지악장大祀天地樂章」을 만들기도 했다. 왕기王圻는 『속문헌통고續文獻通考』에서 홍무 8년(1375) 정월, 태조가 종묘와 사직에 지내는 제사인 대사大祀를 주재하고 자신이 만든 악장을 연주하도록 했다고 기록했다.

성조 역시 음악에 큰 관심을 보였다. 영락 원년(1403) 9월, 그는 아버지의 유지를 받들어 "선대의 풍성한 공덕을 기리는 악장을 준비할 것"을 명했는데 아마도 자신이 총애했던 고려高麗 출신 현비賢妃가 "통소를 잘 불던 것"과 연관이 있었을 것이라고 추측한다.(전겸익,『열조시집列朝詩集』) 영락 18년(1420), 성조는 다시 「절계령折桂令」「취태평醉太平」「안아락雁兒落」3곡에 대해 "곡조에 관계없이 행간의 의미를 새겨야 한다"고 했는데 아버지 때의 엄숙하고 정대한 음악보다는 거칠고 호방한 음악을 즐긴다는 차이가 있었다. 성조는 태묘와 교단郊壇에서 사용하는 음악과 가사도 친히 만들었는데 "그를 죽이니 통쾌하도다"라는 등의 내용과 더불어 대부분 오랑캐 음악의 악기를 사용했다.(『계암노인만필』)

인종은 음악에 조예가 있다기보다는 거문고 타는 것을 좋아했다. 시「지정납량池亭納凉」에 "거문고 소리가 우아하니, 백성이 행복과 편안함을 느낀다"라고 썼다.[7](『열조시집』)

선종은 태조, 성조의 영향을 받아 조상의 공덕을 기리고 조정의 업적을 칭송하는 노래들을 좋아했다. 선덕 3년(1428) 9월, 대학사 양사기楊士奇가 바친 「평호요뇨가고취사곡平胡饒鐃歌鼓吹辭曲」12편을 매

---

7 "夏日多炎熱, 臨池憩午涼. 雨滋槐葉翠, 風過藕花香. 舞燕來青瑣, 流鶯出建章. 援琴彈雅操, 民物樂時康."

대명제국의 도시생활

우 좋아했다.

효종은 관방 음악에 특별히 관심을 기울여 태상사 지음관知音官에게 내부內府 제사에 쓰는 악기를 "종은 순금으로, 경쇠는 서옥西玉으로 만들도록" 지시하기도 했다.

태조가 주창한 음악 복고운동은 무종에 이르러 황당하고 방탕한 생활로 인해 완전히 무너지고 말았다. 무종 역시 음악을 좋아하여 「살변악殺邊樂」을 만들어 남경 교방사에서 전수하도록 했다. 특히 백희百戲를 좋아해서 궁중 연회 때 항상 연출했다. 백희는 원나라의 풍습으로 태조가 주창하던 소소蕭韶의 우아한 음악과는 완전히 다른 것이었다. 이후 신종도 역시 우아한 음악보다는 '새로운 소리新聲'를 좋아했다.(『곡산필진』)

세종은 번왕의 신분으로 황제에 오르자 역시 예악을 고치는 것을 첫 번째 임무로 삼았다. 가정 5년(1526), 세묘世廟가 완성되니 세종은 친히 악장을 만들어 대학사 비굉費宏 등에게 곡명을 고치도록 명하여, 태조가 추진했던 복고 운동은 결국 별다른 성과를 거두지 못한 채 막을 내리게 되었다. 세종은 자신이 예악의 창조와 전승자임을 자부하고 신선의 생활에 부합하는 음률로 맞추기도 했다. 가정 9년(1530), 세종은 내부內府에 있는 금·옥·동종과 석종石鐘을 신악관神樂觀에 보내서 음률을 맞추도록 하고 과도관科道官[8]에게 널리 알리도록

8　명대 육과의 급사중과 도찰원의 십오도 감찰사를 총괄하여 과도관이라 했다. 관원들의 잘잘못을 규찰하는 사찰 기관의 역할을 했다.

명했다.[9] (『세종실록』)

음악과 가장 인연이 깊은 황제는 마지막 황제인 숭정제였다. 그는 음악을 좋아해서 "틈만 나면 거문고를 어루만지며 줄을 튕기곤 했다."(송기풍宋起風, 『패설稗說』) 그는 친히 「공동인崆峒引」 「고효가敲爻歌」 「거오음据梧吟」 「참동계參同契」 「난가유爛柯游」 등 "방도오곡訪道五曲"을 만들었다.(왕예창王譽昌, 「숭정궁사崇禎宮詞」) 또 중서中書 엄대화嚴大華에게 역대 거문고 악보를 고치도록 명하고 역시 친히 「오건황극궁음군五建皇極宮音君」 「백료사표상음신百僚師表商音臣」 「우변시옹각음민于變時雍角音民」 「만방함녕징음사萬邦咸寧徵音事」 「사이래왕우음물四夷來王羽音物」 등 거문고 다섯 곡을 만들었다. 모두 황제의 기상을 대표할 만큼 가사와 음률이 훌륭했다. 청나라 초, 제남齊南의 이李씨 가문에서 그가 사용했던 거문고를 소장했다고 했다. 금·옥·상아·코뿔소 등의 장식이 있고 뒷면에는 '광운지보廣運之寶' '대명숭정황제어금大明崇禎皇帝御琴', 아래에는 '상풍翔風'이 전서篆書로 새겨져 있었다.(굴대균, 『옹산문초』)

서예에 빠지다

명대 황제들은 서예와도 깊은 관련이 있었는데 글씨가 뛰어난 황

---

9   신락관은 태상사에 속한 기관으로 천지天地, 신기神祇, 종고宗高, 사직社稷에 제사를 지낼 때 악무樂舞, 제점提點, 지관知觀 등을 담당했다.

제도 있었다.

태조는 출신이 빈한해서 아는 글자가 많지 않았지만 각고의 노력 끝에 서예에도 상당한 조예를 보였다. 원나라 말인 1365년, 그는 응천부에 국자감을 설치하면서, 성현문成賢門 편액으로 서예가 첨맹거詹孟擧의 글씨를 걸도록 했다. 그러나 '문門'자의 "꼬리 부분을 올려야 했다"며 아쉬움을 토로하고 결국 '문門'자 자리는 비워두었으니, 그의 심미안이 상당했음을 알 수 있다.(사계좌査繼佐, 『명서明書』) 대학사 신시행은 만력 연간까지 태조의 어필御筆 76편이 경각經閣에 소장되어 있다고 했다.(『신종실록』)

성조는 틈이 나면 글씨를 썼고 좋은 글씨들을 보고 즐기는 등 역시 상당한 조예를 보였는데 "선천적인 재능"이라기보다는 즉위 초부터 서예에 능한 인사를 계속 등용해서 "배워서 익힌" 후천적 결과였다. 전서篆書의 진등陳登, 전주篆籀의 등용형藤用亨은 대소한림待紹翰林을 지냈고, 성조가 '조정의 왕희지王羲之'라고 칭찬했던 심도沈度는 한림학사, 심찬沈粲은 대소한림 등 요직을 지냈다. 당시 한림은 모두 서예에 능했는데 특히 해진解縉의 진행초眞行草, 호광대胡光大의 행초行草, 등용형藤用亨의 전팔분篆八分 등이 유명했다.(초횡, 『옥당총어』)

선종도 서예 서적에 관심을 보여 선인들의 필적에서 배움을 얻으려고 노력했다. 당시 측근 중에 서예가 정남운程南雲이 있었다. 그는 강서 남성현南城縣 출신으로 영락 연간에 『영락대전』 편찬에 참여했는데 전서와 예서에 능해 황제의 총애를 받았다. 황제는 노고를 치하하기 위해 선덕 10년(1435), 「초서가草書歌」를 하사하기도 했다.(전겸익,『열조시집』) 효종도 역시 서예를 좋아했는데 특히 심도沈度의 서법에 심취했다.(손순孫旬,『황명소초皇明疏鈔』)

신종·사종 두 황제도 글씨가 뛰어났다. 신종은 생모 자성慈聖 황태후가 글씨를 잘 썼고 장거정이 마련한 학습 커리큘럼에도『대보잠大寶箴』[10]이 있어 어려서부터 태감 손융孫隆의 도움을 받아 글씨 쓰기에 매진했다. 모친과 신하 두 사람의 영향으로 신종은 즉위 이후 신하들에게 글씨를 하사하기도 했다. 만력 2년(1574) 4월, 신종은 장거정에게 '택규보충宅揆保冲', 여조양呂調陽에게 '동심협보同心夾輔', 육경六卿에게는 '정기솔속正己率屬'을 써서 하사했다. 같은 해 윤12월에 역시 장거정에게 '필여일인, 영보천명弼予一人, 永保天命' 여덟 글자를 하사했다. 신종은 "붓에 힘이 있고 글씨체가 장엄하여 매우 훌륭하다"라고 장거정의 글씨를 칭찬했다.

신종의 아들인 광종도 서예에 흥미를 보였다. 강학이 끝나면 붓을 잡고 "동궁의 측근들이 비록 춥고 더운 날씨에도 나태하지 말라"는 대련에 '동궁친어東宮親御'라는 낙관을 찍었다.[11]

숭정 역시 훌륭한 작품을 남겼다. 그는 당대唐代 서예가 우세남虞世南의 필체를 모방해서 신하들에게 하사했고 청나라 초까지 사람들이 이를 보물로 소장했다. 후세까지 전해진 작품 중 '송풍松風' 두 글자는 청초에 고령顧苓 집안에서 소장했는데 초당에 걸어 '송풍침松風

---

10 당 태종이 즉위하자 신하 장온고張蘊古는 천자의 자리를 지키는 것이 막중한 일임을 밝히며, 그에 대해 경계하는 글을 지어 태종에게 올린 것이다.
11 "以賜靑宮左右, 雖祁寒大暑, 未之少懈."

寢'이라 불렀다. "소나무 바람에 관대를 풀고, 달빛에 거문고를 탄다"는 열 글자는 경사의 한 사대부 집에서 소장했다.[12] '숭정어필崇禎御筆' '대명숭정황제만기여가지필大明崇禎皇帝萬幾餘暇之筆' '숭정건극지보崇禎建極之寶'라는 낙관이 찍혀 있었다.(『옹산문초』)

황제들에게 그림을 그린다는 것은 단순한 유희를 넘어 인생을 즐기는 것이고, 또 유사들을 포용하는 정치 선전의 목적도 있었다. 따라서 잘 그리느냐의 여부는 차치하고 정치적 효과에 방점을 두었다. 태조는 그림을 잘 그리지 못했지만 그림을 이해하고 실용성을 중시해서 틈이 나면 붓을 잡곤 했다. 주현소周玄素가 그림을 잘 그리자 궁전 벽에 천하 강산을 그리도록 명하고 자신이 '숙성대세倐成大勢'라고 거칠게나마 윤곽을 잡기도 했다.(정중기鄭仲夔, 『청언淸言』) 홍무 원년(1368)에는 후손들에게 왕업이 어렵다는 교훈을 남기기 위해 화공들에게 '효행과 역대 전쟁에 관한 일'을 그리도록 했다. 이렇듯 그림은 정치 선전과 교화의 수단이었다.

그림을 잘 그린 황제는 선종이었다. 그는「오화마五花馬」「백연白燕」을 그렸고, 이 그림에 '태감 원기에게 하사함'이라고 자필로 썼다. 비둘기가 버드나무 위를 자유롭게 날아다니는 그림에서는 남당시대 이후李后의 금착金錯법을 모방하여 가루를 뿌려 힘줄과 버들가지 떨림까지 표현했다.

대종代宗은 잘 그리지는 못했지만 경태 5년(1454),「화죽쌍조도花竹

---

12 "松風吹解帶, 山月照彈琴."

雙鳥圖」라는 작품을 남겼다.(요지원饒智元, 『명궁잡령明宮雜咏』「경태궁사景泰宮詞」)

선종의 그림 실력은 잘 알려져 있지만 헌종도 상당히 정교한 그림을 그렸다는 사실은 잘 알려지지 않은 일이다. 그가 그린 「문창제군상文昌帝君像」을 보면 화면에 황제가 당모唐帽와 녹색 도포, 검은 가죽신을 신고 손에는 옥여의玉如意를 들고 속세를 벗어난 듯한 모습으로 돌 위에 앉아 있다. 이 그림 위에는 '성화 19년 어필御筆' '광운지보廣運之寶'라고 쓰여 있으니 헌종의 작품이 분명하다.(『객좌췌어』) 헌종은 주로 신상神像·금병金瓶·목단·난국·매죽 등과 때로 산수화 등을 그렸는데 속세를 넘어선 소탈함이 있었다. 그는 화사畵士들과 친밀하게 지냈는데 일부 화사들은 크게 부귀영화를 누리기도 했다.

효종 역시 화사들과 돈독한 관계를 유지했다. 신하들은 화사들이 그림 솜씨가 뛰어나다 해도 정치와는 관계가 없는 무용지물이며 잡류라고 무시했다. 효종은 즉위 초에 새로운 정치를 한다는 이유로 이런 잡류들을 물리쳤지만 곧 다시 회복시켰다. 홍치 7년(1494) 11월, 효종은 지방에서 화사를 선발해 궁으로 보내라는 명을 내렸고 산서진山西鎮 방어 태감 유정劉政은 화사 백새白璽 등 18명을 선발해서 어용감御用監으로 보냈다.

선덕에서 홍치까지, 황제들이 화사들을 중시해서 궁정화파를 양성한 것은 비록 화려하지는 않았더라도 회화사에서 볼 때 주목해야 할 부분이었다.

문장 풍류

명대 황제들 중 태조와 성조는 교육을 많지 받지 못했으나, 원대한 기백과 끊임없는 노력으로 시문을 지었으며, 문학적 수준보다는 힘찬 기상으로 널리 읽혀졌다. 이후 궁에서 태어난 황제들은 체계적인 유가 교육을 받아 문학적으로는 큰 진전을 보였으나 백성의 생활과는 완전히 동떨어진 내용이었다. 궁에서 성장하다보니 성격이 유약해져 문장이 온유돈후한 품격을 나타냈다. 무종은 무예, 희종은 유희에 빠져 문학적으로 언급할 만한 내용이 없었다.

태조는 등극 이전 전장을 누빌 때부터 경사 읽기를 즐겨서, 얼마 지나지 않아 직접 문장을 쓰기 시작했다. 그는 신하들에게 "짐은 농부 출신으로 스승에게 지도를 받은 적이 없지만 읽은 문장들을 잘 이해하니 혹 천부적인 것 아닐까?"라고 했는데 그의 다양했던 인생 경험은 문장에 그대로 녹아 있곤 했다. 태조의 글은 대부분 구어체로 쓰였고 내용이 통속적이어서 이해하기가 쉬웠다. 사실보다 과장되게 말하는 것을 싫어해서 일상적이고 실제적인 것을 중시했다. 그래서 상주문을 쓸 때 사륙대우四六對偶[13]를 금지하여 겉치레에 열중하는 형식적인 글쓰기를 지양하고, 화려함보다는 순박하고 실제적인 것을 강조하도록 했다. 사천을 평정한 이후 '평서촉문平西蜀文'를

---

13 문장의 형식미를 중시한 문체의 하나로 4자와 6자를 기본으로 한 대우對偶로 이루어져 있다.

썼는데 문체는 정교하지 못해도, 실질적인 의미와 정을 담았고 공은 대부분 하늘에 돌렸지만 이미 그 자체로 자신의 품격을 나타내는 데는 충분했다.

태조의 문장은 비록 문사들의 윤색을 거쳤어도 순박한 품격이 남아 있었다. 민간에서 태어나 여러 전장을 누빈 경험으로 시문 내용이 매우 풍부해서 다음과 같은 특징이 있었다.

비록 황위에 올랐으나 과거 생활을 잊지 못하고 키워준 가족들에 대한 정을 잊지 못했다. 「황릉비皇陵碑」에 성장기의 어려움을 숨기지 않았고, 「기몽紀夢」 「사친가思親歌」 등에서 어머니의 은혜를 어미 새가 새끼를 먹여 살리는 것에 비유하며 신분이 미천했을 때 받은 부모의 정에 대한 감사의 의미를 여실히 나타냈다.

시가詩歌를 통해 태조의 성격과 추구하는 생활상을 알 수 있었다. 문인 유생을 가까이 두고 우아한 생활을 추구하는 내용이 많았다. 「죽간청락조竹干靑樂釣」는 내용과 품격 면에서 문인이 썼다 해도 지나친 말이 아니었으며, 「사로시장思老試壯」에서는 노익장의 면모를 보여줌으로써 웅장하게 글을 이끌었다.

태조는 여전히 '대사大祀' 등 전통 예의를 중시하여 황실의 기백을 표현하면서 태평성대를 노래했다. 「대사大祀」에서는 "하늘에 허리를 굽혀 나라의 안정과 번영을 기원하니, 천하가 모두 백성의 태평성대를 노래한다"라고 했다.[14]

특히 농부 출신이라 문장이 통속적이어서 입에 착 달라붙었다. 「동풍東風」을 보면 "동쪽에서 불어오는 바람에, 꽃과 내가 마음을 연

다. 꽃이 씨를 맺어 화려하게 펼치니, 천지에 봄이 가득하다"[15]라고
했다.

성조(영락제)는 조카인 혜제(건문제建文帝)를 몰아낸 것에 대해 마음
의 짐을 떨칠 수 없었다. 사건의 전모가 대부분 알려지지 않았고 혜
제에 대한 사실도 삭제되거나 와전되었다. 야사에 따르면 태조가 달
구경을 하다가 어려서부터 영민했던 혜제에게 시를 지어보라 하자
"누가 옥으로 만든 손톱으로 하늘을 찔러 상처를 남겼는가. 달그림
자가 호수에 내려왔으나 교룡이 감히 삼키지 못했다"[16]라고 읊었다
고 전한다. 이 「신월시新月詩」는 널리 퍼졌지만, 명 말기 전겸익의 고
증에 따르면 양유정楊維楨이 지은 시로 『동유자시집東維子詩集』에 실린
것이 잘못 전해졌다고 했다. 따라서 혜제의 문학적 수준을 논하기에
는 자료가 충분치 못하다.

성조는 『경서대전經書大全』과 『영락대전永樂大典』을 편찬했고 궁중
에 많은 책을 소장했다고 하지만 지금은 전하지 않는다.『열조시집
列朝詩集』에 수록된 「사태자소사요광효칠십수시賜太子少師姚廣孝七十壽詩」

---

14 "晨駕旌旆列隊行, 龍旗遙映鳳城明. 護霜雲外天顔碧, 籠水煙邊山色青. 新歲野郊
    春氣靄, 今朝村市曉晴生. 鞠躬稽首參天處, 四海謳歌賀太平."
15 "我愛東風從東來, 花心與我一般開. 花成子結因花盛, 春滿乾坤始鳳台."(錢謙益
    『列朝詩集』)
16 "誰將玉指甲, 抓破碧天痕. 影落江湖上, 蛟龍不敢吞." 여기서 옥으로 만든 손톱,
    찌른다는 등은 여성적 표현이고, 하늘에 있는 달의 그림자가 물에 비치는 것
    은 정상적인 현상이지만 물속에 빠져 교룡도 삼킬 수 없다는 것은 풍경을 죽
    이는 불길한 표현으로 여겨졌다.

두 수의 시만으로 그의 문학적 자질을 평하기에는 부족하다. 모두 생일 축하시로 접대의 성격이어서 문학이라기보다는 그저 "신룡神龍의 한 조각"을 본 것에 지나지 않는다. 다만 그의 위인됨을 보아 기백은 매우 대단했을 것이다.

성조의 아들인 인종과 손자인 선종은 뛰어난 문학적 재능을 보였다. 인종은 태자 시절이 길었고 배움에 열성이어서 학문이 깊고 해박했다. 그는 송대 구양수의 문장에 심취해서 "이경(밤 9~11시)부터 다음날 아침까지" 책을 읽었다고 했다. 인종은 어제집御製集 2권을 냈지만 전하지 않는다. 현재 국가도서관에는 책의 존목存目이 내부內府 필사본으로 소장되어 있다. 즉 대명장릉신공성덕비大明長陵神功聖德碑 시 256수, 사詞 8수가 있다. 전겸익의 『열조시집列朝詩集』에는 그중 시 9수가 수록되어 있는데 인종의 문학적 수준을 짐작해볼 수 있다. 인종은 유신儒臣을 가까이 하고 큰 포용력을 보였다. 시가 사람을 닮듯이 인종의 시는 대부분 너그럽고 온화하며 궁정의 풍치와 황실의 기백을 나타냈다. 계절의 변화를 읊은 것은 「도원춘효桃原春曉」 「양춘곡陽春曲」이 있고 여름을 노래한 「지정납량池亭納凉」, 가을을 그린 「강루추망江樓秋望」 등이 있었다. 다만 태조나 성조의 풍부한 내용과 달리 상원절 오산鰲山의 등불, 아침 조회 등 궁내의 생활 정경 묘사를 벗어나지 못해 사상적으로는 빈곤했다고 볼 수 있다.

선종은 영민하고 경사에 밝아 매번 진사 시험에 문제를 내기도 하면서 "내가 이번에 급제하지 않을까?"라는 자신감을 보였다. 틈이 날 때마다 노래를 짓고 시를 써서 어제집御製集을 만들었는데 지금까지 전해지는 것은 『선묘어제총집宣廟御製總集』이다. 시도 잘 써서 "짐이 읊는 시는 듣는 사람마다 흥을 돋우니 모두가 작품이오"라고 자화자찬을 잊지 않았다.(『선묘어제총집』「시집서詩集序」) 그의 시는 다음과 같은 특징이 있었다. 유가 문학사상의 영향을 받아 도리를 설명하는 분위기가 있었다. 「낙정시樂靜詩」가 대표적이다. 신하들과 노닐면서 대각체臺閣體 시라는 문체를 만들었다. 주로 태평성대를 노래하며 황실의 위대함을 찬양했다. 「신춘시新春詩」「원소시元宵詩」「칠석시七夕詩」가 그에 속한다. 궁정 생활뿐 아니라 백성 생활에도 관심을 가졌다. 재해로 흉년이 들면 선종은 먼저 자신의 책임으로 돌리고 세금을 감면할 뿐 아니라 「서괴시시호부상서하원길書愧詩示戶部尙書夏元吉」에서는 "관중에 흉년이 들어 백성이 먹을 것이 없다"며 상황을 솔직하게 묘사하기도 했다.(『열조시집』) 풍류가 있어 유사의 문인 분위기가 강했다. 특히 풍경을 소재로 한 시에서는 대단한 문채를 나타냈다. 「사경시四景詩」는 봄·여름·가을·겨울의 계절 변화를 마치 그림처럼 세밀하게 묘사했다.

영종, 대종, 헌종의 시 작품은 아직 찾지 못했으므로 평가할 수 없다. 『열조시집』에서는 효종의 시 「정중령靜中吟」을 인용했는데 이는 본인의 생활을 기록한 것으로 역시 문학적 소양을 평가하기에는 부족하다. 전겸익은 효종이 "고대 제왕(이제삼황二帝三皇)들과 『서경書經』에 있는 전典, 모謨, 훈訓, 고誥 네 문체에 심취하여 시를 짓지 않았다"고 했다. 이 말은 효종에 대한 변명일 뿐 그의 문장이 뛰어나지 않았음을 말해주는 것인지도 모른다.

무종은 무예를 좋아하고 정적인 것을 싫어해서 선종의 품격과는 정반대였으니 섬세한 시 대신 거친 작품들이 주류다. 야사에서는 선부宣府에 갔을 때 "들꽃이 농염하여, 시골 술에 많이 취했다"라는 소사小詞를 지었다고 했다. 이 구절은 분명히 그가 복잡한 궁궐을 벗어나 자유를 만끽했다는 것을 증명한다. 정덕 15년(1520), 무종은 위무대장군威武大將軍이라 자칭하며 어제시御製詩 12편을 지어 대학사 양일청楊一淸에게 하사했다. 그중 「상마류제上馬留題」에서는 "황제의 영명함이 널리 퍼져, 남북 정벌 선두에 섰다. 위엄으로 천하를 안정케 하니, 강산은 영원하리라."(『열조시집』) 비록 허풍에 들뜬 경박한 언사지만 진솔한 마음만은 엿볼 수 있다.

세종은 도교에 심취하고 풍류에 취해 틈만 나면 시문을 지었다. 대학사 양일청이 「원소시元宵詩」를 진상했는데 "거울과 같은 맑고 밝은 달을 즐겨 본다愛看氷輪淸似鏡"에 대해 세종은 추석에 짓는 시와 비슷하다며 "달처럼 밝은 미인의 걸음을 즐겨 본다愛看金蓮明似月"라 고쳐지었다. 수시로 비굉費宏 등과 시를 주고받았는데 도교 분위기가 농후했다.

신종은 문장에 대단한 재주를 보였다. 태감 손융에게 「권학시勸學詩」를 지어 하사하자 이것으로 오중吳中에 비를 세우기도 했다. "큰 황금 도장斗大黃金印과 하늘처럼 높은 백옥당白玉堂(도교에서 말하는 천제의 도성)이 있어도 책 만권을 읽지 않으면 어찌 군왕에 다가갈 수 있을 것인가"(『열조시집』) 황실의 압도적인 기세는 자화자찬일 뿐이지만 사람들에게 학문을 권하는 좋은 글임에는 틀림이 없었다.

대명제국의 도시생활

신종 이후, 광종은 단명했고 희종은 놀이에 빠져 문학은 논할 것이 없었다. 사종은 책을 좋아해서 궁에 많은 서적을 구비하고 수시로 읽곤 했다. 사서四書로 팔고문을 지어 신하들에게 보여주고 반포해서 사대부들에게 읽혔다.(『숭정궁사』) 그러나 그가 남긴 작품은 발견되지 않았으니 평가는 이후로 미루어야 할 것이다.

황제 후손들의 일상

태조 주원장의 자손들은 시간이 흐를수록 그 수가 늘어나 종실 구성원들은 도시의 거대한 기생 계층이 되었다. 조정은 이들을 관리하기 위해 종인부宗人府를 설치해서 종실 성원들에 관한 사무를 담당하도록 했다. 주씨 성을 가진 자손이 출생하면 먼저 황제 가족의 족보인 『천황옥첩天潢玉牒』에 등록되었다.

종실 성원은 친왕·군왕 혹은 장군·중위 등 등급에 관계없이 '천황天潢'의 이름을 앞세워 도시에 살면서 관청과 관계를 통해 송사에 간여하거나, 서원이나 정원을 지어 시문이나 쓰면서 고상한 생활을 즐기거나, 하루종일 아무 일도 하지 않고 건달들과 어울려 술 마시며 무뢰배처럼 소일하곤 했다.

중주의 절반이 번부의 땅

명대 초기, 종실 내부에서는 권력투쟁이 일어나 분봉제도가 황권에 상당한 위협으로 작용했다. 중기 이후 삭번削藩 정책을 통해 정치권에서 종실 성원들의 발언권이 줄어들자, 대신 첩을 얻어 많은 자식을 낳거나 전답, 상점 등 부동산을 늘리는 데 관심을 쏟았다. 그러다보니 종실 인구가 급격히 늘어나며 사회의 암적인 존재로 발전했다.

홍무 초년, 태조는 전제주의 중앙집권을 통해 왕자들에게 분봉을 실시하여 "봉록과 작위를 받아 영원히 황실의 병풍이 된다"며 주씨 왕조가 대대손손 부귀영화를 누린다는 설계도를 만들었다.

그러나 태조가 죽고 시신의 온기가 가시기도 전에 연왕 주체가 태조의 장손이자 자신의 조카인 혜제를 상대로 '정난의 역靖難之役'을 일으켜 수년간 싸움 끝에 결국 남경을 함락시키고 숙부가 조카의 손에서 권력을 빼앗아 황제의 자리에 올랐다.

연왕의 등극은 좋지 못한 선례가 되었다. 즉위 이후 성조가 삭번 정책으로 왕들의 병권을 빼앗기 시작하자 왕들은 "나도 언젠가 황제가 될 수 있다"는 의식을 갖게 되었고, 황위를 노리는 이들의 야심은 쉽게 사그라지지 않았다. 연왕 자신이 가장 좋은 모델이었기 때문이다.

영락 이후, 왕들의 모반 사건은 끊이지 않았다. 인종이 보위에 오른 지 불과 1년 만에 세상을 떠났을 때, 선종은 아직 황태자로서 남경에 있는데 숙부인 한왕漢王(주고후朱高煦)이 모반을 일으켰다. 선덕 원년(1426), 선종은 대군을 이끌고 한왕을 사로잡아 난을 진정시켰다. 정덕 연간, 강서 영왕 신호와 영하 경양부 안화왕安化王(주치번朱寘鐇)이 난을 일으켰다. 난은 모두 평정되었지만 조정에 미친 충격은 적지 않았다.

태조가 정한 분봉제도는 커다란 문제가 있었다. 그는 재위 기간 『영감록永鑑錄』을 편찬해서 역대 종실들이 저지른 반역 사례들을 종류별로 기술하여 왕들에게 배포해서 교훈으로 삼도록 했다. 또 친히 『어제기비록御制紀非錄』을 써서 진秦·주周·담潭·노魯·정강왕靖江王 등 종번들의 죄를 기록함으로써 자손들에게 경각심을 갖도록 했다. 그러나 종실 친왕들은 지고무상한 황위의 유혹을 떨쳐버리지 못했다. 수 차례 모반이 일어나고 난이 평정되면 삭번이 실시되어 정치문제는 일단락을 맺게 되었지만, 중기 이후, 종실 식구가 급증하고 매년 이들에게 지급되는 봉록이 방대해지자 이제 경제 문제로 성격이 변해갔다.

태조는 열 명의 아들이 있었는데, 홍무 3년(1370), 장자 주표朱標를 황태자로 봉하고 다른 아들들은 친왕으로 봉했다.

둘째 상樉은 진왕秦王으로, 셋째 강棡은 진왕晉王으로, 넷째 체棣는 연왕燕王으로, 다섯째 숙橚은 주왕周王으로, 여섯째 정楨은 초왕楚王으로, 일곱째 부榑는 제왕齊王으로, 여덟째 재梓는 담왕潭王으로, 아홉째 기杞는 월왕越王으로, 열째 단檀은 노왕魯王으로 봉했고 조카 수겸守謙은 정강왕靖江王에 봉했다.[17](『황명조령皇明詔令』)

성조는 아들 고후高煦를 한왕, 고수高燧를 조왕에 봉하고 「복봉종실조復封宗室詔」에 따라 역시 분봉을 실시했다.

주왕周王은 하남을 다스렸고, 제왕齊王은 청주靑州를 다스렸다. 대왕代王과 민왕岷王도 봉작을 회복했다. 진왕秦王의 아들인 상주尙炳는 평왕平王, 상홍尙烘은 영수왕永壽王, 상개尙炌는 안정왕安定王이 됐다. 진왕晉王의 아들인 제황濟熿은 평양왕平陽王, 제고濟熇는 광창왕廣昌王이 됐다. 주왕周王의 아들인 유돈有燉은 세자, 유훈有燻은 여남왕汝南王, 유훤有烜은 순양왕順陽王, 유작有爝은 상부왕祥符王, 유희有熺는 신안왕新安王, 유광有炛은 영녕왕永寧王, 유선有煽은 여양왕汝陽王, 유광有爌은 진평왕鎭平王, 유불有佛은 선양왕宣陽王이 됐다. 제왕齊王의 아들인 현정賢烶은 낙안왕樂安王, 현릉賢烬은 장산왕長山王, 현호賢熩는 평원왕平原王이 됐다.(『황명조령皇明詔令』)

성조 이후 인종은 10명 아들 중 선종 외에 번을 세우고 나라를 취하게 한建藩就國 아들이 다섯이었다. 영종은 9명의 아들 중 헌종 외에 건번취국한 다섯 아들이 있었다. 헌종은 14명의 아들 중 효종 외

---

17 주원장은 형제가 많았는데 훗날 곽자흥의 봉기군에 가입했을 때 우연히 큰 형의 아들인 조카 정문을 만났다. 주원장은 정문을 각별하게 아꼈고 진우량 방어의 중책을 맡겼다. 주원장은 전쟁이 끝난 후 공에 따라 상을 주었는데, 정문에겐 아무것도 주지 않았다. 정문은 화가 나서 그 길로 장사성에게 갔고, 주원장은 친조카의 배신에 큰 상처를 받았다. 나중에 정문이 잡히자 주원장은 조카를 죽이려 했다가 마황후의 설득에 관직을 빼앗고 가두었는데 얼마 뒤 세상을 떠났고 그의 아들 철주鐵柱가 남았다. 주원장은 그에게 "아버지의 과오로 너를 벌하지 않겠다"며 수겸으로 개명시킨 뒤 정강왕으로 봉했다.

에 아홉 아들이 건번취국했다. 세종은 8명의 아들 중 목종 외에 경왕景王 재수載塒 하나만이 건번취국했다. 목종은 4명의 아들 중 신종 외에 건번취국한 아들은 노간왕潞簡王 익류翊鏐 하나였다. 신종은 8명의 아들 중 광종 외에 건번취국하게 한 아들은 복왕福王 상순常洵, 서왕瑞王 상호常浩, 혜왕惠王 상윤常潤, 계왕桂王 상영常瀛이 있었다.

명대는 황제의 장남이 태자가 되고, 차남은 친왕으로 봉하고 친왕의 세자가 세습했으며, 다른 아들들은 군왕郡王에 봉해졌다. 군왕 역시 장자가 세습하고 다른 아들들은 진국장군鎭國將軍에 봉했다. 진국장군의 아들은 보국輔國장군, 보국장군의 아들은 봉국奉國장군, 봉국장군의 아들은 진국중위鎭國中尉, 진국중위의 아들은 보국중위輔國中尉, 보국중위의 아들은 봉국중위奉國中尉에 봉해졌다. 황제의 딸은 공주公主, 친왕의 딸은 군주郡主, 군왕의 딸은 현주縣主에 봉해졌다. 군왕의 손녀는 군군郡君, 증손녀는 현군縣君, 현손녀는 향군鄕君에 봉해졌다.

친왕, 공주 이하는 모두 녹미祿米·녹맥綠麥·해염海鹽·자립籽粒(즉 지조地租)을 받았다. 『황명통기皇明通紀』에 따르면 매년 친왕은 녹미 1만 석, 군왕은 2000석, 진국장군 1000석, 보국장군 800석, 봉국장군 600석, 진국중위 400석, 보국중위 300석, 봉국 중위 200석을 받았다. 공주는 2000석, 군주는 800석, 현주는 600석, 군군은 400석, 현군은 300석, 향군은 200석을 받았다.

성화 연간 이후 도시에 사는 종실 인구가 날로 늘어나고, 세수는 부족하자 친왕 이하는 대부분 절반 정도의 녹미만을 지급 받았다. 친왕 역시 녹미가 갈수록 줄어들었다. 종실 성원이 무한대로 늘어나는 상황은 척원좌戚元佐의 기록이 말해준다. "개국 초기 친군왕, 장군 등은 모두 49명, 여자는 9명에 지나지 않았다. 영락 연간 친군왕, 장군 41명, 여자 28명 정도로 많지 않았다. 다만 이미 녹봉이 갈수록 늘어 전시대를 초월해서 전부 다 지급할 수 없었다. 지금 200여 년이 지난 뒤에 족보에 오른 종실 성원은 모두 4만5115명이고, 생존자는 2만8452명으로 개국 초기보다 1000여 배가 늘었다. 이들의 녹봉이 경사에 들어오는 세금보다 많아서 설사 세금을 모두 이들에게 지급한다 해도 녹봉의 절반밖에 되지 않는다."(진자룡陳子龍, 『명경세문편明經世文編』) 가정 초년 곽도霍韜는 "홍무 연간부터 지금까지 주왕부周王府 한곳에서만 지급되는 녹미가 수십 배 증가했는데 자손들은 갈수록 번성합니다"라는 상소를 올렸다.(낭영, 『칠수류고』「국가은미수國家銀米數」)

종실 인구가 번성하여 늘어난 녹미는 조정에 엄청난 부담이었다. 주왕부周王府를 예로 들면, 매년 5월 포정사布政司에서 발급하는 은이 10여 만 냥에 달했다.(『여몽록』「작질기爵秩紀」 4) 순치 2년(1645) 『등래순무진금잔본登萊巡撫陳錦殘本』에 따르면 숭정 연간 형왕부衡王府에만 은 2만6000여 냥을 제공했다고 했다.(『명청사료明淸史料』) 왕부王府 한 곳의 금액이 이럴진대 수십 개 왕부의 세록을 전부 합치면 조정의 세수로는 감당이 안 되었을 것이다. 가정 41년(1562), 어사 임윤林潤은 경사에 올라오는 세수와 왕부의 세록을 비교했다. "매년 경사 세수는 400만 석인데, 왕부 세록은 853만 석에 달했다. 산서는 남아 있는 곡식이 152만 석, 왕부 세록은 312만 석, 하남은 84만 석이 남아 있는데 지출은 192만 석에 달했다."(『명사』「식화지食貨志」6) 산서, 하남 두 성은 보관중인 양식을 전부 왕부에 지급해도 녹봉의 절반에 미치지 못했다. 경사에 들어오는 양식을 모두 합해도 종실 녹미의 반에도 미치지 못했으니, 종실 세록은 명대 중후기 국가 재정에 큰 부담이 되었다.

홍희 연간 이후, 번왕들이 황무지 등을 하사해달라고 청하는 주토奏討가 이어졌다. 이들은 백성이 세금을 면하기 위해 왕에게 명의를 옮기는 투헌投獻 등을 악용해 관민의 토지를 빼앗고 광대한 땅을 소유하며 장전莊田의 지주가 되었다. 이 땅에서 받은 지조地租로 극히 사치스러운 생활을 누렸다.

홍희 원년(1425) 7월, 조왕趙王 고수高燧가 하남 창덕彰德에 부府를 세우자 인종은 세록 외에 전원田園 80여 경頃을 하사하여 번왕에게 장전을 주는 선례를 남겼다. 선덕 4년(1429), 인종은 다섯째 아들 양왕襄王 첨선瞻墡이 장사부長沙府, 정통 원년(1436)과 정통 2년에 양왕부襄王府를 세우자 토지 100경을 하사했다. 또 "세금이 없는 토지" 396경을 하사했다. 경태 3년(1452), 대종은 다시 양왕에게 100경을 하사했다. 영종은 서자인 둘째 덕왕德王 견린見潾이 성화 3년(1467) 제남부를 열자 4100경, 성화 18년과 23년에도 1320경, 403경을 하사했다. 홍치 7년(1487), 헌종의 서자인 네 번째 아들 흥헌왕興獻王 우원祐杬이 호광 안륙주安陸州에 부를 열자, 효종은 영왕郢王과 양왕梁王의 향화지香火地 449경, 두 왕이 남긴 3839경 상당의 장원을 전부 주었다. 세종은 가정 40년(1561), 아들 경왕景王 재수載圳가 호광 덕안부를 열 때 장전 4만 경을 주었다. 신종은 만력 17년(1589), 목종의 아들 노간왕潞簡王 익류翊鏐가 하남 위휘부衛輝府를 열 때 경왕景王이 남긴 장전 4만 경을 전부 하사했다. 신종은 만력 42년(1614), 복왕福王 상순常洵이 하남에 부를 열 때, 장전 2만 경을 하사했다. 천계 7년(1627), 서왕瑞王, 혜왕惠王, 계왕桂王은 번부를 열 때 각자 3만 경을 하사받았다.

명대의 어떤 번왕도 백성의 토지를 침탈하지 않는 경우가 없었다. 대략 두 가지 방법이 있었다. 첫째는 민전을 '황무지荒地'나 홍수가 지나간 뒤 물이 빠진 '퇴탄지退灘地', 주인이 없는 '한지閑地'라고 우겨 황제의 허가를 거친 뒤 '합법적'으로 취득했다. 두 번째는 황제의 허가를 거치지도 않고 직접 백성을 압박하여 헌납을 받거나, 헐값에 사거나, 그냥 막무가내로 점유하는 방법이 있었다. 이렇게 왕들이 점거한 장전은 이미 50~60만 경에 달하여 명대 경지 총면적의 약 10퍼센트에 해당했다.

종실이 백성의 토지를 대량으로 점유하자 사대부들의 경계심을 반영한 기록도 갈수록 늘었다. 명 말기, 하남의 상황이 제일 심각했는데 개봉에만 종실 72가家가 있어 "중주의 절반이 번부"라는 말이 유행했다. 이반룡李攀龍은 시 「평량平涼」에서 "저 넓은 땅에 풀만 무성하고, 지난날 극악무도하던 왕손들은 보이지 않네"라고 읊었다.[18] 역사를 담은 시의 함축된 내용을 통해 종실이 백성의 토지를 침탈한 것이 이미 오래된 일임을 알 수 있다.

종실 성원들은 엄청난 장전을 점유하며, 지방에서 가장 큰 땅을 점유한 지주였을 뿐 아니라 시장의 상점과 광산도 손에 쥐고 조정으로 들어가야 할 세수의 상당부분을 중도에 차단하고 자신들이 차지했다. 이들은 시장에서 관청이 운영하는 관점官店과 소금 장사에도 간여했다. 관점은 관전官田과 같이 황제가 황실 종친들에게 하사하는 수단이 되었다. 왕들은 황제에게 관점을 달라고 요구하거나 한편으로 스스로 관점을 세우기도 했다. 『명사』「이동양전李東陽傳」에서는 왕들이 "중요 지역마다 크게 시장을 열고 상세를 독점했다"고 했는데 바로 이런 상황을 말하는 것이었다.

종실 출신의 첫 관료

명대 말기, 도시에 종실 성원이 늘고 세록은 줄어들자, 장군 이하, 학문에 소질이 있는 종실 자제들은 과거시험에 응시하기 시작했다. 다행히 합격하는 경우도 있었다. 사대부들은 "비단 모자紗帽를 유생 모자儒巾로 바꾸고 혁대도 몸에 맞게 맞추었다. 노야老爺(황족)가 상공相公(관리) 소리를 들으니 처녀들이 수재에게 다시 청혼을 한다"라

---

18 "태양이 지니 봄의 풍경이 적막하고 쓸쓸한데, 평량성 서북쪽 요원한 북방을 바라본다. 저 넓은 땅에 풀만 무성하고, 지난날 극악무도하던 왕손들은 보이지 않네. 평량부 목장에서 기르던 구름 같던 서북 말들은, 군사들과 오랑캐 땅으로 떠나 큰 공을 세웠지만 학문한다던 나는 부끄럽게도 귀밑머리만 희끗해졌다 春色蕭條白日斜, 平凉西北見天涯. 惟餘靑草王孫路, 不入朱門弟子家. 宛馬如雲開漢苑, 秦兵二月走胡沙. 欲投萬裏封侯筆, 愧我談經鬢有華."

대명제국의 도시생활

고 풍자했다. 한 왕자가 이를 듣고 "둘 다 같은 모자이고, 혁대는 풀
거나 줄여도 소리는 맑다. 처녀들은 노야인줄 알고 덤볐는데 다행히
천자의 후예가 상공(관리)이 되었네"라고 재치 있게 답해 웃음을 자
아냈다.

비록 유머러스한 내용이지만 분명한 사실은 명 말기에 이르러 종
실에 양극화 분화 현상이 발생했다는 점이다. 친왕·군왕은 광대한
토지를 소유하여 대단히 사치스런 생활을 영위할 수 있었지만 장군
이하 후손들은 녹미가 줄어들자 생활이 어려워져 과거시험을 통해
정치적으로 출로를 찾아 생활을 개선해보려는 시도가 있었다.

종실 성원들이 과거시험에 나가는 것은 노야를 버리고 상공이 되
고자 하는 것인데, 이런 현상을 이해하려면 먼저 명대의 종학宗學에
대한 이해가 필요하다. 종학은 종실 자제들이 좋은 교육을 받게 하
려는 목적으로 설립된 교육기관이었다.

『종번요례宗藩要例』에 따라 왕부에는 종학을 설립하도록 했다. 종
실 자제들은 열 살이 되면 교육을 받기 시작했다. 왕부의 교수, 기선
紀善(강의를 맡은 하급관리) 혹은 학행이 뛰어난 종실 사람이 종정宗正
이 되어 강의를 담당했다. 만력 4년(1576), 하남 순무 맹중孟重은 학
제學制·사직師職·교직敎職·교칙·종정·습의習醫·종실·자섬資贍·공역供
役·청칙請勅·공이公移 등의 내용이 포함된 종학에 관한 12가지 사항
을 상소로 올려 종학의 교육 내용에 대해 설명했다. 교육은 경서 외
에 『성리대전性理大全』『통감通鑑』『황명조훈皇明祖訓』『효순사실孝順事
實』 등이 있었고, 빈곤한 종실에게는 왕부에 있는 의사에게 『난경難

經』『소문素問』 등으로 의술을 배워 생계를 유지토록 했다.(『신종실록』)

종학에도 시험이 있었다. 제학관이『황명조훈』『효순사실』 등의 내용으로 시험을 치르게 하고 5년을 채우면 봉록을 주었다. 학업 성적이 좋지 못해도 다시 시험을 봐서 통과하면 명량名糧을 지급했다. 10년을 배우면 관대冠帶를 수여하고 명량이 없는 자에게는 의건衣巾을 주었다. 만약 학행이 우수하고 효자이면 순무·순안이 상소를 올려 원래 봉록을 받던 사람에게는 장려금을 주고 원래 명량을 받던 사람은 봉국중위奉國中尉의 직을 주도록 했다. 별다른 것이 없는 서자들은 순무, 순안이 결정하도록 했다.

만력 34년(1606), 조정은 종실 성원 중 장군·진국중위·보국중위 등이 지방 학교의 생원들과 같이 과거시험에 응시할 수 있도록 했다. 진사 합격자 중 2등二甲은 지주知州, 3등三甲은 지현知縣에 임명했다. 향시를 통과해서 거인이 되어도 역시 관직을 수여했다. 다만 진사, 거인 모두 경사가 아닌 지방관만 가능했다. 이전에는 봉국중위 이하의 종실 성원들이 과거시험에 참가할 수 있었고 보국중위 이상 종실은 존귀한 출신이라 적합한 관직이 없으니 과거시험에도 참가할 수 없었다. 이해 이정기李廷機가 상소를 올려 보국중위 이상의 종실도 역시 과거시험에 참가할 수 있도록 했다.(『신종실록』)

과거시험 외에 종학에서도 세공歲貢·과공科貢·은공생恩貢生으로 선발되는 길을 열어 역시 출사의 기회를 주었다. 천계 원년(1621), 조정은 종학의 늠생도 부주현학과 같이 40명 중에서 세공 1인, 종학이 없는 왕부에서는 달리 설치할 필요 없이 부근의 학교에서 같이 선발하도록 했다.

관에서 양식을 지급하는 식름과공食廩科貢을 뽑았고, 천계 원년에
는 은공도 뽑았다.(『희종실록』)

종실 성원이 과거시험에 참가하자, 처음에는 특별대우를 받았다.
종학에서 20명이 응시하면 반드시 1명을 뽑도록 하고 이를 위해 합
격자 수를 늘리기도 했다. 천계 연간부터는 종실 출신도 다른 학생
들과 같이 이름을 가리고 답안지를 써서 신분을 알 수 없도록 했고
숫자 제한도 없앴다. 1622년, 주신윤朱愼鋆이 급제함으로써 황실 후
예의 영예를 빛내자 희종은 경사 관리로 임명하도록 특별히 명을 내
려 중서사인을 제수받도록 했다.(『희종실록』) 이로써 종실은 경사 관
리로 임명되지 않는다는 규칙도 사라졌다.

종실 성원 중 문학에 능한 자도 많았는데 강서, 호북, 사천에 특히
많았다. 거인 주유찬朱由爨은 익왕부益王府의 종실로 회시에서 부방副
榜(정식으로 합격한 정방正榜 외에 약간 명을 따로 선발)으로 선발되어 전
시에 참여했다. 주통포朱統鉔는 영왕부寧王府 종실로 진사에 합격하여
서길사庶吉士로 선발되었으나 종실이 한림원에 들어가는 것이 적절
하지 않다는 지적에 중서사인으로 바뀌자 자리를 박차고 떠나버렸
다.(양사총楊士聰, 『옥당회기玉堂薈記』)

과거시험 외에도 종실 성원이 '환수換授'라는 길을 통해 관직에 나
가기도 했다. 환수는 보거법保擧法의 다른 이름으로 친왕, 군왕이 추
천하는 것이었다. 그러나 이를 이용하여 뇌물로 은 50냥이면 추천을
받아 우수한 자는 중서사인, 아니면 주현관州縣官을 받을 수 있었다.

당시 지현으로 있던 주노朱露라는 종실이 황제에게 아첨하는 상소를 올리자 황제가 접견하고 급사중에 명한 뒤, 주통택朱統澤이라는 이름을 내려주기도 했다.(손승택孫承澤, 『사릉전례기思陵典禮記』)

풍류와 문장을 즐기다

정치적으로 출로가 막혀도, 종실 성원들은 왕부 정원에서 춤과 음악을 즐기고 개와 말을 키우며 문장 짓고 도박, 공놀이 등으로 살아가는 데 부족함이 없었다. 문인·도박꾼·술꾼·도사들·부잣집 자제 등이 소문을 듣고 찾아와 왕부의 손님이 되었다.

종실 성원들은 여러 방면에 흥미를 보였다. 사대부들과 교류하면서 사대부들의 결사 모임을 모방해서 종실 자제들끼리 문학 동호회 격인 문사文社를 만들어 풍류를 추구하기도 했다.

주헌왕周憲王 주유돈朱有燉은 주정왕周定王의 장자로 "훌륭한 문장을 수집하여" 『성재록악부전기誠齋錄樂府傳奇』를 집필했다. 개봉 사람들이 이 악부樂府를 특히 좋아해서 노래와 춤이 끊이지 않았다. 대왕부代王府의 단의왕端懿王 주총격朱聰淴은 영민하고 학문을 좋아했다. 익장왕益莊王 주후엽朱厚燁도 시문을 많이 지었다. 그는 장시철張時徹 등 많은 유생을 모아서 『황명문원皇明文范』을 편찬하는 등 문학 사업도 했다. 부순왕富順王 주후혼朱厚焜 역시 시가詩歌를 매우 좋아했다. 당왕부唐王府 소의왕昭毅王 주미신朱彌鍈은 민첩하고 유사의 풍모를 지녀『존고存稿』『악부樂府』『복재록復齋錄』 등을 지었다. 봉국장군 주다정朱多炡도 영특하고 시가에 능해 척독소찰尺牘小札 등을 지었다.(장훤, 『서원문견록』) 진왕부秦王府 간왕簡王 주성영朱誠泳도 고상한 풍모로 유명했는데『빈죽소명집賓竹小鳴集』을 지어서 명성을 떨쳤다. 진왕부에는 '청양자靑陽子'라는 인물이 석본石本『청한구구도淸寒九九圖』를 구해 그림마다 시 한 수씩을 지어 기운을 북돋우기도 했다.(전조망全祖望, 『길기정집鮚埼亭集』)

종실 성원들이 문사를 결성한 사례는 사료에도 많이 나와 있다. 공유왕恭裕王의 자손 주익삭朱翊鑠 형제 3인은 문학 이야기를 즐긴 나머지 아예 '화악사花萼社'를 결성했다. 봉국장군 주다정朱多炡도 종인들과 문학 결사를 결성했다. 하동부 장군 주신증朱新增도 왕포학王浦鶴, 전허주錢虛舟, 양정일楊定一, 이이인李以仁 등 사대부들과 교류하면서 "모임을 결성하고 고심하며 시나 노래를 지었다."(부산傅山, 『상홍감집霜紅龕集』)

종실 성원들은 서화에도 흥미를 보였고 일부는 전문가 수준에 달하여 상당한 성과를 남기기도 했다. 주헌왕周憲王 주유돈朱有燉은『고명적古名迹』10권을 모아 돌 위에 모사하고 '동서당東書堂'이라 이름 지었다. 또 선인들의 서예 책을 모으기도 했다. 진장왕晉莊王 주종현朱鐘鉉도 유명한 선인들의 글씨를 좋아해서 오래된 책을 구해 다시 출간했다. 대왕부代王府의 단의왕端懿王 주총격朱聰沷의 아들 준격俊格 역시 선인들의 글씨를 좋아해 60여 종을 뽑아 돌 위에 묘사해서『숭리첩崇理帖』이라 명명했다. 부순왕富順王 주후혼朱厚焜은 그림에 능해 상당한 성취를 이루었고, 익장왕益莊王 주후엽朱厚燁은 소전小篆으로 나름 일가를 이루었다. 당왕부唐王府 소의왕昭毅王 주미신朱彌鈠은 선인들의 글씨 서적을 모아 『복재집고법첩復齋集古法帖』이라 이름 지었다. 봉국장군 주다정은 회화에 정통해서 옛날 명인들의 묵적을 보면 마치 그들이 그린 것처럼 모사를 해내곤 했다.

이몽양은 「변중원석汴中元夕」에서 "중산中山에서 온 배우 복장이 화려하고 정연鄭燕에서 온 여자는 어려운 기예를 보이네. 이들이 하는 것은 주헌왕 주유돈의 잡극인데, 금량교 바깥의 밝은 달이 서리처럼 하얗네"라고 하여 개봉 주왕부에서 희곡이 성행했음을 묘사했다.[19] 주유돈은 동경東京(개봉)에서 악부樂府를 잘 만들기로 유명해서 잡극雜劇 30여 종, 잡희雜戲 100여 종을 만들었고 중원에서도 활발하게 연출되었다. 명대 초기, 태조는 주숙朱橚이 개봉에 부를 열 때 "악호樂戶 27호를 보내 주악奏樂을 돕도록" 했다. 그 아들 주유돈은 '가무 등 기예聲伎'를 좋아하여 많은 잡극을 만들었고 왕부에서 단원들을 양성해 개봉의 명품으로 성장시켰다. 모기령의 『서하사화西河詞話』에는 "풍시가馮時可가 주왕부에 제금提琴(현악기)을 주었는데 당시는 무엇에 쓰는 것인지 몰랐다. (…) 태창 악사 양중수楊仲修가 고악기를 알아보고 제금이라 말해주었다"라고 했으니, 당시 주왕부에는 잡극, 춤뿐만 아니라 북곡北曲[20]을 연주하는 악기도 보존되어 있었음을 알

---

19 "中山孺子倚新妝, 鄭女燕姬獨擅場. 齊唱憲王春樂府, 金梁橋外月如霜."

수 있다.

주유돈은 가무 등 기예 외에 '경구노주京口老酒'를 좋아했다. 주양공周亮工의 『서영書影』에는 "경구京口에서는 매년 수 만 독의 술을 빚어, 황류를 거슬러 개봉에 보냈는데 '변량주汴梁酒'라 했다."『여몽록如夢錄』에는 당시 개봉성 안에 "술집이 가득했다"고 했다. 진강주鎭江酒는 청나라 초기까지 개봉에서 상당히 유명했으며 장편소설『기로등岐路燈』에서 "진강 삼백이면 얼굴 빛이 좋아진다鎭江三白顏色俊"라고 했다.

청나라 사람 요지원饒智元은 「요번궁사遼藩宮詞」에서 "죽궁竹宮 가을 밤이 처량하다. 은은한 난소鸞簫 소리가 동방에서 흘러나온다. 누구도 슬픈 노래를 부르지 않고 낙화유수는 남당南唐으로 보냈다"라고 읊었는데 요왕부 내의 궁실과 그곳에서 흘러나오는 염곡艷曲을 묘사한 것이다. 『요저기문遼邸紀聞』에는 요왕이 "많은 건물을 세워 정원 20여 곳에 미인들과 악기를 배치하고 서루서궁西樓西宮 · 곡밀화방曲密華方 · 태을죽궁太乙竹宮 · 월사홍방月榭紅房 · 화요약포花坳藥圃 · 설계빙실雪溪氷室 · 앵오호권鶯塢虎圈 · 서주초호西疇草湖 · 예주동蕊珠洞 · 궁인사宮人斜 등의 이름을 붙이니 극히 사치스러웠다. 원림에서는 요왕이 매일 명사들과 시문을 주고받으며 술잔을 기울였다. 요왕은 시나 소사·염곡小詞艷曲을 잘 만들었는데 「춘풍십조春風十調」「타창융唾窓絨」「오귀기誤

---

20 원대의 희곡으로 금나라의 양식이 발전한 것이다. 명대에 남곡이 발전하자 쇠퇴했다.

歸期」「옥란간玉闌干」「금아농환기金兒弄丸記」등 모두 구성지고 아름다웠다"고 기록했다.

천순 연간 이래, 종실 성원들이 불교, 도교에 심취하면서 불로장생을 추구하여 승려, 방사, 단객丹客(도사)들의 왕부 출입이 잦았다. 물론 모두 금전적 목적이 있을 뿐이었다. 명나라 초, 친왕들은 승려·방사들과 깊은 관계를 유지했다. 제왕齊王은 절을 짓는다고 백성을 괴롭혔고 이와 연루되어 "많은 관리가 죽었다." 정강왕靖江王도 원통사圓通寺를 짓고 승려들을 모아 운남도사雲南都司 후당後堂에서 3일을 재계한 뒤 쌀 53석石을 기부했다. 진왕秦王은 점을 치는 배裵씨를 불러 미래를 예측해보기도 했다.(주원장, 『어제기비록御制紀非錄』)

가정 연간, 세종이 도교에 심취하자 종실 성원들도 빠져들었다. 요왕이 감언이설로 세종 비위를 맞추자 세종은 요왕을 '진인眞人'에 봉하고 하사품이 끊이지 않았다.(전희언錢希言, 『요저기문遼邸紀聞』) 공왕恭王 주후작朱厚爝은 성정이 폭악무도했는데 그 역시 황제에게 도교를 팔아 아첨하기를 일삼았고 세종은 그를 '태청보현선화충도진인太淸輔玄宣化忠道眞人'에 봉했다. 주후작의 아들 재륜載掄은 왕위를 계승한 후 꿈속에서 동안에 긴 손톱을 가진 노인을 만났는데 "나는 조정에 나가 왕을 도울 것이다"라고 했다. 얼마 뒤, 꿈속 노인처럼 생긴 도사 양갑梁甲을 알게 되었는데 나이가 팔순에 이르렀고 도인술導引術에 능했다. 주후작은 양갑을 세종에게 추천했고 양갑은 즉시 황제의 총애를 얻었는데 그 권세가 도사 도중문陶仲文에 뒤지지 않았다.(『죄유록』「열전列傳」) 사실, 공왕恭王이 말한 꿈 운운은 그저 양갑이 신비감

을 더하기 위해 꾸며낸 허튼소리로 세종의 환심을 사기 위한 것뿐이
었다.

정덕 연간 이후, 사대부들은 도시에 서원을 세우고 강학을 시작했
다. 종실에서도 서원을 세우는 유행이 일어 황제나 유명 문인에게 편
액을 부탁하기도 했다.

홍치, 정덕, 가정, 만력조의 『실록』에 따르면 종실들이 세운 서원이
적지 않았다. 홍치 17년(1504) 8월, 진왕부晉王府 경성왕慶成王 주기정
朱奇湞은 서원에 '상현尙賢' 편액을 내렸고 『오경대전五經大全』 등의 책
을 하사했다. 정덕 원년(1506) 5월 습천왕隰川王 주총한朱聰漢은 '숭례
崇禮'를 내렸고, 정덕 3년(1508) 8월 초왕楚王은 '정심正心'을, 정덕 8년
(1513) 영왕寧王 주신호朱宸濠는 양춘서원에 이몽양이 쓴 '몽양여지夢
陽與之' 글을 내렸다. 만력 12년(1584) 9월 건덕왕建德王 주익횡朱翊鈜은
서원에 '수문守文'이란 글씨와 『사서집주四書集注』『오경집주五經集注』
등 책을 내렸다.

종실 성원들이 서원을 지은 것은 당시 유행과 궤를 같이 하여 유
가를 숭상하는 모습을 보이기 위한 것으로 역시 왕손들의 풍아한
측면을 반영하는 것이었다.

무뢰배의 행동

친왕, 군왕, 장군들은 명실상부한 지방의 호족들이고 품성도 좋지

못했다. 왕부와 장군부는 점차 도시 깡패들의 피난처가 되어갔다.

이왕伊王 주이朱橚는 유맹 기질이 농후하여 "삭발하고 다녔으며 나체로 남녀가 뒤엉켜 노는 등" 생활이 황음무도해서 죽은 뒤 '여厲'라는 모욕적인 시호를 얻었다.[21] (담천談遷, 『국각國榷』)

형헌왕荊憲王 주첨강朱瞻堈은 나쁜 무리와 어울려 사냥을 즐기고, 민간의 부녀자들을 납치했다.(『죄유록』, 「열전」) 어떤 왕부에서는 낙원樂院을 만들어 기생들과 함께 온갖 음란한 짓을 마다하지 않았다. 노왕魯王 주관정朱觀㶇은 외설적인 연극을 즐겼다. 노왕부魯王府는 옛날의 태자가 거주하던 동원東園의 이궁離宮이었는데 이를 이층집에 언덕과 연못을 갖춘 화려한 공간으로 개축했다. 무뢰배들과 기생을 끼고 이궁 안에서 나체로 밤새 술을 마시며 사람들 눈을 전혀 두려워하지 않았으며 "무리를 지어 목욕하는 등 예절이라곤 찾아볼 수 없었다."(『세종실록』) 이런 친왕들은 생산적인 일은 전혀 하지 않고 하루 종일 빈둥빈둥 놀면서 엄청난 사회 재부를 자신의 황음무도한 생활에 낭비하고 있었다. 화려한 왕부를 짓고 용과 봉황이 새겨진 그릇에 산해진미를 먹으며 기생들과 노는 것도 싫증나면 민간의 처녀들을 강제로 납치해서 상상도 할 수 없는 짓거리로 쾌락을 추구하니 옷을 입은 짐승과 전혀 다름이 없었다.

---

21 주나라 여왕厲王은 포악하고 사치스러웠으며 오만했다. 그가 불만을 가진 자를 함부로 죽이자 백성은 그저 눈길로만 불만을 이야기했다. 훗날 민란이 일어나자 여왕은 체彘 땅으로 도망쳤고 그곳에서 죽었다.(『사기史記』, 「주본기周本紀」)

친왕들은 많은 토지를 침탈한 뒤에 대부분 왕장王莊을 설치했다. 왕장 관리는 무뢰배들로 충당했다. 이들은 마음대로 재물을 착취하고 부녀자들을 능멸하며 감옥을 만들어 태형을 가해 무고한 소작인들이 억울하게 죽기도 했다.

정덕 연간, 도시의 무뢰배들, 즉 호적도 없고 무위도식하며 일부는 임의로 거세한 남자들이 왕부에서 책사라며 "백성을 해칠 뿐만 아니라 종실에도 누를 끼쳤다."(『황명조령』) 성화 연간, 산동 연주부兗州府에서 군왕, 장군이 타지의 젊은이들을 사사롭게 매매했고 도망병이나 죄수·깡패들을 휘하로 거두어들였다. 이들은 대부분 호적이 없는 무뢰배였다.(대금戴金, 『황명조법사류찬皇明條法事類纂』) 이들은 왕부에 몸을 기탁한 뒤 하인·요리사·가축 담당 등 허드렛일을 하며 기회만을 노렸다. 허장성세는 물론 영지令旨를 조작하여 사채를 받아내거나 물건을 강매하고 지방관들을 협박해서 백성을 괴롭히고 심지어 도적떼와 결탁하여 강도·살인 등 못하는 일이 없었다.

더 심한 경우에는 사람을 임의로 왕부로 끌고 와서 고문하고 도적으로 활동했다고 강제로 자백을 받아낸 뒤, 금품을 갈취하고 살인하기도 했다. 진상이 밝혀져도 왕부에 숨으면 지방관들은 어찌할 방법이 없었다.

태감의 일상

태감은 거세를 한 뒤 황궁에서 심부름을 하는, 즉 황제의 '집안 노예家奴'를 말한다. 그러다가 황제의 총애를 받아 권력을 잡으면 권세를 휘두르며 사람들 앞에서 위풍을 드러냈다. 북경은 태감들이 가장 많은 도시로 황궁 내에서 황제와 황제 가족의 시중을 들었다. 다만 수시로 궁 바깥으로 나와 궁에서 필요한 생활 물품을 구매하기 때문에 시정市井과 일정한 관계를 맺고 있었다. 만력 중기 이후, 태감들이 광산세를 걷기 위해 여러 도시에 나갔는데, 이로 인해 도시 질서는 크게 무너졌다. 태감은 명나라 도시에서 매우 특수한 계층이었다.

태감의 여인, 백낭자

중국에서는 "몸은 부모에게서 받은 것이니 절대 훼손해서는 안 된다"와 "세 가지 불효 중에서 후손을 남기지 않는 불효가 제일 크다"라는 오래된 전통이 있었다. 따라서 어떤 이유에서든지 거세하고 태감이 되었다는 것은 일반인으로서는 상상할 수도 없고 매우 수치스러운 일이었다. 그런데도 왜 많은 사람이 태감이 되려 했는가? 두 가지 경우가 가장 많았다. 첫째는 북경 부근에 살면서 형편이 어려운 가정 중 성질이 못됐거나 게으르거나 망상에 젖은 이들이 그 후보군이었다. 이들은 남의 논밭에 소작을 부쳐 먹지도 못하니 종일 빈둥거리며 못된 일만 궁리했다. 이들은 태감이 시정에서 위세를 부리는 것을 보고 무척 부러워하며 태감이 되고자 스스로 거세한 후 기회를 잡아 궁에 들어가는 경우가 종종 있었다. 이들은 특정 태감에게 잘 보이거나 줄을 잘 서서 소소한 일을 거들다가 태감이 되었다. 두 번째는 북경을 둘러싸고 있는 산동·산서·섬서 등의 백성이 요역을 피하고 일확천금을 꾀하기 위해 아들 중 하나를 거세시켜 궁에 보내는 경우가 있었다.

이 거세된 남자들이 궁에 들어와 황제의 총애를 받으면서 권력을 잡아 위세를 떨치기 시작했다. 그렇지만 그들은 여전히 자신의 육체에 대해 커다란 수치심을 가졌다. 정통 연간, 태감 우경于經이 권세를 잡자 고향의 부친이 찾아왔다. 우경은 막으로 두 사람 사이를 가린 채 아버지를 접견했다. 그러다가 마구 때리며 "당신이라면 거세의 고

통을 참을 수 있겠는가"라고 다그치다가 얼마 후 막을 치우고 얼굴을 맞대자 껴안고 통곡했다.(『국각國權』) 태감은 비록 거세된 남자지만 일반인과 같은 생활을 동경하고 추구했다. 결혼해서 아이를 낳을수는 없지만 여자를 들이고 돈으로 자식을 구하는 일이 비일비재했다. 태감이 데리고 사는 여자를 '채호菜戶'라 했으며, 자식을 둘 경우 '명하名下'라고 불렀다. 물론 직접 낳은 자식이 아니라 궁에 막 들어온 어린 환관을 자식처럼 여겨 돌봤다는 의미다.

태감이 아내를 얻는 것은 명대 이전에도 선례가 있었다. 당대唐代 태감 고역사高力士는 여현오呂玄晤의 딸 국주國姝와 결혼했고, 태감 이보국李輔國은 황제의 소개로 원탁元擢의 딸과 결혼했다. 송대, 태감 양사성梁師成의 아내가 죽자 일부 대신이 제전祭奠에 가서 곡을 하기도 했다는 기록도 있었다. 원나라 때의 조백안불화趙伯顔不花(조바얀부카)는 원래 환관이 아니었고 결혼해서 아내가 있었는데 나이 서른이 넘어 순제順帝의 명으로 거세해서 환관이 되었다. 그는 궁에 들어온 이후에도 아내와 같이 살았다. 명 선덕 연간, 선종은 태감 진무陳蕪에게 두 명의 여인을 하사했고 왕근王瑾으로 개명도 시켰다. 천순 초년, 영종도 태감 오성吳誠에게 아내를 하사했다.

태감은 거세를 했는데 여자가 무슨 소용이 있느냐고 생각할 수 있다. 어떤 태감은 비록 거세되었지만 남성성은 여전하여 여자가 있어야만 밤에 편안히 잘 수 있었다. 태감 후옥侯玉은 인물이 좋아서 처첩이 많았다. 그중 백수白秀라는 절세미인은 후옥과 가깝게 지내다가 총애를 받았는데, 그녀는 나중에 태감의 성생활이 소문대로 황음무도했다고 주변에 토로하기도 했다. 태감은 여인과 관계를 맺을 때 "소리를 지를 정도로 여인의 몸을 할퀴기 일쑤였으며 온몸이 땀에 흠뻑 젖을 정도로 열중한 다음에야 흥을 멈추었다. 여인은 하룻밤만 보내면 며칠을 앓아누워버리기 때문에, 설사 욕정이 일어도 후련하게 해결할 수 있는 대상이 없었다"는 일화도 기록되어 있다.(『유청일찰』)

어떤 태감은 '양도陽道'를 회복하기 위해 무뢰배들의 망언에 속아 사람을 해치기도 했다. 위천작魏天爵·임종문林宗文 두 악당은 태감 고채高寀에게 잘 보이기 위해 "어린 아이들의 뇌수를 약으로 만들어 먹으면 양기를 회복해서 여자와 관계를 맺을 수 있다"는 황당무계한 이야기를 늘어놓았다. 고채高寀가 이를 믿고 어린 아이들의 뇌수를 구한다는 은밀한 소문을 내자, 일부 불한당이 아이들에게 약을 먹이고 머리를 쳐서 뇌수를 가져다주고 돈을 받았다. 고채는 또 어린 여자들을 사서 "서로 놀게 하고 방술을 시험했다"고도 했다.(장섭張燮, 『동서양고東西洋考』) 그는 세금을 걷는 세서稅署에 노래와 춤을 추는 예쁜 아이들 수십 명을 두고 황음무도한 일을 자행하기도 했다. 고채가 이런 행각을 벌일 수 있었던 건 그가 지방에 파견된 세감稅監이었기 때문이다. 세감이란 기축통화였던 은銀의 부족을 해결하기 위해 만력제가 각 지역에 파견하여 은 광산 채굴 등의 업무를 감독하게 한 환관을 말했다. 고채는 황제를 배후에 두고 있었기에, 복주福州에 화려한 누각을 세우거나 수탈하는 등 복건성에서 온갖 횡포를 부렸다.

청대 학자 모기령毛奇齡은 『서하시화西河詩話』에서 명대 제도를 다루면서 태감과 궁녀가 눈이 맞아 음란한 짓을 벌이다 발각되면 '음실淫失'로 다스렸다고 했다.[22] 그리고 태감이 채호와 관계를 맺는 것을 '대식對食'이라고 불렀다. 환관은 처자가 없고 궁녀는 남편이 없어 궁궐에서의 외로움을 달래기 위해 임시 짝을 이루는 관계를 말한다. 글자 그대로 마주하고 음식을 먹는 관계라는 뜻이다. 한나라 때 처음 나타났으며, 함께 잠자리에 든다는 의미는 아니다. 수나라와 당나라의 '궁사宮詞'에는 궁인들이 음식을 칭찬하는 것을 탓하지 말라는 말이 있다. 이는 이 무렵 궁중에도 대식對食 현상이 있었음을 대략적으로 반영하고 있다. 명대에 이르러 환관과 궁녀가 서로를 위무하여 대식을 맺는 상황이 상당히 보편화되었고, 심지어 궁녀가 입궁한 지 오래되어 대식을 하지 않으면 동료들로부터 '쓰레기棄物'라고 놀림을 받기도 했다.

이런 일반적인 상황을 넘어서서 태감이 강제로 취한 궁녀를 '백낭자白浪子'라고 불렀다. 숭정 연간, 흥룡궁興龍宮에서 일하던 궁녀가 도교를 배우러 상을궁象乙宮에 기거하고 있었다. 그녀는 중원절에 대고현전大高玄殿을 지나다가 늙은 태감과 마주쳤는데, 태감이 젊은 여인의 미색을 보고 한쪽으로 데리고 와 유혹하다가 급기야 강제로 간음하는 바람에 소송을 당하게 되었다. 이 사건 이후 궁에서는 "용궁

---

22 '음실淫失'이 처음 등장하는 문헌은 『국어國語』「주어周語 하」 편이다. "昔共工棄此道也, 虞於湛樂, 淫失其身, 欲壅防百川, 墮高堙庳, 以害天下."

에서 채소菜蔬만 먹으면 되는데 학까지 먹으려 드는구나. 굴에서 연단을 먹더니 백낭자를 덮치려 하네"라며 태감들이 채호를 얻기 위해 강제적인 수단도 마다하지 않는 풍토를 개탄했다.

태감이 설사 '채호'가 생겨도 자식을 낳을 수는 없다. 그래서 고위환관은 수하의 어린 환관들을 자식처럼 챙겼다. 매번 조정에서 환관을 뽑을 때, 거세된 남자가 황궁에 들어가는 것을 '진황성進皇城'이라 하고 궁내의 다리를 건너는 것을 '황은교皇恩橋'라 했는데 이제부터 "황제의 은혜를 입는다"는 의미였다. 그러나 실제로는 '은혜를 잊는다'는 '망은교忘恩橋'라고 더 자주 불렀다. 환관이 되려는 자들은 대부분 빈한한 집 자제들로 거세를 해서 황성에 들어가면 부귀를 누릴수 있지만, 정작 그들은 자신을 이렇게 불구로 만든 부모에 대한 분노가 가득했다. 따라서 이 다리를 건너면서 낳아준 부모에 대한 은혜를 잊는다는 의미였다. 황궁에 들어오면 내부 각 부처의 나이 든태감들이 용모를 살펴본 뒤 필요한 인력을 뽑아갔는데 이를 '납명하拉名下'라 했다. 명하는 마치 아들과 같다는 의미였다. 따라서 경력이오랜 태감들이 권세를 누리면 그 명하 역시 힘을 쓸 수 있었다.

품위에 사로잡히다

동로고광생東魯古狂生이 쓴 소설 『취성석醉醒石』에는 태감이 부채를사는 상황이 서술되어 있다. 태감의 심미적 취향을 살펴볼 수 있는 일화다. 태감 몇 사람이 시장에 갔다가, 한 사람이 예원림倪元林의 그림에 초서가 쓰인 부채를 들더니 "그림도 별 것이 없고 글씨는 부적 같아 한 글자도 모르겠네"라며 내려놓았다. 다른 부채는 미전米顚의 산수화에 뒷면은 종요체鍾繇體²³였다. 그 태감은 "이게 뭐람. 글씨도 힘이 없고…… 아니야, 아니야." 그러다가 정자가 있는 산수가 그려져 있고 뒷면에는 강입강姜立綱²⁴ 글씨가 있는 부채를 들고는 옆에 있는 태감에게 "좋잖아. 글씨도 네모반듯하고!"라고 했다. 또 오색 도금 금화조金花鳥에 뒷면에 송대 글씨로 「추흥秋興」²⁵을 쓴 부채를 들고 뒷면을 보더니 "해서로 단정하게 쓰니 얼마나 좋은가"라고 했다. 태감은 문인들의 그림이나 글씨보다는 그저 색이 화려하고 네모반듯한 글씨를 좋아했으니 취향은 상당히 수준이 떨어지고 심미안 또한 단순했다는 것을 알 수 있다.

태감들은 대부분 빈곤한 집안 출신들이지만 교육을 받고 거세한 뒤에 입궁한 경우도 있었다. 영락 말년, "성적이 좋지 못한 학관 중 거세시켜 여관들을 교육시킬 사람"을 뽑았는데 당시 10여 명이 입궁하여 교관이 되었다. 왕진王振도 그중 한 사람으로 나중에 사례태

---

23 종요鍾繇(151~230)는 삼국시대 위魏나라의 대신이자 서예가로 한 시대를 풍미했다.
24 명대 서예가. 글씨에 능하여 일곱 살 때 한림수재로 뽑혔으며 천순 연간 (1457~1464) 중서사인中書舍人의 관직을 맡았다. 이후 태상사경太常寺卿에 이르렀다. 해서에 특히 뛰어났다.
25 두보의 시로 쓸쓸한 가을 정취와 전쟁이 끊이지 않은 세태를 연결시킨 칠언 율시다.

감 자리에까지 올랐다.[26](『계암노인만필』) 이들은 생원, 공감貢監[27] 혹
은 거인 출신도 있어서 학문적 기초가 상당했다. 설사 원래 글자를
모르던 자들도 입궁해서 환관이 된 후에는 내서당에서 교육을 받
아 조금이나마 '문아文雅'한 분위기를 익히게 되었다. 시대적으로 태
감도 점차 문화생활을 누려 시를 읊고 글씨를 쓰며, 골동품을 수집
하고 도교, 불교에 심취하게 되었다. 스스로 '깨끗한 사람'이라는 의
미의 '연인涓人'이라 칭하며 고문이나 서예에 상당한 조예를 보인 태
감도 있었다. 주이준朱彝尊의 『정지거시화靜志居詩話』에는 융경 연간
입궁해서 태자를 보필한 태감 장유張維가 동궁에서 태자와 함께 공
부를 했는데 부賦와 시詩에 능해 신종에게 '수재'라는 칭찬을 들었다
고 했다. 그가 궁에 대나무를 심었는데 신종이 '창설蒼雪'이라고 칭
찬하자 자신의 시집에 이 이름을 붙였다. 유약우劉若愚는 『작중지酌中
志』에서 태감 정지혜鄭之惠가 경사經史에 능해 팔고문과 고문을 잘 썼
다고 했다. 천계 5년(1625), 그는 궁중전적宮中典籍을 거쳐 감관監官으
로 승진했다. 숭정 원년(1628) 겨울, 숭정제는 직접 그의 실력을 시험
하기 위해 "사군능치기신事君能致其身"이라는 팔고문 제목을 주자 정

---

26 사례감司禮監은 명 조정에서 태감과 궁 안의 일을 관리하던 '십이감十二監'중
    하나로 홍무 17년에 설치되었다. 중기 이후 황제가 정무를 돌보지 않아 사례
    감에서 주비硃批를 대신하며 정치, 경제, 군사, 사법에 엄청나게 나쁜 영향을
    미쳤다.
27 명대 국자감의 감생 중 하나로 거감擧監·공감貢監·음감陰鑑이 있다. 거감은
    과거에 급제한 거인擧人이며, 공감은 지방학교의 생원 중에서 뽑았다. 음감은
    고관과 외척의 자제 중에서 들어온 자들이다.

태감은 바로 붓을 들어 답변을 해서 황제의 칭찬을 받았다. 『갑신조
사소기甲申朝事小紀』에는 태감 고시명高時明이 서예에 능해 벽과서擘窠
書(인장이나 전각 등에 쓰는 서체)를 잘 썼다고 했다. 숭정 원년, 황제는
궁 안에 있는 편액을 전부 고시명이 쓴 것으로 바꾸었다.

태감의 정신세계는 상당부분 사대부들의 영향을 받았다. 사대부
들이 골동품을 감상하고 소장하는 것이 유행하자 태감도 예외가 아
니었다. 남경 수비태감 전능錢能·왕사王賜 모두 골동품을 좋아해서
많은 작품을 소장하고 있었다. 5일마다 만나서 서화를 걸어놓고 감
상회를 열었다. 서로 감상과 평을 하는 것이 한 차례 순서를 돌면 다
시 처음부터 시작했다. 이들이 소장한 서화는 대부분 진품이고 기
품奇品이었다. "왕우군王右軍[28]의 친필, 왕유王維의 설경[29], 한황韓滉의
부채, 혜숭惠崇의 투우鬪牛, 한간韓幹의 말, 황전黃筌의 취금醉錦, 소리
小李·대리大李[30]의 금벽金碧[31] 산수화, 동원董源[32]·범관范寬[33]·거연巨然[34]

---

28 진晉대의 명필 왕희지王羲之의 다른 이름. 우군장군을 지낸 데서 유래했다.
29 당대 화가로 동기창에 의해 남종화의 시조로 일컬어졌다. 설경을 그린 것으
    로는 「강산설제도江山雪霽圖」가 전한다.
30 당대 이사훈李師訓은 산수화가로 유명했는데 그 아들인 이소도昭道도 산수
    를 잘 그렸다. 당시 사람들이 아버지를 대리大李, 아들을 소리小李라 불렀다.
31 이금泥金, 석청石靑, 석록石綠 세 가지 안료를 주색으로 하는 산수화를 '금벽
    산수'라고 한다. 청록산수보다 금빛이 강하다.
32 오대와 송대 초에 활동한 화가. 인물, 용수龍水, 화우畵牛, 호랑이 등을 잘 그
    렸다.
33 북송 초기의 산수화가. 관찰에 힘써 자연의 진경을 묘사해 일가를 이루었다.
    웅장한 암산을 화면에 크게 솟아오르게 하는 구도로 중량감이나 견고한 실
    질을 그려 산의 진골을 묘사한다는 평을 받았다.

의 작품도 있었다." 이 외에도 전능錢能은 운남 목沐씨 집안의 물건을, 왕사王賜는 주로 궁중 내부內府의 귀중품들을 소장하고 있는 것으로 유명했다.(진홍모陳洪謨, 『치세여문治世余聞』)

사대부들이 도교의 방술에 빠지자 태감들도 따라하다가 사기를 당하기도 했다. 남경 수비태감 유랑劉瑯은 욕심이 많아 자신의 집에 옥황각玉皇閣을 짓고 방사들을 불러 연단을 만들도록 했다. 한 방사가 이를 이용해 '옥황대제의 명帝命'이라 속여 많은 재물을 갈취했다. 유랑은 옥으로 만든 진귀한 팔찌를 가지고 있었는데 방사는 이것을 옥황대제에게 헌납한다며 "몰래 가지고 가버렸다." 사람들은 "금과 옥이 이미 산처럼 쌓여 있는데, 또 신선에게 연단까지 달라고 한다. 빈손으로 왔다가 빈손으로 가는 것, 옥황대제는 팔찌를 달라고 하지 않았다"라고 비꼬았다.(『치세여문』)

성화 시기, 방사들은 태감을 이용해서 황제의 총애를 받았다. '요인妖人'로 알려진 왕신王臣은 요술을 부려 태감 왕경王敬의 신임을 얻은 뒤, 왕경이 황제의 명으로 소주·상주로 출장 갈 때면 꼭 옆에서 붙어 다녔다. 방사 이자성李孜省은 주술을 잘해 태감 양방梁芳·위흥韋興·진희陳喜 등과 두루 교제하더니 결국 중용되었다.

태감들이 아무리 사대부들의 생활을 따라해도 그들의 심미관과 취향은 오히려 일반 백성과 더 가까웠다. 가정 초년, 남경 수비태감 고융高隆은 그림을 수집했다. 누가 그에게 명화를 선물하자, 그는 "좋

---

34 오대에서 북송 초기의 승려. 숲속의 산길과 같은 소박한 정취를 주로 그렸다.

아. 아주 좋아. 그런데 위쪽에 빈 공간이 많으니 삼전여포三戰呂布를 그리면 더욱 좋겠구먼"이라고 했다.(『칠수류고』 「기학류奇謔類」) 그 좋은 그림에 '삼전여포三戰呂布'를 더하면 전체 그림의 내용과 맞지 않아 통일성을 크게 해칠 수밖에 없다. 태감들은 그림을 좋아한다고 했지만 예술적 내용은 전혀 이해하지 못하고 그저 유행만 쫓는 과시형이었을 뿐이다.

소설 『금병매金瓶梅』에서는 서문경과 교류하는 태감들이 나온다. 31회에서는 유공공劉公公, 설내상薛內相 두 태감이 서문경의 아들 탄생 축하연에 가서 노래를 듣는 장면이 나오는데 작가는 여기서 태감의 형편없는 문화 수준을 풍자했다. 유 태감이 먼저 배우들에게 노래를 주문하면서 "삶이 한낱 꿈같음을 한탄하네嘆浮生有如一夢里"라는 운을 띄워 요청했는데 이는 세상을 한탄하는 가사이니 당연히 잔치 분위기와는 맞지 않았다. 다시 "비록 여덟 명 중 비단띠 두른 신하가 아니라 하더라도 여섯 궁중에서 금비녀 여인들을 관장하고 다스리는 사람雖不是八位中紫綬臣, 管領的六宮中金釵女"을 주문했다. 이는 잡극 「금수교진림포장합金水橋陳琳抱妝盒」에서 나온 것으로 역시 경사로운 자리에서 부를 노래가 아니었다. 설 태감은 「보천악普天樂」 중 "인생에서 이별처럼 고통스러운 것은 없어라想人生最苦是離別"대목을 주문했는데, 사람들이 머뭇머뭇하자 "내가 궁에서만 살아 그저 황제 폐하를 모시는 일 외에는 잘 몰라 음악의 오묘한 맛을 잘 모릅니다. 그냥 알아서 부르도록 하세요"라고 하여 겨우 마무리가 되었다. 64회에서는 두 태감이 서문경 집에서 해염海鹽 연극단이 부르는 노래 「만

성합자蠻聲哈剌를 듣고 "이백이 술을 욕심낸다"는 이야기에만 집중하는 것은 남희南戲의 진정한 맛을 전혀 이해하지 못한 것이었다. 또 「남관기藍關記」처럼 "젊은 애들이 함부로 부르는 노래"나 좋아했지 연극의 전개는 전혀 이해하지 못했다.

전체적으로 태감의 문화 수준은 높지 않았다. 그러나 태감 중에도 책을 많이 읽어 역사의 흐름을 크게 바꾼 경우도 있었다. 만력 때 사례감 태감 손융孫隆은 소항 직조 태감에 임명되자 소주, 항주의 경치 좋은 곳을 "경비를 아끼지 않고 단장했다." 그는 항주 악왕묘 악비 동상 앞에 진회秦檜[35] 부부와 만사설萬俟卨, 장준張俊[36] 네 사람의 동상을 세우고 "가슴에 이름표를 달고 무릎을 꿇렸다"고 했으니 충신과 간신, 선과 악을 구별한 것이었다.(『견문잡기』)

남방의 다리, 북방의 사찰

태감들은 문화 소양이 없는 빈한한 집안 자제들이 많아 머릿속에는 유년 시절 민간에서의 종교에 대한 기억을 여전히 간직하고 있었다. 따라서 태감들은 불교, 도교는 물론 민간 신앙까지 아주 끈끈하

---

35 남송南宋 고종高宗 때의 재상. 악비岳飛를 무고하게 죽이고, 주전파主戰派를 탄압하여 금나라와 굴욕적인 화친을 체결한 간신奸臣이다.
36 만사설은 진회가 죽은 후 상서우복야를 지낸 인물로 진회를 도와 명장 악비를 해친 인물이다. 장준 역시 그 일파다.

게 연결되었다. 정덕·천계 연간, 태감 유근劉瑾과 위충현魏忠賢은 도교에 빠진 한편 불교계와도 긴밀한 관계를 유지했다. 유근은 조양문 바깥에 도관을 지어 북극현제를 모시자는 상소를 올렸고, 나중에는 죽묘 공장猫竹廠의 빈터에 대덕현명궁大德玄明宮을 세워 향불을 피우기도 했다.(『무종실록』) 위충현은 평생 마치 풀 베듯 살인을 일삼았지만 사찰에 예불을 올리고 승려 앞에서는 몸을 숙였다. 선무문宣武門 밖 문수암文殊庵의 승려 추월秋月, 고교사高橋寺 승려 유광愈光, 벽운사碧雲寺 승려 대치大誺 등에게 사원을 짓거나 불상을 휘황찬란하게 만들도록 보시를 아끼지 않았다.(포양생抱陽生, 『갑신조사소기甲申朝事小紀』)

환관 유약우劉若愚는 위충현이 불교에 아첨하던 모습에 대해 『취중지酌中志』[37]에서 "인과를 믿으니 불교 교리에 따라 반드시 절에 묻힐 것이다"라고 했다. 태감들이 경기 일대에 사찰을 많이 지어 당시에는 남교북사南橋北寺라는 말이 유행했다. 즉 물의 고장인 남방에 다리가 많은 것만큼 북방에 사찰이 많다는 의미였다. 이 사찰들의 대부분은 태감들이 많은 경비를 부담해서 정교하게 건축했다. 전영錢寧은 석경산사石經山祠, 장웅張雄은 대혜사大慧寺, 장예張銳는 수창사壽昌寺, 우경于經은 벽운사碧雲寺 건립에 많은 돈을 들였다. 특히 북경 서산西

---

37 유약우는 천계天啓 초에 위충현의 앞잡이인 병필태감 이영정李永貞에게 발탁돼 내직방內直房에 들어가 환관으로 필찰筆札을 맡았다. 이영정의 비밀스런 음모를 속속들이 알았지만 일체 발설하지 않았다. 위충현이 실각하자 어사御史 양유원楊維垣의 탄핵을 받아 좌천됐다. 또 이영정 밑에서 사형에 해당되는 죄를 지었지만 오래 전 일이라는 이유로 감형되었다. 옥중에서 스스로의 억울함과 애통함을 담아 『취중지醉中志』를 썼다.

山에서는 춘삼월이 되면 불교 행사가 많았다. 평상시에는 채소와 과자 종류만 공양하는데 태감들은 특별히 생선과 육류에 술까지 내놓았다. 더욱이 부근에 천막을 치고 기생들을 불러 '대보시'라며 간음을 일삼았다.(유정기劉廷璣, 『재원잡지在園雜志』) 태감들이 불교를 믿었다지만 사실은 매우 위선적이었다는 것을 알 수 있다.

도교 역시 마찬가지였다. 영락 연간, 도교 성지인 무당산에 궁관宮觀을 재건한 이후 조정에서는 이곳에 도교 사무를 전담하는 태감을 보내 현무제玄武帝 신상神像의 관리를 맡도록 했다. 일부 태감은 도교 방술에도 정통하여 황제의 총애를 얻기도 했다. 홍치 연간, 태감 이광李廣은 환을 만드는 단술丹術과 부적과 정화수로 치료하는 부수符水로 효종의 신임을 얻어 큰 권세를 누렸다.[38] 이들이 세운 도교 궁관도 많았는데 북경에는 유근의 현명궁, 장충의 융은궁隆恩宮, 남경에는 수비태감 나지羅智, 당관唐觀이 세운 왕령관신사王靈官神祠가 있었다.(진연陳璉, 『금헌집琴軒集』)

태감이 이렇게 종교와 밀접한 관계를 유지한 데에는 이유가 있었다. 궁중 태감들은 민간에서 거세한 뒤에도 궁에 들어갈 기회가 쉽지 않았다. 그래서 궁에 들어가지 못한 사람들은 황궁 바깥에 있는 사찰에 몸을 기탁했는데 '무명백無名白'이라 불렀다. 글자도 잘 알지 못해 종교에 대해서는 별달리 구분을 하지 못하다보니 아무것이

---

38 도교에서 주술로 병을 치료한다고 믿는 부류로 초기에 오두미교五斗米道와 태평도太平道가 있었고 이후에는 영보파靈寶派, 상청파上淸派 등이 있었다.

나 맹신하여 종교 내부를 엉망으로 만들기도 했다. 만력 43년(1615),
태감 임조林潮는 북경에 굉인宏仁 만수궁萬壽宮을 세워 가운데는 '문
창전文昌殿'을 짓고 왼쪽은 제갈공명을 모셔 '천추상상天樞上相'이라 하
고 오른쪽은 문천상文天祥을 모셔 '천추좌상天樞左相'이라 했다. 이들
모두를 '진군眞君'이라 칭하는 등 매우 혼잡스러운 정신세계를 표현
했다. 이는 태감이 비록 궁에서 생활하지만 그들의 정신세계는 여전
히 민간에 뿌리를 두고 있으며 어린 시절의 기억이 깊은 인상으로
남아 영원히 지워지지 않았다는 것을 보여주는 것이었다.

대명제국의 도시생활

사대부들의 백태

명나라 도시에는 사신士紳이라는 특수한 사회계층이 있었다. 사신은 청금靑衿[39], 즉 생원과 수재, 진신縉紳으로 이뤄진 하층 그룹과, 거인·진사에 합격한 뒤 관직에 있거나 퇴직하여 고향으로 돌아간 향신으로 이뤄진 상층그룹으로 나눌 수 있다.

이들은 어려서부터 학교에 들어가 과거 교육을 받았는데 "책 속에 황금이 있다" "책 속에 아름다운 옥 같은 여자 얼굴이 있다" 혹은 "책 속에 마차가 가득하다"는 세속적인 관념 속에서 성장했다. 인생 전반부에 모든 정력을 과거시험에 쏟다보니 합격하여 관직에 나

---

39 유생을 가리킨다. 고대 태학太學의 유생儒生들이 푸른 깃의 옷을 입었던 데서 유래한다.

가면 사회, 국가, 민족을 위해 어떻게 일하겠다는 생각보다는 하루
종일 먹는 것과 아무 생각 없이 안락함만을 궁리하는 물질적 향락
에 빠지고 말았다. 첩을 들이고 정원을 짓고, 하인 늘리는 데서 재미
를 느끼고 더 나아가 기생·배우들을 불러서 노는 것, 도박에 심취하
는 것이 다반사였다. 유행을 쫓아 골동품을 사 모으고 문사들과의
모임에서 시나 노래를 짓다보니 이들의 취향이 당시 문학·회화·건
축·금석·희곡·판본 등 분야에 영향을 미치게 되어서 한 시대의 특
징으로 남게 되었다.

　도석령陶奭齡[40]은 사신 계층의 일생을 나이순에 따라 다섯 단계인
'오계五計'로 묘사했다.

　　10세는 선계仙計로 신선과 같다. 부모에게 의지해서 어떤 걱정
　　도, 득실도 따지지 않는다.
　　20세 이후는 가계賈計로 상인과 같다. 마치 벼슬을 쉽게 얻을 것
　　처럼 먹이를 쫓았다.
　　30~40세는 개계丐計로 거지와 같다. 출세와 이익, 자손, 노비 등
　　모든 것에 욕심을 냈다.

40　도석령(1571~1640)은 회계會稽(절강성 소흥) 사람으로 자가 군석君奭, 공망公望
　　호가 석양石梁, 소시상노小柴桑老다. 만력 31년(1603)의 거인擧人 출신으로 건
　　덕교유建德教諭, 오녕지현吳寧知縣, 조경사肇慶司, 이진제녕태수李晉濟寧太守 등
　　을 지냈으며 왕양명의 학문을 계승했다. 형인 도망령陶望齡과 함께 '이도二陶'
　　로 불린다. 저서로『소시상남남록小柴桑喃喃錄』등이 있다.

50세는 수계囚計로 죄인과 같다. 생활 속 흥미는 줄고 관료사회의 험한 권력다툼 속에서 기복을 겪다보니 점차 방향을 잃은 고목이 되었다.

그 이후는 시계尸計로 죽은 시체와 같다. 총명함은 사라지고 치아와 머리도 예전 같지 않은 채 백 살까지 살 것을 기대하지만 점차 아이가 되어갔다.(『용당소품』)

진계유陳繼儒는 '삼부곡三部曲'에 비유했다.

수재가 되면 처녀처럼 사람이 두렵다.
관직에 나가면 부녀자처럼 사람을 먹여 살려야 한다.
퇴직하면 할머니처럼 사람을 가르쳐야 한다.(『안득장자언安得長者言』)

비유일 뿐이지만 사신 계층의 생활은 대략적으로 이와 크게 다르지 않았다.

도시에 은거하다

사대부는 문화 엘리트로서 전통 문화를 유지하는 데 온 힘을 기울였다. 만명 시기, 도시 문화가 날로 발전하며 문화 의식이나 생활 정취, 인격의 함양 등 여러 방면에서 전시대 사대부들과는 다른 모습이 나타나기 시작했다. 도시가 번화해지자, 사대부들은 은연중 독특한 색깔, 즉 세속의 변화에 연연해하면서 자연이 아닌 도시에 은거했다. 그러면서 "도시에 은거하는데 왜 세상을 피하려 하는가"는 물음이 계속 제기되었다.(노남盧柟, 『멸몽집蠛蠓集』) 이러한 변화는 사대부들이 심성을 수양하는 장소가 변한 것이 아니라, 세속의 번화한 생활이 사대부들로 하여금 도시에서 은거 생활을 하도록 강요하는 상황을 부른 것이다. 사대부로서는 새로운 전환기를 맞게 되었다.

이학理學에서는 폐쇄적인 생활을 통해 금욕을 강조한다. 명 초기 사대부들은 어려우면 어려운 환경 속에서도 나름의 즐거움을 추구했다. 그러나 만명 시기의 사대부들은 향락적인 생활을 추구해서 "북소리에 손님들이 모였다. 미녀가 아름다운 음악을 연주하고 젊은 아가씨가 술을 따른다. 좋은 시절은 다시 오지 않는데, 왜 즐기지 않는가"(강해康海, 『대산집對山集』)라고 노래했다. 즉 때를 놓치지 말고 즐길 수 있을 때 마음껏 즐기자는 퇴폐적 향락주의를 감추지 않았다.

고대古代 사대부들은 고결함을 자처하면서 세속을 초월하여 세상과 섞이는 것을 수치로 여기는 강골함이 있었다. 만명에 이르러 사대부들은 사상, 관념, 생활방식 등 모든 면에서 세속화되었다. 도석령은 『소시상남남록小柴桑喃喃錄』에서 "사대부들의 고질적인 병은 세속에 있으면서 조금이라도 세속을 떠난 사람이 있으면 같이 망하자고 한다. 관료들은 서로를 보면서 세속화되는데 이는 마치 같이 타락하여 미치자는 것이니 슬프지 않을 수 없다!"고 탄식했다. 사대부들 사이에서 세속화, 향락화가 유행처럼 번졌다.

세속화 모습은 다양했는데 행복과 향락만을 추구하다보니 때로 생활에 염증을 느끼고 싫증을 내는 모습을 보이기도 했다. 이를 원굉도袁宏道는 '다섯 가지 즐거움五快活'이라며 다음과 같이 표현했다.

첫 번째 즐거움은 "눈이 즐거운 색, 귀가 즐거운 소리, 몸이 즐거운 새로움, 입이 즐거운 이야기."

두 번째 즐거움은 "앞에는 진수성찬이 있고, 뒤에는 노래가 흐르며 손님들로 붐비고, 남녀의 교제에는 보석이 가득하고 돈이 부족하면 전답을 파는 것."

세 번째 즐거움은 "상자에는 귀한 책이 가득하고, 집 옆에 새 방을 지어 마음이 통하는 10여 명을 불러 사마천, 나관중, 관한경關漢卿(원대의 극작가) 등에 관한 책을 저술하는 것."

네 번째 즐거움은 "배를 한 척 사서 풍악을 울리며 기생들과 늙을 때까지 이곳저곳을 다니며 노는 것."

다섯 번째 즐거움은 "이렇게 놀다 10년도 안 돼 가산을 탕진하고 패가망신하여 기생집을 전전하거나 친척집에서 밥을 얻어먹으면서도 수치를 모르는 것."(『원굉도집전교袁宏道集篆校』)

오직 향락적인 생활만을 위해 기분 내키는 대로 살며 최고의 쾌락을 찾다가 결국 패가망신하고서도 여전히 세속적인 티끌 속에서 발을 빼지 못했다. "세속적인 즐거움이 있다면 충분히 즐기고, 얻을 수 없다면 속세 바깥에서라도 즐거움을 찾아라"(원중도袁中道, 『가설재

집阿雪齋集』)라며 음식·남녀관계·퇴폐·음란·연극·노래·골동품·화조 취미·도박·여행 등 인간 세상의 모든 쾌락을 다 경험해보자고 했다.

장대는 자신이 부잣집 아들로서 "좋은 집과 하인, 예쁜 아이들, 화려한 옷, 맛있는 음식, 좋은 말, 갖가지 등燈, 화려한 음악, 진귀한 골동품, 꽃 키우고 새 키우기" 등을 즐겼다고 솔직하게 고백하기도 했다.(『낭현문집琅嬛文集』「자위묘지명自爲墓地銘」)

물질적인 쾌락은 다양해서 이 또한 삼부곡三部曲으로 요약·표현되었다.

첫째, 사대부들이 일단 과거에 합격하면 가장 먼저 재齋·암庵 등의 글자가 들어간 호를 지었는데 가정 이후부터 성행했다.

두째, 첩을 얻었다. 명나라 말기가 되자 북경에서는 시험에 붙으면 "호를 짓고 첩을 얻는다"는 말이 유행했다. 심덕부는 『만력야획편』에서 "학생들이 학교를 졸업한 뒤나 타향에서 관직에 있다가 외로워지면 첩을 얻어 외로움을 달랬다"고 했다.

셋째, 땅을 사서 신분에 걸맞은 집을 지었다. 고위관리들의 집은 너무 많아서 상상을 초월했다. 탐욕을 부리다가 가정제의 분노를 산 엄숭嚴嵩의 가산 중 몰수 명단에 오른 집만 고향인 강서에 6704채, 북경에 1700채가 있었다. 이공겸고以公兼孤라 하여 공적인 것을 중시하고 고독하게 청렴했다고 평가받는 육병陸炳[41]조차도 10여 곳에 집이 있었다. 집 외에도 정원, 정자를 짓는 것도 유행이었다. 자기가 돈을 내서 짓기도 하지만 문생들이 보답하는 의미로 지어주기도 했다. 북경, 남경 외에 소주, 항주 등에 이런 정원들이 많았다. 산·연못을 만들고 대나무를 심어 자손들이 공부를 하는 환경을 만들어주거나 친구들을 불러 술을 먹으며 자연 경치를 즐겼다.

사대부들은 특히 음식에 관심을 보여 서로 정보를 공유했다. 정덕 때, 대신들의 연회에서는 주방 요리사들에게 하사하는 상금이 수백 금에 달했다. 만력 때 장거정의 식탁엔 좋은 접시에 오른 음식만 100여 종류가 넘어서 젓가락이 어디로 갈지를 몰랐다. 이학이 쇠퇴하고 안일만을 추구하는 세태 속에서 사대부들은 먹고 마시는 일에 갈수록 사치를 부렸다. 사조제謝肇淛는 "부잣집에서는 깊은 산속이나 바다의 진미를 찾아, 남쪽의 굴蠣房, 북쪽의 곰발바닥, 동해의 전복, 서역의 마유馬乳 등 옛사람들이 말하던 소사해자小四海者를 탐하면서 식사 한 번에 중산층의 가산을 탕진해버리니 감당할 수가 없다"고 비판했다. (『오잡조』)

차와 술은 문인들의 식생활에서 빼놓을 수 없는 부분이다. 명대 사대부들은 차 문화品茶를 중시하여 박사, 명가 등이 출현했다. 남경 민문수閔汶水, 황강黃岡 두준杜濬 등은 다도계의 유명 인사들이었다. 장대는 앎이 지나칠 정도로 많다는 의미에서 '다음茶淫'이란 칭호가

---

41 세종世宗 주후총朱厚熜과 유모 사이에서 태어났고 어려서부터 궁에 드나들었다. 가정 11년, 무과 진사進士에 합격해서 금의위錦衣衛 부천호副千戶에 제수되었다. 가정 18년(1539)에 황제의 총애를 받아 도지휘 동지都指揮同知로 승진했다. 가정 24년(1545) 금의위사錦衣衛事가 되어 금의위를 장악했다. 이후 조정의 정치에 뛰어들어 먼저 하언夏言을 제거했고 대장군 구난仇鸞과 중관 이빈李彬의 죄를 밝혀 후군도독부 좌도독後軍都督府左都督에 올랐다. 가정 39년(1560)에 죽었다.

붙었는데 치수淄水와 승수澠水를 구별할 정도여서 민문수도 감탄했다
고 했다.[42] 문인들은 술을 못 마시더라도 분위기를 즐겼다. 하양준何
良俊은 술을 한 잔만 먹어도 취해 스스로 '주은酒隱' '주민酒民'이라 칭
했다.(『사우재총설』) 원굉도도 주량이 많지 않았지만 술꾼을 만나면
밤낮을 가리지 않고 술을 마셨다.(『원굉도집전교』) 음주의 도를 다룬
책『상정觴政』을 지었다.

이런 분위기 탓에 전문적으로 요리, 차, 술을 다룬 책들이 유행했
다. 장여림張汝霖이『도사饕史』를 쓰자 장대가 보충을 해서『노도집老
饕集』을 지었다. 차에 관해서는 육수성陸樹聲의『다료기茶寮記』, 하수방
夏樹芳의『다동茶董』, 도본준屠本畯의『명茗』, 허차서許次紓의『다소茶疏』,
만방녕萬邦寧의『명사茗史』가 있고, 술에 관해서는 풍시화馮時化의『주
사酒史』, 원굉도의『상정觴政』이 있었다.

한가하고 우아한 생활

도시의 사대부들이 물질적으로 안일과 사치로 향락적인 삶을 추
구했다면 정신적으로는 예술적이고, 한가하며 우아한 정취를 추구
했다. 도시의 유한계층인 그들은 조용하고 한적하게 계절 변화에 맞

---

42 치수는 산동성 내무현에서 발원하여 황하로 들어가는 강이며, 승수는 산동
성에 있는 강 이름. 제나라 환공桓公의 신하인 역아易牙는 맛을 잘 분간하여
치수와 승수의 물을 잘 구별했다고 전한다.(『열자列子』「설부說符」)

추어 정취를 즐겼다. 이를 '사시유상四時幽賞'이라고 했다.

봄에는 호포천虎跑泉[43] 물로 차를 마시고, 서계루西溪樓에 앉아 삶
은 죽순을 먹으며 팔괘전八卦田에서 유채꽃菜花을 본다.[44]
여름에는 빈 정자에 앉아 월명금月鳴琴을 타고 비내동飛來洞에 가
서 더위를 피한다.
가을에는 서령교西泠橋 옆에서 홍수紅樹에 취하고 육화탑六和塔의
밤바람을 즐긴다.
겨울에는 눈 오는 밤에 토란을 구워 먹으며 선을 논하고, 눈을
치운 뒤에는 차를 마시며 그림을 그린다.

'가득한 정취'와 풍미를 추구하다보니 본업에 소홀할 수밖에 없
었다. 또한 기생이 책을 읽고, 승려가 술을 빚고, 장군이 글을 쓰고,
서생이 군사훈련을 받는 일들이 나름 정취가 있다고 생각했다. '분
수를 알고知足' '틈을 내는偸閑' 한가한 사람들이었다. 진계유는 말했

---

43 중국 3대 샘물 가운데 하나로 꼽히는 호포천虎跑泉은 서호 남쪽의 대자산
정혜선사定慧禪寺 내에 있는 유명한 샘물이다.
44 팔괘전八卦田은 남송 황실 소유의 전답이었다. 고대 중국 농업 문화를 간명
하게 보여주는 장소로 황제들이 신성한 의식을 통해 농업을 중시하고 있다
는 것을 보여주는 장소였다. 명대 최초로 팔괘전에 관한 기록이 출현한 것은
『서호유람지西湖遊覽志』다. 매년 봄 황제가 문무백관을 거느리고 나가 친히
모를 심는 '적례籍禮'를 거행하고 제사를 지냈는데 나중에는 경치가 좋은 장
소로 유명해졌다. 고염高濂이 『사시유상록四時幽賞錄』에서 "팔괘전에서 유채
꽃을 본다八卦田看菜花"고 기록했다.

다. "결혼을 서두르라고 하지 말라. 결혼하면 일이 적지 않다. 승려가 좋다고 하지 말라. 승려가 되어도 마음을 다스리기 어렵다. 오직 분수를 아는 사람만이 새벽까지 코를 골고 잔다. 한가한 사람만이 속된 일에 마음을 쓰지 않고 유유자적 늙어갈 수 있다."(『암서유사岩栖幽事』) 그는 「막세어模世語」라는 시에서 "인생은 운명대로 가는 것이니 욕심내지 마라" "자손은 그들의 복이 있다. 걱정하지 마라" "운명은 전생에 정해졌다. 질투하지 마라" "평생 고생했으면 됐지 뭘 원망하는가?"라며 근심 없이 살며 편안함에 이르는 안신입명安身立命의 자세를 제시했다.(고염高濂, 『준생팔전遵生八箋』 「청수묘론전淸修妙論箋」) 당시에 이러한 글들을 '청수묘론淸修妙論'이라 불렀다. 사실, 사대부들의 이러한 생활 방식과 인생 태도는 두 말할 것도 없는 퇴폐적인 향락주의의 모습이었다.

한편으로 선을 즐겼다. 불교에 관심을 가지고 승려들과 교류하며 선담을 나누는 것이 청아한 생활의 기본이었다. 진홍서陳弘緖는 "관직에서 물러나 귀향한 사신들은 노래 잘하는 기생과 정을 나누거나, 자연에 빠지거나, 신선을 모방해서 선을 이야기하거나 혹은 집을 짓는 데 힘을 쏟았다."(『한야록寒夜錄』) 역사학자 천위안陳垣(1880~1971)은 『명계전검불교고明季滇黔佛教考』에서 "만력 이후, 선이 유행하자 사대부들은 승려들과 교류하며 선을 이야기했다"고 기록했다. 사대부들은 주색에 빠진 승려들과도 품행을 가리지 않고 사귀니 "승려·도사들과 관계를 맺지 않으면 좋은 사람"이라는 말도 돌았다.(엽권葉權, 『현박편賢博編』)

참선·예불·반승飯僧(승려에게 공양을 제공) 등은 청아한 생활의 기본이었다. 고기원顧起元의 시를 통해 사대부들의 종교 생활을 엿볼 수 있다.

창포 더미에 편안히 앉으니, 무료함이 길다.
불법佛法이 무엇인가
튤립이 바람을 부르는 것과 같다. _「참선參禪」

오랫동안 방안에 앉아 재개를 하고,
금수를 놓은 불상에 예불을 드리니
그저 은사를 흉내만 내는 듯하고,
세속의 인연은 끊지 못하네. _「반승飯僧」

연화승蓮花僧을 대접하려고
소식素食을 다 준비했네.
만약 조주趙州 선사가 온다면
차를 대접하고 선기를 배워보겠네. _『나진초당집懶眞草堂集』「시부詩部」

만명 도시 사대부들은 모임을 갖고 선과 불법을 이야기하는 데 성심을 다했다. 명사인 초횡焦竑·풍몽정馮夢禎·진계유 등 모두 불교와 선에 심취했고, 불교에 일가견을 이루어 책을 쓰기도 했다. 『명사』「예문지藝文志」에서는 육수성陸樹聲의 『선림여조禪林如藻』, 도망령陶望齡

의 『종경광산宗鏡廣刪』, 왕긍당王肯堂의 『참선요결參禪要訣』, 원굉도袁宏道의 『종경촬록宗鏡撮錄』, 원중도袁中道의 『선종정통禪宗正統』, 소사위蕭士瑋의 『기신론해起信論解』, 종성鐘惺의 『능엄경여설楞嚴經如說』, 조학전曹學佺의 『촉중고승기蜀中高僧記』 등이 기록돼 있다.[45]

기생과 놀며 노래를 듣는 것도 풍류 생활의 하나였다. 관기官妓 제도는 당송 이래 명대 초까지 유지되었다. 홍무 연간, 관기들을 수용하는 십사루十四樓를 설치했고 사대부들은 시간이 나면 놀러갔다. 점차 사대부들이 주색에 빠져 정사에 영향을 받기 시작하자 제한을 두었고, 선덕 연간, 금지령을 내리자 낙이 없어진 관리들은 '소창小唱'에 빠지기 시작했다.

물론 현직에 있지 않으면 이러한 금령에 구애받을 필요가 없어 장사는 여전히 성업을 이루었다. 사대부들은 놀랍게도 기생에게 친밀한 사이에서나 붙이는 '노老'자를 붙여 노일老一·노이老二라고 부르기도 했다.(모원의茅元儀, 『가로재잡기暇老齋雜記』) 명대 말기, 경박함은 극에 달해 장원·방안·탐화 등 과거시험 합격자와 같은 명칭으로 기녀들의 성적을 매기기도 했다.(빙화매사氷華梅史, 『연도기품燕都妓品』) 조대장曹大章의 『진회사녀표秦淮士女表』, 평향화사萍鄕花史의 『광릉여사전최廣陵女士殿最』 등을 보면 당시 사대부들이 기생들과 어떻게 놀았는지 구체적인 모습을 알 수 있다.

---

45 진일보한 내용은 김현정, 「명대 사대부의 생활 정취 및 선종禪宗 사상」, 『중국사연구』 86집, 2013.10을 참고할 것.

문인들은 희곡을 좋아해서 자신의 집에서 노래하는 기생들을 양성하기도 했다. 가정·융경 연간 이미 이런 유행이 시작되었으며 이개선李開先과 하양준 등 유명 작가들이 대표적 인물이었다.『사우재총설』에는 이개선 집에 "배우 20~30여 명, 기생女伎 2명, 여자 어린 아이 몇 명이 있다"며 하양준 역시 "어린 아이들에게 노래를 가르치고" "여자 하인들을 가르친다"고 했다. 장대 집에서는 만력 연간 조부 장여림張汝霖 때부터 시작하여 3대에 걸쳐 '가찬반可餐班' '무릉반武陵班' '제선반梯仙班' '오군반吳郡班' '소소소반蘇小小班' 등 여러 극단을 조직해서 노래하는 기생들을 양성했다.

희극 작가는 구준丘濬·왕세정王世貞·왕도곤汪道昆·양진어梁辰魚·탕현조湯顯祖·육채陸采·장풍익張風翼·매정조梅鼎祚·도융屠隆·이옥李玉·완대성阮大鋮 등 진사들을 중심으로 관직에 있는 이들도 있었는데 지현에서 내각 대학사까지 다양했다. 원곡元曲의 작자가 대부분 평민·서리였던 것과는 완전히 달랐다. 이들은 배우들을 양성해서, 강서의 수천 명 배우들은 탕현조를 스승으로 추앙했다. 공안파 문인 반지항潘之恒은 전국을 돌아다니며 극단의 유명인사, 배우들과 교류하고 이원梨園에서 수십 년을 활동하다보니 '곡중동고曲中董孤' '고곡주랑顧曲周郎' 등 고상한 이름으로 불리며 배우나 무녀들이 앞을 다투어 평가를 원해 마치 배우 등용문처럼 되었다.

이 외에도 사대부들은 풍류가 운명이라는 태도를 취하거나 고상함의 포로가 되어 고서, 그림, 골동품 수집에 몰두하며 소장가를 자처했다. 육용陸容의 『숙원잡기菽園雜記』에서는 명대 전기에 고서·그

림·분재·꽃 등을 수집하는 사람을 '애청愛淸'이라 했고 중기 이후에
는 '청오淸娛' '청완淸玩' '청상淸賞' '청환淸歡'이라 불렀다고 했다. '청
淸'자는 문화생활과 심미활동의 성격을 말해주는 것으로 개나 말을
부리고, 음악과 여자를 즐기는 등 물질적이고 낮은 수준의 오락과는
다르다는 의미였다. 지식을 증진시켜 심성을 유쾌하고 기쁘게 만들
뿐 아니라 마음속 번뇌, 묵은 때를 씻고 심령을 정화시켜 정신세계
를 한층 높여준다는 기대가 있었다. 고염은 "오랫동안 먹지 않아도
즐겁고 고상한 인품을 가질 수 있으며 세속의 때를 씻어준다. 맑은
마음과 즐거움을 주기에는 이만한 것이 없다"고 했다.(『준생팔전遵生八
箋』「연한청상전燕閑淸賞箋」)

　고기원은 시「박고博古」에서 사대부들의 호고好古 취미 열기를 묘
사했다. "고대 청동기를 만져보니 마치 상나라의 역사를 이해할 수
있을 듯하다. 청동기에 새겨진 꽃 문양은 이미 모호해졌다."(『나진초
당집』「시부」) 가정 이후, 사대부들의 골동품에 대한 열정은 절정을
이루었다. 엄숭의 가산 몰수 명단에 석각石刻 법첩法帖 358책冊, 고금
명화 사저사금수絲紵紗金繡 수권책手卷冊 3201축軸이 있었다. 가흥의
항원변項元汴은 풍부한 재력을 바탕으로 골동품 거래를 해서 많은
부를 축적했는데 고개지顧愷之의 「여사잠도女史箴圖」, 염입본閻立本의
「빈풍도豳風圖」, 왕마힐王摩詰의 「강산도江山圖」 등 절세의 보물을 소장
하여 전국적인 유명세를 탔다. 골동품 시장이 번성하자 위작을 만드
는 풍조도 번성하여 시장에는 짝퉁들이 가득했다. 진위를 판별하기
위해 감정사들이 필요했고 왕세정·동기창·진계유·이일화·항원변

등 명사가 이름을 떨쳤다.

오원췌伍袁萃가『임거만록별집林居漫錄別集』에서 기록한 친구간의 대화는 당시 세태를 풍자하고 있다.

"선비란 무엇인가? 어떻게 살아야 하는가?"

"서재에 불교 서적이 없고, 방에 기다리는 첩이 없으며, 집에 식객이 없으면 명사라 할 수 있네."

물론 이런 인식을 가진 사람들도 있었지만 대부분 사대부는 불교 서적이 있으면 승려·도사들과 교류를 하는 것이고, 첩과 기생·배우들을 기르며 식객이 가득하다면 오히려 명사로서 상당한 기상을 보여준다고 생각했다.

탐관오리는 창부와 같다

누군가 조산인趙山人에게 물었다. "탐관오리를 어떻게 할까요?" 산인이 답하기를 "참을 수가 없다. 그들은 창부와 같은데 그래도 한때는 염치가 있었지만, 지금은 대낮에도 음란한 짓을 하면서 사람들이 보는 것도 겁내지 않으니 어쩌다 세상이 이 지경에 이르게 되었는가!"(『견문잡기』)

이는 탐관오리를 창부와 비교해서 풍자한 것이다. 명대 관리들의 기강은 가정제 시기를 경계로 나눌 수 있다. 진방언陳邦彦은 가정·융경 이전 사대부들은 아직도 명예와 절개를 숭상해서 임지에서 돌아왔을 때 재산을 물으면 혼쭐이 나곤 했는데 그 이후에는 공개적으로 이익을 이야기했다고 했다. 좋은 곳으로 발령이 나면 모두 축하를 보냈고, 나쁜 곳으로 발령이 나면 거꾸로 백성을 위로하는 아이러니가 있었다. 임지에서 돌아왔을 때 별로 재산을 모으지 못했다면 무능하다고 비웃음을 샀다.(『진암야선생집陳岩野先生集』) 가정·융경 이전, 사람들은 부정부패를 부도덕하다고 욕을 했지만 이후에는 부패하지 않으면 무능하다고 욕을 했다.

만명 시기 부정부패는 이미 유행이 되었다. 정치가 깨끗하면 문신은 돈을 밝히지 않고, 무신은 죽음을 두려워하지 않는다고 했지만, 이제 무신들은 죽음을 두려워할 뿐 아니라 돈도 밝혔다. 물론 무신이 돈을 밝힌 데는 이유가 있었다. 왕조 내내 문신을 중용하고 무신을 경시하는 조정의 분위기 속에서 총병·부장副將·참장參將·유격장군游擊將軍 등 무신이 승진하려면 반드시 순무巡撫·순안巡按 등 문신에게 뇌물을 줘야 했다. 법률로는 공금 착복이나 업무상 횡령액이 50관貫이 넘으면 참형에 처한다고 했지만, 만명 시기 포정사·지부·지현 등 지방관들은 태반이 부정을 저질러, 1년에 많게는 은 1~2만 냥, 적게는 2000~3000냥을 벌었다.

관료 사회에 뇌물이 넘치고 부패의 방법 또한 다양해서 뇌물의 본질은 오히려 덮혀버렸다. 뇌물을 주고받는 과정에 암호가 등장했는데 황금은 '황정黃精', 백은은 '백납白蠟'이라 했다.(『임거만록기집林居

漫錄畸集』) 훗날 금이나 진주를 뇌물로 보낼 때는 '서파書帕'라는 우아한 이름을 사용했다. 북경에는 "흰색이 황색으로 변하고 황색이 흰색으로 변한다"는 소문이 돌았다. 처음에는 백은 대신 소지하기 편한 황금을 사용하다가, 훗날 소지하기가 더욱 편하고 눈에 잘 안 띄는 보석이 이용되었다. 또 뇌물을 줄 때 서적 몇 권이라는 말을 썼는데 실제는 황금 몇 냥이라는 은어였다. 주중회朱仲晦는 "오늘날은 금이나 진주를 포해脯醢(포와 젓갈)라 하고 집문서를 시문詩文이라 한다"고 했다.(진홍서陳弘緖, 『한야록寒夜錄』) 보석을 음식으로, 땅문서를 시문으로 적은 것이다.

가정 연간, 관리들을 심사하고 선발하는 이부의 문선사文選司 낭중郞中이 자라를 좋아했다. 자라 요리에 능한 사람이 이를 이용해서 이부에 들어갔다. 만력 연간, 또 다른 관리 역시 음식을 이용해서 병부에 들어갔다. 음식뿐 아니라 좋아하는 물건도 뇌물로 이용되었다. 진순봉秦舜峰은 은 4000여 냥을 들여 자단목紫檀木 문갑 두 개를 만들었다. 인물·화조·산수화를 조각하고 옥으로 장식을 달았다. 게다가 문갑에는 서재에서 필요한 작은 옥이나 골동품으로 가득 채웠다.(『임거만록기집』)

갑자기 높은 지위에 오른 대부분의 관리들은 실력도 없이 뇌물로 얻은 자리여서 이들을 '황력급사黃歷給事' '청유어사靑由御史' '하마급사蝦蟆給事' 등의 별명으로 부르기도 했다.

향신은 파면되거나, 초상중이거나 연납 출신인 의관義官을 포함한다. 이들은 마을에서 전문적으로 나쁜 일을 일삼아 '호신豪紳'이라 불렀다. 조정에 있었던 대신들은 외형적으로는 매우 도덕적인 척하지만 지역의 무뢰배, 유맹들과 결탁해서 마을을 어지럽게 만들었다. 숭정 연간, 대학사 온체인의 아들은 '팔만八蠻'이라 불렸다. 그가 지역에서 온갖 나쁜 짓을 저지르자 폭발한 백성이 그를 붙잡아 "밧줄로 다리를 묶고 금붕어처럼 끌고 다녀 살점이 남아나지 않았다"고 했으니 인과응보라고 할 수 있을 것이다.(고공섭顧公燮, 『단오필기丹午筆記』 「기준가祁駿佳」)

성화 연간, 사천 내강현內江縣에서는 이미 사직한 관리가 지방 관리들과 결탁해서 백성의 송사에 개입해 시시비비를 왜곡한 뒤 돈 있는 사람에게 붙어서 가난한 이를 모함했다. 또 세력을 이용해 많은 자손을 입양하여 마치 호랑이처럼 무섭게 지역민들을 괴롭혔다. 백성이 피해 도망을 가지만 결국 잡혀와서, 소 우리에 갇히자 억울함을 참지 못해 스스로 목숨을 끊기도 하고 기아나 추위·질병으로 죽기도 했다.

성화 18년(1482), 남경 감찰어사인 방노方輅가 부모 상을 당해서 고향집에서 초상을 치렀다. 그는 고향에 머무는 동안 숙부의 전답을 빼앗고 숙모가 죽으면 쓸려고 준비해둔 관棺도 강탈했다. 초상을 치르는 중임에도 불구하고 그의 방종한 아들은 술과 가무에 젖어 살았다. 이런 악행으로 고발당했지만 방노는 돈을 내고 곤장을 면하는 속장贖杖 복직의 가벼운 처벌만 받았다. 끼리끼리 봐준 것이다. 이 소식이 조정에 흘러 들어가 헌종이 알게 되었다. 황제는 감찰관으로서 적합하지 않다는 '난거풍헌難居風憲'의 죄를 물어 그를 섬서 숙주위肅

州衛 잡직으로 강등시켰다.(『현종실록』)

또 이런 경우도 있었다. 곡식을 상납하고 관직에 나간 한 의관은 출타할 때마다 "우산이 달린 가마"를 타고, 배를 타고 이동할 때는 "악단을 싣고" 좌우로 정렬시킨 채 고관이 순시라도 나온 것처럼 으스댔다. 도망병·염전 노동자竈丁·공장工匠 등을 고용해서 강도짓을 시키거나, 고향에서 죄를 저지르고 도망중인 무뢰배·도박꾼들을 모으고 세력가를 팔아 악행을 서슴지 않았다. 삼삼오오 무리를 지어 시골 지주들의 채무를 해결하거나 장사를 하면서 백성의 재산을 강탈하고 부녀자를 강간하는 등 "무례하고 본분을 벗어난 짓은 하나도 빼놓지 않고 저질렀다."(『황명조법사류찬』)

이런 향신들은 소송에 관여해서 전답을 빼앗고, 시장을 장악하여 높은 이자로 사채를 준 뒤 재산을 빼앗는 것은 물론 간음·살인 등 백성을 괴롭히는 것이 '일과'였다. 무뢰배·유맹들과 전혀 다를 것이 없었다.

시정 공간의 이모저모

도시에는 사람들이 다양한 모습으로 살아가고 있었다. 심부름꾼, 삼고三姑(비구니·여자도사·점쟁이), 육파六婆(인신매매범·중매인·여자무당·기생어미·여자 의사·산파), 점쟁이는 물론 큰 이익을 노리는 소금 상인, 작은 이익을 탐내는 소점상, 궁에 물건을 납품하는 수공 장인도 있었다. 이들은 자기 나름대로 스스로에게 그럴싸한 이름을 붙였는데 의사는 대부大夫·대조待詔·박사·태의太醫·낭중郎中이라 했다. 이들 시정에 사는 인물들에 대해 알아보자.

상인과 장인

일반인들은 누구나 '재물과 이익'을 따라간다. 많은 사람이 같은 욕심으로, 밤낮을 가리지 않고 이익이 차고 넘칠 때까지 멈추지 않는다. 그래서 사마천은 "천하가 기쁜 것은 모두 이익이 있기 때문이고, 천하가 슬픈 것은 이익이 없기 때문이다"라고 했다.[46] 상인들은 돈을 벌기 위해서 밤낮을 가리지 않고 온갖 어려움을 다 겪으면서도 불평하지 않았다.

중국은 전통적으로 중본억상, 귀농천상 사회로 상인들을 천시했는데 명나라 역시 예외는 아니었다. 명대 초기, 국경이나 변경에 열린 시장 관시關市에 대한 구체적인 금령이 있었다. 호부 소속인 초관鈔關은 주거舟車(선박과 마차)를 관리하고, 공부 소속인 추분抽分은 나무·대나무竹木를 관리했으며, 소금은 전운사轉運使, 제거사提擧司가 관리하고 어사들이 감사했다. 세금도 매우 까다로웠다. 동남에서는 나羅(성근 비단)·기綺(무늬 비단)·견絹(고급 비단)·저紵(모시) 등이 유명하고 특히 삼오三吳(오군吳郡·오흥吳興·회계會稽)에서는 베틀로 짠 직물로 큰돈을 벌었다. 서북 지역에서는 융絨(솜)·갈褐(거친 털옷·베옷)·전氈(담요)·구裘(갖옷) 등이 생산되었는데 특히 관중이 유명했다. 상인이 돈을 벌려면 서쪽의 사천이 아니면 남쪽의 광동으로 가야 했다. 이 지역에서 보석·금벽金碧(단청할 때의 염료)·목재 등이 풍부하게 생

---

46   사마천, 『사기』「화식열전」

산되기 때문이었다. 차와 소금은 큰돈을 벌 수 있어 거상들이 운영했다. 절강의 부자들은 소금, 항주는 차 장사로 큰돈을 벌었다. 당시 남쪽의 휘주 상인, 북쪽의 산서 상인 외에 절강의 용유龍游 상인, 삼오三吳의 동정洞庭 상인 등이 유명했다.

상인은 돈을 벌어 대부분 좋은 음식에, 비싼 옷을 입고, 미인들과 화려한 생활을 즐겼지만, 휘주 상인은 아주 인색했다. 평소에 절약해서 동전 한 닢도 8개로 나누어 쓰고, 집에 쓰다 남은 돼지기름은 청소할 때 쓰고, 고기는 조금씩만 사서 먹고, 풍년이 들어도 쌀은 1석石에 5전 이상 쓰지 않았으며 물처럼 맑은 국에 쌀이 조금 들어간 죽만 먹었다. 반찬은 더욱 간단해서 소금에 절인 콩 한 접시, 염지오리알鹹蛋(오늘날의 셴단) 반 절이 전부였다. 바깥에서는 술집에 가서도 체면치레만 하고 돈은 쓰지 않은 채, 공짜 차나 마시며 바람만 잡다가 인물이 반반한 여자는 쳐다보기만 했다. 그러면서 매춘이나 첩을 들일 때는 큰돈을 아낌없이 썼다.

돈만 있으면 아무리 열악한 환경일지라도 도시에서보다 더 화려한 생활을 누릴 수 있었다. 사천 건창建昌은 깊은 산속의 편벽한 지방이지만 목재 생산으로 상인들이 모여들어 큰돈이 돌았다. 항주·소주에서 방금 짠 각종 비단들, 오중 부잣집 자제들도 아직 보지 못한 옷을 건창의 목재상들은 이미 입고 있었다. 미소년과 미녀들이 바깥 도시보다도 더 많았고 식사 때마다 산해진미가 가득했다.(『광지역』)

상인들은 불교·도교와 민간신앙을 신봉했다. 오직 돈을 벌기 위해 우상, 특히 재신을 숭배하며 위험한 거래에서 자신들을 보호해 돈을 벌게 해달라고 기원했다. 돈을 벌면 절과 묘廟(도교 사원)를 세워 보답했다. 숭정 연간, 한 휘주 상인이 상주부 동문 삼관당三官堂의 대사상大士像이 허름하다며 은 10냥을 수리 비용으로 기부했다.(진몽뢰陳夢雷, 『고금도서집성』 「방여회편方輿匯編·직방전職方典」) 송강부 가정현의 묘도 역시 휘주 상인 손진孫鎭이 세웠다.(만력, 『가정현지』)

모든 상인이 오직 부만 좇는 부도덕한 무리는 아니었다. 상인 또한 자제들에게 유가교육을 시켰다. 요동 상인 사육장史六丈은 평생 남방에서 장사를 하다가 늙어서야 『소학』 『가례』 『사서』 『통감강목』 『춘추』 『좌전』을 배웠다. 수년 동안 더위와 추위 속에서도 배움을 게을리하지 않으니 결국 마을에서 존경을 받았다.(하흠賀欽, 『의려집醫閭集』) 송강의 한 부자가 선생을 초빙해서 자제들을 교육시키자 자제들이 성장해서 선행을 베푸는 것을 잊지 않았다. 상해의 당묵唐黙은 "아버지가 장사를 해서 돈을 벌어 전답 10여 만 무畝를 샀다." 당묵은 재물이 부질없다는 것을 깨닫고 모두 보시에 썼다.(『남오구화록』)

도시에서 쓰이는 소비용품들은 장인들의 작품이었다. 작은 부채에서 황궁 건축까지 공예품은 장인들의 피와 땀의 결과였다. 지역에서는 특산품이 유명해서, 농서隴西의 단사우모丹砂羽毛, 형荊 지역과 양주揚州의 피혁골상皮革骨象, 강남의 편재죽전楩梓竹箭, 연燕·제齊 지역의 어염전구魚鹽氈裘, 양梁·연兗 지역의 칠시치저漆枲絺紵 등에는 장인들의 뛰어난 솜씨가 묻어났다.

수공업 제품들은 주로 동남에서 생산되어 북경으로 모였다. 동남에서도 강서가 가장 많았고 절강·직예·복건·광동 순이었다.

명초에는 죄를 지으면 노동工役으로 대신할 수 있어 각지의 공장들이 북경에 모이니 '재관在官'이라 했다. 공장들은 기적機籍에 속해 직염국織染局에서 윤반輪班·존류存留로 일을 배분했다. 윤반은 반을 편성해서 돌아가며 계절별로 일했다. 때로 1년씩 하다가 4년으로 바뀌었다. 존류는 한 달에 열흘 일하고, 열흘은 쉬었다. 훗날 존류가 계속 도망을 가고 윤반은 사람은 많고 일은 없어 점차 느슨해지자 공장들은 비교적 자유롭게 시간을 이용할 수 있었다. 이들 외에도 도시에는 생활을 위해 분주히 움직이는 공장들이 많았다.

공장은 장적匠籍에 속해 다른 민적民籍과는 달랐으며, 분야별로 정교한 분업이 이루어졌다. 금화부金華府에서는 목수·톱질·기와·대장장이·재봉사·기름칠·대나무·주석세공·글자 새김·주물·창문·만화挽花·쌍선장雙線匠·갓끈·선박·석공·은장銀匠·고장鼓匠·커튼·갑옷·묵요墨窯·나무통·오묵五墨·조란雕鸞·숙피熟皮·배수리공(염선)·구장篦匠·날소장捏塑匠·지장紙匠·유리장 등 29종류의 공장들이 있었다. 직염국에는 직장織匠·낙선장絡線匠·염장染匠·타선장打線匠 등 4종류가 있었다.(『금화부지』) 궁에서 일하는 공장은 모두 내관감內官監에 속하고 목木·석石·와瓦·탑재搭材·토土·동東·서西·유칠油漆·혼례婚禮·화약火藥 등 십작十作, 어용감에 속한 목칠木漆·연옥碾玉·등작燈作·불작佛作 등 사작四作이 있었다.(주일신朱一新,『경사방항지고京師坊巷志稿』)

공장은 오랜 세월 물건을 만들어 경험이 쌓여 정교하고 특이한 창작품들을 만들어냈다. 촉蜀에서 생산되는 촉금蜀錦·촉선蜀扇은 전국적으로 유명했는데, 촉금(합사비단)은 은 50냥에 달했고, 촉선蜀扇(부채)은 조정과 관청에 진공했다. 광동 봉천현封川縣에서 만든 종이등紙燈은 죽멸竹篾과 화지花紙로 만들었는데 정교하기 이를 데 없었다.

홀륭한 작품을 만든 공장들은 전국적으로 명성을 떨치고 사대부들과 평등하게 교류했다. 사대부들도 이런 공예작품들을 높이 평가하여 교류하면서 그들의 기술을 '도道'의 경지로 평가해주었다.

삼고육파란 무엇인가

도시에서는 부녀자들이 부잣집들을 오가며 오직 입담 하나로 물건을 팔기도 하고 중매도 하는 등 다양한 거래를 성사시켰다. 이들이 도시 생활과 문화에 미친 영향이 적지 않았는데 통칭 삼고육파三姑六婆라 불렀다. 『선진일사禪眞逸史』에서는 이들의 영향력에 대해 "할머니의 말에 따라 담장 안에서는 피바람이 불기도 한다. 규중에서이들의 꼬임에 빠져 못된 짓을 배우기도 한다"고 했다.

삼고三姑는 비구니·여자도사道姑·점쟁이封姑를, 육파六婆는 방물장수牙婆·중매인媒婆·여자무당師婆·기생 어미虔婆·여의藥婆·산파穩婆를 지칭했다. 어떤 이는 이들을 뱀과 전갈에 비유하면서 멀리하라고 충고하기도 했다.

이들 중 삼고는 '박수覡(종교)' 역할을 하면서, 시낭尸娘·간향낭看香娘·간수완낭看水碗娘·복파卜婆 등으로 불리기도 했다.(『화당각총담』) 도시에는 이들 외에도 부지런히 골목을 오가는 사람들이 있었다.

1. 수화낭繡花娘: 수를 잘 놓아서 부잣집에 출입하며 규중 여자들을 가르쳤다. 화낭花娘은 항주에서 매춘하는 기생을 욕하는 말이기도 했다.

2. 삽대파插帶婆: 부잣집 부녀자들이 연회에 참석할 때 머리에 금·옥·진주·비취 등 장식을 달게 되는데 혼자서는 할 수 없어 전문가의 도움을 받았다. 은 2~3전을 주었고 가마를 탈 때나 자리에 앉을 때도 혹시라도 장식이 떨어질까 옆에서 시중을 들었다. 항주에 많았고 강서 건창建昌에도 점차 유행했다.

3. 할선생瞎先生: 여자 맹인으로 어려서부터 소설·사곡을 배우고 비파를 연주했다. 미모와 재주를 갖추었으며 해학에 능하면 인기가 있었다. 부녀들이 심심할 때 이들을 불러 음담패설 등을 들었는데 시간가는 줄을 몰라 상당한 대우를 해주었다. 항주에서는 '도진陶眞'이라 부르기도 했는데 비파를 연주하고 소설, 평화平話를 이야기했다. 주로 송나라 개봉의 풍습이나 항주 일대에서 발생한 일들을 이야기했다. 그 소재 중에는 '홍련紅蓮' '유취柳翠' '제전濟顚' '뇌봉탑雷峰塔' '쌍어선추雙魚扇墜' 등이 있었다.

명대는 민간 부녀자들이 궁내 출입을 할 수 없어 후궁의 모친이라도 황제의 허락을 얻어야 출입이 가능했지만, 유모奶婆·의사醫婆·산파穩婆는 쉽게 출입이 가능했다. 유모는 대흥, 완평 두 현 출신이 많았으며 궁에서 아이가 출생하면 "여러 명을 불러 대기시켰다가, 남아가 태어나면 여자 아이를 먹이던 유모의 젖을 물리고, 여아가 태어나면 남자 아이를 먹이던 유모의 젖을 물렸다." 각 아문에서는 맥을 잘 짚는 의사를 선발하여 사례감에 보냈는데, 선발되면 자랑스러워했다. 산파는 민간에서 많은 경험을 가진 부녀들이 선발되었고 입궁할 때마다 궁의 화장품과 옷을 내주어 대접하자, 민간에서는 이들의 경력을 높이 평가했다. 의사나 산파는 수시로 궁을 오가지만 유모는 일단 총애를 받으면 궁에 머무르며 "젖을 물린 공으로 평생 은혜를 입었다"는 소리가 돌았다.(『완서잡기』)

점쟁이들의 활약

점쟁이卜座星相들은 전국 도시를 돌아다니며 점을 쳐서 나쁜 것을 쫓는다거나, 운명을 예측하고 관상 등을 보는 강호의 술사術士들이었다. 소문이 나면 궁이나 한가한 공경들의 집을 드나들며 주인과 스스럼없이 대화를 나눌 수 있는 이른바 압객狎客이 되기도 했다. 호가천胡可泉이 소주 지부에 재직할 때, 소주부 아문 바깥에 "관상이나 점을 보는 자들의 출입을 금하니, 어기면 구속한다"라는 글을 붙였다. 여기에서도 이들의 행동 반경을 알 수 있다.(소우蘇祐, 『유전소언由旃瑣言』) 하류들은 사람들을 속여 밥이나 먹는 정도였다. 소설 『삼각박안량기三刻拍案凉奇』에서는 "삼각 방건을 삐딱하게 쓰고, 새로 만든 삼양三鑲 도복을 입었다. 하얀 버선은 밑바닥이 없고 짚신은 뒤꿈치가 삐져나왔다. 도포 속에는 『백중경百中經』 같은 책을 가지고 다니며, 흰 종이에 이상한 부적 같은 글자를 적은 간판을 들고" 거리와 골목에서 "운명을 알려줍니다. 안 맞으면 돈 안 받아요"라고 외치고 다녔다.

태조는 이들과 밀접한 관계를 맺었다. 유일신劉日新은 주원장이 황제에 재위하기 전 점을 봐준 사람인데 "돈을 아주 많이 벌게 되는 극히 귀한 존재"라는 괘를 말해 환심을 샀고, 태조는 등극 이후 자신이 사용한 부채에 시를 써서 그에게 하사하기도 했다.(서학취徐學聚, 『국조전회國朝典匯』) 이후 정치적 안정을 위해 이들이 길흉화복에 대한 망언을 하지 못하도록 금지시키기도 했지만, 홍무 26년(1393)에는 금령을 취소했다.(『태조실록』)

성조는 등극 전, 유명한 원공袁珙·충철忠徹 부자와 가깝게 지냈다. 원공은 원대 말기부터 점괘가 명쾌하기로 이미 유명한 인물이었다. 홍무 초년, 원공은 요광효姚廣孝를 알고 지냈는데 요광효가 연왕부에 들어가서 원공을 추천했다. 그는 연왕에게 "등극하면 20년 동안 천하를 다스릴 관상"이라고 하여 연왕이 '정난의 역'을 결심하는 데 큰 역할을 했다. 연왕은 기밀 유지를 위해 그를 고향으로 보냈다가 등극 이후 다시 불러 태상시승太常寺丞에 중용했다.(육찬陸粲, 『강사편康巳編』) 원공의 아들 충철 역시 성조의 총애를 받아 상보사경尙寶司卿에 올랐다. 일찍이 홍무 31년(1398), 연왕은 충철을 연왕부로 불러 관상에 관한 서적들을 주고 내사內使 합자첩목合刺帖木, 주수朱綉, 심순沈淳,

화공 백석白晳 등과 함께 관상 서적인『인상대성人相大成』을 편찬케
했다.(원충철袁忠徹,『부태외집符台外集』)

조정은 관상을 매우 중시해서 관련 서적을 학교에 보내 학생들이
배우도록 했다. 명말 청초 사람 주양공周亮工은 복건에서 원충철이 지
은『상인서相人書』에 "가정 4년 가을, 절강독학도발浙江督學道發 구주부
衢州府 강산현학江山縣學 수장收藏"이란 관청 도장이 찍힌 것을 보았으
니 그 좋은 예였다.(주양공,『민소기閩小紀』)

제왕들이 이들 방사를 중용하자 도시 사대부들도 이들과 교류가
잦았다. 사대부들이 "지리에 관심을 가졌다"는 말이 있었는데 실제
로는 풍수를 말했다. 사대부들이 모여 "만물을 포용한다는 풍수지
리설이나 점성술로 사람의 운명을 판단하는 성명학 이야기"를 하는
것이 유행하게 되자(이낙李樂,『속견문잡기續見聞雜記』) 술사들 또한 사
대부들과 교류하면서 반사 이익을 취했다. 회계會稽 출신의 방사 나
일원羅一元은 점성술에 능해, 심용강沈龍江·석동천石東泉 등 경사의 원
로들에게 "귀빈 대접을 받았으며" 일부는 이를 이용해 군대의 막료
가 되기도 했다. 신안 출신 왕용汪龍은 맹인으로 "이인異人에게서 가르
침을 전수받아 물건의 효용성을 추측한다"고 하여 가정 33년(1554)
막료가 되었다.

전통적인 방술 중 한 부류인 탁자拆字(한자를 결합하거나 분리해서
추론하는 것)가 있었다.『천중기天中記』에서는 이 일파가 촉나라 사람
사석謝石에서 시작되었으며 탁자로 사람의 운명을 예측할 수 있다고
했다. 그러나 악가岳軻의『정사桯史』에서는 남송 순희 연간, 탁자 방

사가 악비와 교류했다며 탁자의 시작은 사석이 아니라는 설을 제기
했다. 만력 연간에는 마수우馬守愚라는 자가 유명했다. 당시 혼사를
진행하던 매파가 '길첩吉帖' 두 글자에 대해 묻자 그는 "첩帖자는 건
巾에 길吉자가 가로로 누웠으니 좋은 징조이지만 곧 우환이 닥친다.
길吉 밑의 구口 위에 건巾이 붙으면 조弔(조弔)자가 된다"고 했는데(동
사장董斯張, 『취경집吹景集』) 이 말은 곧 사실이 되었다. 그러나 이는 우
연이었을 뿐이다. 사람들은 이 재주로 운명을 예측하다 맞으면 '기중
奇中'이라 말했는데 '신기'라기보다는 우연인 경우가 많았다.

관상은 자평오성子平五星[47]으로 관운을 보거나, 육임·둔갑·귀책·
연금六壬遁甲龜策衍禽[48]나, 태을태소동자미太乙太素洞紫微로 점을 치는 파
와 마의麻衣가 창시한, 외모·풍채를 보고 길흉·귀천을 따지는 파가
있었는데 모두 눈속임이었다.

관상학이 유행하자 사대부들도 관심을 가져 한층 더 섬세한 이론
으로 발전했다. 손작孫作은 "모습을 보고 말하는 것"은 그저 사람을
속이는 것으로 사람을 볼 때는 변變·상常 두 가지를 봐야 한다고 했
다. "상常이란 사람들이 보지 못하는 것, 변變이란 사람들이 알지 못
하는 것으로, 상은 배울 수 있지만 변은 귀신도 모른다"고 했다.(『창

47　자평오성子平五星은 명리학의 일종으로 '자평'은 사주추명학의 비조로 추앙
　　받는 남송南宋 서공승徐公升의 저서 『연해자평淵海子平』을 가리킨다.
48　육임六壬은 골패 등을 가지고 길흉을 점치는 방법이며, 둔갑遁甲은 병가의 술
　　법으로 길흉 판단을 하던 기문둔갑이며, 귀책龜策은 거북 등껍질을 구워 길
　　흉을 보는 방법이고, 연금衍禽은 연금演禽이라고도 하며 동물 상징을 사용하
　　는 방법이다.

라집滄螺集』) 사대부들이 관심을 가지자 관상학은 단순한 기술을 넘어 철학 영역으로 변모되었다.

도시 거주민들은 무사, 무당의 무술巫術을 신봉했다. 삭망이 되면 무당들은 밤에 천막을 치고 귀신을 쫓는다며 북을 치며 시끄럽게 떠들었다. 삼오三吳 일대에서는 무당이 여러 명의 '동자'를 거느렸는데, "질병에 걸렸거나 정신 이상자가 있으면 거사를 초빙하고 동자가 거사를 대신해서 화복을 점쳤다"(『화당각총담』)고 했으니 동자는 거사의 대변인 역할이었다.

승려와 도사의 다른 이름은 색마

명대 중기, 내각 대학사를 지낸 구준丘濬이 한 사찰을 지나다가 벽면을 가득 채운 『서상기西廂記』 중 장생張生과 앵앵鶯鶯의 연애 장면을 보고 놀라서 말했다.

구준: "절에 어찌 이런 그림이 있는가?"
승려: "소승은 이 그림에서 선을 깨달았습니다."
구준: "어디서 깨달았소?"
승려: "그가 추파를 던진 그 순간입니다."(풍몽룡馮夢龍, 『정사情史』)

승려의 답변에는 선리禪理·선기禪機가 충분했으나 이미 불교가 세속화되었다는 것은 부정할 수 없었다.

태조는 등극 이후 승려들에 대해 대대적인 정돈 작업을 실시했다. 홍무 6년(1373), 민간 부녀자 중 40세 이하는 비구니나 여관이 될 수 없도록 했고, 홍무 20년(1387), 백성이 20세 이상이 되면 승려가 될 수 없도록 했으며, 홍무 24년(1391), 밀교인 유가교瑜伽敎를 본따 '선우善友'라 칭하며 장진인張眞人을 사칭하면 중죄로 다스리며, 홍무 27년(1394), 승려·도사 중 처첩을 거느린 자는 축출하고, 숨겨주면 같이 죄를 다스리며, 승려가 백련白蓮, 영보靈寶, 화거火居를 자칭하고, 품행이 바르지 못하면 중죄로 다스린다고 했다.

영락 10년(1412), 성조는 승려·도사가 계율을 지키지 않고 민간 수재에 참여해서 경을 읽고 보수를 받거나 혹은 술과 육식을 하고 방탕무도하게 풍속을 어지럽히면 죽음으로 다스렸다.

이러한 엄한 정책으로 불·도교는 정돈되었다. 명대 초기에는 유명한 승려와 도사들이 간혹 사대부들과 교류하기도 했으나 조심스럽게 학문이나 시를 이야기하는 정도였다. 그래서 초기에는 교리를 엄히 지키는 조예가 깊은 성직자들이 나오고 시의 수준도 높아서 사대부들이 좋은 평가를 했다.

중기 이후, 계율을 어기고 수행은 포기한 채 도시의 번화한 생활을 좇아 도처를 유랑하는 승려가 많아졌다. 특히 북경은 전국에서 가사를 걸치고 모여드는 '승려들의 바다僧海'가 되었다. 유명 사찰마다 향불을 피우는 사람이 모여들어 매우 번성했다.(왕원한王元翰,『응취집凝翠集』「서담연승권書湛然僧卷」) 승려·도사들이 일단 도시에 나와서 민간의 일에 간여하고 사대부들과 교류하면 필히 세속과 섞이게 되니 종교의 세속화라는 거센 흐름을 피할 수 없었다.

명대 종교의 세속화는 두 가지 방면에서 나타났다. 사대부들과 교류한다며 공경의 집을 드나드는 것과 계율을 지키지 않고 술·고기를 먹고 처첩을 얻어 자식을 낳았으며 심지어 기생집을 출입하는 것이었다.

만명에 이르러 사대부들 사이에 선禪 열풍이 일자 승려들과의 교류가 다시 유행했다. 또 방사의 '채전술采戰術(도박과 성적 교접술)'이 쓸모가 있다는 소문에 도사들과도 사귀었다. 장풍익張風翼은 『담로譚輅』에서 "사대부들이 병을 구실로 사직하고 승려들과 놀러 다닌다. 이는 소동파와 불교의 영향 때문이다"라고 했다. 조정길趙貞吉처럼 선禪에 밝은 사람들은 승려들과 더욱 긴밀했다. 남경 운곡사의 한 노승은 수시로 성에 들어와 조정길·모기원毛起元·주왈번朱曰藩·육광조陸光祖 등 원로 대신들과 교류했다. 이 원로들은 노승을 집에 초청하기도 하고 같이 우수산牛首山에 올라 청담아론淸談雅論을 나누고 시를 짓기도 했다. 가정 초년 우수산 축희사祝禧寺 승려 복전福全과 숭명사崇明寺 승려 기무寄蕪도 허중이許仲貽·사응오謝應午·진우백陳羽伯과 교류하며 "동자를 쫓아 두 산승의 친구가 되었다"라고 읊었다. 도사도 마찬가지였다. 우수산 청원관淸源觀 도사 당경우唐景虞은 산방에서 기른 대나무로 작품을 만들어 사대부들과 교류했다.(성시태盛時泰, 『우수산牛首山』) 남경에서는 사대부들과 교류한 도사들로 염희언閆希言·이철도李徹度·성신자醒神子·팽선옹彭仙翁이 유명했다.

승려·도사들은 사대부들과의 교류를 통해 풍아風雅를 좇는 한편 명리를 얻었다. 동시에 방사의 채전술은 사대부들의 흥미를 끌기에 충분했다. 공복孔復은 연단과 채전술에 능했다. 남경 돼지 시장에 있는 매춘부 집에 살았는데 매춘부가 처음에는 그의 재주에 혼이 빠졌다가 오래지 않아 매독淫毒에 걸려 "도망가라고 소리를 질렀다." 매춘부의 포주는 이미 마흔이 넘은 음탕한 여자였는데 역시 공복과 관계를 갖다가 "화를 당하고 말았다." 매춘부는 수개월을 앓았고 포주 역시 며칠 동안 일어나지 못했다. 공복의 기술은 매우 '사악한 것'이었지만 많은 사람이 빠져 배우려 했다.(『객좌췌어』)

만명 시기에 승려들은 도시생활에 익숙해졌다. 사찰이 민가 속으로 내려오면서 머리를 깎는 게 의미가 없어졌다. 승려들은 관음전에서 돼지를 길렀고, 소주에서는 승려들의 음주가 일상적인 일이었다. 호구산虎丘山 사찰의 승려는 '생계'를 위해 종일 시장에서 장사를 했는데 수입이 좋았다.(황종희黃宗羲, 『명문해明文海』) 항주 천축사는 신도가 많기로 유명했지만, 승려들은 "살생과 음주"를 좋아해서 절 주변에 도축장이 가득했다.(진용정陳龍正, 『정서政書』 「향주鄕籌」) 하남 소림사 승려들은 당대 이래 음주와 육식을 하며 무예를 익혀 권법만 알았지 봉갈棒喝(선승이 매를 내리쳐 미망을 깨닫고 정신 차리게 하는 것)은 몰랐다. 소림사 이외의 승려들은 승려 신분증인 도첩度牒 없이도 삭발하면 바로 승려가 되고 내일 머리를 기르면 평민이 되는 등 마음대로였다. "백련교가 흥하자 많은 군중이 몰렸지만 관청에서는 이들이 누구인지 몰랐다. 도적들은 바로 머리를 깎고 승려로 행사하다가 일이 끝나면 아무 일 없었다는 듯 돌아갔다."(『광지역』) 이들 중 술과 육류를 취하지 않는 승려는 없었다.

명대 후기 승려·도사들은 음주와 육식은 물론 장사도 하고 돈을 벌면 처첩을 얻어 자식을 낳고 대를 이어가는 등 속세 백성과 다를 게 없었다. 가정과 자녀를 가진 도사를 '화거도사火居道士', 승려는 '화택승火宅僧'이라 했다. 당대 정웅鄭熊의 『번우잡기番禺雜記』에 광동에서 "가정과 자녀를 가진 승려를 화택승이라 했다"는 기록이 있다. 송대 도곡陶穀의 『청이록淸異錄』에는 "경사의 대상국사大相國寺 승려의 처를 범수梵嫂·방노房老라고 했다"고 했으니 당송 이래 승려, 도사들이 가정을 가진 경우가 적지 않았음을 알 수 있다. 위와 같은 논리라면 도사의 처는 '도수道嫂'라고 불러야 맞을 텐데 명대에는 이들을 '야수耶須'라고 불렀다. (『연경주蓮經注』)

명대, 승려들이 가정과 자식을 갖는 것이 일상적인 일이었다. 풍양風陽의 대용흥사大龍興寺는 원래 이름이 황각사皇覺寺였다. 초기에는 태조의 명으로 노승들만 가정을 갖는 것이 허락되었다. 만약 다른 승려들이 가정을 이루면 설사 나이가 제법 들었을지라도 젊은 승려들의 질시를 받았다. 말기에는 승려들이 모두 가정을 이루니 이런 차이가 없어졌다. 복건 소무邵武, 정주汀州의 승려들은 모두 가정이 있어 수백 명 중 한 사람 꼴로 삭발을 했고 나머지는 일반인과 머리부터 발끝까지 똑같았다. 운남 대리부 승려들은 처자식을 거느리는 건 물론이고 '유학儒學' 공부도 허용되었다.(담천談遷, 『조림잡조棗林雜俎』)

명대 말기, 승려와 도사들이 가정을 이루고 색욕에 대한 계를 지키지 않아 교방사 기원妓院을 자주 드나드니 이들을 일컬어 '색마色魔' '꽃마을 마왕花里魔王'이라 했다. 심지어 매춘 역시 문제가 되지 않아 승려에게는 '광두光頭(중대가리)', 도사에게는 '표두嫖頭(오입쟁이)'라는 별명이 붙었다.

'색마' 혹은 '꽃마을 마왕'이라는 별명에는 유래가 있다. 승려들은 아내가 없어 여자를 보면 굶주린 귀신처럼 변한다며 조롱하는 의미에서 색마라 불렀다. 도사는 밤새 경을 읽어도 수입이 3~5전 정도에 그쳐 매춘하기에는 돈이 턱없이 부족했다. 그래서 늘 여자들에게 정성을 다했다. 혈기 왕성한 도사들은 정력이 좋아서 밤을 새웠지만 늙은 도사들은 기력이 부족해서 원단元丹·하수환蝦須丸·삽정산澀精散·백전고百戰膏 등 다양한 춘약을 복용했다. 매춘부들은 이런 도사들을 보면 기겁을 하면서 '꽃마을 마왕'이 나타났다고 했다. 승려와 도사들이 도시의 성생활이 범람하는 데 일조했다는 것을 알 수 있다. 『금병매』에서 서문경이 사용했던 '호승약胡僧藥(서역 승려의 춘약)'은 이름은 오랑캐라고 했지만 사실 중원의 승려들도 애용했다.

강호에 살다

"강호에 살면서 어찌 신발에 물을 묻히지 않을까?"라는 속담이
있었다. 바로 흑사회와 관련된 얘기다. 도시라는 강호에서 밥을 먹
고 사는 흑사회 인물들도 나름의 역사가 있다. 하루종일 거리를 오
가며 아무 일도 하지 않고 무위도식하는 것처럼 보이지만 이들은 유
괴·인신매매·사기·강도·폭행·도둑질 등이 본업이었다.

불량배들

소설 『도올한평』에서는 도시의 광곤光棍(불량배)들에 대해 "손에는
단단한 몽둥이, 어깨에는 장대를 메고 사냥에 나선다. 참매부터 황

구黃狗까지 이들이 노리지 않는 사냥감이 없지만 모두 어리석은 무리일 뿐이다"라고 했는데 부잣집의 버릇 나쁜 자제들과 하는 행동들이 비슷했다.

도시에는 '일부逸夫' 혹은 '일민逸民'이라는 존재들이 있었다. 하는 일 없이 거리를 배회하는 사람들로 당송 시대에는 한인閑人이라 했다. 송강·소주에 많았고 아문의 옥졸 등 하급 노복들과 결탁해서 도시 곳곳을 배회하며 백성을 괴롭히는 나쁜 일을 저질렀다.

『육부성어주해六部成語注解』에서는 '나호喇唬'를 "사기 치는 무리"라고 했다. 머리에 황색 깃발을 꽂고, 어깨를 황색 보자기로 싸고 아문에서 관리들을 고소한다며 협박하거나, 다른 사람 대신 고소장을 날조해서 지방관들을 고발하여 재물을 갈취하거나, 더 악랄한 경우는 무고한 사람을 반역·강도로 고발하기도 했다. 명대 초기, 조정이 강력한 조치를 취하자 잠잠했다가 정통 연간 이후 점차 활동이 거세어져 성화·홍치 연간에 극성을 부렸다. 이름부터도 거칠고 사람들에게 위협적이었다. 정통 5년(1440), 북경 통주通州 장가만張家灣의 군졸 소문빈邵文斌 등 9명은 낭두郎頭·철검鐵臉·염왕閻王·태세太歲·선봉先鋒 등 듣기만 해도 거친 별명을 짓고 부두에서 선량한 사람들을 협박해서 재물을 갈취했는데 누구도 감히 나서서 제지하지 못했다.(『영종실록』) 성화 6년(1470), 산서 태곡현太谷縣에는 자칭 '도태세都太歲'라는 자가 젊은 무뢰배들과 뭉쳐 십호十虎·이현二賢·팔대왕八大王이라 자처하며 마을에서 불법을 저질렀다. 이들이 저지른 만행은 첫째, 폭행과 살인이다. 북경은 군과 민이 잡거하고 있었는데 '나호喇唬'

들은 사소한 일에도 폭행과 살인을 저질렀다. 시신을 메고 사람들을 위협하여 재물을 착취하거나, 거리에서 사람들과 말싸움을 벌이며 몽둥이나 칼을 들고 폭행을 가했다. 상대방이 "돈과 물건을 다 포기할 때까지 집과 담을 때려 부수며 행패를 부렸다." 둘째로는 시장을 장악하고 물건을 강탈했다. 삼삼오오 떼를 지어 화려한 옷에 맛있는 음식만 먹고 매춘부집에 기생하며 악행을 자행했다. 가산을 탕진해서 돈이 떨어지면 도박장을 열었다. 돈을 따면 다시 자행하고 잃으면 도시를 오가며 도적으로 변했다. 셋째, 물건 횡령이다. 곡식을 관리하거나 중개를 하면서 다른 것들을 섞어서 폭리를 취했다. 밤에 순천부 탁주涿州 상영창常盈倉을 털어 곡식을 훔쳤다. 이런 자들을 가리켜 『금병매』에서는 송대에 '도자搗子'라 불렀고, 명대에는 '광곤光棍'이라 불렀는데 여기서 '광'은 '아무것도 없다'는 의미이기도 해서 '적곤赤棍'이라고도 했다. 청대 이감당李鑑堂은 『속어고원俗語考原』 「광곤光棍」에서 적길 "무뢰배들 중 사기를 치는 자를 광곤, 마누라가 없는 자를 광곤한光棍漢"이라 했다.

이 광곤들은 관청과 결탁해서 송사에도 개입했다. 남의 뒤를 캐거나, 시시비비를 왜곡해서 '몰두귀沒頭鬼'라고 불렀다. 어디서든 일만 생기면 무리를 지어 간섭을 했다. 두목을 '찬창서鑽倉鼠' '조정호弔晴虎' '주묵판관酒墨判官' '백일귀白日鬼'라고 불렀다.

가령 이런 식이다. 왕옥王玉과 왕해王海라는 자가 통정사通政司와 병부 아문 앞에 죽치고 앉아 고소인과 죄수 호송인들을 가로막았다. 시간을 벌어준다며 죄수에게 재물을 요구하고 고소장 작성을 대신

써주는 자들에게는 사건을 물어왔다며 수수료를 챙기기도 했다. 부녀자를 간음한 뒤 "옷과 물건은 전당잡히는 등" 그 해악이 이루 말할 수 없었다.(『황명조법사류찬』)

유동 인구가 많은 지역이 광곤들의 주요 활동 무대였다. 특히 기생이나 매춘부 집에 모여 술을 마시고 사사로운 복수를 대신 해주었다. 피해자들이 신고를 해도 관청은 시시비비를 가리기보다는 같이 처벌을 당하니 피해를 당해도 그저 참을 수밖에 없었다.

태창 원년(1620), 어사 장발張潑이 "경사에서 무리를 지어 다니는 악당들을 파곤把棍·와두訛頭라 한다"(양장거梁章鉅, 『칭위록稱謂錄』)라고 했다. 중국어로 '와訛'와 '아鵝'가 동음이어서 명대 역사를 다룬 서적에는 '남의 약점을 노려 사취하다拿訛頭'와 '거위 머리를 잡다拿鵝頭'가 혼재되어 있다. '나와두拿訛頭'는 이들의 행동을 묘사하는 것으로 명말 요희맹姚希孟는 파곤 등 무뢰배들이 '거위 머리를 잡거나' '일을 일으켜 사기를 치는 일생사사人生事詐人'로 소일한다고 했다.(진자룡陳子龍, 『명경세문편明經世文編』)

그러면 파곤은 어떻게 '거위 머리를 잡는가'? 파곤은 누가 사기를 치려 한다는 소식을 들으면 뒤를 밟다가, 사기를 치려는 순간 뛰어들어가 고발한다고 협박을 해서 돈을 뜯어냈다. '거위 머리를 잡으려'다가 '약점을 노려 사취하는' 것으로 변하는 것이다.

'파把'는 이들 무뢰배가 모여서 생긴 조직인데, 차를 마신다는 명목으로 돈을 모아 조직 내 누군가 고발당하면 해결 경비로 썼다. 조직간 이해가 충돌하면 수시로 집단 폭행으로 발전했다. 이 과정에서

"피해를 당한 파곤이 참지 못하면 또 다시 일을 일으키니 멈추지가 않았다."(『태조실록』) 파곤은 때로 해직한 관리와 객상을 으슥한 곳으로 유인해서 계약서를 쓰도록 강압한 뒤 돈을 뜯기도 했다. 이를 '토백채討白債'라 불렀다. 또 병패兵牌(명령을 전하는 표식)를 도용하여 화부火夫를 협박하고 돈을 뜯기도 했다.

청부업자

명대 중기 이후 경제적으로 부유한 강남, 특히 소주·송강 등에서는 전문적으로 남의 복수를 대신 해주는 무리가 출현해서 "바쁘게 활동했다."(서광계徐光啓, 『농정전서農政全書』) 이들은 무리를 지어 약자를 괴롭혔는데 상당히 세력이 강해, '타수打手' '청수靑手'라 불렸고 이들 집단을 '타행打行'이라 했다.

가정 중엽부터 소주에서 시작되어 송강으로 번졌고 만력 8년(1580) 이후 극성을 부렸다.

'타행'은 전문적으로 사람 때리는 일을 했다. 이들에게는 남들이 모르는 독특한 비법이 있었다. 사람을 때릴 때 가슴, 옆구리, 하복부 등을 그들만의 방식으로 때리면 3개월 혹은 5개월, 1년 후 정해진 시간에 죽게 할 수 있었다. 나중에 설사 누군가 살인죄로 고소해도 이미 시간이 지나 사건이 성립되지 않았다. 이들이 출몰하면 사람들은 "고개를 저으며 피했다."(범수기范守己, 『곡유신문曲洧新聞』) 누군가의 원한과 복수를 해결해주기 위해 보복할 사람 집에 쳐들어가 고의로 도발을 해서 반항을 이끌어낸 뒤 집단 구타를 했다. 잡혀도 무리끼리 서로 증인을 서니 결국에는 피해자가 돈으로 사죄하며 마무리가 되는 등 사건의 진상은 영원히 해결할 길이 없었다.

전문적으로 사기치고 도둑질하는 무리로 '당륙시撞六市'가 있었다. 시골에서 올라오는 사람들을 속여 외진 곳으로 유인하여 물건을 빼앗았다. 대낮에 물건을 훔치다 발각되어도 일당이 가세하여 탈출한 뒤 오히려 호송하던 관리들을 협박했다. 이를 '초염두炒鹽豆'라 불렀다.(범염范濂, 『운간거목초雲間据目抄』)

타행을 이끄는 자는 나름 의협심이 강하여 싫어하는 사람에게는 꼭 보복을 했다. 의술로 돈을 많이 번 승려가 인색하게 굴자 기생을 이용해 승려를 유혹한 뒤 재물을 갈취하기도 했다.(엽권葉權, 『현박편賢博編』)

엄당閹黨[49]에 붙어 정치에 관여하는 자들을 '청수青手'라 했다. 숭정 17년(1644) 3월, 이자성이 북경에 입성하자 명은 망하고 말았다. 남경에서는 소문을 듣고 복사復社[50] 지사들이 격문을 써서 엄당을 공격했다. 엄당 잔당들은 놀라서 청수 수십 명을 고용해 자위와 보복에 나섰다. 복사 중 서무정徐武靜·장자퇴張子退 두 명이 동양東陽·의

---

49 명대 환관들의 정치 집단을 이르던 말이다.
50 명말 숭정崇禎 6년(1633)에 강남 지역 사대부가 규합하여 조직한 문인 단체. 환관과 엄당의 부패한 정치에 반대하고, 동남부 지역 지주의 이익을 보호한다는 명목을 내세웠다. 명이 멸망한 후에는 청에 항거하는 활동을 벌였다.

오義烏에서 온 대숙고戴宿高 등과 함께 청수를 공격하자, 엄당 잔당들이 감히 나서지 못했다.(두등춘杜登春,『사사시말社事始末』)

타행 무리는 재물을 편취하는 데 있어 '찰화돈扎火囤'이라는 방법을 썼다. 송대에는 '미인국美人局', 청대에는 '선인도仙人跳'라고 했다. 시에서는 "남녀가 사랑에 빠지는 것은 인지상정이다. 모두 인연에 따라 만난다. 서로 진심이라면 설사 무슨 속임수가 있어도 묻지 않는다. 부잣집 자제를 유혹하여 사기로 재물을 가로채는 것이 찰화돈扎火囤이다"라 했다. 즉 남녀 간의 사랑 혹은 미인계를 이용하는 것을 말했다. 자신의 처자를 이용하거나 혹은 기생을 처자로 위장시켜 함정을 판 뒤 돈 많은 이들을 유혹한 뒤 광곤들이 개입해서 돈을 뜯었다.

가정 38년(1559), 응천 순무 옹대립翁大立이 소주에 부임해서 타행 소탕에 나서자 비로소 잠잠해지는 듯하더니 송강, 가정嘉定 일대로 옮겨갔다. 명대 말기 가정 지역의 문사 후동증侯峒曾은 "타행으로 인한 피해가 너무 크다. 작게는 청부대행업이고, 크게는 알고 지내자며 복수를 한다."(『사사시말』) 가정현에는 타수들이 집결하여 부근 시골까지 세력을 펼쳤다. 시골에서는 백성이 세금을 내지 못해 곤장을 맞게 되면 타행이 사람을 고용해서 대신 맞아주고 한 대당 은냥 2전을 받기도 했다.

도둑질

소설 『삼각박안량기三刻拍案凉奇』에서는 신출귀몰한 재주를 가진 도둑이 나온다. 비록 도둑이지만 신의를 중시해서 약자의 재물은 탐내지 않았다 "부녀자를 간음하지 않고 선량하고 어려운 자의 집에는 들어가지 않으며 내뱉은 말은 지키고, 훔친 물건은 어려운 자들과 나누었다. 인색하고 정이 없는 부자들이 이들을 두려워했다." 이들은 나름 의협심이 강해서, 높은 자리에 앉아 겉과 속이 다르게 행동하고 오직 자기 욕심만 채우고 이익 앞에서는 의를 내팽개치는 자들과는 비할 바가 아니었다.

도둑의 역사도 오래되었다. 주로 도시에서 활동했는데 지역별로 호칭이 달랐다. 『연경잡기燕京雜記』에서는 "사람의 물건을 훔치는 자들을 남방에서는 '전류翦綹', 경사에서는 '소리小利'라고 했다. 물건을 훔칠 때 보는 사람이 있으면 칼로 위협을 했다"고 적고 있다. 항주에서는 편자騙子·소투小偷·유맹流氓이라고 불렀다. "맨손으로 작업하면 '타청수망打淸水網', 소매 속에서 물건을 훔치면 '전류翦綹', 행패를 부리는 자들을 '파락호破落戶'라고 했다."(『서호유람지여』)

남경에는 전문적으로 창고의 쌀을 훔치는 일당이 많았는데, 흰 천으로 만든 밧줄을 타고 담을 넘는다 해서 '백룡괘白龍挂'라고 불렸다.

도둑이 담을 넘어 집에 들어가서 불을 밝히는 대담함을 보이니 '강적强賊'이라고 했다. 북경에서는 "마적들이 길을 막고 위협했다. 순순히 물건을 내놓지 않으면 살인도 마다하지 않았다."(『황명조법사류찬』) "이 산은 내 것이고 나무도 내가 심었다. 지나려면 통행료를 내라"며 위협했는데 희곡이나 소설에 나오는 대사 그대로였다. 북방, 특히 화북 지역에서는 끝도 안 보이는 대평원에서 말을 타고 바람같이 다니면서도 흔적을 남기지 않는 마적이 성행했는데, 관청에서는 골머리를 앓았다.

북경 옥하교玉河橋 일대에서는 밤이 되면 불량소년들이 출몰해서 행인들을 괴롭혔다. 『사포집문查浦輯聞』에는 이들이 당나귀 가죽을 둘러쓰고 검은 얼굴에 날카로운 발톱으로 여행객들을 위협해서 금품을 갈취한다고 했다. 가흥부에서는 무뢰배들이 수풀 속에 숨어 있다가 시장에 가는 사람이 있으면 갑자기 기습해서 약탈하니 '타포적打布賊'이라고 불렀다. (풍여필馮汝弼, 『우산잡설祐山雜說』)

도둑·강도들은 훔친 물건을 숨기고 거래하는 장소가 있었다. 남경의 야시장은 이들이 장물을 거래하는 '암시장鬼市'이었다. 달교笪橋 다리 밑에 새벽 3~5시(오경五更)가 되면 "도둑들이 훔친 물건을 가지고 어둠속에서 조용히 손가락을 이용해서 거래를 하니 통상 몇 배의 이익을 남겼다."(요여姚旅, 『노서路書』) 『진오록鎭吳錄』은 전문적으로 훔친 장물을 숨기는 집 '망두網頭'가 소주에 있었다고 기록하고 있다. 그러니 여러 지방에서 몰려와 휴일에 도둑질을 하거나 저녁에 천변에 있는 선박을 뒤지거나, 남의 집 담을 넘거나 해서 재물을 훔치니 백성의 피해가 컸다. 산동 제남 역성현歷城縣에서는 포졸들이 훔친 물건을 숨겨주고 도적들과 한패가 되어 이익을 나누기도 했다.(『숭정역승崇禎歷乘』)

도둑이 기승을 부리면서 이름을 떨친 도둑도 등장했다. 북경의 대도 주국신朱國臣은 "일당 수십 명을 거느리고 활동했다."(주일신朱一新, 『경사방항지고京師坊巷志稿』) 사조제는 『오잡조』에서 북경의 한 도둑 우두머리가 금의위 도지휘사 육병陸炳의 집에 들어갔던 사건을 기록했다. "도둑이 육병의 집을 털다가 육병과 마주쳤다. 육병은 겁이 나서 말도 꺼내지 못했는데, 도둑은 '어사 100명이 온들 나를 어쩌지 못할 것이다. 당신은 살려주겠다!'는 말을 마치고 흔적도 없이 사라져버렸다."『삼각박안량기』에 나오는 '나룡懶龍'이 바로 이런 대표적인 인물이었다. 신출귀몰해서 마치 바람처럼 움직이며 "천하제일 도둑"이라고 불릴 정도로 재주가 대단했다.

부녀자의 면면

　명대 도시의 부녀자들은 사회적 신분에 따라 황궁의 후궁, 사대부
가 부녀, 일반 시정 여인, 웃음을 파는 여자로 구별되었다. 신분이 다
르니 이들과 관련된 부권父權·부권夫權·족권族權·신권神權 등도 차이
가 있었다. 신분과 교육 차이에 따라 부녀자들의 취미는 달랐지만,
불교와 도교 등 신앙에 대해서는 유사한 믿음을 가지고 있었다.

　도시 생활이 번화해지자 부녀자들도 더 이상 규방 깊은 곳에 머
물지 않고 적극적으로 사회활동에 참여하여 자신들의 활동 범위를
넓혀갔다. 여인들의 얼굴이 시중에 노출되면서 다음과 같은 제약이
따라붙었다. 점치지 말 것, 노래나 이야기를 듣지 말 것, 경經을 읽는
모임에 나가지 말 것, 승려나 도사들과 어울리지 말 것, 불사에 참여
하지 말 것, 사찰이나 도관에 가서 향이나 지전을 태우지 말 것, 귀

신을 부르지 말 것, 등燈 구경을 가지 말 것, 선이나 노래를 배우지 말 것, 비구니·점쟁이·매파·기생을 멀리 할 것, 의리로 친분을 맺지 말 것, 외부 사람을 쉽게 사귀지 말 것, 술자리에 가지 말 것 등이었다.(『서원문견록』) 이처럼 조목이 많은 것은 이것을 어기는 현상이 많았다는 것을 역설적으로 말해주는 것이고, 사회적으로 부녀자들의 생활이 확대되고 있었다는 것을 증명해주는 것이었다.

내령규범

태조는 건국 이후 전통 예교를 회복하려는 제도를 세웠다. 특히 남녀 간의 차이를 강조하여 혼거 등을 금지해서 전통 풍속을 지키는 데 중점을 두었다. "남녀는 구별되어야 한다. 부녀자는 가사를 돌보고 밖으로 나와서는 안 된다. 외부로 나와 얼굴을 노출하면 필히 음란한 일을 자초한다."(주원장, 『어제대고무신御制大誥武臣』) 태조는 예교 제도를 공포하면서 먼저 궁내에서 후궁과 궁녀들에게 『내령內令』 네 가지를 지키도록 했다. "문첩文牒 외에 사적으로 글을 쓰지 말라. 글을 쓰거나 받는 자, 사정을 아는 자 모두 참형에 처한다. 암자·도관·사찰에서 향을 피우거나 점을 쳐서는 안 된다. 어기면 사형에 처한다. 병에 걸려도 외부에서 의사를 들이거나 외부의 약을 먹으면 안 된다. 후궁들은 신하들과 거리를 두어야 한다. 중추·동지·설날·매월 삭망에는 조정에 나올 수 있지만 더운 여름, 추운 겨울. 비와 눈 내리는 날은 피해라."(『황명조훈』「내령」)

후궁들은 내령을 충실히 이행해서 천하 백성의 모범이 되어야 했다. 그리고 『여계女誡』『내훈內訓』을 만들어 궁중 부녀자들이 지켜야 할 도덕 기준으로 삼았다. 홍무 초년, 마馬 황후는 『여계』를 만들어 부녀자들이 지키도록 했다. 영락 연간, 인효황후 서徐씨 역시 『내훈』을 정해 마황후의 가르침을 충실히 따랐다. 『내훈』은 모두 20편으로 덕성·수신·신언愼言·근행謹行·근려勤勵·경계警戒·절약·적선·천선遷善·성훈 받들기·경현범景賢范·부모 모시기·남편 모시기·시부모 모시기·제사 지내기·모의母儀·친목·자유滋幼·아랫사람 다스리기·외척 접대 등 부녀들이 지켜야 할 내용이 포함되었다. 덕성에 대해서는 "조용하고 고요하며, 단정하고 장엄해야 하는 것이 여자의 덕성이다. 부모를 잘 섬기고 공경하고, 어질고 명철하며, 자상하고 온화해야 한다"라고 했고 수신에 대해서는 "몸을 바르게 해야 재앙을 방지할 수 있고, 행동을 조심해야 덕을 쌓을 수 있다"고 했다.(『대명인효황후내훈大明仁孝皇后內訓』)

서 황후는 어려서부터 경서를 읽으면서 한번 본 글은 잊지 않아 '여자 유생'이라 불렸다. 『승조동사습유기勝朝彤史拾遺記』에서는 서 황후가 명부命婦(조정으로부터 봉작을 받은 부인)를 만나서 "남편을 돕는다는 것은 의식주뿐 아니라 반드시 덕행으로 도와야 한다. 친구들의 말은 가려내고 잘 듣지 않지만 부인의 말은 완곡하기에 잘 듣는다. 여러분은 꼭 기억하라!"고 당부했다.

홍헌興獻 황후 장蔣씨 역시 『여훈女訓』을 정했다. 내용은 규훈閨訓·

수덕修德 · 수명受命 · 부부夫婦 · 시부모 효도 · 경부敬夫 · 애첩愛妾 · 자유慈幼 · 임자妊子 · 교자敎子 · 근검절약 등 12편으로『내훈』의 재판이었다. 규훈閨訓에 대해서는 "부녀자는 조용한 것이 덕이고 유순한 것이 성이며 일을 만들지 않아야 화가 없고 교태를 부리지 않고도 이쁨받아야 한다"고 했다.(장성태후장씨,『여훈』)

『여계』『내훈』『여훈』 등의 서적은 궁에서만이 아니라 천하 부녀자들이 꼭 읽어야 할 필독서가 되어 행동의 기준이 되었다. 일반 사대부들도 이 내용들을 사례四禮의 하나로서 가정 내 윤리 규범으로 삼았다. 여곤呂坤은『사례익四禮翼』에서 '여자의 예'와 '부인의 예' 두 방면을 이야기했다. '여자의 예'에서는 종구복從口腹 · 종명從命 · 절약 · 직업 · 비손卑遜 · 언어 · 의복 · 장식 · 아소雅素 · 서사書史 · 여용女容 · 근력勤歷 · 성정 등으로 미혼 여자의 행위와 생활을 규범화했고, '부인의 예'에서는 종배궤從拜跪 · 거실居室 · 무수無遂 · 내참內讒 등 기혼 여자의 행위와 생활을 규범화했다.

부녀자들에 대한 예교는 교육을 통해 일상생활에서 기준이 되었다. 궁녀가 선발되어 궁에 들어오면 이를 교육받았다. 궁녀들은『백가성百家姓』『천자문』 등을 먼저 배우고『효경』『시경』『대학』『중용』『논어』 등 유가 경전을 배웠는데 그중『여계』『내훈』『여훈』『여효경女孝經』이 가장 중요했다. 민간에서는 부녀자들의 섣부른 교육을 경계했지만 유가 경전은 물론『여계』『여훈』 등은 많이 읽도록 격려했다. 하흠賀欽은 집안의 부녀자들에게 지켜야 할 12가지 사항을 제시했다.

"평온하고 공손하게 받들고, 제사는 엄숙하게 지내며, 시부모는 효로 받들고, 남편은 예로 받들고, 동서·자매는 화합으로 대하고, 자녀는 바름을 교육하고, 노복에게는 은혜를 베풀고, 친척에게는 정중하게 대하고, 좋은 소리를 들으면 기뻐하고, 사악한 일은 경계하고, 방직을 힘써 하고, 재물은 절약해서 쓴다."(『의려집醫閭集』)

도시 부녀자들은 예교에 따라 집안에서 극히 단조롭고 재미없는 생활을 보내야 했다. 몸가짐을 유지하기 위해 "이야기할 때는 조용하고 진중해야 하며 번거롭거나 거칠고 큰소리, 화려한 언변은 피해야 했다. 품성은 자애롭고 관대해야 하고, 외모는 경박하거나 지나친 총명을 자랑해서는 안 되었다. 가사를 위해 요리, 베 짜기, 자식 교육에 집중해야 했다. 옷과 음식은 소박하고 우아해야 하며 사치를 수치로 여겨야 했다.

종교생활

도시의 부녀자들은 종교에 깊은 관심을 보였다. 단조로운 생활 속에서 종교는 유일한 정신적 기탁처였으며 사찰에 향을 올리고 피우는 것은 중요한 행사이자 사회적 모임이었다. 특히 불교와 도교 행사 참여는 자연과의 만남이라는 또 다른 친근감이 있었다. 북경 동쪽에 있는 악비를 추앙하는 동악묘에서는 매년 3월 28일 동악제의 생일에 큰 제사가 행해졌다.

민간에서는 매년 각 지역에서 '향회香會'가 결성되어 부녀자들이 길에 쏟아져 나와 부처를 부르는 소리가 천지를 덮었는데, 일보 일 배를 하며 절로 향하는 '배향묘拜香廟'가 이뤄졌다. 불교는 부녀자들 이 가장 숭배하는 종교로 삼오三吳 일대 100여 리 내에는 불야佛爺, 불조佛祖, 불사佛師라 불리는 "고승들이 높은 곳에 앉으면 수많은 남 녀가 그 밑에 머리를 조아렸다."(『견문잡기』) 노인들은 죽음이 두려워 염불회를 만들어 염불을 했다. 마치 백련교처럼 비구니들의 인도에 따라 나이나 미추에 관계없이 누구나 입회하니 전국이 들썩였다. 일 부 음탕한 승려나 도사들은 신도들을 '간낭干娘'이라 부르고 그저 맹 신하는 신도들은 이들을 스승이나 아비라 부르면서 '제자弟子'를 자 칭했다. 또 집에 불상을 모시고 종일 불경을 외웠다.(『유청일찰』) 소흥 에서는 "저승사자冥司에게 바치면 죽어서 쓸모가 있다"며 지전을 태 우는 풍습이 유행했다.(도석령陶奭齡, 『소시상남남록小柴桑喃喃錄』)

궁과 친왕부에서도 후궁들이 예불에 열심이었다. 영락조 때 인효 황후는 연왕부 시절 『관음몽감경觀音夢感經』을 지었는데 꿈에서 관 음대사에게 경전을 받아 읽다가 깬 뒤 이를 적은 것이었다. 사람들 은 "경건하게 삼매경에 빠지면 『원각圓覺』의 여러 경전에 못지 않다" 고 했다.[51] 만력조 때 자성 황태후 역시 불교를 신봉해서 궁내에서는 '구련九蓮 보살'이라 불렸다. 『과일집전過日集箋』에는 자성 황태후가 푸

---

51 석가여래의 각성覺性. 원만圓滿 주비周備하여 조금의 결감缺減도 없는 우주의 신령스러운 깨침.

른 수를 놓은 높이 6척에 달하는 관음상觀音像을 진공 받아 자영궁慈寧宮에 모셨다고 했다. 『옥대서사玉臺書史』에는 정鄭 귀비 역시 불교를 신봉하여 자청지磁青紙에 금박 가루泥金로『관세음보살 보문품경普門品經』을 사경하여 신종의 장수를 기원했다고 했다. 숭정조 때, 의안懿安 황후도 수시로 불상과 복식을 제작했다. 무늬가 없는 비단에 오색 견을 접어 대사보상大士寶相을 만들었는데 '퇴사불堆紗佛'이라 불렀고, 또 무늬가 없는 비단과 황상색 비단을 연결해서 학창의鶴氅衣(새의 깃털로 만든 도포)처럼 만들어 입고 관음대사에 예불을 들여 '예상우의霓裳羽衣'라 불렀다. 왕부에서도 유행이었는데 헌왕부憲王府 궁녀 하운영夏雲英은 7세부터 불경에 능해 '오련悟蓮'이라는 법명을 얻었고 출가하여 보살계를 받았다.

삼오 일대 사대부 집안 부녀자들은 일상적으로 "절에 가서 향 피우고 경을 들으며" 고승을 스승으로 삼았다.(진용정陳龍正,『정서政書』「잡훈雜訓」) 사대부들이 불교를 믿으면 딸들도 영향을 받아 어려서부터 불교에 귀의했다. 원종도의 딸은『금강경』을 읽고 "항상 의외의 대답을 했다."(원종도,『백소재류집白蘇齋類集』) 부녀자는 일상생활에서도 "하루 종일 아미타불을 외우고 화려한 옷을 멀리하며" 경건함을 실천했다. 고인顧璘의 딸 고경顧敬도 "불교에 심취해서 육식을 끊고 조용한 생활을 하니 불변하는 고유한 실체가 없는 상태를 깨우쳤다"고 했다.(고인,『고화옥집顧華玉集』)

도시의 일반 부녀자들은 유행에 휩싸이는 동시에 또 자연재해가 끊이지 않자 신령의 보호를 받으려는 기대를 갖게 되었다. 20~30명

씩 모임을 만들어 밤낮으로 경을 읽었고 삭망이 되면 사찰에 가서
향을 피우거나 수천 리 떨어진 남해나 동악에 가서 복을 기원했다.

천적賤籍에 속한 기생들도 종교 활동에 열심이었다. 다른 모든 직
업이 자신들의 행업신을 모시듯이 기생들은 '백미신白眉神'을 신봉했
다. 당당한 풍모에 긴 수염을 기르고 말 위에서 칼을 찬 모습이 관우
와 비슷했지만 흰 눈썹에 붉은 눈이 달랐다.(『만력야획편』) 방곡坊曲
(매춘부가 살던 곳)에서 처음 손님을 맞으면 함께 신에게 절을 한 뒤에
야 일을 치를 수 있었다.

부녀자들은 시정에서 자칭 사장師長·화거도사火居道士·사공師公·
사파師婆·성자聖子라고 불리는 무당들과 깊은 관계를 맺었다. 이들은
지옥을 빙자해서 불교를 왜곡한 사악한 책을 만들어 백성을 미혹하
고 신 내림으로 귀신을 쫓는다는 굿판을 벌이기도 했다. 역사적으
로 무당들이 "부녀자들과 통한다交通婦女"라고 했는데 이를 말해주는
것이다.

금릉의 열두 비녀

도시에는 청루靑樓들이 즐비하고 그 수가 늘어감에 따라 미모와
더불어 여러 재주를 가진 기생들이 등장했다. 가정 연간, 천하는 태
평하고 남경 역시 풍족하여 일상적인 날들이 이어졌다. 유명한 기
생으로 유劉·동董·나羅·갈葛·단段·조趙가 있었고 하何·장蔣·왕王·

양楊·마馬·저豬가 있었는데 '금릉의 열두 비녀釵'라고 불렀다.(풍몽룡,
『정사』) 명대 말기에는 동소완董小宛·이향군李香君·변옥경卞玉京 등이
전국적으로 명성을 떨쳤다.

기생의 역사는 오래지만 수적으로나 식견·사교활동 등으로 볼 때
명대는 전시대보다도 독특한 면이 있었다.

먼저 북경과 남경의 교방사에서 관기를 관리했다. 북경에는 동원東
院·서원西院이 있고 남경에는 십사루十四樓가 있어 손님을 맞았다. 교
방사에는 아문과 관리인, 형틀이 있어 질서를 유지했다. 관리인은 손
님을 만나도 감히 공읍拱揖을 하지 못했다. 교방사가 관리하는 관기
가 관기의 신분에서 벗어나려면 반드시 예부의 허가를 얻어야 가능
했다.

남경 교방사가 운영하는 십사루에 대한 기록은 조금씩 차이가 있
다.『태조실록』에는 강동제문江東諸門 바깥에 학명鶴鳴·취선醉仙·구가
謳歌·고복鼓腹·내빈來賓·중역重譯 등 십루가 있었다고 했다. 홍무 27년
(1394) 오루를 더 세워 십오루가 되었다. 심덕부는 태조가 십루를 세
웠을 때 상술한 육루 외에 청강淸江·석성石城·악민樂民·집현集賢 사루
가 있었고, 나중에 다시 경연輕煙·담분淡粉·매연梅妍·유취柳翠·여일余
一이 있었다고 했으나 기록은 없다.(『만력야획편』)『홍무남경성도지洪
武南京城圖志』에는 왕조 초기, 강동·학명·취선·집현·악민·남시南市·북
시北市·경연·유취·매연·담분·구가·고복·내빈·중역·규불叫佛 등 16
곳이 있었다고 했다. 가정 연간 편찬한『남기지南畿志』에는 남시·북
시·학명·취선·경연·담분·유취·구가·매연·고복·내빈·중역·집현·

악민 등 십사루가 있었다. 종합해보면 초기에 남경에는 십육루가 있었다. 홍무 시기 진사 이태李泰는 이 십육루를 시로 읊으면서 청강, 석성 두 곳을 언급했다. 영락 연간 안진晏振의 『금릉춘석金陵春夕』에서는 '꽃피는 봄, 강 언덕에 십사루花月春江十四樓'라고 했으니 십사루의 역사는 오래 된 것이다.

관기 외에 일반 기생들도 있었다. 북경에는 서하西河 연변의 '사협斜狹'에 있었다.(장조張潮, 『우초신지虞初新志』) 남경에서는 구란勾欄이라 불렸는데 무정교武定橋 동쪽과 회동교會同橋 남쪽 두 곳이 있었다.(『홍무남경성도지』) 내교內橋 옆에 주시珠市(저시猪市, 돼지 시장)에도 있었다.(『판교잡기』)

중기 이후, 남경의 십사루는 대부분 없어지고 오직 남시루南市樓만 남았다. 북시루北市樓는 건도교乾道橋 동북쪽에 있었는데 아마도 돼지 시장으로 유신劉辰이 『국초사적國初事述』에서 말했던 부락원富樂院이 바로 이 자리였다. 초기에 부락원은 무정교 동남쪽과 취보문聚寶門 밖 동쪽에 있었다. 말기에 관기가 살던 자리를 '곡중曲中'이라 불렸는데 앞문은 무정교, 뒷문은 초고가鈔庫街로 연결되었고, 집들이 생선 비늘처럼 길게 이어졌다.

도시가 번화해지자 기생들의 숫자도 증가했다. 대동大同에는 왕부 소속의 악호樂戶(관기)가 다른 번藩보다 몇 배나 많았다. 쇠락기에 접어들어서도 2000명에 달해 가무가 밤낮으로 끊이지 않았다. 천순 연간 이후 북경에서는 수치를 모르는 자들이 자신의 부인들을 이용해 "관리나 상인들을 불러 음주와 매춘을 일삼았다." 또 양가의 부녀자들을 사와서 첩이라고 속이고 남과 정을 통하게 한 뒤 재물을 빼앗았다.(『황명조법사류찬』) 이런 일들로 인해 북경 사창가는 크게 성장했다. 만력 10년(1582), 남경 교방사 건물이 화려하게 빛을 발하자 부근 거리에는 빈터가 남아나지 않았다. 남원南院에는 10여 집, 서원西院에도 서너 집이 있었으니 기생 수는 아주 많았을 것이다. 일부 관리나 사대부들도 영리 목적 혹은 개인적 성욕을 만족시킬 요량으로 기생집을 열었으니 수는 더욱 늘어났다. 상주 고가高家 골목에 있는 장춘원藏春院은 거인 고정高政이 성화 원년(1465)에 세웠고 '절세미인'이 많았다.

남경의 기생들은 외부로 놀러 나가면 마음에 드는 사람을 열심히 찾았다. 소주를 빈번히 찾아가자 현지 사람들은 남경에서 온 이들을 '경방京幇'이라 부르며 현지 기생들과 구별했다. 동소완, 변옥경 등은 시도 쓰고 문학적 재주로 유명했다. 이들의 유명세를 업고 회양방淮揚幇 기생들도 끼어들었다.

여자로서 기생이 되면 천적賤籍에 올랐는데 그런 결정은 마치 불구덩이 속에 뛰어드는 것과 마찬가지였다. 이들은 뛰어난 미모와 기예를 바탕으로 다양한 사람과 사귀면서 온갖 방법을 동원해 자신의 마음에 드는 사람을 찾아 이 바닥을 떠나려고 노력했다. 재미있는 말을 잘하고 악기, 춤, 노래, 서예에 능하며 축원蹴圓[52] · 주령酒令 · 시매

---

52 오늘날의 축구와 비슷한 공차기 놀이. 한·당 시대에 유행했고 송대에 절정에 달했다가 명·청 시대에 점차 쇠퇴했다.

猜枚[53] 등 못하는 것이 없었다. 아주 극소수지만 우연한 기회에 황제의 총애를 입거나, 명사들을 사귀어 첩으로 들어가거나, 부유한 상인들에게 몸을 의탁하는 경우를 꿈꾸기도 했다.

상술했듯 황제 중에서는 무종이 가장 예교를 무시하고 제멋대로 행동했다. 항상 술에 취해서 기생들과 어울렸다. 만력 연간에 나온 희곡 「정덕표원正德嫖院」은 그가 북쪽 변방에 순시를 가서 악공 유량의 딸을 만나 총애한 내용을 노래한 것이었다.

물론 기생이 황제를 만날 일은 거의 없었으므로 유명 인사들 중에서 대상을 물색했다. 남부의 유명한 기생들은 주로 기생집에서 사대부들과 교류하고 복사 동인들과도 시를 이야기하는 모임을 가졌다. 기생 중 갈눈葛嫩은 손임孫臨, 동소완은 모양冒襄, 고미顧媚는 공정자龔鼎孳, 마교馬驕는 양문총楊文聰, 유여시柳如是는 전겸익錢謙益이라는 도피처를 찾았다. 유명 기생 유여시는 문단의 명사인 전겸익과 만나기 전 복사 맹주인 장부張溥와 한동안 로맨스가 있었고 그 뒤에도 몇 명의 문사와 뜨거운 관계를 유지했지만 결국 전겸익에게 자신을 맡겼다.

도시에서 상업이 번성하자 상인의 사회적 지위도 높아졌다. 풍몽룡의 『매유랑독점화괴賣油郎獨占花魁』에 나오는 기름장수는 그저 보잘 것 없는 작은 상인이었지만 성실하고 믿을 수 있는 품행 때문에

---

53 술자리에서 하는 놀이의 일종. 수박씨나 연밥 또는 검은색과 흰색의 바둑돌을 손에 쥐고 상대방으로 하여금 짝수인지 홀수인지 또는 그 색깔이 무엇인지 알아맞히는 놀이다. 진 사람이 벌주를 마시면 이를 주령이라 불렀다.

유명 기생 청내靑睞의 신뢰를 얻을 수 있었다.[54] 상인들이 부를 축적
하자 유명한 기생들도 자연히 이들을 사대부 명사들과 같은 급으로
대우해주었다. 명사들과 더불어 "재주 있는 남자와 미인의 만남"을
연출했던 기생들이 그 바닥을 벗어나기 위해 돈 많은 상인 가운데
서도 새로운 낭군을 찾았던 것이다.

---

54 『성세항언醒世恒言』

제6장

흔들리는 전통

도시의 경계선

　도시에는 산과 호수, 정원, 사찰 등 정지된 풍경도 있지만 살아서
움직이는 다양한 사람이 서로 다른 옷을 입고 목소리를 섞으며 매
일 새로운 모습을 만들어냈다. 도시는 자연경관과 인문풍속이라는
큰 주제로 구성된다. 하늘은 아름답고 이상적이어서 오랜 세월 큰
변화가 없는 자연을 내려주었지만 사람은 이 자연 속에서 물상들
을 하나로 연결하여 도시를 만들고 독특한 인문 풍속으로 가득 채
웠다.

　명나라 국운이 흥성할 때 도시 사람들은 마치 천당에 사는 것처
럼 즐거웠다. 북경·남경과 13개 성시城市들이 다 마찬가지였다. 바쁜
사람, 한가한 사람 할 것 없이 얼굴에 모두 화색이 가득했다. 도시는
바쁘게 움직이고 사람들은 바쁜 와중에 유쾌한 여가 생활을 즐겼

다. 두 수도의 상공업이 성황을 이룬 모습을 다룬 「황도적승도皇都積勝圖」「남도번회경물도권南都繁會景物圖圈」, 소주의 바쁘게 오가는 배들의 모습을 그린 「효관주제도曉關舟擠圖」, 항주의 야시 성황을 그린 『해내기관海內奇觀』 속 「항주북관야시도杭州北關夜市圖」 등은 이런 상황을 잘 묘사했다. 그림 제목에 '뛰어난 풍경積勝' '번화한 모습繁會' '밀려드는 배舟擠' '야시장夜市' 등을 붙인 것은 도시의 번화로운 측면을 반영한 것이다. 그 모습을 살펴보도록 하자.

북경의 화려한 자금성과 엄숙한 천단天壇에서는 조각과 칠기의 정교함과 예술의 높은 경지를 발견할 수 있다. 300년 동안 북경은 전국 각지에서 사람과 물건이 모이는 곳으로 속세의 번잡함이 가득하여 한가로울 틈이 없었다. 성 안팎을 연결하는 수관水關 일대에는 사찰, 별장, 정원이 물빛과 함께 서로를 비추었고, 물 건너에서 울려 퍼지는 사찰의 종소리, 정원의 노랫소리는 독특한 풍경을 이루었다. 여름에는 연화등, 겨울에는 썰매가 서호의 봄, 진회의 여름, 동정호의 가을과 같이 아름다움을 뽐내었다. 상원절 등시燈市가 열리면 전국에서 상품이 운집하고, 가벼운 놀이와 함께 서로를 밀치는 인파로 향내가 진동했다. 사월 초파일이 되면 산에 천막들이 가득 세워지고 난잡한 승려들은 기생을 낀 채 술에 취해 비틀거리니 불법佛法은 타락하고 사찰은 매음굴로 변했다. 경치가 아름답기로 유명한 정국공원定國公園(유동劉侗의 산문에 나옴)은 고즈넉한 건물, 서재, 물, 암석들이 소박한 풍치를 자랑했고 혜안백원惠安伯園의 목단은 감히 쳐다볼 수 없을 만큼 눈이 부셨다. 만수산에 있는 영락 대동종大銅鐘의 청량

대명제국의 도시생활

한 종소리는 멀리까지 퍼져나갔다.

남경은 전성기 때 공후公侯, 종실 왕손, 외척들과 과거 합격자들이 마음껏 풍류를 즐기던 곳이었다. 부잣집 자제들은 화려하게 꾸미고 호숫가에서 연회를 열어 기생들과 술을 마셨다. 진회하 주변의 하방河房들은 깔끔하고 소박한 정취에 대나무로 만든 창가에는 비단 바람막이가 나풀거렸다. 여름밤, 목욕을 마치고 창가에 앉으면 물가를 스치는 바람에 여성들의 향내가 풍겨나왔다. 여성들이 가볍게 부채를 흔들 때 소쩍 머리가 날리는 귀여운 모습은 너무 매혹적이었다. 노 젖는 소리와 등 그림자가 짝을 이루고 시끌벅적한 소리가 도엽도桃葉渡 입구까지 끊이지 않았다. 신선의 도시였고 태평한 낙원이었다.

항주에서는 남경의 부잣집 자제들이 밤 나들이를 나와 꽃구경을 하고 육교六橋에 앉아 기생들과 함께 노래를 불렀다. 복사꽃 사이로 바람이 불면 각등角燈이 마치 촉룡燭龍이 되어 날아오르는 듯했다. 진회의 오일등선五日燈船보다 규모가 크고 화려했다.

개봉의 시장, 화원에도 사람이 끊이지 않았다. 우뚝 솟은 무왕부武王府 전우殿宇는 금빛과 푸른빛으로 밝게 빛났다. 산동山洞 누각樓閣, 꽃과 나무, 산 사이로 흐르는 물은 황하 구곡처럼 가득 채웠고 등燈이 부府 전체를 덮었다. 서쪽에 심은 100여 그루 계수나무가 내뿜는 향은 성곽을 넘어 도시를 휘감으며 진동했다. 호수를 가득 채운 60센티미터 크기의 금붕어는 또 다른 볼거리였다. 술집에는 각양각색의 술과 산해진미가 있어 손님들이 끊이지 않았고 기생들은 소리 높여 노래를 불렀다. 부락원에는 왕실 자제는 물론 문인들의 마차와 말이 줄을 이으니 쉴 틈이 없었다.

양주는 생황 반주에 맞춰 노랫소리가 요란했다. 죽서竹西의 노래, 한수邗水의 누선樓船(선실이 이층인 배)이 유명했다. 미인이 높은 곳에서 하얀 치아를 드러내며 웃고 붉은 벽돌집이 10여 리나 이어져 있었다. 바다에서 나는 진귀한 보물이 끊이지 않았고 1000여 그루의 우람한 나무들이 숲을 이루었다. 미인은 달을 기다리며 퉁소를 불고, 호걸은 바람을 맞으며 신선이 되었다. 구곡지九曲池에는 금범錦帆[1] 이 넘쳐나고, 이십사교二十四橋[2]에는 푸른 바람막이가 넘실거렸다. 수마瘦馬[3], 매파, 모리배들은 돈 많은 공자들을 유혹하느라 정신이 없었다. 구름처럼 밀려드는 부녀자들이 월越, 오吳, 연燕, 조趙 미녀들을 압도했는데 번화로움은 바다처럼 끝이 없고 허세는 권문귀족을 넘어섰다. 뛰어난 풍광은 물론 재주꾼, 미인이 정말 많았다.[4]

사람들은 도시의 뛰어난 자연 경치에 '팔경' '십경' 등의 이름을 붙였다. 북경은 요금 이래 다음과 같은 이름들로 유명했다.

---

1   비단으로 만든 배.
2   양주 명물 중 하나로 이름의 역사에 대해서는 여러 가지 설이 있다. 두목杜牧의 시 「기양주한작판관寄揚州韓綽判官」에서 "玉人何處教吹簫"라고 했듯 24명의 미녀가 퉁소를 불어서 붙은 이름이라는 설도 그중 하나다.
3   양주 풍속 중 하나로 "마른 말을 기른다"의 의미인데 빈곤한 집안의 여자 아이를 데려다가 노래, 가무를 가르치는 풍습.
4   명대 문학가 서정경徐禎卿(1479~1511)의 「문장연월文章烟月」에서 인용. "文章江北家家盛, 煙月揚州樹樹花." 당인·축윤명·문징명과 더불어 강남 사대 재사로 꼽힌다.

연대팔경燕臺八景: 계문薊門 연수煙樹, 옥천玉泉 수홍垂虹, 노구蘆溝
효월曉月, 서산西山 제설霽雪, 태액太液 청파晴波, 경도瓊島 춘운春雲,
금대金臺 석조夕照, 거용居庸 첩취疊翠

서호십경西湖十景: 천액泉液 유주流珠, 호수湖水 포옥鋪玉, 평사平沙
낙안落雁, 천간淺澗 입구立鷗, 가백葭白 요풍搖風, 연홍蓮紅 추우墜雨,
추파秋波 등벽澄碧, 월랑月浪 유광流光, 동적洞積 춘운春雲, 벽번壁翻
효조曉照

벽운십경碧雲十景: 회봉懷峰 첩취疊翠, 곡경曲徑 통유通幽, 동부洞府
장춘藏春, 지천池泉 인월印月, 교송喬松 오설傲雪, 수죽脩竹 기상欺霜,
기회奇檜 연계連階, 위교危橋 과간跨澗, 누대樓臺 소쇄瀟洒, 벽운碧雲
묘애杳靄

향산팔경香山八景: 호가護駕 장송長松, 음선飮仙 한정寒井, 향련香蓮
금계金界, 송정松頂 명주明珠, 불각佛閣 운제雲梯, 제대祭臺 성영星影,
유봉乳峰 고사古寺, 묘고妙高 운당雲堂

개봉에는 변량 팔경이 있다고 했다.

변량팔경汴梁八景: 번대繁臺 춘색春色, 수제隋堤 연류烟柳, 변수卞水
추성秋聲, 상국相國 상종霜鐘, 철탑鐵塔 행운行雲, 양원梁園 설제雪霽,
주교州橋 명월明月, 금지金池 야우夜雨

천한교天漢橋는 난간이 높고 물이 깊긴 했지만 배의 돛대가 워낙

높아 지나지 못하자 달밤을 기다린다 하여 '주교州橋 명월明月'이라는
이름을 붙였다. 사찰인 대상국사의 큰 동종은 서리가 내리는 날 밤
소리가 가장 멀리 퍼져 나간다 해서 '상국相國 상종霜鐘'이라 불렀다.
항주에는 서호 십경이 있었다.

서호십경西湖十景: 양봉雨峰 삽운挿雲, 삼담三潭 인월印月, 단교斷橋
잔설殘雪, 남병南屛 만종晩鐘, 소제蘇堤 춘효春曉, 곡원曲院 하풍荷風,
유랑柳浪 문앵聞鶯, 뇌봉雷峰 석조夕照, 평호平湖 추월秋月, 화항花港
관조觀魚

사람이 자연과 일체가 되어 비로소 인문 풍속과 자연 풍경이 도
시의 한 축을 형성했다. 장대張岱는 양주 청명, 서호 봄, 진회 여름, 호
구 가을을 최고로 꼽았다. 유동劉侗은 『제경물략帝京景物略』에서 북경
의 겨울은 서호의 봄, 진회의 여름, 동정호의 가을과 더불어 아름답
다고 했다. 이렇듯 도시는 계절마다 인문이 곁들어져 아름답고 화려
한 문화적 풍광을 만들어냈다.

항주에서는 봄이 되면 소제蘇堤 육교六橋 사이의 복사꽃과 버드나
무가 마치 비단처럼 펼쳐졌다. 도시 부녀자들은 서교西郊에 쏟아져
나와 배를 타고 꽃놀이를 즐겼는데 악기 연주와 노래가 온 길을 덮
기에 충분했다. 유람객들은 봄바람에 웃음을 날리며 돌아갈 줄을
몰랐다. 장경원張京元은 「단교斷橋」에서 서호의 봄을 이렇게 노래했다.
"봄나들이 나온 남녀가 어깨를 부딪치며 즐거워한다. 비록 자연에는

대명제국의 도시생활

관심이 없지만 복사꽃 피고, 버드나무 싹트는 것은 동쪽에서 불어오는 바람 때문이니, 사람들도 마찬가지 아니겠는가!"[5]

숭정 초년, 소제蘇堤에는 또 다른 봄이 연출되었다. 지부 유몽겸劉夢謙과 사대부 진생보陳生甫가 마련한 행사에는 "양각등과 비단 등紗燈 수만 개를 복사나무와 버드나무 사이에 걸고 아래에는 붉은 양탄자를 깔아 아이와 기생들이 앉아서 소리 높여 노래 부르도록 했다. 밤이 되면 등에 불을 밝혀 대낮처럼 밝았고 호수에 비친 등 그림자로 더욱 빛을 발했다. 악기 소리에 맞추어 멀리서부터 동이 터 올랐다"고 했다. 항주 사람들은 평상시에는 사시(오전 9~11시)에 나와 유시(오후 5~7시)에 돌아가 달을 피했지만, 7월 중순에는 밤늦게까지 호수에 사람이 가득했다. 악기소리가 주술이나 잠꼬대처럼 꼬리에 꼬리를 물고 이어졌고, 크고 작은 배들이 한꺼번에 물가로 몰리면 일대 장관이 연출되었다. 7월 중순 서호에는 오로지 사람들 외에는 아무것도 보이지 않았다.

양주에서는 청명에 성묘를 갔다. 모두 가벼운 차림으로 여러 곳에 있는 조상들 성묘를 돌아다녀도 누구하나 불평하지 않았다. 성묘를 마치면 자리를 깔고 준비해온 음식을 먹었다. 초관鈔關 남문부터 고도교古渡橋, 천녕사天寧寺, 평산당平山堂 일대 들판은 마치 화장하고 새 옷으로 갈아입은 듯한 싱그러운 모습이 연출되었다. 방물장수

---

5 "西湖之勝在近, 湖之易窮亦在近. 朝車暮舫, 徒行緩步, 人人可遊, 時時可遊, 而酒多於水, 肉高於山. 春時, 肩摩趾錯, 男女雜遝, 以挨簇爲樂. 無論意不在山水, 卽桃容柳眼, 自與東風相依, 遊者何曾一著眸子也."

들이 길가에 노점을 열고 작은 소품부터 골동품까지 팔았고, 도박
꾼들은 빈터에서 동전 소리를 딸랑이며 사람들을 불러 모았다. 객지
사람들, 장사꾼들, 기생들, 호사가들이 한데 어울려 장사진을 이루었
다. 풀이 가득한 장당長塘에서는 사냥을 했고, 작은 언덕에서는 닭싸
움을 하거나 공을 찼다. 무성한 숲 그늘에서는 아쟁을 켰다. 젊은이
들은 씨름을 하고 아이들은 연을 날리며, 노승은 불법을, 장님 이야
기꾼은 재미있는 이야기를 풀어놓았다. 누구는 서 있고, 누구는 앉
아 귀를 기울이다가 날이 저물어서야 귀가를 서둘렀다. 규수들은 마
차 장막을 풀어헤치고 노복들은 피곤에 젖어 발길을 재촉했다.

남경 진회 하천 변에는 하방들이 줄지어 있었다. 단오가 되면 사
대부와 부녀자들이 등선燈船을 구경하느라 발 디딜 틈이 없었다. 지
붕이 있는 배蓬船는 100여 척에 달했고 양각등을 걸었는데 꼬리에
꼬리를 물고 늘어선 모습이 마치 진주를 이어놓은 것 같았다. 촉룡燭
龍이 불을 내뿜으면 물과 불이 서로를 비추었다. 배 위에서는 타악기
에 맞춰 연가燕歌[6]가 분위기를 고조시켰다. 부녀자들의 웃음소리가
어지럽게 흩날리자 귀와 눈은 방향을 잃고, 밤이 깊어지면 노래와

---

6   전국시대 연나라 사람 형가荊軻는 태자 단丹의 부탁으로 진시황을 암살하기
     위한 임무를 수행하러 진나라로 떠나게 되는데, 진나라의 경계를 이루는 역
     수를 건너기 전에 자신을 송별하러 나온 태자 단과 친구 고점리가 베풀어준
     제사상을 미리 받았다. 진나라로 가면 임무가 성공하든 실패하든 어차피 죽
     을 터이기 때문이었다. 제사상 앞에서 형가가 노래하자 고점리가 피리를 불
     었다. 형가는 "바람은 소슬하고 역수의 물은 차다. 사나이 한번 떠나면 다시
     돌아올 수 없네風蕭蕭兮易水寒, 壯士一去兮不複還"라며 비장한 노래를 불렀다.

등이 식어가며 별들과 작별을 고했다.

소주 호구는 8월 중순이 되면 성황을 이루었다. 밤마다 사대부 가족, 여자 악사, 유명 기생, 배우들, 일반 부녀자, 할 일 없는 무뢰배들이 몰려들어 자리를 깔고 앉아 하포강霞鋪江 모래톱을 가득 채운 기러기들을 바라보았다. 달이 뜨고 북과 나팔소리가 울리면 사람들의 환호가 천지를 뒤덮었다. 8시, 북소리가 작아지면서 현악기에 노래가 뒤섞였다. 밤이 깊어지면 사람들은 흩어지고 사대부 가족은 배에 올라 물놀이를 즐겼다. 새벽에 모든 소리가 사라지고 처량한 통소 소리만 남았다. 삼경이 되어 적막이 내리자 갑자기 한 남자가 등장하여 높은 암석에 앉아 어떤 반주도 없이 혼자 마치 돌을 깨는 듯한 가는 목소리로 노래를 불렀다. 듣는 이들은 피가 마르는 듯 눈을 떼지 못한 채 소리를 잊고 고개만 끄덕거리고 있었다.

북경 수관水觀 일대 적수담積水潭의 해자海子를 현지 사람들은 정업사淨業寺, 덕승교德勝橋, 연화지蓮花池라고 불렀다. 여름이 기승을 부릴 때, 연꽃이 펴서 향기가 진동하면 꽃구경으로 인산인해를 이루었다. 중원절中元節에는 승려들이 운집하여 우란분공盂蘭盆供하며,[7] 연꽃 사이에 꽃등을 띄우고 새, 거북, 물고기 모습의 폭죽을 터트렸다. 겨울에는 얼음 위에서 썰매를 탔다.

영파 남문 근처에는 일호日湖와 월호月湖 2개의 호수가 있었다. 월

---

7   조상과 부처·승려·중생에게 공양함으로써 부모의 키워준 은혜를 갚는다는
     의미였다.

호는 바다처럼 넓고 깨끗해서 성 남쪽까지 연결되었다. 성 밑에는 버드나무가 밀집했고 호수 사방에는 아름다운 꽃들이 만발했다. 호숫가를 따라 사대부들의 정원이 이어졌다. 청명절에는 유람선을 타고 버드나무 사이를 저어가며 노래를 불렀다.

개봉 남훈문南薰門 바깥에는 고취대占吹臺와 이공동李空同 별장이 있었다.[8] 청명절에 부잣집 젊은이들이 술과 음식을 준비해서 꽃놀이와 풀을 밟는 답청踏靑을 만끽했다.

양주의 청명, 서호의 봄, 진회의 여름, 호구의 가을, 북경의 겨울 풍광 하나하나가 모두 살아있는 인문 풍경화였다. 송대 장택단은 「청명상하도」에서 변경汴京(개봉)의 화려함을 그렸는데, 만약 다른 도시 모습을 그 한 폭 사이에 끼워 넣는다면 물고기와 기러기가 무리를 이루는 양주의 30여 리 풍경 정도가 될 것이다.

도시 풍경에 유명인들도 한몫을 더했다. 그곳에서 태어났거나, 그곳을 여행했거나 심지어 그곳에서 관직을 살았던 사람들이었다. 서세부徐世溥는 『여우인與友人』에서 만력 연간 문화가 흥성했을 때 이름을 날렸던 사람들을 나열했다: "조고읍趙高邑(조남성趙南星), 고무석顧無錫(고헌성顧憲成), 추길수鄒吉水(추원표鄒元標), 해경주海瓊州(해서海瑞)의

---

8   이몽양李夢陽(1473~1530)은 호가 공동空同으로 감숙성 경양부慶陽府 안화현安化縣 출신이다. 집안은 빈한했으나 홍치 6년(1493) 섬서 향시에서 1등을 했고, 이듬해에 진사가 되었다. 홍치 11년 호부주사戶部主事로 부임했다가 홍치 18년 탄핵되었다. 정년 연간 복직했지만 주신호 사건 때 삭적되었다. 서예에 능했고 하경명何景明, 서정경徐禎卿, 변공邊貢, 강해康海, 왕구사王九思, 왕정상王廷相 등과 더불어 '전칠자前七子'로 불렸다.

높은 절개, 원가흥袁嘉興(원광袁黃)의 철학, 초말림焦秣林(초홍焦弘)의 박식함, 동화정董華亭의 서화, 서상해徐上海(서광계徐光啟)와 이서사利西士(이마두利瑪竇)의 천문, 탕임천湯臨川(탕현조)의 사곡, 조은군趙隱君(조환광趙宦光)의 문자학 등 문인들은 물론 이봉사李奉祠(이시진李時珍)의 의학, 시씨時氏(시대빈時大彬)의 도예, 고씨顧氏의 야금술, 방씨方氏(방어노方於魯)와 정씨程氏(정군방程君房)의 문방사우, 육씨陸氏(육자강陸子岡)의 옥 다듬는 기술, 하씨何氏(하진何震)의 인장 기술 등 장인들의 기술 또한 앞시대 사람들과 견주어 전혀 부족하지 않았다고 했다.(주양공周亮工, 『척독신초尺牘新鈔』) 장인들이 손재주로 이름을 알렸다면, 도시는 사람과 기술이 합쳐져 더욱 유명해졌다. 명인들의 작품은 도시의 상징이 되었다. 개봉성 대상국사大相國寺 대전 안에 있는 비석 위에 있는 장평산張平山이 그린 포대불布袋佛은 뒷면 관음보살상의 이몽양李夢陽 제찬題贊과, 좌국기左國璣의 글과 함께 '중주中州 삼걸三杰'이라 칭했다. 가정, 융경 연간, 북경에는 이근루李近樓의 비파, 소락호蘇樂壺의 투호投壺, 왕국용王國用의 퉁소, 장명기蔣鳴岐의 삼현三弦, 곽종경郭從敬의 공차기, 염귤원閻橘園의 바둑, 장경張京의 장기, 유웅劉雄의 팔각고八角鼓 등을 합쳐 '팔절八絕'이라 불렀다.

뛰어난 재주를 가진 장인과 예인들은 사대부들과 교류하면서 자신의 사회적 지위를 높여갔다. 북경의 팔절 외에 동남 일대에도 유명장인이 많았다. 육자강陸子岡의 옥, 포천성鮑天成의 무소뿔犀, 주주周柱의 상감, 조양벽趙良璧의 주석, 주벽산朱碧山의 금은, 왕소계王小溪의 마노, 복중겸濮仲謙 죽공예, 장희숙莊希叔의 표구, 호문명胡文明·장명기張鳴

岐의 동화로와 이정彝鼎, 공춘龔春, 시대빈時大彬의 기와 화병, 하득지何得之의 부채, 왕이王二의 칠죽漆竹, 강화우姜花雨의 매록죽莓菉竹, 홍칠洪漆의 칠, 오명관吳明官의 자기 등 모두 뛰어난 기술로 일세를 풍미하며 전국적으로 유명세를 떨쳤다.

골목에는 물건을 파는 행상들이 넘쳐났다. 점포가 없는 기술자, 잡상인, 점쟁이 등은 간판이나 특별한 소리를 내는 악기를 흔들며 주목을 끌었다. 소주에서는 "색목인들이 대나무를 치면서 물건을 메고 다니며 팔았다."(『오강현지』) 실과 바늘, 화장품을 파는 방물장사는 냥규驚閨를, 병을 보는 낭중들은 '보군지報君知', 점쟁이는 '향판響板'9을 쳤고 북경의 폐기물 수집자들은 작은 북을 두드리고 항주의 얼음과자 장수는 동으로 만든 잔을 두드리며 존재감을 알렸다. 개봉의 비녀, 귀걸이, 화장품 장수는 발랑고拔浪鼓라는 작은 북을 흔들며 다녔다. 거울을 닦거나 칼, 가위를 가는 사람들은 얇은 철편을 엮어 만든 인체철엽鱗砌鐵葉을, 자수용품 상인들은 요낭당搖郞當10을, 기름 장사는 집집마다 문을 두드리고 두말豆沫11 장사는 작은 동방울을 흔들었다.

점포마다 간판이 있었다. 술집은 깃발酒旗을 높이 걸었는데 섭대년聶大年은 『소제춘효蘇堤春曉』에서 "멀리 술집 깃발이 어디 있나 봤더니,

---

9   의사, 점쟁이들이 가지고 다니며 치는 캐스터네츠처럼 생긴 나무 악기.
10   인체철엽鱗砌鐵葉이나 요낭당 모두 소리가 나도록 쇠 조각을 이어 붙이거나 북처럼 만든 악기.
11   콩이나 기장 가루로 만든 죽.

연기 나는 곳에 있었네"라고 읊었다.(『서호유람지여』) 『도올한평』에서
는 "술집은 푸른색 깃발을 펄럭이며 오릉五陵 사람들을 불러 모았다"
고 했다. 신발 가게는 쇠로 만든 신발을 걸었다.(『여몽록如夢錄』 「가시기
街市紀」 6) 간판에는 상호와 판매 상품들을 적어 광고 효과를 내기도
했다. 정덕 연간, 북경에는 조정에서 운영하는 술집이 있었는데 "연
꽃술 판매"라는 간판을 걸고 양쪽에는 '천하제일' '연중무휴'라고 썼
다.(서충徐充, 『난주유필暖姝由筆』) 명 말기, 개봉의 접골원에서는 "턱뼈,
골반뼈 부상 치료는 천하제일! 약은 완치될 때까지 제공함"이라고 쓴
광고판을 걸기도 했다.

소설에서도 광고판이 등장했다. 『도올한평』에서는 양주 거리의 가
게 중 "금박 주선酒線과 화장품 맞춤" "각종 비단, 견직물紗羅綾緞絹
綢 소매 판매" "진소우陳少愚 노점老店" 등의 가게들을 소개했다. 『금
병매』에서는 점쟁이가 푸른 천에 "신분을 풀어 성공 여부를 예측함.
속이지 않고 솔직하게 말한다"고 적어 호객하는 모습을 등장시켰고,
전당포는 "맡길 때와 찾을 때가 공평하다"라는 간판을 걸었다고 했
다. 『남도번회경물도권南都繁會景物圖卷』에서는 모두 109가지의 다양한
간판을 소개했다.

문화 변혁의 충격

명대 중기 이후 상품 경제가 빠르게 발전하면서 도시 사람들은 일상생활과 사고방식에서 많은 변화를 겪으며 새로운 움직임이 나타났다. 물질적 풍요에 따라 사치가 유행하자, 필연적으로 도덕적 위기가 다가왔다. 특히 정情과 이理, 의리와 이익, 명분과 탐욕 사이의 모순이 충돌하면서 이런 모습은 더욱 두드러지기 시작했다.

이몽양李夢陽은 정情과 이理의 관계에 대해 전통적 해석을 깨고 새로운 흐름을 선도했다. "세상에는 특별한 이理가 있는데 바로 정情"(『공동집空同集』)이라는 게 그의 해석이었다. 양자 사이의 모순을 지적하고 이理의 구속에서 벗어나야 한다고 주장했다. 이지李贄와 원굉袁宏이 이런 견해에 공감하여 뒤를 이었다.

이지는 '정'은 '어린아이 마음童心'처럼 진실한 것이라며 개인의 욕망에 대해 긍정적 입장을 보였다. "동심을 가진 사람은 진심이다. 절대 거짓일 수 없으며 최초에 가졌던 본심이다." 그는 동심이 '자연적인 본성'을 좇는 것이라며 개인적 욕망을 진인眞人과 연결하여 '절대 거짓일 수 없는' '동심'만이 전통적 도덕 기준을 뛰어넘을 수 있다고 했다.(이지, 『분서焚書』)

그의 사상은 공안파公安派와 탕현조에게 직접적인 영향을 주었다. 공안파는 "자신만의 개성과 정신세계를 펼쳐 보이라"며 희로애락을 통해 "정은 경계에 따라 변하고 자는 정에 따라 생긴다"라고 했다. 탕현조 역시 개인의 '욕망'을 인정해서 이학의 울타리를 뛰어넘으려 했다. 그는 성현의 말씀을 전파하는 일에 전념하라는 충고에 "남들은 성性을 이야기하지만 나는 정을 이야기하는 것이 좋다"고 했다.(진계유陳繼儒, 『모란정제사牧丹亭題詞』) 이理를 배제한 채 정을 이야기해야만 "진심에서 우러나오는 참된 것"이며 실제로 전통 유학 예교라는 울타리를 무너뜨릴 수 있다는 것이다.

통속문학 작가인 풍몽룡馮夢龍은 세상을 깜짝 놀라게 할 정도로 '정'에 대한 새로운 해석을 시도하여 시정에서 큰 환영을 받았다. "성현은 정에 빠지지 않는다고 알려져 있지만, 오직 진정한 성현만이 정을 멀리하지 않는다는 것은 모른다"며, "정은 사랑을 낳고 사랑은 다시 정을 낳는다. 정과 사랑은 상생하여 죽어야만 완전히 제거할 수 있다" "사람이 정이 없으면 비록 살아 있어도 산 것이 아니다"라고 말했다.(풍몽룡, 『정사』) 그는 스스로 '다정환희여래多情歡喜如來'라는 법호를 만들고, 기존에 출간된 '정'에 관한 책들을 편집해서 정의 통속화, 평민화를 통해 백성의 호응을 이끌어냈다.

개인의 욕망을 인정하자 시민계층의 생활은 한층 더 친숙해졌다. 탕현조의 『모란정牧丹亭』이 대중의 환영을 받은 것은 "사는 것이 죽는 것이고, 죽는 것이 사는 것이다"라는 정에 대한 진심이 포함되어 있기 때문이었다. 이 희극은 행복을 위해 목숨을 걸고 전통 혼인제도를 반대하는 적극적인 낭만주의 이상이라는 감동적 에너지를 보여주었다. 이 이상은 백성에게 전통 사상과 맞설 수 있는 힘을 주어 광범위한 지지를 얻었다. 극중의 여주인공인 두여랑杜麗娘은 명대 말기의 도시에서 출현하는 낭만사조의 가장 대표적인 인물로 자연, 생명, 자유를 사랑하며 전통적인 폐쇄 사회에서는 출현할 수 없었다.

전통에 맞서 욕망을 인정하자 도덕의 타락과 함께 종욕주의 사조가 범람했다. 시민문화와 '성문화'는 같은 의미로 사용되면서 종욕주의의 성 관념은 적나라하고 음탕한 색정문학과 예술적 표현으로 도시 문화의 주요 부분으로 자리잡았다.

중기 이후 도시 사대부 계층은 날로 부패하고 타락했다. 선에 심취하고, 남녀관계에서도 종욕 관념을 좇아 타락하자 성에 있어서 극히 문란해졌다.[12] 성화 연간(1465~1487) 이후 조야를 막론하고 '방중술'에 빠져 방사들의 몸값은 치솟았고 사람들은 열광했다. 가정 연간(1522~1566) 도중문陶仲文은 황제의 총애를 받아 예부상서 자리에 올랐으며 심지어 진사 출신인 성단명盛端明, 고가학顧可學도 성 능

---

12   이에 관한 진일보한 내용은 김현정의 앞의 논문을 참고할 것.

력을 증진시키는 방법을 적은 '춘방春方'을 이용해 높은 자리에 올랐다. 타락한 사대부들은 여색만으로는 육체적 만족을 얻지 못하자 동성애에서 새로운 쾌락을 찾았다. 만명晚明 사대부들뿐만 아니라 하층 계층까지도 미소년들과 어울리며 동성애가 사회적 유행으로 번졌다. 향락주의 생활은 양성, 동성 관계의 혼란을 부추겼고 경성에는 매독과 같은 성병이 만연해졌다.

문학 작품에도 이런 풍조는 그대로 반영되었다. 『금병매』『수탑야사綉榻野史』『한정별전閑情別傳』『낭사浪史』 등 색정소설은 노골적으로 육체적 욕망을 묘사, 선전했는데 시민계층의 윤리의식이 급속하게 붕괴되고 있다는 것을 보여주었다. 시대 풍속의 영향을 받아 세태를 반영한 것이니 탓할 것도 없었다. 그러나 그 양의 증가는 놀라울 정도였다. 『금병매』 전체 100회분에서 성행위를 하는 자가 열에 예닐곱 명으로 숫자는 물론 묘사 또한 가관이어서 가히 성을 집대성한 것이라 할 수 있었다.

종욕 사조는 예술작품의 시각적인 부분에도 영향을 미쳤다. 시민들의 비속한 정취를 만족시키기 위해 적나라한 성애 장면이 그대로 그려졌다. 『금병매』와 남성 동성애를 다룬 『변이채弁而釵』의 삽화가 시정에서 그대로 유통되었다. 『서상기西廂記』나 『기묘전상주석서상기奇妙全相注釋西廂記』 중의 「수간酬簡」에서도 말초적이고 자극적인 삽화가 많았다. 융경과 만력 시기에는 도자기에까지 성교 장면이 등장했다. 이는 중세 금욕주의에 대한 대담한 반격으로 시정 소시민들의 인성과 육체적 욕망에 대한 현실적 요구를 반영하는 것이었다.

새로운 '의리관'의 출현 역시 도시의 전통 도덕관념이 급격히 추락하고 있다는 것을 보여주었다. 전통 유학은 '내성외왕內聖外王'을 주장하여 도덕과 정치를 하나로 보는 이원론二元論의 특징을 나타냈다.[13] 동중서는 유학을 발전시키기 위해 도덕 일원론을 주장하여 "옳은 것을 바르게 행하되 이익을 도모해서는 안 되고, 도리를 밝히되 그에 따른 성과를 따져서는 안 된다"는 윤리 가치관의 기본 원칙을 수립했다.[14] 훗날의 유생들도 기본적으로 동중서의 이론에 기초해서 이익을 배제하고 심성을 주장하며 '내본외말內本外末', 즉 개인의 도덕적 수양만을 이야기하고 실제적인 '이재理財'는 외면했지만 이는 현실과는 동떨어진 주장이었다. 현실과 맞지 않는 주장은 송대에 정점을 찍었다.

왕양명의 심학心學은 학문이 인륜물리人倫物理에서 멀어지면 안 된다며 일상생활에서 심성의 조화를 구하자고 주장하여 송 유학의 '비현실적 주장'과는 크게 달랐다. 이 기초 위에서 고공高拱, 이지, 초횡, 진제陳第 등이 새로운 '의리관'을 제창했다.

고공은 세 가지 내용을 주장했다. 첫째, 재물을 늘리는 것生財은 자고이래 성현들이 '유용한 일'이라고 했고 재물을 관리하는 것은 더욱 "왕의 중요한 임무"라고 했다. 두 번째, '의'와 '이'에 대해 "물질적 이익으로 사람을 모으고, 재정을 잘 관리하는 것이 의"라고 했

---

13 안으로는 성인聖人이고 밖으로는 황제의 덕을 갖춘 사람, 곧 지도자가 학식과
   덕행을 겸비함을 이르는 말.
14 "正其誼不謀其利, 明其道不計其功."

다.[15] 또한 "의로운 자는 이利와 화합하고, 의義는 이利를 외면하지 않는다"며 왕양명 심학의 기초 위에서 의와 이의 구분은 오직 공사公私의 판별과 같다고 했다. "이익을 이야기하는 것이 결코 잘못이 아니다"라는 것이다. 즉 고공은 마음속에서 공사의 판단으로 사람의 행위를 규정해야 한다며 '공적인 이익'을 긍정하고 '개인적 이익'에 반대했다. 재물을 늘리고 관리하는 것이 왕정의 중요한 임무이니 '근본을 멀리하고 말단을 가까이 해서外本內末'는 안 된다고 주장했다. 그는 특히 '재화를 쌓아놓는 것'에 반대하여 상홍양桑弘羊, 배정령裴廷齡 등 역대 '세금을 중시했던 관료聚斂之臣'들을 배척했다.(고공高拱, 『문변록問辨錄』)

이러한 주장은 큰 영향력을 발휘했다. 오정한吳廷翰은 왕학과는 다른 의견이었지만 새로운 의리관이라는 시대적 조류에는 동의했다. "의와 이는 본래 한 몸으로 구별이 무의미하다. 이는 의와의 화합을 통해 사물을 이롭게 한다." 즉 의義와의 화합이 이利이며, 이로워야 의義와 화합할 수 있다는 것이다. 오직 이利만 생각한다면 의를 모르는 것으로 의와 이의 조화 여부에서 군자와 소인의 구별이 시작되었다고 했다. 의에서 나오는 이가 아니면 그것은 성현이 말한 이가 아니며 "국가는 이利를 이利로 보는 것이 아닌 의義를 이利로 본다." 따라서 오직 "의義만 이야기하고 이利의 의義를 모른다면 의義를 잃는

---

15 『주역』「계사」 편. "天地之大德曰生; 聖人之大寶曰位. 何以守位曰仁; 何以聚人曰財. 理財正辭, 禁民爲非曰義."

것이니 역시 성인들이 이야기한 의의 본질이 아니다"라고 했다. 『역
易』에서 말하는 "몸을 편하게 하는 것" "출입을 이용하는 것利用出入"
등 "의가 없는 이利는 반드시 욕심에 빠지게 되고, 이를 버리고 의만
이야기하면 천리자연의 편안함이란 없게 된다"고 했다.(오정한吳廷翰,
『길재만록吉齋漫錄』) 그는 비록 어느 정도 전통적 이론을 유지했지만
역시 의리합일義利슴—이라는 시대적 사조에 부응해서 이利의 객관적
필연성을 인정했다.

초횡은 여러 학파를 연구하면서 상홍양에 대해서도 긍정하고 '인
의仁義'와 '공리公利'가 공존한다는 의견을 피력했다.(『담원집澹園集』)

진제는 초횡과 교류하면서 일정 부분 왕학의 영향을 받음으로써
그의 의리관 역시 고공의 학설에 기반해 완성되었다. 그는 사농공상
이 자신의 본업에서 도를 깨우쳐야 한다며 현실적이지 않은 공담이
나 '정좌靜坐' 등을 반대했다. '이'와 '의'의 구분은 지금 행위의 대상
에서 나타나는 것이 아니라 행위의 내적 태도에 반영된다고 보고,
"의는 이利 안에 있다. 즉 도道는 재물에서 나온다" "모두에게 공적인
것公己公人"이 '의'이고 "자신에게 이익이지만 남에게 손해가 되는 것益
己損人"을 '이'라 칭했다. 이와 같은 생각은 동중서로부터 시작되어 송
명 이학에 이른 당대의 큰 흐름에 대한 엄청난 반동이었다. 그는 또
'치생治生(어떻게 먹고 살 것인가)'에 큰 관심을 보여 "유생의 급선무는
치생"이라는 명언과 함께 '치생'이 해결되어야 "집안이 편하고 천하
가 태평하다"고 했다. 나아가 개인적인 욕망(사욕)은 '적은 욕심寡慾'
이라고 인정했다.(진제陳第, 『송헌강의松軒講義』) 진제가 말한 '무욕無欲'

의 경계는 송명 이학에서 말하는 '욕심을 버려라去人欲'가 아닌 개인 적인 욕망을 인정하되 적절한 절제가 따라야 한다는 것이었다.

이지는 전통 유학의 울타리를 가장 철저하게 부숨으로써 명대 사상사의 한 페이지를 장식했다. 그는 "옳은 것을 행하되 그에 따른 이익을 도모해서는 안 된다. 도리를 밝히되 그에 따른 성과를 따져서는 안 된다"는 동중서의 주장과 "성학은 아무것도 하지 않음으로써 하는 것聖學無所爲而爲"이라는 장식張栻의 주장에 반대하고, 유생 역시 "이익을 도모하고 이익을 추구해야 하며, 이러한 공리는 도덕적 추구로 나타나야 한다"라고 했다. 나아가 공자가 인仁을 추구하는 과정에서도 결과가 있기를 바라는 것은 일정한 이익을 얻는 것과 같다고 했다. 도덕 수행 과정에서도 이익을 추구한다는 것은 성학의 "아무 것도 하지 않는 것이 하는 것"이라는 입장에 대한 가장 뼈아픈 경고였다.

이지는 전통 유학이라는 창으로 동중서, 장식 주장의 모순점을 공격하고 전통 유학의 변화를 이끌어내기 위해 '사욕'을 인정하고 송명 이학을 배척했을 뿐 아니라 원시적인 유학의 주장 즉 '공리' 추구를 위해 '사욕'을 억제하는 것을 부정했다.

왕양명은 의와 이의 관계에서 '마음 속 공公과 사私로 사람의 행위가 의인지 이인지를 평가해야 한다고 주장함으로써 도덕적인 면에서 '공'을 추앙하고 '사'를 배척했다. 이지 역시 '심학'에 동조했지만 왕양명의 "공公이 마음이다"라는 주장 대신 "사私가 마음이다"라는 새로운 명제를 던졌다. 치생이 중요하니 백성은 일상생활에서 자연히 '좋은 물건' '좋은 색깔' '축재' '부동산 투자' 등 "이익을 추구해서 손해를 피해야 하는데" 이는 군자라는 사람들이 가장 듣기 싫어하는 '세속적이고 천박한 말'이지만, 바로 자신의 관심이라고 했다. 이지는 물질적 이익, 이익 추구를 통해 해로움을 피하는 것이 도덕의 기초이며 이것이 선이고 이를 위반하면 선이 아닌 악이라고 했다. 따라서 시정의 소시민들이 장사와 농사를 이야기하는 것은 모두 "덕행을 쌓는 일"이며 이런 도덕적 기초 위에서 "성인들도 이익을 따르는 마음이 있으니" 재물과 세를 추구하는 것은 "선천적으로 타고난 자연적인 것"으로 성인들도 피해갈 수 없다고 했다.

명말, 주건朱健은 인성론을 이야기하면서 "욕망에 부합하고" "개인적 쾌락을 좇는" 새로운 이론을 제시해 개인의 '욕망'과 '사욕'을 강조했다. 개인의 '참된 성眞性' '참된 정眞情'을 추구하기 위해서는 이기적인 참된 성을 감추지 않아야 하며, "진실한 사랑은 예법을 지키는 것과 다르지 않다. 전통 예법 역시 개인적 욕구의 온전함을 위한 것이다"라고 했다.(주건朱健,『창애자蒼崖子』) 전통적 예법과 개인적 욕구 또한 완전히 '진심'에서 이루어지는 것이라며 전통 윤리가 말하는 위선적인 온정 가면을 깨고 사람들 앞에 양자 사이의 차이와 그 진면목을 제시했다. 만명晩明의 인문주의 사조 속에서 주건은 개인주의에 관한 이론적 흐름에 방점을 찍은 마지막 인물이었다.

인문주의 사조는 이지와 공안파 삼원三袁(원종도·원굉도·원중도)에 이르러 이미 유행이 되었다. 이들의 주장이 시민 계층의 요구에 부응해서 커다란 공감을 얻자 문인들도 너도나도 동참했다. 진명경陳明

卿은 "이지의 책이 널리 읽힌다는 건 그의 책이 아니면 안 된다는 게 아니라 책상에 그의 책이 없으면 뭔가 이상하다는 것"을 의미한다며 시대적 유행을 설명했다. 이지가 유명세를 얻자 상업적 이익을 얻기 위해 그의 이론을 모방하는 위작들이 출현했다. 이지를 모방하고 비평을 도용하며 임의로 위작해서 결국 "시중에 있는 책들은 모두 떠도는 말들을 적어놓은 것일 뿐"이라는 상황에까지 이르렀다. 원굉도 袁宏道도 이런 황당한 상황을 피하지 못했다. 그가 세상을 떠나자 시중에는 그가 지었다는 『광언狂言』이라는 책이 떠돌았는데 사실은 위작이었다. 이는 만명 시기 이지와 공안파의 학설이 지식인들과 시민들 사이에 커다란 반향을 불러일으켰다는 것을 반증한다. 돌 하나가 엄청난 파도를 일으켰던 것이다.

선덕 연간부터 도시에서 개성이 자유롭게 발현되자 생활은 더욱 방탕해졌다. 절강 호주부 동지同知 이적李迪의 경우 "술 마시고 방탕하여 예법을 무시했다. 공당에 옷을 함부로 입고 나오거나, 아예 나체로 나와 법을 무시하고 자기 마음대로 했다"고 했다.(『선종실록』) 사대부가 자기의 개성을 주장하며 예법을 무시한 대표적인 사례였다. 홍치, 정덕 연간에 활동한 상열桑悅, 서위徐威, 당인唐寅, 축윤명祝允明, 장영張靈 등도 광간狂簡의 대표적 인사들이었다. "경박하고 제멋대로여서 전통 예절에 구애받지 않았다"거나 "세상을 얕보고 마음대로 행동하여 예법을 무시하고" 항상 기괴한 모습과 행동, 허튼소리를 했다. 장영은 "거지 행색에 붉은 옷, 눈에는 금칠을 하고, 오랑캐춤을 추었다." 축윤명은 "화장을 하고 여자와 도박에 빠진 채 가무를 가르치는 이원梨園 자제들과 어울렸다." 상열은 "포대 자루로 만든 옷을 입고 시내를 활보했다."(전겸익, 『열조시집』, 염수경閻秀卿, 『오군이과 지吳郡二科志』)

성화, 홍치 연간은 유가 지식인들이 입을 모아 칭송하는 태평시대였다. 사대부들은 모두 정주 이학의 기치 아래 행실은 진중하고 이단은 없었다. 바로 이런 시대에 강남의 도시에서는 개성 해방을 추구하는 문화적 움직임이 시작되었고 파격적이고 방종한 행동으로 세속 예법에 얽매이지 않는 이들이 나타나서 서로 영향을 주고받으며 전통에서 벗어나 독립적인 인격을 주장했다. 광간은 이들의 공통적인 특징으로 성인을 불신하고 자신을 맹자와 비교하거나 심지어 공자를 초월했다고 미친 듯이 떠들었다. 이들 오중吳中의 재사들은 뛰어난 문학적 재주를 앞세워 명교에 위배되는 행동으로 사람들에게 회자되는 흥미로운 이야기들을 남겼다.[16]

홍치·정덕 연간, 강남 재사들이 시도한 개성의 해방은 전체적인 사상 해방의 전조였다. 그러나 이학의 영향력이 워낙 강해서 이런 풍조는 강남 일대에서 일다가 얼마 후 잠잠해졌다. 오중 명사 장영張靈은 임종 전에 시로 자신의 비극에 대해 읊었다. "매미가 침상에서 발버둥을 치다가 죽음을 맞았다. 죽음 앞에서 조상의 무덤을 생각하니 눈 덮인 산에 소나무만 보인다." 또 다른 시에서는 "혼은 허

---

16 이들 중 몇몇 인사에 대한 자세한 내용은 판수즈 지음, 이화승 옮김, 『관료로 산다는 것: 명대 문인들의 삶과 운명』(2020)을 참고할 것.

공을 떠돌며 어지럽게 울고, 정은 자꾸 정으로 이어진다. 눈물로 마음속 불을 끄고 싶은데, 언제나 다시 장씨 집안에 태어날 수 있을까."[17](주승작朱承爵, 『존여당시화存餘堂詩話』) 왕양명의 심학은 이론적으로는 성인과 개인의 관계를 실제적으로 새롭게 정립함으로써 사상 해방을 이끌어냈다. 왕학은 이지의 새로운 해석을 거쳐 도시에서는 자유로운 개성을 추구하는 풍조가 형성되었고, 만명 시기에 이르러 '광인' '달인' '호걸' '거인'이 활동할 수 있는 토대를 마련해주었다. 왕간王艮의 괴怪, 하심은何心隱의 협俠, 노남盧柟의 호豪, 이지의 광狂, 장헌익張獻翼의 궤詭, 원굉도의 목放, 종성鐘惺의 벽僻 등 독특하고 개성이 강한 인물들이 인성의 회복을 강조하면서 자신들의 에너지를 마음껏 펼쳤다.

왕간王艮은 왕학의 좌파를 이끈 대표 인사였다. 오상관五常冠과 옛날 도포를 즐겨 입고 황당무계한 말을 일삼았다.

노남盧柟은 호탕한 성격에 기호도 특이했고 옛사람들의 기이한 절개를 매우 좋아했다. 고결한 선비들을 추앙하며 "선비들에게서 화려한 광채와 상서로운 기운이 나온다. (…) 이 바위에 의지하면, 슬픈 휘파람 소리에도 여운이 남는다"고 했다.(노남, 『멸몽집蠛蠓集』)

이지는 전통과 맞서 싸우는 자신에 대해 "성격은 편협하고 성급하다. 얼굴을 쭈글쭈글하고 자만하며, 말투는 천박하고 비속하다. 미친

---

17 "一枚蟬蛻榻當中, 命也難辭付大空. 垂死尙思玄墓麓, 滿山寒雪一林松. 彷彿飛魂亂哭聲, 多情於此轉多情. 欲將眾淚澆心火, 何日張家再托生."

바보 같은 마음을 가지고 행동은 경솔하며 알고 지내는 사람은 많지 않지만 친근하고 따뜻하게 대한다"라고 자평했다.(『분서』) 미치광이 같은 자신의 모습을 숨기거나 비호하지 않았으며 "마음과 다른 말"을 하는 결점에 대해서도 변명하지 않았고 모순된 생활을 고백하고 깊은 자아비판을 토로했다.

장헌익張獻翼은 붉은 옷을 좋아하고 다섯 가지 색깔의 가짜 수염을 가지고 다니면서 몇 걸음 걷다가 기분에 따라 다른 색깔의 수염으로 바꾸는 등 '기괴한 행동'을 했다.(『이신耳新』)

공안파의 원굉도는 소탈한 성격에, 속박을 견디지 못하는 자유분방한 사대부였다. 26세 때 「회용호懷龍湖」를 썼는데 "초나라 사람들은 원래 바람을 노래했다楚人原以風爲歌"라며 탈세속적인 모습과 이지를 보며 스스로를 격려하고 자기 위안의 대상으로 삼았다.

경릉파竟陵派 문인들도 자유로운 개성의 소유자였다.[18] 종성鍾惺은 전통 예교에 구속되지 않아서, 초상 중에도 시를 쓰고 놀러 다니는 등 "세속의 유생들은 상상할 수도 없는 짓"을 했다.(담원춘譚元春, 『곡만문초鵠灣文草』)

홍치·정덕 연간 시작된 개성 해방의 풍조는 가정 이후 한편으로 위진 시대의 정신적 해탈 사조를 계승하고 다른 한편으로 도시 상

---

18 명 말기의 문학 유파로 종성鍾惺(1574~1624)과 담원춘譚元春(1586~1637?)이 대표적이다. 모두 경릉(오늘날의 호북성 천문天門) 사람이어서 붙여진 이름이다. 문학적 주장은 공안파와 기본적으로 일치하며, 전후칠자前後七子의 복고적인 경향은 반대했다.

업 발전의 영향을 받아 인격적으로 광견을 추구하는 모습으로 발전했다. '광'이란 "뜻과 말이 크다"는 의미였으나 명대 중기 이후의 광인狂人은 옛사람들을 무시하고 성현을 폄하했으며 자만에 빠진 사람들을 지칭했다. 과거의 인물들은 이미 지나간 시대 사람들이니 본받을 필요가 없다는 것이다. 자신의 유불리에 관계없이 자신이 할 수 없는 일이든, 감히 하지 못하는 일이든 간에 말을 함부로 내뱉으며 일시적인 쾌락만을 추구했다. 이에 비해 '간인簡人'들은 예법에 경직되지 않았고 예속에 얽매이지 않았다. 광간狂簡은 모두 전통 예교라는 제방을 뚫고 자유로운 개성을 추구했다. 광견은 기질과 품격에서 차이가 있었는데 '광'이 진취적이었다면, '견'은 함부로 행하지 않는 바가 있었다. 더 정확하게 말하면 '광'은 유가에 대한 이지의 대담한 비판처럼 정통에 대한 공격에 전념했고, '견'은 종성鍾惺처럼 "세속과 접촉하지 않고 앞에 사람이 앉아 있어도 마치 못 본 듯 무시하는 괴팍함이 있었다."(계육기計六奇, 『명계남략明季南略』) 전자가 외향적이라면, 후자는 내향적이었다.

자유로운 개성 사조는 황제 권력이 해이해지고 예교가 붕괴되는 과정을 틈 탄 느낌이 강했다. 예교가 붕괴되자 도시에서는 다양한 평등 관념이 벌떼처럼 일어나 성인과 범인 관계에서 사람들은 누구나 요순이나 부처나 신선이 될 수 있다고 생각하여 과거 성인, 신선에게 비추던 경외감은 완전히 사라졌다. 군신관계에서 군권에 대해 가지던 존경심은 대담한 비판으로 변했고, 부자관계에서 절대적 효행관은 충격으로 흔들렸으며, 재산은 자신의 욕망을 충족시키는 데 소비되었다. 직업에서는 등급 차이가 줄어들었고, 남녀관계에서는 부녀자들에 대해 새로운 평가가 이루어졌다.

만명 시기 평등 관념이 보편화되기 시작한 것에는 왕학의 대두뿐만 아니라 기독교의 전래가 큰 영향을 미쳤다. 명대 초기, 정주 이학은 천하 통일이라는 폐쇄적 세계관으로부터 사람들에게 '하늘과 사람의 관계天人相關' 혹은 '하늘과 사람이 하나가 되는 것天人合一'이라는 자연 이론에 의한 사회 질서 형성에 현실적 기초를 제공했다. 이와 더불어 과거시험인 팔고문은 지식인들로 하여금 진부하게 성인의 입만을 바라보며 "성인께서 말씀하시기를聖人曰" "선현이 말씀하시기를先賢曰" 반복하게 해서 성현에 대한 절대적 존경에서 벗어날 수 없게 했다. 유명한 문인화가 동기창董其昌은 "이학의 변화는 동월東越에서 시작되었다"고 했는데 여기서 동월이란 왕양명을 지칭한다. 왕양명은 성인과 개인의 관계를 통해 양자의 차이와 관계를 재해석했다. 그는 성인의 내재화 혹은 주관화로 성인 개념의 통속화를 시도했다. 사람들이 내면의 '양지良知'를 느낀다면 누구나 '성인의 모습'에 도달할 수 있다는 것이다. 즉 성인과 범인은 본질적으로 차이가 없는 같은 존재였다. 왕양명은 이단에 대해서도 "범인과 같음을 동덕同德, 다름을 이단"이라고 주장했다.(왕양명, 『전습록傳習錄』) 공자와 육경六經을 시시비비의 구분으로 삼는 기존의 견해와 달리 왕양명은 범인의 견해를 동덕과 이단의 구분으로 삼았다.[19]

---

19 『시경』『서경』『예기』『악기』『역경』『춘추』의 6가지 경서.

만력 중기 이후, 예수회 선교사들은 중국 사대부들이 '기이한 재주와 교묘한 솜씨'라고 무시했던 서양 과학기술과 천주교 교리를 전파하여 중국 사회에 신선한 충격을 주었다. 기독교에는 "만족을 모르는不知足" 성향이 있어 사회 각층이 기득권에 이의를 제기하자 "인륜에 어긋나고" "상하가 불화"하는 현상이 출현했다. 『천주실의天主實義』 3편에서는 중국 사대부의 입을 빌려서 "누가 본분에 만족하여 외부에서 구하려 하지 않겠는가? 비록 사해가 넓고 백성은 많지만 충분하지 않다"고 주장해 전통 유학과 첨예한 충돌을 일으켰다. 전통 유학에서는 사람들이 '본심本心' '본성本性'과 '대도大道' 등으로 평생 성현을 따라 궁극적인 심성 수양을 통해 마음의 평정을 유지토록 했다. 유가는 백성을 선하도록 유도하고 군주에게는 절대 권력을 부여했다. 필부는 대나무 그릇에 담은 밥과 표주박에 든 물 등 청빈하고 소박한 생활에 만족하도록 하여 군주와는 다른 삶의 가치를 주입시켰다. 자신의 본분에 만족해야 한다는 것이다. 이로써 유가는 "사람들이 본분에 만족하여" "위아래가 화목해야 천하가 태평하다"는 논리로 발전했다.(기우도杞憂道, 『벽사집辟邪集』) 이제 예수회 선교사들이 본분에 안주해서는 안 되며 설사 천하가 풍요롭더라도 만족해서는 안 된다고 말하자, 백성은 관리에게, 관리는 군주에게 평등을 요구하고 사회 각층에서 조금씩 자기 목소리를 내는 계기가 마련되었다.

이지는 왕문王門의 후학으로서 대담하게 전통 유학에 도전장을 내밀고 공자의 판단 기준이 모두의 기준이 되어서는 안 되며 스스

로의 마음에서 우러나오는 결정을 해야 한다고 주장했다. 초횡 역
시 왕양명의 영향을 받아 누구나 지고무상한 '도'뿐만 아니라 자기
만의 '가보家珍'가 있으니 범인들도 예외는 아니어서 자신을 돌아보
고 찾으면 자기를 알게 되어 "다른 사람의 입을 통해서나 혹은 남을
따를" 필요가 없다고 했다.(『담원집』) 당송파 문학의 선두주자인 당
순지唐順之는 학문적으로는 주희를 추앙했지만 어느 날 "주자의 책을
보니 한 마디도 맞지 않았다"는 회의적 태도를 보였다.(초횡, 『왕당총
어玉堂叢語』) 동림당의 무창기繆昌期는 범인에 주목하면서 '국시國是'는
그에 대한 모든 사람의 의견이 같다는 것을 전제하니 필부필부匹夫匹
婦의 판단기준이 시시비비를 가리는 표준이 되어야 한다고 했다. 이
는 사람의 마음에서 우러나오는 자연적인 공론을 중시하는 것이었
다. 설사 천자라 해도 우부우부愚夫愚婦의 권리를 침범할 수 없고 같
은 논리로 공경대부 역시 범인의 권리를 침범할 수 없다는 것이다.
(무창기, 『종야당존고從野堂存稿』) 그의 '국시國是'는 필부의 주장이지만
실제로는 여론 대중화의 의미를 띠며 필부의 사회적 지위를 강조했
다고 볼 수 있다.

성인뿐 아니라 부처나 신선의 숭고하고 신성한 지위 역시 성인의
범인화(즉 유학의 평민화)라는 영향을 받아 변화가 생겼다. 이지는 "사
람 바깥에 부처가 있는가, 부처 바깥에 사람이 있는가"(『분서』)라며
"누구나 태어나면서 알게 되니 모두 부처가 될 수 있다"[20]면서 신비

---

20 "天下寧有人外之佛, 佛外之人乎. 天下無一人不生知, 無一物不生知."

에 싸여 있던 부처를 인문 색채가 농후한 사람으로 환원시켜, 왕양명이 성인을 범인화 한 것과 같은 효과를 냈다. '신선'의 세속화도 진행되었다. 정만鄭鄤은 '신선이 된다는 것'은 실제로는 "집에서 먹는 밥한 끼"와 같다고 했다.(정만, 『밀양초당문집密陽草堂文集』) 성인, 아미타불, 신선들은 통속화 과정을 통해 머리 위에 가득한 신성한 빛을 내리고 인간미 가득한 인간으로 돌아왔다.

누구나 요순이나 부처, 신선이 될 수 있다는 관념은 만명晩明 시기의 독특한 특징이었다. 물론 이러한 성·범聖凡 관계의 평등은 단순히 도덕상의 평등일 뿐 그 배후에서는 여전히 성인과 범인 사이의 실질적인 차이가 존재했다.

평등 관념은 실제적으로 재산관계에서도 발생했다. 명대는 경제적 측면에서 불평등이 특히 심화되었다. 권력을 등에 업은 진신호강縉紳豪强들이 토지를 독점해서 힘이 없는 농민 빈곤층은 송곳 하나 꽂을 땅이 없었다. 농민들이 저항하자 현실적 불평등과 인신의 의존 관계가 요동쳐서 최하층 백성은 '산평鏟平' '균평均平' '균전면량均田免糧' 등을 요구하여 기존의 신분관계가 크게 요동쳤다. 농민들의 저항은 유한 계층 내 일부 개명한 사람들의 공감을 이끌어냈는데, 이들은 부세와 요역의 불평등이 전통 경제의 기초를 붕괴시킬 것을 우려하여 농민의 요구를 신중하게 받아들여 '균전' '균요' '균역'의 실시를 주장했다. 이는 진정한 경제관의 평등이라기보다는 전통적 특권을 포기하고 부세와 요역을 공동으로 부담하자는 인식 정도였다.

이러한 사상적 변화 속에 '균욕均欲'의 개념도 등장했다. 인문주의 사상가들은 사람이 '사심'을 가지고 있다는 것은, 계층이 달라도 누구나 재부와 권력을 평등하게 추구할 수 있다는 걸 의미한다고 주장했다. 왕양명은 사람은 도덕적으로 평등하다고 했고 이지는 사리원칙私利原則의 평등을 주장했다. 여곤呂坤은 사상적으로 '청평세계淸平世界'를 추구하며 "육합六合(천지와 동서남북) 내에서 사물들이 각자의 위치에 있지 않으면 청세계淸世界가 아니며, 필부가 억울하게 원한을 가져 일을 해결할 수 없으면 평平세계가 아니다"라고 했다.(여곤,『거위재집去僞齋集』) 이 청평세계에서는 재산뿐 아니라 누구나 자기의 욕망을 만족시킬 수 있어야 했다. 이러한 이상적 관념은 빈부 불균형이라는 현실에서 시작되었다. 여곤은 천하가 사람들을 먹여 살리기에는 충분하지만 욕망을 채우지 못하고 배가 고픈 것은 '균등하지 않기' 때문이라고 했다. 따라서 성왕이 천하를 다스릴 때 "균均이 아니면 평平을 이야기해야 한다"고 했다.(『거위재집』) 여곤의 이러한 '균의 평식均衣平食' 관념은 전통적인 유토피아 개념에서 말하는 '대동大同' 사상에 명 중후기의 인문주의 사조가 합쳐진 것이었다.

명말, '정만鄭鄤의 모친 구타 사건'이 발생하여 사회에 큰 충격을 던졌다. 정만이 귀신에 홀려 어머니를 때렸다고 하는, 정치적 사안을 처리하기 위해 '효孝'라는 갈고리로 걸어 당사자를 사지로 몰아간 비극적인 사건이었다. 정만은 온몸의 살점이 갈기갈기 찢기는 비참한 최후를 맞았다.[21] 그러나 이 사건은 전통 윤리관이 위협을 받고

---

21   이 사건에 대해서는 판수즈의 앞의 책, 236~240쪽을 참고할 것.

있다는 증거였다. 조금 이른 시기인 만력 연간 사四씨의 아들은 부자는 평등하다며 자신의 아버지를 구타하는 활극을 연출하기도 했다. 아버지가 아들을 때리자 아들도 아버지를 때렸는데 "부자 사이에서 아버지가 아들을 때릴 때 이미 친족의 정은 끊어졌으니 아들은 왜 못 때리겠는가? 군주 사이도 마찬가지로 군주가 죄가 있다면 무왕이 탕왕을 죽이고도 후세의 존경을 받았듯이 아버지가 죄를 저질렀으면 아들이 때렸다고 어질지 않다 할 수 있는가?"라고 반문했다.(『우초신지』) 정만이 어머니를 때렸든, 사씨의 아들이 아버지를 때렸든 이들의 행위는 모두 도리에 어긋나는 것이고 개별적인 사안이라 논할 가치가 없다. 다만 사씨의 아들이 주장하는 부자와 군신관계의 논리는 억지라기보다는 중국 전통 관념에서 절대적이었던 효도관에 대한 반동이라고 할 수 있다. 이러한 부자관계 평등관의 대두에는 예수회 선교사들과 기독교 윤리관의 영향이 크게 작용했다. 전통 중국 사회는 효가 도덕 평가의 기본이고 불효자는 가정은 물론 사회에서도 패륜아로 취급되었다. 효의 기본은 절대적인 복종이었다. 기독교 문화 속의 효는 신본주의의 효로 『성경』에서는 "부모에게 효도한다"는 기본적 원칙 외에 "자녀들은 주主 안에서 부모의 말을 듣는 것이 당연하다. 부모에게 효도하면 복을 얻고 장수할 것이니 반드시 지켜야 할 계명이다"라며 '주主 안에서'라는 범위가 전제되었다. 명말, 예수회의 임마누엘 신부Diaz Emmanuelel Junior(양마락陽瑪諾)는 『천문략天問略』에서 만약 부모의 명과 기독교의 의무가 충돌했을 때 부모의 명을 어기는 것이 미덕이라고 했다. 그의 말은 정만의 행위와 다르지 않았는데 임마누엘 신부는 기독교의 의무를 다하라고 했고 정만은 귀신의 말을 따랐다는 점이 달랐을 뿐이었다.

태조는 건국 초기 전통적인 신분 등급과 직업에 따른 차별을 분명하게 정했다. 백성을 사농공상 네 분류로 나누고 그 외에 기생, 노복, 타민惰民, 낙호樂戶[22] 등 천민이 있었다. 『대명집례大明集禮』에서는 의식주와 마차 등 신분에 따른 생활의 차이를 정해서 예절과 제도의 근거로 삼았으며 『대명률大明律』에서 법률로 차별의 실체를 정했다.

명 중기 이후, 농촌 인구가 도시로 넘어와 다양한 계층으로 유입되면서 등급 관념은 점차 희박해졌다. 사민 중 상층 사대부들도 과거시험으로 인해 영원히 사회의 최상층에만 머무를 수 없었고, 관료 사회에서 낙오하거나 자손들의 문제 등 여러 가지 원인으로 몰락하기도 했다. 농, 공, 상인 자제들도 과거시험에 붙거나 혹은 열심히 일해서 돈을 내고 관직에 나가는 연납제를 통해 신분을 상승시켜 사대부들과 같은 특권을 누리기도 했다. 만명 시기, 도시에서는 사대부와 상인이 구분되지 않고 혼재하여 계층 간 벽을 허무는 '사상상혼士商相混' 현상이 매우 보편화되어, 사민이 자신의 신분과 계층을 넘나드는 일이 비일비재했다. 융경 6년(1572), "처주處州 생원이 청탁이 통하지 않자 폭행을 행사했고, 송강에서는 동생이 시험에 떨어지니 관리에게 욕을 하는 사건이 발생했다." 만력 10년(1582), 항주에서는 정사경丁仕卿이 군민을 이끌고 '시민의 변市民之變'을 발동해서 "담을

---

22 음악이나 가무 등을 직업으로 하는 사람들.

허물고 지방관의 관사를 불지르며 약탈하는 사건"이 발생했고, 만력 17년(1589)에는 유생들이 단체 시위를 하기도 했다. 태창 원년(1620), "남도영군南都營軍에서는 병사들이 순시 급사중 안문휘晏文輝 거처에 난입해서 기물을 부수고 방화했다"고 했는데 바로 "사대부와 서민이 하극상으로 사회 질서를 크게 흔들었다"는 증거였다. 농사를 포기하고 장사를 선택하는 사회적 풍조가 심화하고 사회 각 계층에서 다양한 형태의 난이 일어나자 전통 신분등급 관계에서 벗어나 "장인匠 人과 상인商人이 모두 근본"이라는 직업 평등사상이 출현하기에 이르렀다.

만명 시기, 계층 간의 갈등이 빈번하게 발생하자 종교가 완충작용을 하기도 했다. 기독교가 전래된 후, 3명의 귀족 부녀자가 기독교에 귀의해서 마리, 안나, 폴라라는 세례명을 받았다. 귀족 부녀자들은 일반적으로 하층 백성과 교류할 기회가 없었지만 그녀들은 전통을 깨고 농촌 부녀자들을 집에 손님으로 초대하기도 했다.

도시 상업의 발전 역시 큰 충격으로 다가왔다. 전통사회에서 상공업은 천한 직업으로 치부되어 무시를 받았지만 이제 "부자들과 교류하고" 특히 부녀자들이 "돈이 제일이다"라는 생각에 가문이라는 것은 더 이상 중요치 않았다.(『임거만록』) 당시 광동에서는 부녀자들이 금은보화나 넓은 집, 토지만 있으면 집안 배경을 따지지 않고 혼인했다.(『서원문견록』)

수공업 장인들은 작품이 유명세를 얻자 역시 사대부들과 동등하게 교류할 수 있었다. 자기瓷器 장인 오십구吳十九, 가흥 칠기 장인 왕이王二와 홍칠洪漆, 동기銅器 장인 장동張銅, 휘주 자기 장인 오명관吳明官, 소주 매록죽苺錄竹 장인 강화우姜華雨 등은 모두 정교한 작품으로 명성을 떨쳤다. 그들에게 "진신 사대부들이 찾아왔다."(『도암몽억』) 명문 집안의 하인으로 있다가 상업에 뛰어들어 큰돈을 벌면 오히려 예전 집안 주인을 무시하기도 했다.

이렇듯 직업에서도 평등 관념이 보편화되었다. 이지는 석공들이 돌에 새기는 것이 '기술'을 넘어 '도道'의 경지라며 감탄해 마지않았다.(『분서』) 장대 역시 오중의 장인들 기술이 "기술이면서 도에 들어섰다"고 크게 칭찬했다.(『도암몽억』) 상업과 상인에 대한 사회적 천대에도 불구하고, 이몽양은 상인과 사대부가 "비록 직업은 달라도 마음은 같다"며 진정 장사에 능한 사람은 "시장에 있어도 고도의 수행을 해서" "이익을 이야기하지만 오염되지 않았다"고 했다.(이몽양, 『공동집』) 이개선李開先도 전통 관념에서 탈피하여 상인과 고리대금업의 사회적 역할에 대해 높이 평가했다. "장인(공업)과 상인(상업)이 모두 근본이다"라는 주장을 편 황종희는 평등 관념의 정점을 찍었다.

중국의 전통 정치 구조에서는 사대부와 일반 백성 사이에 민주혹은 평등이라는 관념이 직능적으로 양분되었다. 출세한 사대부는 군주에게 상소를 올려 정치에 참여하지만, 일반 백성은 폭동으로 전통 시스템에 대항해 직접 군권에 위협을 가하는 방식으로나 참여가가능했다. 왕권이 느슨해질 때 사상은 자유로워지고 농민들은 비로소 반항할 수 있는 기회를 얻었던 것이다. 엄청난 기세를 가진 농민기의가 부패한 명 왕조를 무너뜨리자 청나라 초 황종희, 당견唐甄 등은 더욱 날카롭게 반反군권 사상을 펼쳤다.

만명 시기, 사대부들의 날카로운 필촉은 이미 하층계층에 주목하고 관심을 표명했다. 원굉도는 더 이상 천민을 경시하지 않아 4명의 하인에 대해 「졸효전拙效傳」이라는 글을 남겼다. 여수구黎遂球는 사랑스러웠던 기생 장여인張麗人을 기려 「명가자이교장여인묘지명明歌者二喬張麗人墓誌銘」을 썼고, 장부張溥는 「오인묘비기五人墓碑記」를 써서 '편오編伍(다섯 가구를 단위로 편성한 호적제도로 일반 평민을 지칭함)'에 속한 사람들의 의로운 행동을 칭찬하기도 했다.

도시에서 예교의 속박이 풀리니 남녀관계의 평등에 관한 논의도 활발해졌다. 이론적으로는 이지가 선도적 역할을 했고 황종희에 이르러 비로소 완성되었다. 이지는 '예禮'와 '비례非禮'에 대해 "안으로부터 나오는 것을 예라고 하고, 밖으로부터 들어오는 것을 비례라고 한다. 하늘로부터 내려온 것을 예라 하고, 사람으로부터 얻은 것을 비례라고 한다. '불학不學·불려不慮·불사不思·불면不勉·불식不識·부지不知'를 통해서 이르는 것을 예라 하고, 귀와 눈을 거쳐 듣고 보고, 마음으로 헤아리고 따져보고, 앞사람이 말한 것을 따라 행하면서 비슷하게 되려고 하는 것을 비례라 한다"고 했다.(『분서』) 황종희는 예의 경직성을 지적했다. 무조건 옛것을 모방한 예가 아닌 예, 의가 아닌 의는 덕성을 상실한 강요된 예법으로, 성현의 마음을 모아놓은 언행에서 마음을 깨치지 못하면 가치가 없으니 예의라고 할 수 없다고 했다.(황종희, 『맹자사설孟子師說』「비례지례非禮之禮」) 이들은 왕양명의 철학적 전제로부터 출발해서 '예'는 태어나면서부터 가지고 나와 배우지 않아도 되는 본능이지 외부에서 강력한 힘으로 개입하는 도덕 규범이 아니라고 해석했다.

문인들은 전통 예교를 새롭게 해석해서 예교의 속박을 받지 않은 부녀자들에 대해서도 높이 평가했다. '강남 제일의 풍류 재인'이라는 당인은 강남의 홍불기紅拂妓[23]에 대해 시를 써서 극찬했다. "양씨楊氏 집 홍불紅拂은 영웅을 알아보니 모자를 쓰고 급히 이위공李衛公을 맞이한다. 오늘날 영웅이 없다고 하지만, 누군가는 영웅을 알아본다."[24]

이지는 '예'에 대해 새로운 해석을 통해 부녀자에 대해서도 다른 평가를 했다. "비록 남녀의 구분은 있으나 차별은 없고, 남녀의 장단점은 있으나 남자의 견해가 장점, 여자의 견해가 단점이라고는 할 수 없다"고 했다.(『분서』) 여곤은 일찍부터 전통 예교가 남녀에 대해 불평등하다는 점을 인식하고 예교가 "부녀자의 정절에 엄격하고 남자의 욕정에 대해서는 가벼이 여기는 것"은 "성인의 편향일 뿐"이라고 했다.(여곤, 『신음어呻吟語』) 조남성趙南星도 남녀 정감의 공통점으로부터 전통사회에 존재한 남녀 불평등 현상을 지적하고 고의적인 차

---

23 당대 소설 『삼십삼검협전三十三劍俠傳』에 나오는 수나라 권신 양소楊素 집의 가무 기생으로 본래 성은 장張씨이며 강남 오흥吳興(지금의 절강성 호주湖州) 사람이다. 양소가 방문한 젊은 이정李靖에게 무례한 태도를 취했다. 그러나 그녀는 이정의 범상치 않음을 알아보고 야밤에 그를 찾아가 먼저 사랑을 고백했다. 이후 민간에서는 영웅호걸을 알아본 혜안을 가진 걸출한 여인으로 추앙받았다.

24 "楊家紅拂識英雄, 著帽宵奔李衛公(李靖). 莫道英雄今沒有, 誰人看在眼睛中."

별에 불만을 토로했다. 조세걸趙世杰이라는 사람이 밤중에 깨어나서 부인에게 "꿈에서 다른 집 부녀자와 관계를 가졌는데 혹 부녀자들도 이런 꿈을 꾸시는가?"라고 물었다. 부인이 "남자와 여자가 무슨 차이가 있겠습니까?" 답하자 조세걸은 부인에게 매질을 가했다. 조남성은 이 이야기를 소개하면서 부부가 밤중에 마음에서 우러나오는 "거짓이 있어서는 안 되는 말"을 했는데 왜 남편은 해도 되고 부녀자는 안 되느냐고 반문했다. 만약 이지에게 물었다면 더욱 특별한 답변을 들었을 것이라고 했다.(조남성, 『소찬笑贊』「타차별打差別」) 사조제謝肇淛도 전통적인 해석과는 다른 새로운 이야기를 했다. 그는 "아버지는 딱 한사람뿐이지만, 누구나 당신의 남편이 될 수 있다"는 말로 부녀자의 재가를 인정하자 유생들로부터 엄청난 욕을 먹었다.[25] 그는 남녀관계에서 "남편이 아내를 선택"할 수 있듯이 "부녀자도 남편을 선택할 수 있어야 한다"고 했다. (『오잡조』) 남존여비가 당연하던 시절 "부녀자도 남편을 선택할 수 있다"는 주장은 예교에 대한 대담한 반항이었다.

---

25 이 이야기의 배후는 다음과 같다. 춘추전국시대에 옹규雍糾라는 남자가 당시 정나라 군주인 여공勵公의 명을 받아 장인 제중祭仲를 죽이려 했다. 옹규의 아내가 이 소식을 듣고 만약 아버지에게 이를 고한다면 남편은 죽음을 면치 못할 것이고, 알리지 않으면 아버지가 죽는다는 사실에 괴로워했다. 어머니에게 가서 "아버지와 남편 중에서 누가 더 중합니까?"라고 묻자 어머니는 "남편은 누구도 될 수 있지만 아버지는 딱 한 사람뿐이다人盡夫也, 父一而已"라고 답했다. 아버지가 죽으면 자신은 의지할 곳이 없어진다는 생각에 결국 아버지에게 이를 알렸고, 남편은 피살되었으며 그녀는 극심한 고통을 감내해야 했다.

이렇듯 부녀자 해방 사상이 싹트던 시대에 계몽 사상가들이 남녀 평등 사상을 주장하자, 도시의 일부 부녀자도 점차 예교의 방어선을 깨고 남녀평등을 추구하며 사회적 역할에 참여했다. 문학작품에서도 그 움직임을 읽을 수 있다.

홍치·정덕 연간, 부녀자가 자유로운 개성을 추구하려는 단초가 보였다. 초횡은 「아조양목란我朝兩木蘭」이라는 글에서 신분이 다른 두 남녀의 이야기를 소개했다. 남자 주인공은 서생이란 신분을 버리고 상인으로 변신을 했고, 여자 주인공은 남장을 하고 공부하다가 역시 상인이 되어 객지를 돌며 장사했는데, 이 두 사람의 로맨스 이야기다. 전통 희곡인 「양산백과 축영대梁山伯與祝英臺」와 흡사했지만 공부를 했던 양산백과는 달리 장사를 다니면서 사랑이 싹텄다는 점이 다를 뿐이었다.(초횡, 『초씨필승焦氏筆乘』)

도시 부녀자들이 개성의 자유를 찾는 사조는 만력 이후 정점을 이루어 사상가들은 물론 부녀자들도 제한적이나마 평등을 이야기하며 남자에게 뒤지지 않는 기백을 보여주었다. 초의도인草衣道人 왕미王微는 "재주와 감정이 풍부하여 배에 책을 가득 싣고 오회吳會(절강 일대)를 왕래하며" 많은 시를 남겼다.(전겸익, 『열조시집소전列朝詩集小傳』) 황개령黃皆令 역시 선가禪家로서 튼튼한 기초와 넓은 시야로 "장부에게 뒤지지 않는" 기개를 보여주었다.(전겸익, 『목재초학집牧齋初學集』) 일부 기생도 사대부들과 교류하면서 약한 모습을 거부하고 동등한 대우를 요구했다. 왕쇄王瑣는 사대부들과 서신 왕래에서 '왕랑王郎'이라 자칭했고, 유여시柳如是는 진자룡陳子龍을 만나는 명첩에 '여제女弟'라고 썼으며, 송무징宋懋澄은 「진랑묘기眞娘墓記」에서 진랑이 '서랑徐郞'을 자칭했다고 했다. 부녀자들이 남성들과 교류할 때, 호칭에서 남성적 모습을 보이는 것은 사회적 역할이 점차 향상되고 있음을 설명하는 것이다.

남녀관계에서 애정관의 변화 역시 뚜렷하게 이런 변화를 증명했다. 능몽초凌夢初는 『이각박안경기二刻拍案驚奇』에서 서생 풍내의風來儀와 조실부모한 아가씨 소매素梅가 혼인에서 발생하는 여러 난관을 뚫고 결혼하는 이야기를 묘사했다. 여주인공 소매는 어려서부터 스스로 남편을 선택하겠다는 의지를 다졌고 선택 기준은 집안, 재력, 관직이 아닌 "좋은 사람"이었다. 이러한 애정관의 변화는 부모의 명령이나 매파의 말이 아닌 스스로 대담하게 사랑하는 사람을 선택한다는 것을 의미했다. 또 다른 편에서는 왕유한王維翰과 사천향謝天香, 주국능周國能과 묘관妙觀이 같은 생각을 가진 배우자를 만나 결혼하는 과정을 묘사했다. 희곡에서는 부녀자의 재주가 남자에 뒤지지 않는다는 사실도 반영되었다. 오병吳炳은 『녹목단綠牧丹』에서 "관리들이 부녀자보다 못하다"라며 한탄했고, 『오현晤賢』에서는 "여자아이가 당신보다 현명하지 못하다고 욕하지 마라"는 목소리도 나왔다.[26]

만약 "여자는 규방을 지킨다"에서 "치마를 입고 서당에 나간다"는 변화가 단순히 명대 부녀들 성 해방운동의 시점이라면 "문무를 배우는 것은 남자의 일이고, 혼인은 당사자들과 상의를 거쳐야 한다"

---

26 "官閣不如閨閣, 莫欺兒女亞君賢."

는 변화는 문인들의 이상주의적 기대뿐 아니라 객관적 현실에 기초해서 여성 자아의식이 점차 심화되고 있다는 표현이었다.

부녀자들이 자유로운 개성을 추구하는 사조는 명 말기에 이르러 "문인들이 시를 못 써도 여자들은 시를 쓰고, 언관들은 상소를 못해도 여자들은 상소를 한다"는 기이한 현상으로 나타났다.(진제태陳際泰, 『이오집己吾集』) 이러한 현상은 기존의 "음양이 그 자리를 바꾼 것"으로 성 해방운동의 필연적인 결과라고 할 수 있다.

명 중엽 이후 거대한 사회 변화는 실제로는 농사, 근검절약, 소박한 생활에서 상업, 사치, 화려함으로의 변화이고 그 결과는 예교를 뛰어넘어 통제를 벗어나게 되는 흐름이었다. 명나라 초기, 풍속은 소박하고 장유유서가 분명하고 어려움이 있으면 도와주고 촌락의 백성은 평생 다툼이 없어 관청에 갈 일이 없는 안정된 목가적 생활, 즉 폐쇄적 문화, 미개한 분위기, 민도가 높지 않은 전통적인 생활을 보냈다. 정덕 이후, 풍속은 점차 사치스러워져 인심은 교활하고 젊은이들이 노인들을 능멸하는 '약육강식'의 상황이 전개되었다. 유행도 변해서 새로운 예술품이 선을 보여도 빠르게 뒤로 밀려났다. 포송령蒲松齡은 이러한 '신선함' '유명세' '패션' '유행'에 몰리는 백성의 심리에 대해 "매년 새로운 희곡이 나온다"라고 묘사했다. 희곡뿐 아니라 도자기 장식도 "새로운 제품이 사람의 마음을 움직였다"라고 했다.

물질생활의 충격은 전통 예교 관념에도 커다란 변화를 가져왔다. 모든 것이 "신분보다는 재력으로" 결정되었다. 돈만 있으면 신분을 뛰어넘는 의식주 생활을 누릴 수 있었다. 돈만 있으면 수치도 명예로, 천한 신분도 귀한 신분으로 심지어 유가의 준칙인 삼강오상三綱五常조차도 무시할 수 있었다. 이익에 대한 욕망은 전통적 충효, 절개관념도 흔들어 오직 이익만 있다면 부모 형제, 친구도 얼마든지 버렸다. 전통적인 가정 형태는 무너지고 분가를 통해 자산을 분배하는 것이 시대적 특징이 되었다. 만명 시기, 도시에서는 새로운 유행과 사치 속에서 연장자를 무시하고 구박하는 것과 함께, 정신적으로는 '다른 소리', 학술에서는 '신기하고 기이함을 좇는' 심리가 어우러져 전통과는 다른 근대화라는 새로운 동향이 나타났다.

도시가 이러한 변혁을 맞으면서 전통문화는 커다란 도전에 직면했다. 명 중엽 이후 근대 인문주의라는 '두더지'는 어두운 곳에서 쉬지 않고 땅을 파고 있었고 전통 문화는 이미 회복이 불가능할 정도로 철저하게 붕괴되면서 새로운 문화가 아침 햇살처럼 모습을 서서히 드러내고 있었다. 인문주의 사조가 가져온 맑고 신선한 바람은 깊은 잠의 속박에서 깨어나 새로운 의식으로 새로운 시대의 도래를 영접했다.

옮긴이의 말

이 책의 원제인 대명풍화大明風華는 "명나라의 풍모와 재화가 화려하다"는 의미를 담고 있습니다. 즉 명대(1368~1644)의 북경과 남경, 항주·양주·광주 등 강남 도시에 사는 사람들의 다양한 모습에 대해 기술한 것입니다.

역사학자들은 한 시대를 연구하면서 사료에 파묻히다보면 꿈에서라도 그 시대로 돌아가고 싶은 충동을 느낍니다. 문자 사료와 유물 자료를 통해 보고 들었던 것들을 직접 확인해보고 싶은 마음은 인지상정일 것입니다. 그러나 학자들이 사료에 기초해서 충실하게 재현해놓은 역사 이야기는 거대한 흐름과 세밀한 사실적 기술에도 불구하고 경직된 흐름 때문에 일반 독자의 흥미를 끌지 못합니다. 독자들은 주로 영화나 사극 등 영상물이나 문학작품을 통해 역사를 접하는데, 이는 재미는 있지만 야사가 포함되고 현대적 감각으로 각색을 거친 것이라 역사학자들에게는 마치 인스턴트식품을 먹는 것과 같은 어색한 느낌이 들게 합니다. 실제 역사를 묘사하는 것과 그것을 해석하는 것 사이에는 분명한 간극이 존재합니다.

명나라 시대를 보고 느끼고 싶은 독자들에게 황런위黃仁宇(레이 황)의 『1587, 아무것도 없었던 해』나 티모시 브룩의 『쾌락의 혼돈』은 사료에 충실하고 전개도 재미있어서 이 간극을 좁혀 준 좋은 모델이 되었고 큰 환영을 받았습니다. 그러나 역시 아쉬움은 남습니다. 특정 주제를 넘어서 좀 더 분명하고, 객관적으로 사회 전반을 볼 수 있는 기회는 없을까 찾던 중에 천바오량陳寶良 선생이 그 실마리를 제공해주었습니다. 이 책은 우리를 명나라의 길거리에 세워두고, 수도 북경과 남경을 비롯해 소주·항주·양주·광주 등 강남의 도시들을 거닐 수 있게 해주었습니다. 특별한 주인공을 정하거나 한 가지 이야기로 진행되는 것이 아니라 당시 사람들이 살던 다양한 모습을 충실하고 평범하며 담백하게 묘사하고 있습니다. 즉 한 시대를 있는 그대로 재현하려는 시도입니다. 재미있는 이야기를 기대하고 읽으면 담담하고 지나치게 세밀한 서술에 실망할 수도 있습니다. 그러나 방대한 디테일로 명나라 도시 사회를 잘 재현해놓았으니 객관적으로 한 시대를 바라보면서 현재와의 비교를 통해 시공의 변화에 따른 차이와 당시의 중국을 새롭게 느낄 수 있을 것입니다. 전공자들도 무심하게 지나쳤을 소소한 내용들로부터 영감을 얻어 새로운 주제와 시각으로 연구 영역을 확대하는 데 도움이 되리라 믿습니다.

독자들은 책에 등장하는 생소한 용어들에 많이 당황하리라 예상됩니다. 이 용어들은 우리도 예전에는 더러 사용했던 것들이지만 일부 계층에 제한되었고, 지금의 일반 독자들에게는 생경할 수밖에 없습니다. 역자가 설명과 주를 달아서 이해를 도왔지만 한계가 있고 한자를 배우지 않은 세대는 더욱 어려울 수밖에 없습니다.

중국은 이 역사의 길을 걸어와 오늘에 이르렀고 또 새로운 영역을 향해 걸어가고 있습니다. 우리는 중국과 교류하면서 이 생경함을 극복해야 하는 어려운 과제를 마주하고 있습니다. 젊은 세대들의 현명한 해결 방법을 기대합니다. 연구 과정에서 우덕재단의 지원이 큰 힘이 되었습니다. 이 자리를 빌려 감사를 전합니다.

2024년 여름
타이베이 중앙연구원 근대사연구소에서
이화승

찾아보기

大明風華

대명제국의
도시생활

초판인쇄 2024년 11월 5일
초판발행 2024년 11월 15일

지은이 천바오량
옮긴이 이화승
펴낸이 강성민
편집장 이은혜
마케팅 정민호 박치우 한민아 이민경 박진희 황승현
브랜딩 함유지 함근아 김희숙 이송이 박다솔 조다현 배진성
제작 강신은 김동욱 이순호

펴낸곳 (주)글항아리 | 출판등록 2009년 1월 19일 제406-2009-000002호

주소 경기도 파주시 심학산로 10 3층
전자우편 bookpot@hanmail.net
전화번호 031-955-2689(마케팅) 031-941-5161(편집부)

ISBN 979-11-6909-311-8 03910

www.geulhangari.com